民國文化與文學 研究文叢

初 編

李 怡 主編

第 18 冊

讓紙彈飛——戰時中國的新聞開放
與管制研究（1937～1945）

曹立新 著

國家圖書館出版品預行編目資料

讓紙彈飛——戰時中國的新聞開放與管制研究（1937～1945）
／曹立新 著 -- 初版 -- 新北市：花木蘭文化出版社，2012〔
民 101〕
目 4+252 面；19×26 公分
（民國文化與文學研究文叢 初編：第 18 冊）
ISBN：978-986-254-895-0（精裝）
1. 新聞業　2. 新聞政策　3. 中國
541.26208　　　　　　　　　　　　　　101012607

特邀編委（以姓氏筆畫為序）：

ISBN-978-986-254-895-0

9 789862 548950

丁　帆	王德威	宋如珊
岩佐昌暲	奚　密	張中良
張堂錡	張福貴	須文蔚
馮　鐵	劉秀美	

民國文化與文學研究文叢
初　編　第十八冊　　　　　ISBN：978-986-254-895-0

讓紙彈飛——**戰時中國的新聞開放與管制研究**（1937～1945）

作　　者	曹立新
主　　編	李　怡
企　　劃	北京師範大學民國歷史文化與文學研究中心（籌）
	四川大學民國文學暨海外漢學研究中心（籌）
	現代中國文化與文學研究中心
總 編 輯	杜潔祥
印　　刷	普羅文化出版廣告事業
出　　版	花木蘭文化出版社
發 行 人	高小娟
聯絡地址	新北市永和區中正路五九五號七樓
	電話：02-2923-1455／傳真：02-2923-1452
網　　址	http://www.huamulan.tw 信箱 sut81518@gmail.com
初　　版	2012 年 9 月
定　　價	初編 18 冊（精裝）新台幣 30,000 元

《民國文化與文學研究文叢》總序

李　怡

　　這是一套試圖從新的角度——民國歷史文化的視角重新梳理分析中國現代文學的叢書，計劃在數年內連續推出百餘種相關主題的論述，逐漸形成關於現代中國文學的新的學術思路。爲什麼會提出這樣的設想？與最近一些年大陸中國悄然出現的「民國熱」有什麼關係？最終，我們又有怎樣的學術預期呢？

　　近年來大陸中國的「民國熱」折射出了諸多耐人尋味的社會心理：對於一種長期被遮蔽的歷史的好奇？市民情懷復蘇時代的小資心態？對當前社會文化秩序的厭倦與不滿？或許，就是這幾種心理的不同程度的組合？作爲生活在「民國熱」時代的我們，自然很難將自己與這些社會心理切割開來，不過，在學術自身的邏輯裡追溯，我們卻不得不指出，作爲文學史敘述的「民國」概念，無疑有著更爲深遠的歷史，擁有更爲豐富的內涵。

一

　　迄今爲止，在眾多中國現代文學史的敘述概念中，得到廣泛使用的有三種：「新文學」、「近代／現代／當代文學」、「二十世紀中國文學」。值得注意的是，這三種概念都不完全是對中國文學自身的時空存在的描繪，概括的並非近現代以來中國具體的國家與社會環境，也就是說，我們文學眞實、具體的生存基礎並沒有得到準確的描述。因此，它們的學術意義從來就伴隨著連續不絕的爭議，這些紛紜的意見有時甚至可能干擾到學科本身的穩定發展。

　　「新文學」是第一個得到廣泛認可的文學史概念。從 1929 年春朱自清在清華大學講授「中國新文學」、編訂《中國新文學研究綱要》到 1932 年周作人在輔仁大學講演新文學源流、出版《中國新文學的源流》，從 1933 年王哲

甫出版《中國新文學運動史》到 1935 年全面總結第一個十年成就的《中國新文學大系》的隆重推出，從 1950 年 5 月中央教育部頒佈的教學大綱定名爲「中國新文學史」到 1951 年 9 月王瑤出版《中國新文學史稿》（上冊），都採用了「新文學」這一命名。此外，香港的司馬長風和臺灣的周錦先後撰寫、出版了同名的《中國新文學史》。乃至在新時期以後，雖然新的學科命名——近代文學、現代文學、當代文學——已經確定，但是以「新文學」爲名創辦學會、寫作論著的現象卻依然不斷地出現。

以「新」概括文學的歷史，在很大程度上來源於這一時段文學運動中的自我命名。晚清以降中國文學與中國文化的動向，往往伴隨著一系列「新」思潮、「新」概念與「新」名稱的運動，如梁啓超提出「新民說」、「新史學」、「新學」，文學則逐步出現了「新學詩」、「新體詩」、「新派詩」、「新民體」、「新文體」、「新小說」、「新劇」等。可以說，鴉片戰爭以後的中國進入了一個「求新逐異」的時代，「新」的魅力、「新」的氛圍和「新」的思維都前所未有地得到擴張，及至五四時期，「新文學運動」與「新文化運動」轟然登場，「新文學」作爲文學現象進入讀者和批評界的視野，並成爲文學史敘述的基本概念，顯然已是大勢所趨。《青年雜誌》創刊號有文章明確提出：「夫有是非而無新舊，本天下之至言也。然天下之是非，方演進而無定律，則不得不假新舊之名以標其幟。夫既有是非新舊則不能無爭，是非不明，新舊未決，其爭亦未已。」〔註1〕今天，學界質疑「新文學」的「新」將其他文學現象排除在外了，以至現代的文學史殘缺不全。其實，任何一種文學史的敘述都是收容與排除並舉的，或者說，有特別的收容，就必然有特別的排除，這才是文學研究的基本「立場」。沒有對現代白話的文學傳統的特別關注和挖掘，又如何能體現中國文學近百年來的發展與變化呢？「新」的侷限不在於排除了「舊」，而在於它能否最準確地反映這一類文學的根本特點。

對於「新文學」敘述而言，真正嚴重的問題是，這一看似當然的命名其實無法改變概念本身的感性本質：所謂「新」，總是相對於「舊」而言，而在不斷演變的歷史長河中，新與舊的比照卻從來沒有一個確定不移的標準。從古文經學、荊公新學到清末西學，「新學」在中國學術史上的內涵不斷變化，「新文學」亦然。晚清以降的文學，時間不長卻「新」路不定，至「五四」已今非昔比，「新」能夠在多大的範圍內、在多長的時間中確定「文學」的性質，實在是一個不容

<hr>

〔註 1〕 汪叔潛：《新舊問題》，《青年雜誌》1915 年第 1 卷第 1 號。

忽視的學術難題。我們可以從外來文化與文學的角度認定五四白話文學的「新」，像許多新文學史描述的那樣；也可以在中國文學歷史中尋覓「新」的元素，以「舊」爲「新」，像周作人的《中國新文學的源流》那樣。但這樣一來，反而昭示了「新」的不確定性，爲他人的質疑和詬病留下了把柄。誠如錢基博所言：「十數年來，始之以非聖反古以爲新，繼之歐化國語以爲新，今則又學古以爲新矣。人情喜新，亦復好古，十年非久，如是循環；知與不知，俱爲此『時代洪流』疾卷以去，空餘戲狎懺悔之詞也。」〔註2〕

　　更何況，中國文學的「新」歷史肯定會在很長時間中推進下去，未來還將發生怎樣的變動？其革故鼎新的浪潮未必不會超越晚清－五四一代。屆時，我們當何以爲「新」，「新文學」又該怎麼延續？這樣的學術詰問恐怕不能算是空穴來風吧。

　　「新」的感性本質期待我們以更嚴格、更確定的「時代意義」來加以定義。「現代」概念的出現以及後來更爲明確的近代／現代／當代的劃分似乎就是一種定義「意義」的方向。

　　「現代」與「近代」都不是漢語固有的語彙，傳統中國文獻如佛經曾經用「現在」來表示當前的時間（《俱舍論》有云：「若已生而未已滅名現在」）。以「近代」、「現代」翻譯英文的 modern 源自日本，「近代」、「現代」係日文對 modern 的經典譯文。「現代」在一開始使用較少，但至遲在 20 世紀初的中國文字中也開始零星使用，如梁啓超 1902 年的《新民說》。〔註3〕只是在當時，modern 既譯作「現代」與「近代」，也譯作「摩登」、「時髦」、「近世」等。直到 30 年代以後，「現代」一詞才得以普遍使用，此前即便作爲時間性的指稱，使用起來也充滿了隨意性。「近代」進入文學史敘述以 1929 年陳子展的《中國近代文學之變遷》爲早，「現代」進入文學史敘述則以 1933 年錢基博的《現代中國文學史》爲先，但他們依然是在一般的時間概念上加以模糊認定。尤其是錢基博，他的「現代」命名就是爲了掩蓋更具有社會歷史內涵的「民國」：「吾書之所爲題『現代』，詳於民國以來而略推跡往古者，此物此誌也。然不

〔註2〕　錢基博：《現代中國文學史》，長沙：嶽麓書社，1986 年，第 506 頁。

〔註3〕　《新民說》有云：「凡此皆現代各國之主動力也，而一皆自條頓人發之成之，是條頓人不啻全世界動力之主人翁也。」參見《梁啓超全集》第 2 冊，北京：北京出版社，1999 年，第 658、659 頁。關於日文中「近代」、「現代」一詞的來源及使用情況可以參見柳父章：《翻譯語成立事情》，日本岩波書店 1982 年 4 月出版。

題『民國』而曰『現代』，何也？曰：維我民國，肇造日淺，而一時所推文學家者，皆早嶄露頭角於讓清之末年，甚者遺老自居，不願奉民國之正朔；寧可以民國概之？」〔註4〕也就是說，像「民國」這樣直接指向國家與社會內涵的文學史「意義」，恰恰是作者要刻意迴避的。

在「現代」、「近代」的概念中追尋特定的歷史文化意義始於思想界。1915年，《青年雜誌》創刊號一氣刊登了陳獨秀兩篇介紹西方近現代思想文化的文章：《法蘭西人與近世文明》和《現代文明史》，「近代（近世）」與「現代」同時成為對西方思想文化的概括。《青年雜誌》〔註5〕後來又陸續推出了高一涵的《近世國家觀念與古相異之概略》（第1卷第2號）和《近世三大政治思想之變遷》（第4卷第1號）、劉叔雅的《近世思想中之科學精神》（第1卷第3號）、陳獨秀的《孔子之道與現代社會》（第2卷第4號）和《近代西洋教育》（第3卷第5號）、李大釗的《唯物史觀在現代歷史學上的價值》（第8卷第4號）。《新潮》則刊發了何思源的《近世哲學的新方法》（第2卷第1號）、羅家倫的《近代西洋思想自由的進化》（第2卷第2號）、譚鳴謙的《現代民治主義的精神》（第2卷第3號）等。1949年以後，大陸中國文學研究界找到了清晰辨析近代／現代／當代的辦法，更是確定了這幾個概念背後的歷史文化內涵，其根據就是由史達林親自審查、聯共（布）中央審定、聯共（布）中央特設委員會編的《聯共（布）黨史簡明教程》和由蘇聯史學家集體編著的多卷本的《世界通史》。《聯共（布）黨史簡明教程》於1938年在蘇聯出版，它先後用67種文字出版301次，是蘇聯圖書出版史上印數最多的出版物之一。就在蘇聯正式出版此書的二三個月後，該書的第七章和結束語就被譯成中文在《解放》上發表，隨後不久，在中國就出現了4種不同的中文譯本：由博古任總校閱、中國出版社1939年2月出版的「重慶譯本」，由吳清友翻譯、上海啟明社1939年5月出版的「上海譯本」，由蘇聯外文出版局主持翻譯和出版、任弼時等人擔任實際翻譯工作的「莫斯科譯本」，以及解放社於1939年5月出版的「延安譯本」。「上海譯本」多流行於上海和新四軍活動區域，陝甘寧邊區和華北各抗日根據地擁有「莫斯科譯本」與「延安譯本」，大後方各省同時流行「重慶譯本」與「莫斯科譯本」（見歐陽軍喜《論抗戰時期〈聯

〔註4〕 錢基博：《現代中國文學史》，第9頁。
〔註5〕 1916年9月第2卷第1號起，《青年雜誌》改名為《新青年》，文中為了表述連貫，不作明確指出。

共（布）黨史簡明教程〉在中國的傳播及其對中國共產黨宣傳工作的影響》，載《黨史研究與教學》2008 年第 2 期）。早在延安時代，《簡明教程》就被列入「幹部必讀」書，建國之後，《簡明教程》中的三章加上「結束語」曾被指定爲廣大幹部學習的基本教材，在中國自己編寫的「國際共運史」教材面世之前，它也是高校馬列主義基礎課程的通用教材，直接參與構築了新中國教育的基本歷史觀念。作爲「學科」的中國現當代文學就是在這樣一種歷史觀念的形成中生成的。中譯本《世界通史》第一卷最早由生活・讀書・新知三聯書店於 1959 年初版，至 1978 年出版到第八卷，第九、第十卷由吉林人民出版社分別於 1975、1978 年出版，第十一卷繼續由三聯書店於 1984 年出版，第十二、十三卷由東方出版社 1987、1990 年出版，可以說也伴隨了 1990 年代之前中國的歷史認識過程。

就這樣，馬列主義的五種社會形態進化論成爲劃分近代與現代的理論基礎，由近代到現代的演進，在蘇聯被描述爲 1640 年英國資產階級革命－十月社會主義革命的重大發展，在中國，則開始於淪爲「半殖民地半封建」的 1840 年鴉片戰爭，完成於標誌著社會主義思想傳播的「五四」。大陸中國的史學家更是在「現代」之中另闢「當代」，以彰顯社會主義與共產主義社會的到來，由此確定了中國文學近代／現代／當代的明確格局──這樣的劃分，不僅在時間分段上不再模糊，而且更具有明確的思想內涵與歷史文化質地：資產階級文學（舊民主主義革命文學）、新民主主義革命文學與社會主義文學就是近代－現代－當代文學的歷史轉換。

當然，來自蘇聯意識形態的歷史劃分與西方學術界的基本概念界定存在明顯的分歧。在西方學術界，一般是以地理大發現與資本主義經濟及社會文化的興起作爲「現代」的開端，Modern Times 一般泛指 15～16 世紀地理大發現以來的歷史，這一歷史過程一直延續到今天，並沒有近代／現代之別，即使是所謂的「當代」（Late Modern Time 或 Contemporary Time），也依然從屬於 Modern Times 的長時段。〔註6〕「現代」的含義也不僅與「革命」相關，而且指涉一個相當久遠而深厚的歷史文化的變遷過程，並包含著歷史、哲學、

〔註 6〕代表作有阿克頓主編的 14 卷本的《康橋近代史》（*The Cambridge Modern History , Cambridge university press .1902-1912*），後來康橋大學出版社又出版了克拉克主編的 14 卷本的《新編康橋近代史》（*The New Cambridge Modern History. Cambridge university press .1957-1959*），這套著作的中文譯本於 1987 年起，由中國社會科學出版社陸續出版，名爲《新編康橋世界近代史》。

宗教等多方面的資訊。德國美學家姚斯在《美學標準及對古代與現代之爭的歷史反思》中考證，「現代」一詞在 10 世紀末期首次被使用，意指古羅馬帝國向基督教世界過渡時期，與古代相區別；而今天一般將之理解爲自文藝復興開始尤其是 17、18 世紀以後的社會、思想和文化的全面改變，它以工業化爲基礎，以全球化爲形式，深刻地影響了世界各民族的生存與觀念。

到了新時期，在大陸中國的國門重新向西方世界開放以後，「走向世界」的強烈渴望讓我們不再滿足於革命歷史的「現代」，但問題是，其他的「現代」知識對我們而言又相當陌生，難怪汪暉曾就何謂「現代」向唐弢先生鄭重求教，而作爲學科泰斗的導師也只是回答說，這是一個「很複雜」的問題。〔註7〕1990 年代，中國學術界開始惡補「現代」課，從西方思想界直接輸入了系統而豐富的「現代性知識」，這個「與世界接軌」的具有思想深度的知識結構由此散發出了前所未有的魅力。正是在「現代性知識」體系中，對現代、現代性、現代化、現代主義的辨析達到了如此的深入和細緻，對文學的觀照似乎也獲得了令人激動不已的效果和不可估量的廣闊前程，中國現代文學史至此有望成爲名副其實的「現代性」或「現代學」意義上的文學史敘述。

應當承認，1990 年代對「現代」知識的重新認定，的確爲我們的文學史研究找到了一個更具有整合能力的闡釋平臺。例如，藉助福柯式的知識考古，我們固有的種種「現代」概念和思想得到了清理，現代、現代性、現代化這些或零散或隨意或飄忽的認識，都第一次被納入一個完整清晰的系統，並且尋找到了在人類精神發展流程裡的準確位置。最近 10 年，「現代性」既是中國理論界所有譯文的中心語彙，也幾乎就是所有現當代文學史研究的話語支撐點。

但是，從另一角度來看，我們的「現代」史學之路卻難以掩飾其中的尷尬。無論是蘇聯的革命史「現代」概念還是今日西方學界的「現代」新知，它們的闡釋功效均更多地得力於異域的理論視野與理論邏輯，列寧與史達林如此，吉登斯、哈貝馬斯與福柯亦然。問題是，中國作家的主體經驗究竟在哪裡？中國作家背後的中國社會與歷史的獨特意義又何在？在革命史「現代」觀中，蘇聯的文學經驗、所謂的「現實主義」道路成爲金科玉律，只有最大程度地符合了這些「他者」的經驗才可能獲得文學史的肯定，這被後來稱爲

〔註 7〕 汪暉：《我們如何成爲「現代的」？》，《中國現代文學研究叢刊》1996 年第 1 期。

「左」的思想的教訓其實就是失去了中國主體經驗的惡果。同樣，在最近 10
餘年的文學史研究中，鮮活的現代中國的文學體驗也一再被納入到全球資本
主義時代的共同命題中，兩種現代性、民族國家理論、公共空間理論、第三
世界文化理論、後殖民批判理論……大清帝國的黃昏與異域的共和國的早晨
相遇了，兩個不同國度的感受能否替換？文學的需要是否就能殊途同歸？他
者的理論是否真讓我們一勞永逸？中國文學的現代之路會不會自成一格？有
趣的甚至還有如下的事實：在 90 年代初期，恰恰也是其中的一些理論（現代
性質疑理論）導致我們對現代文學存在價值的懷疑和否定，而到了 90 年代中
後期，當外來的理論本身也發生分歧與衝突的時候（如哈貝馬斯對現代性的
肯定），我們竟又神奇地獲得了鼓勵，重新「追隨」西方理論挖掘中國文學的
「現代性價值」——中國文學的意義竟然就是這樣的脆弱和動搖，只能依靠
西方的「現代」理論加以確定？

　　除了這些異域的「現代」理論，我們的文學史家就沒有屬於自己的東西
嗎？如我們的心靈，我們的感受，能夠容納我們生命需要的漢語能力。

　　現代，在何種意義上還能繼續成為我們的文學史概念？沒有了這一通行
的「世界」術語，我們還能夠表達自己嗎？

　　問題的嚴重性似乎不在於我們能否在歷史的描述中繼續使用「現代」（包
括與之關聯的「近代」、「當代」等概念），而是類似的辭彙的確已被層層疊疊
的「他者」的資訊所塗抹甚至污染，在固有的中國現代文學史敘述框架內，
我們怎樣才能做到全身而退，通達我們思想的自由領地？

　　中國有「文學史」始於清末的林傳甲、黃摩西，隨著文學史寫作的持續
展開，尤其是到了 1949 年以後，「現代」被單獨列出，不再從屬於「中國文
學史」，這彷彿包含了一種暗示：「現代」是異樣的、外來的，不必納入「中
國文學」固有的敘述程式。

　　「二十世紀中國文學」是中國文學研究界學術自覺，努力排除蘇聯「革
命」史觀影響，尋求文學自身規律的產物。正如論者當年意識到的那樣：「以
前的文學史分期是從社會政治史直接類比過來的。拿『近代文學史』來說，
從一八四○年鴉片戰爭到一八九八年戊戌變法，半個多世紀裡頭，幾乎沒有
什麼文學，或者說文學沒有什麼根本的變化。……政治和文學的發展很不平
衡。還是要從東西方文化的撞擊，從文學的現代化，從中國人『出而參與世
界的文藝之業』，從文學本身的發展規律，從這樣的一些角度來看文學史，才

比較準確。」「『二十世紀中國文學』這一概念首先意味著文學史從社會政治史的簡單比附中獨立出來，意味著把文學自身發生發展的階段完整性作爲研究的主要對象。」〔註 8〕這樣的歷史架構顯然具有重大的學術價值，「二十世紀中國文學」直到今天依然是影響最大的文學史理念，然而，它也存在著難以克服的一些問題。姑且不論「二十世紀」這一業已結束的時間概念能否繼續涵蓋一個新世紀的歷史情形，而「新世紀」是否又具有與「舊世紀」迥然不同的特徵，即便是這種歷史概括所依賴的基本觀念——文學的世界性、整體性與「現代化」，其實也和文學的「現代」史觀一樣，在今天恰恰就是爭論的焦點。

「二十世紀」作爲一個時間概念也曾被國外史家徵用，但是正如當年中國學者已經意識到的那樣，外人常常是在「純物理時間」的意義上加以使用，相反，「二十世紀中國文學」更願意準確地呈現文學自身的性質。〔註 9〕這樣一來，「二十世紀」的概念也同我們曾經有過的「現代」一樣，實際上已由時間性指稱轉換爲意義性指稱。那麼，構成它們內在意義的是什麼呢？是文學的世界性、整體性與「現代化」——這些取諸世界歷史總體進程的「元素」，它們在何種程度上推動了我們文學的發展，又在多大的程度上掩蓋了我們固有的人生與藝術理想，都是大可討論的。例如，面對同樣一個「世界」的背景，是遭遇了「世界性」還是我們自己開闢了「世界性」，這裡就有完全不同的文學感受；再如，將「二十世紀」看作一個「整體」，我們可能注意到「五四」與「新時期」在「現代化」方向上的一致：「我是從搞新時期文學入手的，慢慢地發現好多文學現象跟『五四』時期非常相像，幾乎是某種『重複』。比如，『問題小說』的討論，連術語都完全一致。我考慮比較多的是美感意識的問題。『傷痕』文學裡頭有一種很濃郁的感傷情緒，非常像『五四』時期的浪漫主義思潮，我把它叫作歷史青春期的美感情緒。」「魯迅對現代小說形式的問題很早就提出一些精彩的見解。我就感覺到當代文學提出的很多問題並不是什麼新鮮問題。」〔註 10〕但是，這樣的「整體性」的相似只是問題的一方面，認眞區分起來，「五四」與「新時期」其實更有著一系列重要的分歧。文

〔註 8〕 黃子平、陳平原、錢理群：《二十世紀中國文學三人談》，北京：人民文學出版社，1988 年，第 36 頁、25 頁。

〔註 9〕 黃子平、陳平原、錢理群：《二十世紀中國文學三人談》，第 39 頁。

〔註10〕 黃子平、陳平原、錢理群：《二十世紀中國文學三人談》，第 29～30、31 頁。

學的意義恰恰就是建立在細節的甄別上，上述細節的差異不是可有可無的，它們標識的正是文學本身的「形態」的差別，既然「形態」已大不相同，那麼粘合的「整體」的也就失去了堅實的基礎。

更有甚者，雖然已被賦予一系列「現代性」的意義指向，「二十世紀」卻又無法終結人們對它的「時間」指稱。新的問題由此產生：人們完全可能藉助這樣的「時間」框架，重新賦予不同的意義，由此在總體上形成了「二十世紀」指義的複雜和含混。在 80 年代，「二十世紀中國文學」的提出者是以晚清的「新派」文學作為「現代性」的起點，努力尋找五四文學精神的晚清前提與基礎，但是近年來，我們卻不無尷尬地發現美國漢學界已另起爐竈，竭力發掘被五四文學所「壓抑」的其他文學源流。結果並不是簡單擴大了文學的源頭，讓多元的聲音百家爭鳴，而是我們從此不得不面對一個彼此很難整合的現代文學格局，在晚清的世俗情欲與「五四」的文化啓蒙之間，矛盾的力量究竟是怎樣被「整合」的？如果說，「五四」的文化啓蒙壓抑了晚清的世俗情欲，而後者在中國其實已有很長的歷史流變過程，那麼，這樣壓抑／被壓抑雙方的歷史整合就變得頗為怪異，而「五四」、二十世紀作為文學「新質」的特殊意義也就不復存在，我們曾引以自豪的新文學的寶貴傳統可能就此動搖和模糊不清。難道，一個以文學闡釋的「整體性」為己任的學術追求至此完成了自我的解構？

我們必須認眞面對「二十世紀中國文學」這一概念，包括其並未消失的價值和已經浮現的侷限。

二

我們對近現代以來中國文學史的幾大基本概念加以檢討，其目的並不是要在現有的文學描述中將之「除名」，而是想藉此反思我們目前文學研究與文學史敍述的內在問題。「新文學」力圖抓住中國文學在本世紀的「新質」，但定位卻存在很大的模糊空間；「現代文學」努力建立關於歷史意義的完整觀念，但問題是，這些「現代」觀念在很大程度上來自異域文化，究竟怎樣確定我們自己在本世紀的生存意義，依然有太多的空白之處；「二十世紀」致力於「文學」輪廓的勾勒，但純粹的時間概念的糾纏又使得它所框定的文學屬性龐雜而混沌，意義的清晰度甚至不如「新文學」與「現代文學」。這就是說，在我們未來的文學史敍述中，有必要對「新文學」、「近代／現代／當代」、「二

十世紀中國文學」等概念加以限制性的使用，盡可能突出它們揭示中國文學現象獨特性的那一面，盡力壓縮它們各自表意中的模糊空間。與此同時，更重要的是重新尋找和探測有關文學歷史的新的敘述方式，包括新的概念的選擇、新的意義範圍的確定，以及新的研究範式的嘗試等。

「新文學」作爲對近百年來白話文學約定俗成的稱謂，繼續使用無妨，且無須承擔爲其他文學樣式（如舊體文學）騰挪空間的道德責任，但未來的文學發展又將如何刷「新」，新的文學現象將怎樣由「新」而出，我們必須保留必要的思想準備與概念準備；「現代」則需要重新加以清理和認定，與其將西方資本主義文化的種種邏輯作爲衡量「現代性」的基礎，還不如在一個更寬泛的角度認定「現代」：中華帝國結束自我中心的幻覺，被迫與其他世界對話的特殊過程，直接影響了中國人與中國作家的人生觀與自我意識，催生了一種區別於中國古代文學的「現代」樣式。這種「現代」受惠與受制於異域的「現代」命題尤其是西方資本主義的命題，但又與異域的心態頗多區別，我們完全不必將西方的「現代」或「現代性」本質化，並作爲估價中國文學的尺度。異域的「現代」景觀僅僅是我們重新認識中國現象的比照之物，也就是說，對於「現代」的闡述，重點不應是異域（西方）的理念，而是這一過程之中中國「物質環境」與「精神生態」的諸多豐富形態與複雜結構。作爲一個寬泛性的「過程」概念的指稱，我們使用側重於特殊時間含義的「現代文學」，而將文學精神內涵的分析交給更複雜、更多樣的歷史文化分析，以其他方式確立「意義」似乎更爲可行；「二十世紀」是中國文學新的「現代」樣式孕育、誕生和發展壯大的關鍵時期，因爲精神現象發生的微妙與複雜，這種時間性的斷代對文學本身的特殊樣式而言也不無模糊性，而且其間文學傳統的流變也務必單純和統一，因此，它最適合於充當技術性的時間指稱而非某種文學「本質」的概括。

這樣一來，我們似乎有可能獲得這樣的機會：將已粘著於這些概念之上的「意義的斑駁」盡量剔除，與其藉助它們繼續認定中國文學的「性質」，不如在盡力排除「他者」概念干擾的基礎上另闢蹊徑，通過對近現代以來中國文學發生與發展歷史情景的細緻梳理來加以全新的定義。

一個民族和國家的文學歷史的敘述，所依賴的巨大背景肯定是這一國家歷史的種種具體的歷史情景，包括國家政治的情狀、社會體制的細則、生存方式的細節、精神活動的詳情等等，總之，這種種的細節，它來自於歷史事實的「還

原」而不是抽象的理論概括。國家是我們生存的政治構架，在中國式的生存中，政治構架往往起著至關緊要的作用，影響及每個人最重要的生存環境和人生環節，也是文學存在的最堅實的背景；在國家政治的大框架中又形成了社會歷史發展的種種具體的情態：這是每個個體的具體生存環境，是文學關懷和觀照的基本場景，也是作為精神現象的文學創造的基礎和動力。

　　從文學生存的社會歷史文化角度加以研究，並注意到其中「國家政治」與「社會背景」的重要作用，絕非始於今日。在「以階級鬥爭為綱」的年代，就格外強調社會歷史批評的價值，新時期以後，則有「文化角度」研究的興起，90 年代至今，更是「文化批評」或「文化研究」的盛行。不過，強調「國家歷史情態」與這些研究都有很大的不同，它是屬於我們今天應當特別加強的學術方式。

　　傳統的社會歷史批評以國家政治為唯一的闡釋中心，從根本上抹殺了文學自身的獨立性。在新時期，從「文化角度」研究文學就是要打破政治角度的壟斷性，正如「二十世紀中國文學」倡導者所提出的「走出文學」的設想：「『走出文學』就是注重文學的外部特徵，強調文學研究與哲學、社會學、政治學、民族學、心理學、歷史學、民俗學、文化人類學、倫理學等學科的聯繫，統而言之，從文化角度，而不只是從政治角度來考察文學。」〔註11〕這樣的研究，開啟了從不同的學科知識視角觀察文學發展的可能。「文化角度」在這裡主要意味著「通過文化看文學」。也就是說，運用組成社會文化的不同學科來分析、觀察文學的美學個性。與基於這些「文化角度」的「審美」判斷不同，90 年代至今的「文化研究」甚至打破了人們關於藝術與審美的「自主性」神話，將文學納入社會文化關係的總體版圖，重點解釋其中的文化「意味」，包括社會結構中種種階級、權力、性別與民族的關係。「文化研究」更重視文學具體而微的實際經驗，更強調對日常生活與世俗文化的分析和解剖，更關注文學在歷史文化經驗中的具體細節。這顯然更利於揭示文學的歷史文化意義，但是，「文化研究」的基本理論和模式卻有著明顯的西方背景。一般認為，「文化研究」產生於 50 年代的英國，其先驅人物是威廉姆斯（R.Williams）與霍加特（R.Hoggart）。霍加特在 1964 年創辦的英國伯明罕當代文化研究中心是第一個正式成立的「文化研究」機構，從 80 年代開始，「文化研究」在加拿大、澳大利亞及美國等地迅速發展，至今，它幾乎已成為一個具有全球影響的知識領域。90 年代，「文化

〔註11〕黃子平、陳平原、錢理群：《二十世紀中國文學三人談》，第 61 頁。

研究」傳入中國後對文學批評的影響日巨，但是，中國「文化研究」的一系列主題和思路（如後殖民主義批判、文化／權力關係批判、種族與性別問題、大眾文化問題、身份政治學等等）幾乎都來自西方，而且往往是直接襲用外來的術語和邏輯，對自身文化處境獨特性的準確分析卻相當不足。〔註12〕

突出具體的歷史情景的文學研究充分肯定國家政治的特殊意義，但又絕對尊重文學自身的獨立價值；與80年代「文化角度」研究相似，它也將充分調動哲學、社會學、政治學、民族學、心理學、歷史學、民俗學、文化人類學、倫理學等學科知識，但卻更強調具體國家歷史過程中的「文學」對人生遭遇「還原」；與「文化研究」相似，這裡的研究也將重點挖掘歷史文化的諸多細節，但需要致力於來自「中國體驗」的思想主題與思維路徑。

傳統的中國文學詮釋雖然沒有「社會歷史批評」這樣的概念，但卻在感受、體驗具體作家創作環境方面頗多心得，形成了所謂「知人論世」的詮釋傳統，正如章學城在《文史通義·文德》中說：「不知古人之世，不可妄論古人之辭也。知其世矣，不知古人之身處，亦不可以遽論其文也。」這都是我們今天跳出概念窠臼、返回歷史感受的重要資源。不過，中國現代文學的歷史敘述需要完成的任務可能更為複雜，在今天，我們不僅需要為了「知人」而「知世」，而且作為「世」的社會歷史也不僅僅是「背景」，它本身就構成了文學發展的「結構」性力量，正是在這個意義上，我們更傾向於使用「情景」而不是「背景」；挖掘歷史的我們也不僅要以「世」釋「人」，而且要直接呈現特定條件下文學精神發展的各種內在「機理」，這些「機理」形成了中國文學的「民國機制」，文學的民國機制最終導致我們的現代文學既不是清代文學的簡單延續，也不是新中國文學的前代榜樣。

新的文學史敘述範式將努力完整地揭示近現代以來中國文學生存發展的基本環境，這種揭示要盡可能「原生態」地呈現這個國家、社會、文化和政治的各種因素，以及這些因素如何相互結合、相互作用，並形成影響我們精神生產與語言運行的「格局」，剖析它是如何決定和影響了我們的基本需求、情趣和願望。這樣的揭示，應盡力避免對既有的外來觀念形態的直接襲用——雖然我們也承認這些觀念的確對我們的生存有所衝擊和浸染，但最根本的觀念依然來自於我們所置身的社會文化格局，來自於我們在這種格局中體驗人生和感受世界的態度與方式。眾說紛紜、意義斑駁的「現代性」無法揭開

〔註12〕參見陶東風：《社會轉型與當代知識份子》，上海：上海三聯書店，1999年。

這些生存的「底色」。我們的新研究應返回到最樸素的關於近現代以來中國國家與社會的種種結構性元素的分析清理當中，在更多的實證性的展示中「還原」中國人與中國作家的喜怒哀樂。過去的一切解剖和闡釋並非一無是處，但它們必須重新回到最樸素的生存狀態的分析中——如中外文化的衝突、現代資本主義文化的入侵、現代民族國家的建立、現代性的批判、全球化時代的文化趨勢等。我們需要知道，這些抽象的文化觀念不是理所當然就覆蓋在中國人的思想之上的，只有在與中國人實際生存和發展緊密結合的時候，它們的意義才得以彰顯。換句話說，最終是中國人自己的最基本的生存發展需要決定了其他異域觀念的進入程度和進入方向。如果脫離中國自己的國家與社會狀況的深入分析，單純地滿足於異域觀念的演繹，那麼，即便能觸及部分現象甚至某些局部的核心，也肯定會失去研究對象的完整性，最終讓我們的研究和關於歷史的敘述不斷在抽象概念的替代和遊戲中滑行。近百年來中國文學研究的最深刻教訓即在於此。今天，是應該努力改變的時候了。

作為生存細節的歷史情景，屬於我們的物質環境與精神追求在各個方面的自然呈現。不像「ｘｘ文化與中國現代文學」式的特定角度進行由外而內的探測（這已經成為一種經典式的論述形式），歷史情景本身就形成了文學作為人生現象的構成元素。如在「政治意識形態與中國文學」的研究模式中，我們論述的是這些政治觀念對中國文學的扭曲和壓抑，中國作家如何通過掙脫其影響獲得自由思想的表達，而在作為人生現象的文學敘述中，一切國家政治都在打造著作家樸素的思想意識，他們依賴於這些政治文化提供的生存場域，又在無意識中把國家政治內化為自己的思想構成，同時，特定條件下的反叛與抗爭也生成了思想發展的特定方向——這樣的考察，首先不是觀念的應用和演繹，而是歷史細節、生活細節的挖掘和呈現，我們無須藉「文化理論」講道理，而是對這些現象加以觀察和記錄。

國家歷史情態的意義也是豐富的，除了國家的政治形態之外，還包括社會法律形態、經濟方式、教育體制、宗教形態以及日常生活習俗以及文學的生產、傳播過程等，它們分別組成了與特定國家政治相適應的「社會結構」與「人生結構」。我們的研究，就是在「還原性」的歷史敘述中展開這些「結構」的細部，並分析它們是如何相互結合又具體影響著文學發展的。

作為一種新的文學史敘述方式，我們應特別注意那種「還原性」的命名及其背後的深遠意義，比如「民國文學史」的概念。

1999 年，陳福康藉助史學界的概念，建議中國文學的「現代」之名不妨「退休」，代之以民國文學之謂。近年來，張福貴、湯溢澤、趙步陽、楊丹丹等人都先後提出這一新的命名問題，〔註 13〕我之所以將這樣的命名方式稱之為「還原」式，是因為它所指示的國家社會的概念不是外來思想的借用——包括時間的借用與意義的借用——而是中國自己的特定生存階段的真實的稱謂，藉助這樣具體的歷史情景，我們的文學史敘述有可能展開過去所忽略的歷史細節，從而推動文學史研究的深入。

三

肯定「民國文學」式的還原性論述，並不僅僅著眼於文學史的概念之爭，更重要的是開啓一種新的敘述可能。國家歷史情態的諸多細節有可能在這樣的敘述中獲得前所未有的重視，從而為百年中國文學轉換演變的複雜過程、歷史意義和文化功能提出新的解釋。

學術界曾經有一種設想：藉助「民國文學」這樣的「時間性」命名可以容納各種各樣的文學樣式，從而為現代中國文學的宏富圖景開拓空間。這裡需要進一步思考的問題包括兩個方面：其一，「民國文學」是否就是一種單純的時間性概念？其二，文學史敘述的目標是否就是不斷擴大自己的敘述對象？顯然，以國家歷史情態為基準的歷史命名本身就包含了十分具體的社會歷史內容，它已經大大超越了單純的「時間」稱謂。單純的時間稱謂，莫過於西元紀年，我們完全可以命名「中國文學（1911～1949）」，這種命名與「民國文學」顯然有著重大的差異。同樣，是否真的存在這麼一種歷史敘述模式：沒有思想傾向，沒有主觀性，可以包羅萬象？正如韋勒克、沃倫所說：「不能同意認為文學時代只是一個為描述任何一段時間過程而使用的語言符號的那種極端唯名論觀點。極端的唯名論假定，時代的概念是把一個任意的附加物加在了一堆材料上，而

〔註13〕 參看張福貴《從意義概念返回到時間概念——關於中國現代文學的命名問題》（香港《文學世紀》2003 年第 4 期）；湯溢澤、郭彥妮《論開展「民國文學史」研究的必要性與可行性》（《當代教育理論與實踐》2010 年第 2 卷第 3 期）；湯溢澤、廖廣莉《論開展「民國文學史」研究的迫切性》（《衡陽師範學院學報》2010 年第 2 期）；趙步陽、曹千里等《「現代文學」，還是「民國文學」？》（《金陵科技學院學報》2008 年第 1 期）；張維亞、趙步陽等《民國文學遺產旅遊開發研究》（《商業經濟》2008 年第 9 期）；楊丹丹《「現代文學史」命名的追問與反思》（《長春師範學院學報》2008 年第 5 期）。

這材料實際上只是一個連續的無一定方向的流而已；這樣，擺在我們面前的就一方面是具體事件的一片渾沌，另一方面是純粹的主觀的標籤。」「文學上某一時期的歷史就在於探索從一個規範體系到另一個規範體系的變化。」〔註14〕

在此意義上，作為文學史概念的辨析只是問題的表面，更重要的是我們新的文學史敘述需要依託國家歷史情態，重新探討和發現近現代以來中國文學的「一個規範體系到另一個規範體系的變化」。面對日益高漲的「民國文學史」命名的呼籲，我更願意強調中國文學在民國時期的機制性力量。忽略國家歷史情態，我們對現代中國文學發展內在機理的描述往往停留在外來文化與傳統文化二元關係的層面上，而對中國現代歷史本身的構造性力量恰恰缺少足夠的挖掘；引入「民國文學機制」的視角，則有利於深入開掘這些影響——包括推動和限制——文學發展的歷史要素。

在歷史的每一個階段，文學之所以能夠出現新的精神創造與語言創造，歸根結底在於這一時期的國家歷史情態中孕育了某種「機制」，這種「機制」是特定社會文化「結構」的產物，正是它的存在推動了精神的發展和蛻變，最終撐破前一個文化傳統的「殼」脫穎而出。考察中國文學近百年來的新變，就是要抓住這些文化中形成「機制」的東西，而「機制」既不是外來思想的簡單輸入，更不是「世界歷史」的共識，它是社會文化自身在演變過程中諸多因素相互作用的最終結果。

強化文學史的國家與社會論述，自覺挖掘「文學機制」，可能對我們的研究產生三個方面的直接推動作用。

首先，從中國文學研究的中外衝撞模式中跨越出來，形成在中國社會文化自身情形中研討文學問題的新思路。百年來，中外文化衝突融合的事實造就了我們對文學的一種主要的理解方式，即努力將一切文學現象都置放在外來文化輸入與傳統文化轉換的邏輯中。這固然有其合理性，但是，在實際的文學闡釋與研究當中，我們又很容易忽略「衝突融合」現象本身的諸多細節，將中外文化關係的研究簡化為異域因素的「輸入」與「移植」辨析，最終便在很大程度上漠視了文學創作這一精神現象的複雜性，忽略了精神產品生成所依託的複雜而實際的國家與社會狀況，民國文學機制的開掘正可以為我們展開關於國家與社會狀況的豐富內容。我們曾倡導過「體驗」之於中國現代

〔註14〕 韋勒克、沃倫：《文學理論》，劉象愚等譯，北京：三聯書店 1984 年，第 302、307 頁。

文學研究的意義，而作家的生命體驗就根植於實際的國家與社會情景，文學的體驗在「民國文學機制」中獲得了最好的解釋。

其次，對「文學機制」的論述有助於釐清文學研究的一系列基本概念，如「現代」、「現代化」、「民族」、「進化」、「革命」、「啓蒙」、「大眾」、「現實主義」、「浪漫主義」、「現代主義」等概念，都將獲得更符合中國歷史現實的說明。在過去，我們主要把它們當作西方的術語，力圖在更接近西方意義的層面上來加以運用，近年來，爲了弘揚傳統文化，又開始對此質疑，甚至提出了回歸古典文論、重建中國文論話語的新思路。問題在於，中國古典文論能否有效地表達現代文學的新體驗呢？前述種種批評話語固然有其外來的背景，但是，一旦這些批評話語進入中國，便逐步成了中國作家自我認同、自我表達的有機組成部分，在看似外來的語彙之中，其實深深地滲透了中國作家自己的體驗和思想。也就是說，它們其實已經融入了中國自己的話語體系，成爲中國作家自我生命表達的一種方式。當然，這樣的認同方式和表達方式又都是在中國現代社會文化的場域中發生的，都可以在特定國家歷史情態中獲得準確定位。經過這樣的考辨和定位，中國現代學術批評的系列語彙將重新煥發生機：既能與外部世界對話，又充分體現著「中國特色」，眞正成爲現代中國話語建設的合理成分。

再次，對作爲民國文學機制具體組成部分的各種結構性因素的剖析，可以爲近百年來中國文學的研究提供新的課題。這些因素包括經濟方式、法律形態、教育體制、宗教形態、日常生活習俗以及文學的生產、傳播過程等等。作爲文學的經濟方式，我們應注意到民國時期的民營格局之於中國近現代的出版傳播業的深刻影響，一方面，出版傳播業的民營性質雖然決定了文學的「市場利益驅動」，但另一方面，讀者市場的驅動本身又具有多元化的可能性，較之於一元化思想控制的國家壟斷，這顯然更能爲文學的自由發展提供較大的空間；作爲文學的法律保障，民國時期曾經存在著一個規模龐大的法律職業集團，這樣一個法律思想界別的存在加強著民國社會的「法治」意識，我們目睹了知識份子以法律爲武器，對抗專制獨裁、捍衛言論自由的大量案例，知識者的法律意識和人權觀念在很大程度上保證了爭取創作空間的主動性，這是我們理解民國文學主體精神的基礎；民國教育機構三方並舉（國立、私立與教會）的形式延遲了教育體制的大統一進程，有助於知識份子的思想自由，即便是國立的教育機構如北京大學，也能出現如蔡元培這樣具有較大自主權力並且主張「兼容並

包」、「學術自由」的教育管理者；也是在五四時期，知識份子形成了一個巨大的生存群落，他們各自有著並不相同的思想傾向，有過程度不同的文化論爭，但又在總體上形成了推動文化發展的有效力量。歐遊歸來、宣揚「西方文明破產」的梁啓超常常被人們視作「思想保守」，但他卻對新文化運動抱有很大的熱情和關注，甚至認爲它從總體上符合了自己心目中的「進化」理想；甲寅派一直被簡單地目爲新文化運動的「反對派」，其實當年《甲寅》月刊的努力恰恰奠定了《新青年》出現的重要基礎，後來章士釗任職北洋政府，《甲寅》以周刊形式在京復刊，與新文化倡導者激烈論爭，但論戰並沒有妨礙對手雙方的基本交誼和彼此容忍；學衡派也竭力從西方文化中尋找自己的理論支援，而且並不拒絕「新文化」這一概念本身；與《新青年》「新文化派」展開東西方文化大論戰的還有「東方文化派」的一方如杜亞泉等人，同樣具有現代文化的知識背景，同樣是現代科學文化知識的傳播者——正是這樣的「認同」，爲這些生存群體可以形成以「五四」命名的文化圈創造了條件。而一個存在某種文化同約性的大型文化圈的出現，則是現代中國文化發展十分寶貴的「思想平臺」——它在根本上保證了新的中國文化從思想基礎到制度建設的相對穩定和順暢，所有這些相對有利的因素都在「五四」前後的知識份子生存中聚集起來，成爲傳達自由思想、形成多元化輿論陣地的重要根基。我們可以這樣認爲五四新文化運動第一次呈現了「民國文學機制」的雛形，而這樣的「機制」反過來又藉助五四新文化運動的思想激蕩得以進一步完善成型，開始爲中國文學的自由創造奠定最重要的基礎。

「民國文學機制」在中國現代文化後來的歷史中持續性地釋放了強大的正面效應。我們可以看到，無論生存的物質條件有時變得怎樣的惡劣和糟糕，中國文學都一再保持著相當穩定的創造力，甚至，在某種程度上，由國家與社會各種因素組合而成的「機制」還構成了對國民黨專制獨裁的有效制約。中國在20年代後期興起了左翼文化，而且恰恰是在國民黨血腥的「清黨」之後，左翼文化得到了空前的發展，並且以自己的努力、以影響廣大社會的頑強生命力抵抗了專制獨裁勢力的壓制。抗戰時期，中國文學出現了不同政治意識形態的分區，所謂的「國統區」與「解放區」。有意思的是，中國文學在總體上包容了如此對立的文學思想樣式，而且一定程度上還可以形成這兩者的交流與對話，其支撐點依然是我們所說的「民國文學機制」。民國文學的基礎是晚清－五四中國知識份子的文化啓蒙理想，在文化結構整體的有機關係中，這樣的理想同時也

流布到了左翼文化圈與中國共產黨人的文化論述當中，雖然他們另有自己的政治主張與政治信仰。過去文學史敘述，往往突出了意識形態的不可調和性，也否認社會文化因素的有機的微妙關係，如「啓蒙」與「救亡」的對立面似乎理所當然地壓倒了它們的通約性。只有依託中國文學的具體歷史情景，在「民國文學機制」的歷史細節中重新梳理，我們才能發現，在抗戰時期的文壇上，至少在抗戰前期的文學表達中，「啓蒙」並沒有因為「救亡」而消沉，反而藉「救亡」而興起，這就是抗戰以後出現的「新啓蒙運動」。

引入「民國文學機制」的觀察，我們還可以進一步發現，中國文學在「民國時期」呈現了獨特的格局：國家執政當局從來沒有真正獲得文化的領導權，無論袁世凱、北洋政府還是蔣介石獨裁，其思想控制的企圖總是遭遇了社會各階層的有力阻擊，親政府當局的文化與文學思潮往往受到自由主義與左翼文化的多重反抗，尤其是左翼文化的頑強生存在很大程度上形成了民國文學爭取自由思想的強大推動力量，民國文學的主流不是國民黨文學而是左翼文學與自由主義文學。有趣的是，在民國專制政權的某些政策執行者那裡，他們試圖控制文學、壓縮創作自由空間的努力不僅始終遭到其他社會階層的有力反抗，而且就連這些政策執行者自己也是矛盾重重、膽膽突突的。例如，在國民黨掌控意識形態的宣傳部長張道藩所闡述的「文藝政策」裡，我們既能讀到保障社會「穩定」、加強思想控制的論述，也能讀到那些對於當前文藝發展的小心翼翼的探討、措辭謹慎的分析，甚至時有自我辯護的被動與無奈。而當這一「政策」的宣示遭到某些文藝界人士（如梁實秋）的質疑之後，張道藩竟然又再度「退卻」：「乾脆講，我們提出的文藝政策並沒有要政府施行文藝統治的意思，而是赤誠地向我國文藝界建議一點怎樣可以達到創造適合國情的作品的管見。使志同道合的文藝界同仁有一個共同努力的方向。」「文藝政策的原則由文藝界共同決定後之有計劃的進行。」〔註 15〕由「文藝界共同決定」當然就不便於執政黨的思想控制了，應該說，張道藩的退縮就是「民國文學機制」對獨裁專制的成功壓縮。

強調「民國文學機制」之於文學研究的意義，是不是更多侷限於強調文學史的外部因素，從而導致對於文學內部因素（語言、形式和審美等）的忽略呢？在我看來，之所以需要用「機制」替代一般的制度研究，就在於「機制」是一種綜合性的文學表現形態，它既包括了國家社會制度等「外部因素」，

〔註 15〕張道藩：《關於「文藝政策」的答辯》，《文化先鋒》1942 年第 1 卷第 8 期。

又指涉了特定制度之下人的內部精神狀態，包括語言狀態。例如，正是因爲辛亥革命在國家制度層面爲中國民眾「承諾」了現代民主共和的理想，「民主共和國觀念從此深入人心」，〔註16〕以後的中國作家才具有了反抗專制獨裁、自由創造的勇氣和決心，白話文最終成爲現代文學的基本語言形式，也源自於中國作家由「制度革命」延伸而來的「文學革命」的信心。所以，「民國文學機制」的研究同樣包括對民國時期知識份子所具有的某種推動文學創造的個性、氣質與精神追求的考察，這就是我們今天所謂的「民國範兒」。我認爲，「民國範兒」既是個人精神之「模式」，也指某種語言文字的「神韻」，這裡可以進一步開掘的文學「內部研究」相當豐富。

　　不理解「民國範兒」的特殊性，我們就無法正確理解許多歷史現象。如今天的「現代性批判」常常將矛頭直指「五四」，言及五四一代如何「斷裂」了傳統文化，如何「偏激」地推行「全盤西化」，其實，民國時期尚未經過來自國家政權的大規模的思想鬥爭，絕大多數的論爭都是在官方「缺席」狀態下的知識界內部的分歧，「偏激」最多不過是一種言辭表達的語氣，思想的討論並不可能眞正形成整個文化的「斷裂」，就是在新文化倡導者的一方，其儒雅敦厚的傳統文人性格昭然若揭。在這裡，傳統士人「身任天下」的理想抱負與新文明的「啓蒙」理想不是斷裂而是實現了流暢的連接，從「啓蒙」到「革命」，一代文學青年和知識份子眞誠地實踐著自己的社會理想，其理想主義的光輝與信仰的單純與執著顯然具有很大的輻射效應，即便在那些因斑斑劣跡載入史冊的官僚、軍閥那裡，也依然可以看到以「理想」自我標榜的情形，如地方軍閥推行的「鄉村建設運動」和「興學重教」，包括前述張道藩這樣的文化專制的執行人，也還洋溢著士大夫的矜持與修養。總之，歷史過渡時期的現代知識者其實較爲穩定地融會了傳統士人的學養、操守與新時代的理想及行動能力，正是這樣的生存方式與精神特徵既造就了新的文明時代的進取心、創造力，又自然維持了某種道德的底線與水準。

　　一旦我們深入到歷史情景的「機制」層面，就不難發現，僅僅用抽象的「現代化」統攝近現代以來的中國文學史，的確掩蓋了歷史發展的諸多細節。從某種意義上看，「民國文學機制」的出現和後來的解體恰恰才在很大程度上分開了 20 世紀上下半葉的文學面貌，從根本上看，歷史的改變就在於曾有過的影響文化創造的「機制」的解體和消失；不僅是社會的「結構」性因素的

〔註16〕見《建國以來毛澤東文稿》第 4 冊，中央文獻出版社，1990 年，第 546 頁。

消失和「體制」的更迭，同時也是知識份子精神氣質的重大蛻變。

　　自然，我們也看到，還原歷史情景的文學史敘述同樣也將面對一系列複雜的情形，這要求我們的研究需包含多種方向的設計，如包括民國社會機制之於文學發展的負面意義：官紳政權的特殊結構讓「人治」始終居於社會控制的中心，「黨國」的意識形態陰影籠罩文壇，扭曲和壓制著中國文學的自然發展，作家權益遠沒有獲得真正的保障，「曲筆」、「壕塹戰」、「鑽網」的文化造就了中國文學的奇異景觀，革命／反革命持續性對抗強化了現代中國的二元對立思維，在一定程度上妨礙了現代文化思想的多維展開。除此之外，我們也應當承認，國家與社會框架下的文學史敘述需要對國家與社會歷史諸多細節進行深入解剖和挖掘，其中有大量的原始材料亟待發現，難度可想而知。同時，文學作為國家歷史的意義和作為個體創作的意義相互聯繫又有所區別，個體的精神氣質可以在特定的國家歷史形態中得到解釋，但所有來自環境的解釋並不能完全洞見個體創造的奧妙，因此，文學的解讀總是在超越個體又回到個體之間循環。當我們藉助超越個體的國家歷史情態敘述文學之時，也應對這一視角的有限性保持足夠的警惕。

　　以上的陳述之所以如此冗長，是因為我們關於文學歷史的扭曲性敘述本來就如此冗長！今天，呈現在讀者諸君面前的這一套文叢試圖重新返回民國歷史的特殊空間，重新探討從具體國家歷史情景出發討論文學的可能，當然，離開民國實在太久了，我們剛剛開始的討論可能還不盡圓熟，對一些問題的思考有時還會同過去的思想模式糾纏在一起，但是我想，任何新的研究範式的確立均非一朝一夕之功，每一種思想的嘗試都必然經過一定時間的蹣跚，重要的是我們已經開始了！從「民國文化與文學研究文叢」第一輯出發，我們還會有連續不斷的第二輯、第三輯……時間將逐漸展開我們新的思想，揭示現代中國文學研究在未來的宏富景觀。

　　這一套規模宏大的學術文叢能夠順利出版，也得益於花木蘭文化出版社，得益於杜潔祥先生的文化情懷與學術遠見，我相信，對歷史滿懷深情的注視和審察是我們和杜潔祥先生的共同追求，讓我們的思想與「花木蘭文化」一起成長，讓我們的文字成為中華文明的百年見證。

二〇一二年三月五日，農曆驚蟄

讓紙彈飛——戰時中國的新聞開放與管制研究
（1937～1945）

曹立新　著

作者簡介

曹立新，男，江西鄱陽人。1967 年生。畢業於復旦大學歷史系和中國人民大學新聞系。曾在《廈門晚報》、《三聯生活週刊》任記者，現為廈門大學新聞傳播學院教師。研究興趣為鄉村建設、媒介與社會變遷等。曾在《新聞與傳播研究》、《二十一世紀》發表《化農民與農民化：鄉村建設運動中大眾傳媒的策略與效果分析》、《走向政治解決的鄉村建設運動》、《新聞歸新聞，政治歸政治──〈大公報〉的歷史形象》等論文。

提　　要

　　1937 年爆發的日本侵華戰爭，嚴重地破壞了中國的現代化進程，包括中國新聞事業的現代化進程。除了巨大的財產損失和人員傷亡，沿海新聞業內遷也導致中國新聞業空間佈局的根本改變，抗日統一戰線的形成則改變了中國新聞事業的結構和譜系；更重要的，戰爭語境的形成及其演變，決定性地影響了戰時中國的新聞理論、新聞政策和新聞實踐，使中國新聞事業不僅呈現出獨特而複雜的「戰時」景觀，而且這些特徵還影響到戰後中國新聞業的發展。本書努力在整體上呈現戰時中國新聞事業在外形與內質上的變化，以國民政府戰時新聞統制政策為中心，考察了國民政府戰時新聞政策的理論基礎、制度淵源，以及作為該政策核心的戰時新聞檢查制度，包括其組織建構、法規依據、檢查程式與標準、具體運作過程，檢討了政府和媒體對於新聞自由的不同理解及其相互間的衝突。並通過分析《中央日報》、《新華日報》和《大公報》三種主要報刊的社論文本，考察國統區各報的敘事框架、言論策略以及彼此間在意識形態場域的交鋒情形，借此窺探新聞自由與民主政治、以及大眾傳媒與變革社會中的政治秩序、現代化的複雜關係。

目次

引論：新聞事業與國難

一、問題的由來

　　1936 年 5 月 7 日，北平燕京大學新聞學系迎來了幾位中國新聞界名流，包括《大公報》的王芸生，《益世報》的劉豁軒、羅隆基，《晨報》的陳博生，中央政治學校新聞系的馬星野等。這些報界領袖蒞臨燕園，是應邀參加該系舉辦的第五次新聞學術討論會。

　　學術討論會又叫新聞討論周，係仿照美國密蘇里大學新聞學院慣例，每年組織一次，每次都是群賢畢至，共襄盛舉。因為時局的關係，第五次討論會的主題為「新聞事業與國難」。系主任梁士純首先致辭，開宗明義地希望會議就以下兩個主題展開討論：第一，國難期間的新聞事業應負的使命是什麼，服務的機會如何？第二，國難期間的新聞事業有何特殊問題，解決這些特殊問題的方法又有哪些？〔註1〕

　　回想五年前，1931 年 4 月 1 日，該校舉辦第一次新聞討論周時，與會的著名報人成舍我、張恨水、薩空了、戈公振、徐凌霄、胡政之等在演講中鼓勵學生們要擔起新聞記者的責任，還洋溢著多麼樂觀的信心。可是，那次會後不到半年，日本軍國主義者就製造了九・一八事變，侵佔中國東北。百年來的中國，多災多難；但災難之嚴重，莫此為甚。五年來，時間一秒秒地過去，國難一層層地加深。到本次討論周的時候，日本人正處心積慮地在華北挑起一系列新的事件，京津兩地更成為國難的中心，輿論的焦點。王芸生在

〔註1〕　燕京大學新聞學系第五屆新聞學討論會：《新聞事業與國難》，1936 年，4 頁。

1935 年末的《獻歲雜感》中這樣表達國難當頭報人憂傷在抱、刻不容舒的心情：坐在冰冷的天津，看看來到的所謂世界危機的 1936 年，「孤城此日腸堪斷，愁對寒風雪滿山」，杜工部這兩句詩最足描寫此時此地的情景。〔註2〕

　　華北之大，已放不下一張平靜的書桌了！形勢之危，新聞事業又焉能獨得而全。憤懣之餘，連平常給人感覺「永遠笑容可掬」的張季鸞也禁不住從心坎裏想罵人了，只不過他是從自己罵起：

> 譬如就我們說，自民國以來做新聞記者，這多年在天津做報，朋輩們都說是成功，報紙銷得也受重視，在社會各方庇護之下，何嘗不儼然是中國大報之一；但在「九・一八」以後之中國，清夜自思，事前有何補救？事後有何挽回？可見現在四省沉淪，而大報館還是大報館，老記者還是老記者，依然照常的做所謂輿論的指導。要用《春秋》論斷，除「恬不知恥」四字而外，恐怕任何批語皆不適宜。同時，再從一方面講，這樣大報，辦得穩嗎？老記者的鐵飯碗，有保持的把握嗎？我敢斷言，絕對不穩，毫無把握！什麼理由，大概用不著講，總括一句話，國家不穩，什麼事業能穩？國家無把握，什麼事業能有把握？豈但天津，處處一理；豈但報業，業業皆然。再進一步說，豈但自己維持大報無把握，改行能行嗎？遷地有辦法嗎？逃到鄉下不做事，能安全嗎？這樣推論下去，必然要得出惟一的結論，就是在國家現狀下，一切事業，都算無基礎；一切生命財產，都是不可靠。北方有句俗話：不能混。國家現狀就是這樣，中國人不能混了，以四萬萬人的大國，落到這樣不能混的地步，而我們這樣賴國家栽培，受過若干年教育，仗社會優待，吃過多少年飽飯的人，束手無策，一面依舊寫一些一知半解的文字，號稱做輿論的工作，不細想則已，細想起來，焉能不羞愧欲死！〔註3〕

對於以言論救國自任的中國報人來說，國家面臨最大危急的時候，自然也是最考驗其「文人論政」的職業操守與能力的時候。覆巢之下，豈有完卵？國家危亡，報人有責。戰爭陰霾的籠罩之下，新聞界最緊迫的任務，便是抉擇如何生存與奮鬥的策略，除非放棄做「中國人的報」的立場。〔註4〕事實上，

〔註2〕　王芸生：《做一個現實的夢》，香港大公報社，2007 年版，54 頁。
〔註3〕　張季鸞：《我們有什麼面子》，《國聞周報》，1935 年 1 月 17 日。
〔註4〕　比如，上海《申報》曾經對於「喜多和平計劃」作了迂迴曲折的論說，想試

正是在有關《大公報》安全狀況評估與相應的對策規劃上，張季鸞和另外兩位合夥人之間產生了從未有過的分歧。〔註5〕《我們有什麼面子》所表達的憤懣，也是張氏當時心情的真實流露。

　　憤懣的當然不只有天津的張季鸞。在燕京大學新聞討論周上，梁士純致完開會辭後，羅隆基以他一貫尖銳的風格發言說，在國難嚴重時期，報人要想以新聞救國，像外國新聞事業一樣產生很大影響，恐怕是做不到的。原因是中國報紙銷路小，全國報紙每天的發行量總共不超過 50 萬份。報紙規模小，還不是羅氏悲觀的主要原因。他接著指出，華北報紙不能談論日本問題，任何官廳都有干涉報紙的權力，在新聞檢查制度之下每天平均有 9 條消息不准登出。羅隆基認為，要想完成新聞救國的使命，非得打破談日本問題的禁忌不可。否則，中國輿論在外國干涉、國內檢查、輿論統制三重壓迫之下，終究要弄到「民意不能用」乃至必然亡國的地步。〔註6〕

　　對於國難當前新聞界的表現，羅隆基與張季鸞一樣感到失望。不過，兩個人失望的理由不同：張季鸞是反求諸己，為新聞界自身的「恬不知恥」感到「羞愧欲死」，羅隆基則從外界「三重壓迫」下的「民意不能用」推斷新聞救國之不可能。診斷不同，開出的處方自然不一樣。張季鸞告誡新聞界要有不能混的責任意識，羅隆基則要向政府爭取言論自由。

　　此後三天的會議，基本圍繞著羅隆基的話題展開。劉豁軒引用李波門〔註7〕的話說：「民主政治的危機，即是報紙的危機」；只有先求到了民主政治，才能講言論自由。陳博生剛從南京參加新聞檢查會議回來。他認為，當局召開新聞檢查會議，用意是想統制全國的新聞事業。他預計未來新聞事業要面對的難題，將會一天比一天大，因此呼籲新聞工作者從速組織起來，以應付來日統制新聞的難關。〔註8〕

　　王芸生的態度似乎沒有那麼悲觀。他在第二天的發言中表示，國難時期中國新聞界的環境確實是艱難了，但應付之道，「卻應以常道處之」。就像中

　　　　探讀者的態度，結果惹起不少反感。范長江：《兩年來的新聞事業》，《新聞記者》第 1 卷第 5 期，1938 年 8 月 1 日，漢口。
〔註5〕　徐鑄成：《報人張季鸞先生傳》，三聯書店 1986 年 12 月版，76 頁。吳廷俊：《新記大公報史稿》，武漢出版社，1994 年 8 月版，118～124 頁。
〔註6〕　燕京大學新聞學系第五屆新聞學討論會：《新聞事業與國難》，1936 年，6～7頁。
〔註7〕　即李普曼。
〔註8〕　燕京大學新聞學系第五屆新聞學討論會：《新聞事業與國難》，1936 年，20 頁。

國老話所說，無敵國外患者國恒亡，只要新聞界有國家意識，一切以國家利益爲重，中國的前途是絕對光明的。王芸生重申了他以往的主張：新聞記者要有職業操守，努力做一個社會上的好人，把新聞事業做成好人的事業。他強調新聞界要雪恥──「不是打倒帝國主義式的雪恥，而是雪報界本身之恥」。馬星野也試圖正面回應會議的主題，敦促新聞界在國難已經到了最嚴重的階段，配合「軍事的總動員之準備」、「經濟的總動員之準備」，著手「意見的總動員之準備」。〔註9〕

可見，對於國難期間新聞事業應負起怎樣的使命，與會者的回答是一致的，那就是以筆作槍，勇赴國難，救亡圖存；至於國難期間的新聞事業將面臨什麼特殊問題，以及應以什麼方法去應對這些特殊問題，彼此的看法顯出異趣：王芸生、馬星野著眼於新聞界自身的責任與努力，羅隆基等人則聚焦在政府的新聞統制與新聞檢查上面。

國難當前，新聞界理當外禦其侮，維護國權。羅隆基卻將視線轉向內部，主張言論自由，似乎顯得「不合時宜」。這並非由於他無視戰爭時期實行新聞檢查的必要性。羅隆基擔心的不是戰爭期間政府對於輿論的必要引導，也不是通常所謂的新聞眞實性會成爲戰爭的第一個受害者。〔註10〕事實上，他承認在當時中國「報紙檢查，是不可免的」。羅隆基眞正擔憂的是，新聞檢查如果不能依法執行，可能會窒息言論，落到民意不能用、國難無可爲的危險地步。在會議交流過程中，他作了一個重要的補充說明：要不要爭取言論自由，就看政府對國難有無辦法。假如政府能解決國難，大家暫時可以不需要言論自由。政府沒有辦法，人民才要求言論自由，要自己說話，來發表意見，用民意來解決國難。〔註11〕在他看來，只有充分利用民意，政府才會產生對付國難的辦法，而民意的發達，有賴於新聞事業的發展，要發展新聞事業，前提是保障新聞言論自由，減少新聞檢查。也就是說，政府的基礎在於民意，即使在戰爭時期，國家獨立也不能不與政治民主相關聯。從這一邏輯出發，戰爭期間新聞界在對外保衛國權的同時，也就不能不向內爭取新聞事業權利；而且，新聞界惟有獲取了充分合適的業權，才能更好地發揮新聞救國的

〔註9〕 燕京大學新聞學系第五屆新聞學討論會：《新聞事業與國難》，1936年，9～11頁。

〔註10〕〔英〕蘇珊·卡拉瑟斯著，張毓強等譯：《西方傳媒與戰爭》，新華出版社，2002年6月版，28頁。

〔註11〕 燕京大學新聞學系第五屆新聞學討論會：《新聞事業與國難》，1936年，7頁。

功能。向內爭業權恰恰是爲新聞事業創造更好的服務於國難的機會，也就是爲了更好地外爭國權。羅隆基由此推論，「新聞事業與國難」的中心問題是言論自由與新聞檢查的關係問題。

如果充分展開「新聞事業與國難」這一論題，全面檢討戰爭帶給中國新聞事業的影響，它所包含的內容要廣泛得多。概括而言，1937 年爆發的日本侵華戰爭，嚴重地破壞了中國的現代化進程，也深刻地改變了中國新聞事業的性質和面貌。除了巨大的財產損失和人員傷亡，沿海新聞事業內遷也導致中國新聞事業空間佈局的根本改變，抗日統一戰線的形成則改變了中國新聞事業的結構和譜系；最重要的，作爲一種語境下的文本生產實踐，〔註12〕戰爭語境的形成及其演變，決定性地影響了戰時中國的新聞理論、新聞政策和新聞實踐，使中國新聞事業在制度環境、功能認定、組織結構、運營模式、生產流程、文本形態等方面都出現不同程度的改變，呈現出獨特而複雜的戰時景觀，並且這些特徵還影響到戰後中國新聞事業的發展——新聞檢查及其背後的新聞統制，無疑是所有這些變化的集中體現和全部變量元素中的關鍵點。從這個意義上說，羅隆基將「新聞事業與國難」問題歸約爲新聞檢查問題，可謂一語中的。

因此，所謂「新聞事業與國難」之「難」，對戰時中國新聞界就意味著對內對外兩個方面：對外是如何以新聞救國之難，對內是如何應付統制新聞之難。這兩者既糾纏在一起，又彼此有衝突。應該如何處理戰爭期間新聞自由與新聞檢查的關係？一種既有利於軍事抗戰又不傷害新聞事業的新聞檢查是否可能？如果可能的話，它應該體現於怎樣的新聞政策？這些問題是如此複雜，決非短短三天的學術討論會可以討論清楚，更不用說求得一致的答案。不過，由於與會者均繫業界名流，又來自不同的有影響的新聞機構，他們在會議中的言論具有相當代表性，幾乎先知般地預見了戰時國民黨新聞政策的基本特徵以及媒體和報人新聞生產與實踐的主要困境。

本文的任務，便是嘗試著以國民黨戰時新聞檢查制度爲中心，考察抗戰時期大後方重慶地區的政府、媒體和報人，圍繞著新聞統制與言論自由而展開的權力爭奪和話語交鋒。本文並不企圖在理論上探討新聞自由與新聞檢查的關係，祇是努力理清國難發生後國民政府新聞政策和新聞界自身言說策略

〔註12〕黃旦：《傳者圖像：新聞專業主義的建構與消解》，復旦大學出版社，2005 年12 月版，231～233 頁。

的變化以及雙方的互動過程，分析戰時報人的言論軌迹和文本形態，在此基礎上呈現抗戰時期中國新聞事業的複雜生態和獨特景觀，並藉此窺探新聞自由與民主政治、以及大眾傳媒與變革社會中的政治秩序、現代化的複雜關係。

二、以往研究綜述

　　從發生學上看，抗戰時期新聞史研究這一「學術」問題最初產生於現實的逼迫。抗戰期間和抗戰勝利後的一段時期，出現了一個研究戰時新聞事業的高潮，相關的論文和著作大量湧現。此時期重要的新聞學術刊物包括中國青年記者學會編輯出版的《新聞記者》、申時電訊社編印的《報學季刊》、浙江戰時新聞學會編輯的《戰時記者》、中央政治學校新聞研究會編輯的《新聞學季刊》、中國青年新聞記者學會重慶分會編輯的《新聞戰線》、以及馬星野主編的《報學》等，有關戰時新聞事業的研究論文，構成了這些刊物的重點甚至主體。〔註13〕在論著方面，據葛思恩統計，1937 至 1945 年，出版新聞學著作近 70 種，其中關於抗戰新聞學、宣傳學的有 25 種。〔註14〕在舉辦「新聞事業與國難」學術討論周後，燕京大學新聞系歷屆學生中有不少選擇了相關問題作爲畢業論文選題。中國人民大學圖書館現藏的燕京大學新聞系畢業論文中，就有張振淮的《中日事變期中同盟通訊社之對華宣傳》、王繼樸的《九一八以後中國報紙之文藝副刊》、劉益璽的《中國戰時新聞檢查制度研究》、丁龍寶的《戰時報紙副刊研究》、李忠漪的《戰前與戰時報紙廣告比較》、陳瓊惠的《中國戰時宣傳》、余夢燕的《重慶報紙新聞版之分析》、余理明的《中國戰時報業之特色》、張學孔的《戰時中國新聞政策》等，研究內容涉及到戰時新聞宣傳、新聞檢查、新聞機構、新聞業務（包括副刊、廣告）等方面。與學校師生相比，實際從事新聞工作的業界人士爲了給戰時新聞實踐尋找理論指導，也自覺不自覺地投入到相關研究之中。這方面的代表性成果包括王新常的《抗戰與新聞事業》、任畢明的《戰時新聞學》、吳成的《非常時期之報紙》、張友鸞的《戰時新聞紙》、趙超構的《戰時各國宣傳方策》、孫義慈的《戰時新聞檢查的理論與實際》、程其恒編著、馬星野校訂的《戰時中國報業》、鄧文儀的《軍事新聞工作概論》、趙占元的《國

〔註13〕 重要的論文篇目見本文參考文獻。關於這些刊物的介紹，參閱朱傳譽的《中國的新聞學刊物》，原載臺灣政治大學新聞研究所編：《新聞學研究》創刊號，收入《中國新聞事業研究論集》，臺灣商務印書館，1988 年 3 月初版。
〔註14〕 方漢奇：《中國新聞事業通史》第 2 卷，中國人民大學出版社，1996 年 5 月版，757 頁。

防新聞事業之統制》、任白濤的《抗戰期間的新聞宣傳》、杜紹文的《戰時報學講話》等。這些論著都同意應該最有效地製造抗戰輿論，包括必要的輿論統制和新聞檢查，以達到新聞事業服務於抗戰的目的。但是在具體以什麼方式、在多大範圍內實行新聞檢查，以及究竟如何處理新聞自由與新聞檢查的關係等方面，則是意見紛紜。

　　戰爭結束後，為了及時總結戰時新聞事業經驗，檢討戰時新聞政策得失，以促進戰後新聞事業的發展，燕京大學又產生了一批有關抗戰新聞事業的畢業論文，包括吳亦蘭的《抗戰時期大後方的報紙》、梅世德的《中國戰時後方報業》、徐仲華的《淪陷期間敵偽在華北之宣傳》、高景霖的《淪陷時期北平之報業》、曹增祥的《中國戰時新聞檢查制度概論》、鄒震的《開羅會議前後中國國際宣傳政策之改變及其成就》、錢家瑞的《三年來英美在我國宣傳之比較》、張雲笙的《華北淪陷時期日人宣傳活動之研究》等。以上這些研究，因為產生於戰爭期間或戰爭剛剛結束不久，研究者自身處於戰爭語境之中，「問題」來自於現實需求、生命體驗或某種使命感，研究「目的」帶有很強的現實針對性和實用功利性，甚至行文也具有特別的感染力。引人注目的是，這些研究的主題幾乎都集中到新聞統制與新聞自由問題上，即使是業務研究也無不如此。在新聞自由與統制的關係上，比較而言，戰爭初期的研究對新聞統制認同較多，而在戰爭後期尤其是戰爭結束後的研究，則明顯地轉向追求新聞自由——這一理論偏好的轉向也與同時期整個新聞事業的發展趨勢相一致。〔註 15〕

　　1949 年後的研究分為兩個時期。在 1978 年以前的相當長時間內，中國新聞史的研究，主要是在《蘇共報刊史》和《蘇共高級黨校新聞班講義》研究範式的主導下，作為革命史研究的「分枝」而進行的。這種研究強調新聞的階級性，將新聞史看成是階級鬥爭史在新聞領域的體現。〔註 16〕中國近現代

〔註 15〕 從抗戰後期開始，中國新聞界曾掀起一場規模大、持續時間長的新聞自由運動。關於這場運動的由來與過程，參閱蔡銘澤：《專制主義政策與新聞自由運動——中央日報新聞自由運動分析》，載俞旭、郭中實、黃煜主編：《新聞傳播與社會變遷》，香港：中華書局，1999 年 9 月版。

〔註 16〕 以史達林新聞模式為指導的新聞史觀認為，新聞事業在本質上是一種階級鬥爭的工具，新聞事業史，「在一定的意義上可以看成是政治史和思想文化史的分枝」。參閱丁淦林：《中國新聞史教學需要適時革新》，載《新聞春秋》，河南大學出版社 2005 年 9 月版。中國人民大學新聞系編：《中國新民主主義時期新聞事業史》，1961 年稿本，2～4 頁；甯樹藩：《中國新聞事業史研究方法

新聞史，包括抗戰時期的新聞史，便變成所謂先進的革命階級及其個體與反動階級的統治和壓迫作鬥爭的歷史。在這種研究範式框架內，一些重要革命報刊和革命報人，比如《新華日報》、《救亡日報》、鄒韜奮以及范長江等人，成爲研究的重點。〔註 17〕不過，這一時期的成果主要體現在中國人民大學新聞系編寫的《中國現代報刊史講義》、復旦大學新聞系編寫的《中國新民主主義革命時期新聞事業史講義》等通史性教材之中。雖然在某種意義上，這種研究可以理解爲講述無產階級爭取本階級新聞自由的歷史，但是，由於學界沒有「談論『新聞自由』的自由」，〔註18〕「新聞自由」與「統制」等名詞基本上被「革命」與「壓迫」等代替。相關新聞史的書寫，也相應地將新聞史上錯綜複雜、無比生動豐富的報刊，簡化爲革命報刊的單線發展和以我爲主的敵我報刊的兩報對立。〔註 19〕這些研究帶有明顯的意識形態特徵，影響了學術研究的客觀性。

比較而言，倒是這一時期出版的大量回憶錄爲研究者提供了有價值的資料。〔註 20〕其中，在周恩來倡議下由全國各級各地政治協商會議文史資料委員會組織出版的系列文史資料，有不少涉及抗戰時期新聞史的珍貴的第一手資料，有的還組織出版了專刊。比如 1959 年重慶出版社組織出版的《新華日報的回憶》一書，收錄了吳玉章、潘梓年、熊瑾玎、吳克堅、許滌新等《新華日報》老報人的回憶文章。

不過，這些回憶資料也存在兩個明顯的缺陷：一是由於年代久遠，人們的記憶有丟失或錯誤的情形，有些史實不夠準確，甚至錯誤。〔註 21〕另一方面，由於從舊社會進入新政權的過程中，老新聞工作者都試圖通過「回憶」自己的光榮歷史或「懺悔」自己「對人民有罪」的歷史，以達到在政治上進行表態和

的若干問題》，原載 1982 年《中國新聞年鑑》，收入《甯樹藩文集》，汕頭大學出版社，2003 年 10 月版，148～149 頁。

〔註17〕 有人對當代學者的新聞史研究論著進行統計分析發現，關於新聞界人物的研究中，研究頻率居前 10 位的分別是：鄒韜奮、范長江、穆青、鄧拓、胡愈之、邵飄萍、梁啟超、黃遠生、瞿秋白、于右任。參閱宋素紅：《新聞史學的過去、現在與未來》，《當代傳播》2006 年第 1 期。

〔註18〕 胡績偉：《談論「新聞自由」的自由》，載中國新聞學會編：《新聞自由論集》，文彙出版社，1988 年版，1 頁。

〔註19〕 王鳳超：《新聞史應該有自己的特點》，《未定稿》，1980 年第 18 期。

〔註20〕 謝泳：《「傳記文學」與「文史資料」》，《中華讀書報》，2008 年 7 月 9 日。

〔註21〕 張濤就曾訂正《新華日報的回憶》一書中的 14 處錯誤。參閱張濤：《新華日報的回憶史實考訂》，《新聞研究資料》第 37 期。

進行身份確認的目的，帶有較強的政治表白和思想總結意味。特別是爲了強化論證自己與革命的關係，許多「回憶」不夠客觀，有的甚至變成「虛構」，不僅在史料的記憶與遺忘上有明顯的選擇，對史實的敘述和評判上也帶有太強的政治性「框架」，在對歷史現象和歷史人物的評價上以階級標準取代專業標準。〔註22〕王芸生、曹谷冰等人關於《大公報》的長篇回憶，〔註23〕就是這方面的代表作。同時期臺灣方面關於抗戰時期新聞史的研究也存在著類似的問題，比如李瞻的《新聞學》和曾虛白的《中國新聞史》，出於政治原因，對於國民黨新聞政策、尤其是戰時新聞政策，往往語焉不詳，或多有辯護。〔註24〕臺灣的《報學》、《傳記文學》等雜誌發表的大量老報人的回憶文章，以及像《陸鏗回憶與懺悔錄》、《新聞界三老兵：曾虛白、成舍我、馬星野奮鬥歷程》、《報人張季鸞》、《胡政之與大公報》等人物傳記資料，也多少存在像大陸的文史資料、《新聞研究資料》一樣追求「政治正確」的問題。〔註25〕

　　眞正較爲客觀的研究，是在 1978 年十一屆三中全會以後。極具中國特色和文化意味的是，這一時期研究的最直接動力依然來自於政治。根據《關於建國

〔註22〕參閱曹立新：《新聞歸新聞，政治歸政治——大公報歷史形象》，《二十一世紀》（香港）2007 年 10 月號（總 103 期）。

〔註23〕王芸生、曹谷冰：《1926 至 1949 年的舊大公報》，中國人民政治協商會議全國委員會文史資料研究委員會編：《文史資料選輯》第 25 輯，中華書局，1962 年 1 月版。

〔註24〕比如，曾虛白主編的《中國新聞史》第十七章「新聞自由與新聞自律」，就爲國民黨的新聞檢查政策作了有失史實的辯護。另外，據朱傳譽回憶，因爲顧慮政治干擾，該書在編撰過程中遇到有些史實幾乎無法下筆。以《五四中國報業》爲例，他已儘量低調處理，但當送去給蕭同茲、黃少谷審閱時，都退了回來，也不說明任何理由。曾虛白在編審會議上無奈地說：「既然沒有人願意看，又不能不要，就由我負責好了。」成舍我在政治大學新聞研究所授課，也只講到清末。參閱朱傳譽：《兩字破家，一葉知秋——從我的文字冤獄看臺灣人權》，《新聞春秋》，1996 年 1～2 合刊。

〔註25〕唐德剛就認爲，內地編輯的政協文史資料，相當於臺灣出版的《傳記文學》。參閱謝泳：《「傳記文學」與「文史資料」》，《中華讀書報》，2008 年 7 月 9 日。林麗雲曾具體比較兩岸研究者不同政治立場對於各自新聞史研究的影響。比如，在史料選擇上，過去臺灣國民黨視共產黨政權爲「匪幫」，並將後者所辦的報紙稱爲「僞報」，因此臺灣出版的《中國新聞史》著作很少觸及「匪幫」與「僞報」。在遣詞上也難以客觀，臺灣出版的中國新聞史將臺灣報業稱爲「自由中國的報刊」，而大陸出版的新聞史則稱之爲「南京國民政府遷台後的臺灣報紙」，等等。參閱林麗雲：《爲臺灣傳播研究另闢蹊徑？傳播史研究與研究途徑》，《新聞學研究》第 63 期，臺灣政治大學新聞系，2000 年 4 月版，43 頁。

以來若干歷史問題的重要決議》對中國現當代史的新論述，人們開始重構中國現代革命史。特別是隨著一批原來在革命史範式中遭到批判的報人、報刊在政治上得到「平反」，與之相關的新聞史開始被書寫和重新書寫。由於需要再一次確認身份，重新獲得「解放」的老報人，也因此成為這一時期研究的重要力量。一批《大公報》老報人投入到對《大公報》的研究，就是明顯例證。李純青的《為評價大公報提供史實》、周雨的《大公報史》、徐鑄成的《報人張季鸞》等，是這方面的代表作。無獨有偶，《新華日報》的老報人也組織成立了「新華日報暨群眾周刊史學會」及其武漢、重慶、成都分會，〔註26〕並出版了《新華日報的回憶～續集》、《新華日報五十年》、《黨的喉舌、抗日號角——武漢時期的新華日報》、《新華日報史（1938～1947）》、《〈新華日報〉紀事》等一批論著。與此同時，《新聞研究資料》、《重慶新聞史料》等也刊載了大量老報人的回憶和研究文章。儘管這些文章仍不免帶有政治爭論的痕迹，比如陳理源、王文彬等人關於《大公報》〔註27〕和《新蜀報》的激烈爭論，〔註28〕但毫無疑問，這些老報人以當事人身份為研究提供了巨量珍貴的第一手資料。〔註29〕這些資料，只

〔註26〕 本刊編輯部：《紀念新華日報和群眾周刊創刊四十五周年》，《新聞研究資料》總第 19 期。

〔註27〕 雙方爭論的焦點表面是在彭革陳是否劫收《大公報》，實際上是對於《大公報》及大公報人歷史的政治評價，就連中間的勸架人也說：「大公報歷史上的功過是非，不因彭革陳之『劫收』與否而增減」。爭論的相關文章，參閱王文彬：《解放戰爭時期重慶大公報所受的雙重迫害》（《重慶報史資料》第 6 輯），陳理源：《一個值得思考的問題——與王文彬同志商榷》（《重慶報史資料》第 9 輯），王文彬：《1947～1949 年重慶大公報被迫害的事實》（《重慶報史資料》第 10 輯），陳理源：《還是求實存真好——答王文彬同志》（《重慶報史資料》第 15 輯），王文彬：《重慶大公報被劫收的前前後後》（《重慶報史資料》第 18 輯），何鴻鈞：《實事求是還歷史本來面貌——關於彭革陳是否劫收重慶大公報》（《重慶報史資料》第 15 輯）。

〔註28〕 參閱周欽岳：《回憶從大革命到抗戰時期的新蜀報》，載《新聞研究資料》總第 6 期；韋孚、陳理源：《讀周欽岳同志文章的意見》，載《新聞研究資料》總第 18 期。

〔註29〕 以重慶為例，上個世紀 80 年代開始，重慶市各行各業開始著手地方志編纂工作，《重慶日報》成立了重慶報業志編纂委員會，經過 10 年努力，共編寫了 19 輯《重慶報史資料》，刊載了許多老報人、老新聞工作者撰寫的回憶錄和研究文章，為戰時重慶新聞史研究搜集、保存了數百萬字的珍貴史料。在此基礎上纂成 45 萬字的《重慶市報業志》，對戰時重慶新聞史作了較為系統的敘述。但是，由於受到方志寫作的要求限制，該志詳今略古，對於戰時重慶新聞事業的敘述過於簡略，而且基本限於對主要報刊作個案介紹，至於戰時重慶新聞事業的基本規模、新聞制度、報業結構、主要內容議程、經營狀況、

需將其中的「革命」與「壓迫」等名詞還原成「新聞自由」與「統制」，就可以與此後不斷整理出版的檔案資料，像重慶檔案館和中國第二歷史檔案館合編的《白色恐怖下的新華日報——國民黨當局控制新華日報的檔案材料彙編》、中國第二歷史檔案館編輯的煌煌巨卷《中華民國史檔案資料彙編》以及陸續影印出版的各種重要報刊，〔註30〕共同爲抗戰時期新聞史的研究奠定紮實的資料基礎。

與此同時，隨著人文社會科學研究突破原有意識形態、逐漸回歸學術本身，特別是隨著新的研究範式和研究方法的不斷引入，大陸新聞史學界也開始從以往的革命史研究範式逐漸回歸新聞本位，努力突出報刊主體性，彰顯歷史客觀性，並呈現出方法多樣性，抗戰時期新聞史的研究不斷得到拓展。謝國明的《論大公報的「小罵大幫忙」》、吳廷俊的《新記大公報史稿》、方漢奇先生主編的《百年大公報史》等著作重新評價了《大公報》，稱《大公報》的崛起是中國資產階級報業試圖成爲「第四權力」的較有成效的嘗試。〔註31〕王元化先生更將陳銘德等老報人列入「本土民間市民社會實踐者的先行者」。〔註32〕除了民營新聞事業，連原來被視爲研究「禁區」的所謂反動派報刊也開始成爲研究對象。蔡銘澤的博士論文《中國國民黨黨報歷史研究（1927～1949）》便是其中較重要的一本。這本「彌補中國新聞史研究空白的力作」，〔註33〕全面敘述了各個歷史時期、各種類型的國民黨黨報的發展情形。其中，抗日戰爭時期的國民黨黨營新聞事業也成爲重點分析的部分。該書揭示了國民黨黨報作爲黨的宣傳工具和作爲大眾媒介的新聞專業主義要求之間的內在衝突。第四權力、民間市民社會、專業主義等概念的使用，

業務特色、新聞教育等情形，都沒有展開論述。

〔註30〕影印本也存在著缺、漏、錯等問題。比如《中央日報》影印本缺 1937 年 11月 28 日至 1938 年 9 月 14 日報紙。1937 年 10 月 1 日的第 3、4 版爲 10 月 9日的報紙，後接 10 月 10 日報紙的 1、2 版，3、4 版復爲 10 月 3 日的報紙。1939 年 5 月 1 日報紙缺。《大公報》漢口版，1937 年 9 月 18 日報紙的報號爲12262 號，接 8 月 25 日的天津版報號，但影印本只印到天津版的 7 月 25 號，報號爲 12251 號，缺 7 月 26 日至 8 月 25 日的報紙。此外，《大公報》只印天津、武漢、重慶版，缺上海部分，致使《日落》這樣的名篇不見於縮印本。

〔註31〕方漢奇主編：《中國新聞事業通史》第 2 卷，中國人民大學出版社，1996 年 5月版，417 頁。

〔註32〕王元化序。蔣麗萍、林偉平：《民間的回聲：新民報創始人陳銘德鄧季惺傳》，新世界出版社，2004 年 8 月版，1 頁。

〔註33〕方漢奇序。蔡銘澤：《中國國民黨黨報歷史研究（1927～1949）》，團結出版社，1998 年 9 月版。

表明學術界對新聞權利、包括對抗戰時期的新聞自由與新聞統制問題的認識，完全走出了舊有的階級範式。有學者通過對《中央日報》、《大公報》抗戰期間紀念「七‧七」的社論文本進行比較分析，發現國民黨中央的機關報與國民黨最高領袖之間有不一致的地方。〔註34〕此外，展江的博士論文《戰時新聞傳播諸論》，作為大陸第一部從理論上深入探討戰時新聞傳播的著作，對於理解抗戰時期的新聞政策和新聞生產，具有重要的啓示作用。黃瑚的《中國近代新聞法制史論》、倪偉的《「民族」想像與國家統制：1929～1949年南京政府的文藝政策及文學運動》、江沛的《南京國民政府時期意識形態管理剖析》、王奇生的《黨員、黨權與黨爭——1924～1949年中國國民黨的組織形態》等著作，也從法律、文學、歷史學等不同學科的角度分別研究了國民黨文化統制的法規政策、意識形態管理制度和國民黨的組織形態，對於理解戰時國民黨新聞政策，也有一定的借鑒作用。尤爲可喜的是，許多歷史學和新聞學專業的研究生也選取抗戰時期新聞史作爲碩士、博士論文選題，比如王永恒的《媒介的力量——抗戰時期的〈新華日報〉及其影響》（華中師範大學博士論文 2004 年）、陳建新的《〈大公報〉與抗戰宣傳》（浙江大學博士論文 2006）、王靜的《國民黨統治前期（1927～1935）新聞政策研究》（山東大學 2007 碩士論文）等。這些蔚爲大觀的研究成果，構成了抗戰時期新聞史研究的又一次高峰。

　　與此同時，臺灣也產生了一些有關抗戰時期新聞史的學位論文，其中王凌霄的《中國國民黨新聞政策之研究（1928～1945）》（1992 年臺北國立政治大學歷史研究所）和高郁雅的《國民黨的新聞宣傳與戰後中國政局變動（1945～1949）》，都是有關國民黨新聞政策的力作。這兩篇論文雖然都不以抗戰時期的新聞事業爲對象，但有關新聞統制和新聞自由的討論，都是重要內容。不過，前者對於國民黨新聞政策的靜態性描述有餘，對於政策的執行過程尤其是媒體與政策互動過程的分析，則付之闕如；而後者在總體上將戰時國民黨黨營事業的「成功」作爲立論的起點，以論證它在戰後的「失敗」，在我們看來，未免失之表象之見。

　　對於本文要研究的主題而言，1978 年之後有關抗戰新聞史的研究，同樣存在一些明顯的問題。一方面，與新聞史研究的總體情況相類似，大部分有

─────────────

〔註34〕徐思彥：《官與民：對〈中央日報〉〈大公報〉「七‧七」社論的文本分析》，《學術界》總第 121 期，2006 年第 6 期。

關抗戰新聞史的研究依然難以完全擺脫革命史的痕迹，依然是「半大的解放腳」；〔註35〕另一方面，受主流話語轉向所謂純學術的潮流影響，新聞史研究也頗有「告別革命」的意味，突出表現就是新聞自由問題被邊緣化。本文認為，無論是作為一種「政治」資訊史，〔註36〕還是一種話語交鋒史，〔註37〕新聞史無非「就是人類長期以來為相互自由傳播而鬥爭的歷史。」〔註38〕從本質上說，新聞傳播乃是政治自由的重要組成部分。千千萬萬男男女女為爭取自由傳播而進行的鬥爭，包括但不僅僅侷限於某個階級為爭取自己的傳播權利而作的鬥爭。史達林新聞模式新聞史觀的弊端，〔註39〕就在於以某一個階級的鬥爭取代其他社會階層的鬥爭，使得新聞史受制於階級鬥爭史和革命政黨史。因此，突破革命史範式不是要「告別革命」，而是在自由的意義上，啓動原來被革命和進步標籤遮蔽的歷史存在。如同羅隆基一語中的地將「新聞事業與國難」這一宏大主題歸約到「新聞自由與新聞檢查」，我們相信，從考察新聞自由與新聞檢查這一核心問題入手，綱舉目張，條分縷析，庶幾為理解抗戰時期中國新聞事業的一把鑰匙。

三、本文的研究思路與章節架構

　　戰爭，無疑是抗戰時期新聞事業史的邏輯起點。因此，本研究的基本思路，也圍繞著戰爭這一邏輯原點逐漸展開。從理論上探討新聞與戰爭的關係，已有許多傑出的成果。本文的目的，不是為了在這一領域提出新的見解。雖然無法避開就戰爭與新聞關係作理論上的討論，但作為一項新聞史研究，本文的重心在於考察抗日戰爭如何影響了中國政府的新聞政策以及媒體和報人的文本實踐。

〔註35〕 方漢奇：《關於新聞史研究的幾點體會與建議》，《新聞研究資料》第 11 期。

〔註36〕 〔美〕Ｗ・蘭斯・班尼特：《新聞：政治的幻象》，當代中國出版社，2005 年版，5 頁。

〔註37〕 曾慶香：《新聞敘事學》，新華出版社，2005 年 1 月版，196 頁。

〔註38〕 〔美〕埃德溫・埃默里，邁克爾・埃默里著，蘇金琥等譯，董樂山校：《美國新聞史——報業與政治、經濟和社會潮流的關係》，新華出版社，1982 年 12 月版，1 頁。

〔註39〕 1989 年 3 月，中國社會科學院新聞研究曾組織過關於史達林新聞模式的討論會，檢討該模式的弊端。參閱舒展：《「中間勢力」——敵耶？友耶？——讀百年滄桑的隨記》，原載《大公報》，2001 年 10 月 20 日至 22 日，收入《我與大公報》，復旦大學出版社 2002 年 5 月版，376～379 頁。

　　在政府、媒體和報人的互動中，新聞政策是一個關鍵的中介，本文的討論因此也以該政策爲中心。本文共分三個部分。第一部分主要分析國民黨戰時新聞政策的理論基礎、制度淵源，同時分析不同媒體對於政府新聞統制政策的不同態度，檢討政府和媒體對於新聞自由的不同理解及其相互間的衝突。第二部分則主要分析作爲國民黨戰時新聞政策核心的戰時新聞檢查制度，包括該制度的組織建構、法規依據、檢查程式與標準、具體運作過程，特別是它對戰時媒體文本實踐的影響以及所引發的各種媒體反饋，也就是該政策的實際效果。並通過該效果分析，對戰時新聞統制與新聞自由的關係作出評估。第三部分從外部戰爭語境、政策環境轉向媒介和新聞工作者內部自身，通過分析《中央日報》、《新華日報》和《大公報》三種主要報刊的社論文本，考察各報的敘事框架、言論策略、各自在統制政策之下的「自由」臨場發揮以及彼此間在意識形態場域的交鋒情形，藉此觀察不同政治立場的媒體對於戰時新聞統制與自由的不同理解及其在一些重大議題上的不同體現。

　　在寫作方法上，本人雖然期待能找到一種新聞哲學與新聞歷史的結合方式，但是，文章更多的是呈現抗戰時期政府、媒體與報人各自是如何在理論和制度上界定新聞自由並由此產生的互動過程。至於新聞哲學，則主要是借用抗戰期間報人自身的論述。與其說我在論述，不如說我在「傾聽已被說出的聲音」。本文努力忠實於歷史研究的基本要求，以史料和文本分析爲基礎，儘量理清文本內在的脈絡與理路，同時將文本置於歷史的具體情境之中，以求得對歷史作儘量的「瞭解之同情」與「語境化」理解。〔註40〕除了理論思辨上的不足，在史料選擇方面，本文雖然將範圍縮小在抗戰時期的國民黨統治區的政府、媒體和報人，但事實上，本文僅僅是較爲集中地使用了國統區某些區域某些報刊的材料，特別是重慶地區的《中央日報》、《新華日報》和《大公報》的資料，桂林、昆明、成都以及其他國統區的情形雖有涉及，但顯然過於簡略。同時，爲了說明問題的方便和邏輯上的需要，本文也使用了不少國統區以外以及抗戰之前或之後的材料。這些都是有待今後改進的地方。

〔註40〕〔英〕詹姆斯·卡倫著，史安斌、董關鵬譯：《媒體與權力》，清華大學出版社，2006年7月版，65頁。

第一章　黨權、業權與國權：從新聞統制到戰時新聞統制

第一節　新聞統制與「統制『統制新聞』」：抗戰之前的政府與媒體

一、黨權高於一切：三民主義報刊理論與新聞統制政策

（一）報刊理論與新聞政策

　　傳播政治經濟學認為，新聞傳播從來不僅僅是新聞工作問題，而是政治自由的重要組成部分。所有的新聞體制都體現了所在國家的政治和經濟體系的價值取向。在《報刊的四種理論》這本關於新聞體制的經典論著中，[註1] 施拉姆等人指出，不同報刊理論間的差異是一種哲學上的差異。不同的報刊制度，決定於不同社會所持有的某些基本信念和假設，這些信念和假設包括：

〔註1〕　1980 年，中國人民大學新聞系首次將該書譯為中文，取名《報刊的四種理論》。2008 年，展江等人將該書重譯，取名為《傳媒的四種理論》。除了書名不同，新譯本還將舊譯本中的「集權主義報刊理論」和「自由主義報刊理論」分別改譯為「傳媒的威權主義理論」和「傳媒的自由至上主義理論」。學術界較多採用「威權主義理論」和「自由主義理論」。為行文方便，本文仍從舊譯。關於該書的價值及其所引發的爭論，可參閱展江、王曉芃：《譯者序言》，載〔美〕韋爾伯·施拉姆等著，戴鑫譯、展江校：《傳媒的四種理論》，中國人民大學出版社，2008 年 3 月版，16～28 頁；〔美〕約翰·C·尼羅等著，周翔譯：《最後的權利：重議〈報刊的四種理論〉》，汕頭大學出版社，2008 年 7 月版，31～46 頁。

人的本質、社會和國家的性質、人與國家的關係、知識和真理的本質等等。概括而言，歷史上有兩種對立的價值信念和假設，從而決定了世界上有兩種不同的報刊理論和制度──集權主義報刊理論和自由主義報刊理論。〔註2〕

按照施拉姆等人的分析，集權主義報刊理論主張，個人的價值在於他作為集體的一員，個人利益應該服從集體和國家利益，國家的自由高於個人的自由。在個人與個人之間，存在著智愚賢不肖的差別，真理往往掌握在少數聰明人手中，「領導國家的英雄或領袖，能對公民福利做出最大的貢獻」。因此，普通大眾應該接受少數精英的指導，才能少犯錯誤。報刊應該服務於國家，避免妨礙國家的目的──這些目的由一個統治者或卓越人物來決定，以正確的輿論引導人。為了維持社會和平與秩序，國家有權禁止宣傳帶有危險傾向的意見；消息的傳播和任何議論都應該受到檢查和控制。國家和政府用以控制新聞事業的手段包括司法、政治、經濟等不同手段，其具體方法則包括實行特許證制、內容檢查制、司法起訴（所謂叛亂罪和煽動罪）、經濟控制（比如印花稅等）、賄賂媒介到政府自辦媒體等等。

與此相反，自由主義報刊理論則認為，人是理智的動物，人本身就是目的。國家的權力來源於個人的委託，其目的是為了保護個人的天賦權利，包括宗教信仰和言論出版自由。真理不是掌握在少數精英手中，而是有理性的人通過公開平等的交流討論就可以獲得。除了損害他人隱私、泄露國家機密等法律禁止的言論，即使是錯誤的言論也不應該受到限制。在公開與自由的言論市場上，真理最終將戰勝謬誤，因為真理具有「自我修正」能力。報刊有權利和責任作為一種司法之外的監督政府的力量，而且為了有利於完成這一任務，報刊必須完全不受控制或統治。

不同的報刊理論或新聞體制，會產生不同的新聞政策，並通過新聞政策對新聞事業產生決定性影響。作為國策的重要內容之一，新聞政策是執政黨、政府對新聞傳播媒介規定的活動準則的通稱，是政黨或政府掌握和管理新聞機構的重要手段和基本方法。〔註3〕從本質上說，它集中反映了統治階級的利益和意志，在新聞事業的發展進程中具有核心地位和主導作用。因此，我們

〔註2〕 〔美〕韋爾伯·施拉姆等著，中國人民大學新聞系譯：《報刊的四種理論》，新華出版社，1980 年 11 月版，2 頁。

〔註3〕 「新聞事業與現代化建設」課題組：《新聞事業與中國現代化》，新華出版社，1992 年版，43 頁。

可以從一國的國策與政制瞭解其新聞政策；反過來說，也可從一國的新聞政策來判定其國策與政制。〔註4〕同樣，要理解國民黨的新聞政策，就不能不瞭解國民黨的報刊理論及其背後的黨義思想。

（二）三民主義報刊理論及其新聞政策

中國國民黨以孫中山創立的三民主義為革命和建國的最高指導原則，相應實行的是三民主義的報刊制度。李瞻認為，三民主義報刊制度的哲學基礎與集權主義和自由主義均有所不同。他總結說，在人性問題上，集權主義主張人性惡，自由主義主張人性善，而孫中山認為人性是由進化而來，不是固定的絕對的。在人與國家、社會的關係上，集權主義主張人是社會的組成分子，社會與國家的價值高於個人，自由主義主張人是目的，國家和社會的目的是為了保障個人的權利和實現個人的幸福，孫中山則認為國家是達成人民幸福的手段，沒有國家的獨立富強，人民的幸福就沒有保障，因此，為了國家自由可以犧牲個人自由。在知識與真理觀上，集權主義者主張人有智愚之分，知識與真理掌握在優秀的統治者手中，自由主義者認為人皆有天賦平等的權利，真理只有通過各種觀點的自由交鋒才能達致，孫中山則強調人有先知先覺、後知後覺、不知不覺的等差，主張以「服務之人生觀」，彌補天生智慧的不平等。歸納起來，三民主義的報業哲學有五個要點：新聞自由並非人人享有；國家在新聞活動中應擔任一個積極的角色；新聞事業應做大眾討論與批評的論壇；新聞事業應是一種教育及公益事業而不應是一種營利事業；新聞事業應由智慧最高道德最好的人士主持而不應由市儈主持。〔註5〕

李瞻顯然是從理想狀態上討論和評價三民主義報刊理論，有意將它比擬為一種積極的負責任的自由主義報刊理論。雖然從馬星野第一次提出三民主義新聞思想時就有這種美好願望，〔註6〕但是，只要實際考察該理論的哲學基礎、特別是作為其制度安排的新聞政策的演變與運作過程，就不難發現，三民主義報刊理論實質上更多帶有集權主義的特徵。〔註7〕北伐成功後，國民黨由革命

〔註4〕徐詠平：《新聞法規與新聞道德》，臺灣世界書局，1982年版，1頁。

〔註5〕李瞻：《新聞學：新聞原理與制度之批評研究》，三民書局，1990年9月版，251〜252頁。

〔註6〕蔡銘澤認為，真正明確提出「三民主義新聞思想」概念的是馬星野。蔡銘澤：《論抗日戰爭時期國民黨人的新聞思想》，《新聞與傳播研究》1990年第2期。

〔註7〕早在國民黨南京政權成立不久，張季鸞就指出，國民黨的新聞理論是「承襲蘇聯式或法西斯式理論」。（張季鸞：《國府當局開放言論之表示》，載天津《大

黨成爲執政黨，宣佈實行名爲「訓政」、實則一黨專政、領袖獨裁的「黨治」統治。〔註8〕「黨治」理論成爲國民黨南京政府政治制度的根本原則。〔註9〕從本質上說，三民主義報刊理論，乃是「黨治」理論在報刊領域的具體運用，其目的是要確立三民主義「黨義」對於意識形態的控制。三民主義的新聞政策因此主要是一種宣傳政策，其中心內容始終只有兩個：積極的黨義宣傳和消極的宣傳審查。宣傳與控制兩相結合，構成國民黨完整的所謂新聞統制政策。

1、黨義宣傳

國民黨新聞統制政策的確立及其全面推行，是在 1927 年北伐成功定都南京之後，但它的許多雛形早見之於 1924 年改組時的有關決議和條例中，而更早的起源則可以追溯到孫中山早期革命的新聞實踐之中。在二十世紀中國歷史上，三民主義報刊制度的實踐形態、甚至理論表述方式都不斷發生過變化，但其基本精神又始終保持著某種一致性。具體說就是，作爲三民主義理論的創立者，孫中山的新聞哲學始終對國民黨的報刊制度有著決定性的影響。〔註10〕孫中山本人多次強調，辛亥革命的成功主要應歸功於宣傳的力量。在孫中山的革命策

公報》，1929 年 12 月 29 日。）目前學術界普遍認爲，「國民黨的新聞統制政策，是一種法西斯的新聞政策。」（復旦大學新聞系新聞史教研室編：《簡明中國新聞史》，福建人民出版社 1981 年 2 月版，361 頁。）

〔註8〕 耿雲志等：《西方民主在近代中國》，中國青年出版社，2003 年 1 月版，448 頁。

〔註9〕 田湘波：《中國國民黨黨政體制剖析（1927～1937）》，湖南人民出版社，2006 年 3 月版，44 頁。

〔註10〕 孫中山不是一個新聞理論家，但他一生都在與傳媒打交道，親自創辦、指導或直接參與編輯眾多報刊，提出了豐富的關於報刊的見解和主張。這些見解和主張既是三民主義理論體系的有機組織部分，也是三民主義報刊制度的理論基礎和重要內容。對於孫中山的新聞思想，學術界目前的研究基本還停留在對他的具體傳播實踐和傳播技術的總結上。張德娟的《孫中山對三民主義的傳播》（載林家有〔日〕高橋強主編：《理想‧道德‧大同──孫中山與世界和平國際學術研討會論文集》，中山大學出版社，2001 年 10 月版）介紹了孫中山如何利用報刊、廣播等現代傳播手段傳播三民主義的過程；唐曉童的《孫中山傳播思想管窺》（載《成都大學學報》2005 年第 3 期）從技術角度初步總結了孫中山的傳播思想；王穎吉的《孫中山先生報刊宣傳思想的形成及其傳統文化特色》（載《貴州文史叢刊》，2003 年第 3 期）則著重分析了孫中山報刊宣傳思想中所體現的「知難行易」，「兼愛非攻」、「貴和止戰」等中國傳統文化特色。臺灣學者徐詠平先後撰寫了《國父是最偉大主筆》、《國父筆伐「保皇」報》、《國父與革命黨報》、《國父領導革命成功的主力──東京民報》（收入《革命報人別記》，臺灣中正書局，1973 年版），比較系統地總結了孫中山在革命過程中的新聞宣傳活動及其主要的宣傳思想。

略中，立黨、宣傳、起義三件事是互相緊密配合的，其中立黨與宣傳更是體用不分。〔註11〕民國成立後，國民黨在二次革命、護國護法等鬥爭中一再受挫，不斷失敗，幾乎成了一盤散沙。孫中山從中總結的教訓是，國民黨忽視了宣傳和黨務。痛定思痛，他決定以俄為師，對國民黨進行改組。改組的步驟，從黨務開始；黨務的進行，「以宣傳為重」；〔註12〕宣傳的任務，就是「教本黨以外的人都明白本黨的主義，歡迎本黨的主義」，以「黨義」統一軍心、民心，也就是以三民主義思想改造人心，以達到「黨治」──「用本黨的主義治國」的目的。〔註13〕

改組國民黨及黨治理論的提出，標誌著國民黨希望成為一個像布爾什維克一樣的「壟斷政權的政黨」，〔註14〕從此拋棄議會政治的主張而採取了一黨專政的理論。在新聞政策方面，國民黨同樣深受蘇聯共產主義報刊理論的影響。〔註15〕放棄自由主義議會政治，轉而支持群眾政治，意味著不再需要相互競爭的政黨和黨派，也意味著需要「清除國民運動中的自由主義」。〔註16〕國民黨「一大」就要求宣傳部「實現宣傳和意見統一」，並確保一切

〔註11〕 1910年2月中旬在舊金山與同盟會當地分會負責人李是男、黃伯耀談話時，孫中山稱讚該地辦的《美洲少年》雜誌「是適合有思想的少年閱讀的」，並建議把它改為日報，以負起大張旗鼓盡力宣傳的義務。孫中山在會見時指出：革命團體是體，革命報刊是用，體用不二，「有體有用，我們黨的宗旨和作用才發揮出來。」《孫中山全集》第1卷，中華書局，1981年8月版，439頁。

〔註12〕 孫中山：《在廣州對國民黨員的演說》，《孫中山全集》第8卷，中華書局，1986年5月版，565～568頁。

〔註13〕 孫中山：《在廣州中國國民黨懇親大會的演說》，《孫中山全集》第8卷，中華書局，1986年5月版，282～285頁。

〔註14〕 陳之邁：《從國民大會的選舉談到中國政治的前途》，《獨立評論》第232號，1937年5月2日。

〔註15〕 代表維經斯基到中國後首先建立的工作部門，就是華俄通訊社，由楊明齋負責。1922年9月7日，馬林在《訪問中國南方的革命家──個人印象點滴》一文中也曾指出，宣傳工作遠不夠有力是國民黨的弱點之一。1922年11月8日，馬林又以「孫鐸」為筆名在《嚮導》第9期上發表《國民運動·革命軍和革命宣傳》的文章。文章認為，「中國國民運動中，最堪注意的一種現狀，就是缺少由一個政黨主持一種有規則的、有計劃的、有組織的宣傳」。載中共中央黨史研究室第一研究部編：《共產國際、聯共（布）與中國革命文獻資料選輯（1917～1925）》，北京圖書館出版社，1997年版，243頁，336頁。

〔註16〕 費約翰認為，國民黨與自由主義政治的聯繫，是一個長期傳統；國民黨內的許多忠實同志，一直在勇敢地捍衛民國和共和憲法，與那些試圖破壞它的人鬥爭。因此，孫中山逐漸確立黨治理論的過程，也是一個逐漸抹去國民黨自身歷史中自由主義傳統的過程，並且伴隨著不斷擊退來自黨內反對派的過

公開言論必須以權威和一致的方式表現出來。〔註 17〕這種追求輿論一律的理念，引起了傾向自由主義的國民黨員的不滿。時任國民黨中宣部部長的葉楚傖就認爲，衡量輿論健康與否的最好標準，就看報紙代表的黨派數量是否夠多。〔註 18〕根據這一原則，葉楚傖在自己負責的《民國日報》副刊《覺悟》上發表了戴季陶、周佛海等人反對國共合作的文章，由此引發與《覺悟》主編邵力子的衝突，導致後者於 1925 年 5 月離開該刊，並帶走那些激進的撰稿隊伍。葉楚傖的自由主義觀點，被以共產黨員身份加入國民黨的毛澤東指斥爲阻礙前進道路的中國資產階級反革命派的代表。〔註 19〕爲了追求思想的統一，在政治上將不同派系的輿論斥爲反動，並予以檢查和糾正，一開始就與正面的宣傳相輔相成。在 1924 年的改組中，國民黨宣傳部也被按照列寧主義原則進行了改組，被授予檢查和糾正黨內出版物的專門職責。

　　1924 年改組後，國民黨在全國各種重大事變中的宣傳變得更加富於攻勢。1926 年 1 月 16 日，國民黨第二次全國代表大會通過《關於宣傳決議案》，將宣傳工作視爲「最切要的企圖」，並期望宣傳部成爲該黨「最活潑、最敏捷的機關」，要求中央執行委員會和各省執行委員會將辦好黨報視爲自己的重要責任。〔註 20〕這段期間，共產黨員及左派人士在國民黨的宣傳中扮演了重要角色。於樹德、張國燾、譚平山曾被任命爲中國國民黨中央執行委員會之下的臨時政治宣傳委員會委員。1925 年 10 月，毛澤東繼戴季陶、汪精衛之後出任國民黨中宣部代理部長，〔註 21〕主編《政治周報》，董必武任漢口

程。事實上，孫中山未與上海本部協商，就在廣州開始國民黨改組的主要工作，是破壞了國民黨的組織制度和黨內的自由主義議會運動的。費約翰：《喚醒中國：國民革命中的政治、文化與階級》，三聯書店，2004 年 10 月版，284頁，331 頁。

〔註 17〕榮孟源主編：《中國國民黨歷次代表大會及中央全會資料》，上冊，光明日報出版社，1985 年 10 月版，143 頁。

〔註 18〕葉楚傖：《評論》，《民國日報》《覺悟》副刊，1922 年 7 月 24 日。

〔註 19〕子任：《上海民國日報反動的原因及國民黨中央對該報的處置》，《政治周報》第 3 期。

〔註 20〕榮孟源主編：《中國國民黨歷次代表大會及中央全會資料》，上冊，光明日報出版社，148 頁。

〔註 21〕1925 年 10 月，在汪精衛的要求下，毛澤東在國民黨中央執行委員會第 111次會議上被任命爲國民黨中央宣傳部代理部長，直到 1926 年 5 月。費約翰認爲，毛澤東在國民黨宣傳部的任期，是該部有史以來最長、最穩定的一段領導期；同時，毛澤東對國民黨中央宣傳部的領導時期，似乎也是他走向革命導師過程中的一個關鍵時期。費約翰：《喚醒中國：國民革命中的政治、文化

《民國日報》經理，彭湃、阮嘯仙、羅綺園等人成爲《中國農民》的主要撰稿人。1927 年清黨以後，國民黨如夢方醒，感覺此前受到「蒙蔽」，〔註22〕於是重加整頓，停刊《政治周報》，改組上海《民國日報》，創辦中央半月刊、中央通訊社和《中央日報》。〔註 23〕不過，國民黨雖從共產黨手中奪回了宣傳陣地，蘇聯共產主義報刊制度中追求輿論一律的原則精神卻已在其宣傳陣地裏生了根，〔註24〕其直接表現就是，國民黨南京政府試圖借助國家的力量使孫文主義由一黨的「黨義」變成全民的意識形態。

　　除了利用黨營新聞事業進行黨義宣傳，國民黨還努力將黨義宣傳滲透到民營新聞事業以及非新聞事業單位。1928 年，國民黨中央常務委員會第 144 次會議通過《設置黨報條例草案》等三個條例的同時，還通過《指導普通刊物條例》等，對非國民黨系統的報刊的出版與宣傳事宜作了明確規定：「各刊物方論取材，須絕對以不違反本黨之主義政策爲最高原則」、「必須絕對服從中央及所在地最高級黨部宣傳部的審查」。這些條例的刊佈，是國民黨明文製定控制普通新聞界的新聞政策之始，也是國民黨對新聞界實行審查追懲制度之始，目的是達

與階級》，三聯書店，2004 年 10 月版，349 頁。

〔註22〕何應欽：《本報的責任》，載上海《中央日報》第 2 版，1928 年 2 月 1 日。

〔註23〕關於《中央日報》的創辦時間，穆逸群認爲是 1928 年 2 月 10 日（穆逸群：《〈中央日報〉的廿二年》，載《新聞研究資料》第 15 期），顯然有誤。臺灣《中央日報》認爲，該報於 1928 年 2 月 1 日創刊於上海，1929 年 2 月遷移到南京（《中央日報豐盈的一甲子》，載胡有瑞主編：《六十年來的中央日報》，臺灣中央日報社，1988 年 2 月版，22 頁）。蔡銘澤認爲始於 1927 年 3 月 22 日的武漢《中央日報》（蔡銘澤《中國國民黨黨報歷史研究（1927～1949）》，團結出版社，1998 年 9 月版，50 頁）。曾虛白則認爲，《中央日報》1926 年冬在廣州創刊，1927 年 2 月遷到漢口發行，1928 年元旦又遷到上海出版，同年 2 月 1 日移到南京（曾虛白主編：《中國新聞史》，臺灣三民書局，1966 年 4 月初版，371 頁）。何種說法準確，《中國新聞事業通史》存疑待考（方漢奇主編：《中國新聞事業通史》第 2 卷，中國人民大學出版社，1996 年 5 月版，366 頁）。由上海古籍出版社和江蘇古籍出版社共同影印的《中央日報》起自 1928 年 2 月 1日，這一天報紙爲第一號。

〔註24〕張季鸞曾經對南京政府的新聞政策作如此評論：「黨國對於言論界之過去，多少有承襲蘇聯式或法西斯式理論之趨勢，將完全置全國言論界於黨部指導管理之下，而絕對統一之。其所謂統一，非僅言論已也，紀事亦然，故其理想的境界，爲全國報紙言論一律，紀事亦一律，當局謂黑，則俱黑之，謂白則俱白之，其所是否者是否之，是此種制度下之報紙，其職責乃完全爲當局作政策之宣傳，不復含自由宣達民隱之意也。」張季鸞：《國府當局開放言論之表示》，載天津《大公報》，1929 年 12 月 29 日。

到各報刊雖非黨營卻完全黨控的目的，故當時有「政治南來，而輿論北去」之譏。〔註25〕除了硬控制，國民黨還設法以津貼等軟性方式影響民營報業，尤其是上海、南京、平津等輿論中心的民營報業，以期達到黨外黨內報紙互爲表裏的宣傳效果。〔註26〕南京《新民報》便以接受附送中宣部的《七項運動周刊》爲條件，接受該部每月 800 元的津貼，時間長達三年。〔註27〕據 1934 年國民黨有關統計，接受津貼的報紙有《益世報》等 15 家。〔註28〕

　　與此同時，國民黨還進一步將意識形態統制範圍擴充至非新聞宣傳領域。1931 年 2 月 5 日國民黨中央宣傳部擬定《關於省市黨部宣傳工作實施方案》，提出要將三民主義應用到社會科學、社會問題及文藝的領域去，依三民主義的原理去樹立社會科學的體系，批評和解答各種實際社會問題，創造新的文藝作品，同時應用學術上的新發明以證實三民主義，「使智識分子深刻的接受本黨主義」。爲了掩飾這種意識形態控制的性質，增加所謂宣傳效率，該方案建議黨部所設的宣傳機關及出版的宣傳品，應該竭力避免用黨的名義。〔註29〕總之，國民黨利用執政黨的地位，不斷將黨義宣傳推廣到機關、學校、各團體乃至群眾日常生活之中，意圖以三民主義全面取代其他學說，而居惟一有影響的思想地位。

2、宣傳與新聞：「黨報報人」的雙重使命與角色衝突

　　宣傳黨義的最好武器自然是黨報黨刊。1926 年 1 月 16 日，國民黨第二次全國代表大會通過《關於宣傳決議案》，決定創辦黨報，並要求中央執行委員會和各省執行委員會將辦好黨報視爲自己的重要責任。〔註30〕1928 年 6 月 9

〔註25〕 方漢奇：《中國新聞事業通史》第 2 卷，中國人民大學出版社，1996 年 5 月版，410 頁。

〔註26〕 1932 年 6 月，國民黨制定了《中央宣傳委員會指導與黨有關各報辦法》和《中央執行委員會津貼新聞機構辦法》，計劃對願意接受的民營報紙提供不超過該新聞機構月支百分之三十數額的津貼，條件是接受津貼者必須承擔「以本黨主義政綱政策及中央決議案法令等爲立論取材之標準、對於違反本黨主義之謬誤言論應予糾正與駁斥……對於本會（中央宣傳委員會）應付時事之指示須完全接受並力行之」等六項義務。

〔註27〕 陳銘德，鄧季惺等：《新民報春秋》，重慶出版社，1987 年 12 月版，3 頁。

〔註28〕 王凌霄：《中國國民黨新聞政策之研究（1928～1945）》（1992 年臺北國立政治大學歷史研究所），中國國民黨中央黨史委員會，1996 年 3 月初版，97 頁。

〔註29〕 國民黨中宣部檔案，載中國第二歷史檔案館編：《中華民國史檔案資料彙編》第 5 輯第 1 編「文化（一）」，13～14 頁。

〔註30〕 榮孟源主編：《中國國民黨歷次代表大會及中央全會資料》，上冊，光明日報

日，國民黨中央常務委員會第 144 次會議通過《設置黨報條例草案》、《指導黨報條例》、《補助黨報條例》等條例，決定國民黨中央及各級黨部設立黨報，系統地提出黨報以三民主義為指導的黨性原則和組織原則。

條例規定：黨報的範圍包括黨報、半黨報和準黨報三種：「由中央及國內外各級黨部所主持者」為黨報，「由本黨黨員所辦而受黨部津貼者」為半黨報，「完全由本黨黨員所主持者」為準黨報。〔註31〕在內容方面，條例規定，「所有主張、評論除依據中央宣言決議及隨時頒佈之宣傳要旨外，更須以本黨主義及政策為最高原則」；「各黨報須絕對站在本黨的立場上，不得有違背本黨主義、政策、章程、宣言及決議之處；各黨報須完全服從所屬各級別黨部之命令，不得為一人或一派所利用；各黨報對於各級黨部及政府送往發表之文件，須盡先發表，不得延遲或拒絕；各黨報對於本黨應守秘密之事件絕對不得發表」。為了保證黨報的輿論正確，在組織上確保中央對於黨營事業人事的領導，條例規定：「凡中央及各級宣傳部直轄之日報雜誌，其主管人員或總編輯，由中央或所屬黨部委派之」；「直屬於中央之各黨報由中央宣傳部直接指導之，其屬於各級黨部之各黨報得由各級黨報秉承中央意旨指導之，但須按月向中央報告」。此外，條例還規定了各級黨報的宣傳紀律及違紀處罰辦法。〔註32〕

1928 年 2 月 1 日《中央日報》創刊時，國民黨元老吳敬恒在祝詞中宣稱孫文主義是「世界最優良之主義」，要求該報以孫中山思想為指導——「非總理之政制，不必自造政制；非總理之主張，不必自造主張」。〔註33〕作為黨的

出版社，1985 年 10 月版，148 頁。

〔註31〕方漢奇主編：《中國新聞事業通史》第 2 卷，中國人民大學出版社，1996 年 5 月版，364 頁。蔡銘澤將國民黨黨報分為「黨報」、「本黨報」、「準黨報」，「本黨報」可能為「半黨報」的筆誤。見蔡銘澤：《中國國民黨黨報歷史研究（1927～1949）》，團結出版社，1998 年 9 月版，127 頁。

〔註32〕條例規定：「言論記載除遵守出版法外須遵守左列條款：1、以本黨主義政綱政策及中央決議案法令等為立言取材之標準；2、對於違反本黨主義之謬誤言論應予以糾正與駁斥；3、不得有違反本黨主義政綱政策或不利於本黨之記載；4、本黨秘密事件絕對不得發表」；「各黨報須按期寄送刊物全份於中央及所屬黨部審查」。違反上述紀律，得按情節輕重，分別給予「警告、拆換負責人或改組」、「取消津貼」、「停刊若干日、查禁、懲辦負責人」甚至停刊的處罰。這三個條例原稿存中國第二歷史檔案館，全宗號 722，卷號 400。本處介紹係綜合參考方漢奇、蔡銘澤和王凌霄的著作。參閱方漢奇：《中國新聞事業通史》第 2 卷，364～365 頁；蔡銘澤：《中國國民黨黨報歷史研究》，53 頁。

〔註33〕吳敬恒：《祝詞》，載上海《中央日報》，1928 年 2 月 1 日，第 3 版。國共分裂後，對於孫中山的政制和主張，國民黨內各派系都宣稱自己的理解是惟一正

喉舌，黨營新聞事業宣傳本黨主義，本來無可厚非。可以說，從興中會成立到南京政府成立前，孫中山及其領導的革命黨人所主辦的眾多政黨報刊，正是由於其大膽鮮明的革命宣傳而產生巨大影響。但是，隨著國民黨由在野黨變爲執政黨，1928 年之後的國民黨黨報，在某種意義上由一般的政黨報刊變成爲「官報」，其主義宣傳也逐漸蛻變爲一種爲政府辯護、以粉飾太平的官腔官調，實際上只剩下「官」，而「報」的成分越來越少，缺乏新聞競爭力，也就沒什麼受眾市場。特別是「九‧一八」事變發生後，國難日深，輿論界抗日救亡的呼聲日益高漲。與社會地位和影響力日漸提高的民營報紙《大公報》、《申報》等相比較，國民黨黨營新聞事業的力量過於微弱，在輿論宣傳上處於不利地位。1931 年 8 月，爲了給即將召開的國民黨第四次全國代表大會徵求意見，國民黨中央執行委員會訓練部頒發給下級黨部討論提綱，其中丁項內容爲「改進黨的宣傳方略並確定新聞政策案」，要求各級黨部檢討宣傳工作，積極獻計獻策，以使黨義宣傳能深入民眾，「使本黨的宣傳能消滅一切反動思想」。同年 11 月，國民黨第三屆中央執委第二次臨時全會通過《改進宣傳方略案》、《改進中央黨部組織案》等，重新擬定新形勢下的宣傳方略，決定將黨營的圖書館、印刷所、通訊社、廣播電臺等文化宣傳機構，由宣傳部劃出，成爲獨立機構，直屬常務委員會，由此開啟的國民黨黨營新聞事業的「經營企業化」時代。〔註34〕

確的，並將對手的闡釋斥爲反動。因此，在國民黨各派系爭奪政權的鬥爭中，意識形態和輿論陣地的爭鬥，始終是一項重要內容。在這方面，國民黨政治領袖汪精衛佔得先機。1927 年 3 月北伐軍攻佔武漢後，他就在那裏創辦了《中央日報》。此後上海創刊的《中央日報》，實際控制權也掌握在汪派的丁惟汾、彭學沛等人手中。蔡元培爲該報創刊所撰的賀詞便隱然透露了黨內爭鬥的消息，其賀詞爲：「黨外無黨，囊括長材，進取保守，相劑無猜。進取過激，是曰惡化。寧聞碎玉，果愈全瓦。保守已甚，腐化是懼。或開倒車，或封固步。補偏救弊，賴有讜言。後知後覺，努力宣傳。嚴戒訐攻，多籌建設：悉屬同志，敢告主筆。」（載《中央日報》1928 年 2 月 1 日，第 2 版。）爲了與汪精衛、西山會議派爭奪三民主義的解釋權，蔣介石加緊了對國民黨宣傳的控制。國民黨第三次全國代表大會上，賴璉等 21 人首次提議「取締反動宣傳案」，這裏所謂的「反動宣傳」，主要是針對國民黨內的西山會議派。該會通過的《對於第二屆中央執行委員會黨務報告決議案》規定，國民黨所有宣傳機關及其出版品，必須呈報中央黨部核准登記，其目的就是借「登記」限制非蔣系的其他國民黨政治派別的宣傳。參閱榮孟源主編：《中國國民黨歷次代表大會及中央全會資料》，上冊，光明日報出版社，1985 年 10 月版，632～633 頁。
〔註34〕榮孟源主編：《中國國民黨歷次代表大會及中央全會資料》，下冊，光明日報

在這種背景下，1932年春，有「新聞才子」之稱的程滄波被委以重任，出任《中央日報》首任社長。程滄波曾任《時事新報》主筆，以「中國的李普曼」自詡。〔註35〕上任之初，程滄波第一件事便是籌借款項，給三個月未領薪資的員工發放薪資。當時的輿論環境，國民黨正處於內外交逼的情勢之中，其「攘外必先安內」的政策被輿論譏諷為勇於內戰怯於外鬥。為這一政策辯護的《中央日報》也被社會輕侮。程滄波深知，要使《中央日報》真正成為輿論領導，決不能依賴政治力量，必須先把報紙辦好。〔註36〕為此他特別寫信向張季鸞請教辦法。張季鸞回信說：「辦報還是新聞第一，報紙版面應多登載一些新聞。」〔註37〕多登載一些新聞，言外之意，就是少登載一些宣傳。也就是說，少一些黨性，多一些讀者觀念。報紙要登新聞，程滄波未必不懂這個簡單道理。但他更懂得，要在黨報上刊載讀者真正關心的新聞，何其艱難。

難點何在？難就難在黨營新聞事業的雙重性。一方面，黨營新聞事業的根本任務從創辦開始就注定是從事黨義宣傳，但作為一項新聞事業，它又必須完成新聞本身的功能。既要作黨的喉舌，宣傳黨的方針政策，以「黨性」為最高原則，又要做社會公器，滿足受眾需求，堅持新聞準則。在這雙重原則發生衝突時，往往是犧牲新聞原則以保持「黨性」原則。國民黨黨營新聞事業影響衰微的原因就在於此。要想不重蹈覆轍，再造《中央日報》的信譽，首先不能不從根本上理順這一衝突關係。程滄波迎難而上，在《敬告讀者》的社論中，他提出了自己上任後的《中央日報》言論方針。社論說：

> 中央日報在系統上為黨的報紙，是其職守，應為黨之主義言，為黨的創建者之遺教言，故發揚黨義與闡明遺教，允稱本報使命之一。然而本報言論上與黨之關係，僅止於此。所謂僅止於此者，本報所辨揚者為整個黨與黨之主義，而非黨內之任何機關與黨內任何之個人，本報不諱為本黨主義之辯護人，而決不作黨內機關或黨內個人之辯護人，黨內機關或黨內個人之行為，苟其違反黨的主義，本報

出版社，1985年10月版，5～7頁。

〔註35〕程滄波：《自序》，載《滄波文存》，臺北傳記文學出版社，1983年3月版，1頁。

〔註36〕程滄波：《半世紀的回顧》，載胡有瑞主編：《六十年來的中央日報》，臺灣中央日報社，1988年2月版，30頁。

〔註37〕程滄波：《我所認識的張季鸞先生》，載《傳記文學》第30卷第6期，收入朱傳譽主編：《張季鸞傳記資料》，臺灣天一出版社，1979年1月版，74頁。

憑其職責，不僅不能為之辯護，且將儘量予以批評，不僅本報予以
批評，且將喚起全國之信仰主義者予以制裁，此其一。

今之政府，受命於黨，而本報則本黨之辯護人也，前既言之，黨內
之機關與個人，茍其行為違反黨之主義，本報將儘量予以批評。然
從另一方面言，則茍政府或個人之行為並不悖於主義而蒙意外之毀
憎者，本報一本其批評政府之勇氣以為政府辯護。報紙之生命在聲
名，吾人豈敢遽云忘情清名。吾愛清名，吾尤愛真理，惟愛真理者
有大勇，亦惟有大勇者能為政府辯護，此吾人所沾沾自喜以為不同
流俗者，端在於是，此其二。

依吾人之見，黨之利益與人民之利益，若合符節。換言之，人民利
益即黨之利益，為人民利益而言，即為黨之利益而言。故本報為黨
之喉舌，即為人民之喉舌……本報篇幅以內，將特設『讀者通信』
或『民眾之聲』，儘量供給人民宣泄其隱衷，復儘量予政府以辯白之
機會，此其三。

……中央日報者，可成言論界之言論，其職責在集言論界言論之大
成，採取言論界大多數之言論而更為流傳宣達以期發生更大之效
力。時至今日，言滿天下，莫衷一是，言論界之內容，可謂龐雜已
極。夫時代潮流之轉移，雖非一手一足之力所能挽回，然則所貴立
言，在能不阿時好，不趨眾同，而卓然有所樹立，同人今後立言之
方針，竊慕此義，此其五。〔註38〕

程滄波的這一段話，最好地表達了國民黨黨營新聞事業工作者的身份尷尬與
角色衝突。黨營新聞事業工作者具有雙重身份，既是黨人，又是報人，但又
不是單純的職業報人或黨人，或許可以通稱為「黨報報人」。〔註39〕因為不是
職業黨人，他與政黨報刊中的政治宣傳家不同；因為不是職業報人，他也與
非政黨報刊中的自由報人不同。與自由報人相比，他具有「黨性」；而作為報
人，他又必須對讀者負責，代表輿論，與職業的政治宣傳家有區別。如果是
自由報人，他可以毫無顧慮地批評政府，因為那是他的天職；如果是職業政

〔註38〕 程滄波：《敬告讀者》，南京《中央日報》，1932年5月8日。
〔註39〕 「黨報報人」的說法來自《人民日報》總編輯胡績偉。參閱狄沙主編：《胡績偉
　　　　自選集》之三《報人生涯五十年》，香港卓越文化出版社，2006年9月版，2～3
　　　　頁。

治宣傳家，他可以明目張膽地宣傳黨義，因爲那是他的本份。黨報報人則在兩方面都想作爲而無法作爲。嚴格說來，黨報報人的這種角色衝突，尤其體現在執政黨的黨報報人身上，因爲在野黨的職業政治宣傳家，主要的任務必定是批評政府，而批評政府，理論上就站在了人民一邊。作爲執政黨的黨報報人，雖然報人的身份也要求他對讀者負責，以事實爲準，維護社會公益；但黨的宣傳工作者的身份又要求他爲政府辯護，將黨義置於事實之先。

　　由此可見，黨報報人身負的雙重任務的衝突，既表現爲黨義與新聞的衝突，也表現爲宣傳與事實的衝突，但從根本上說，它體現了民眾利益與執政黨利益的衝突。爲了彌合黨報報人的這種角色分裂，程滄波提出黨的喉舌即人民喉舌的理論假設，從而推論黨的聲音即國民的聲音，黨的利益即國民的利益，對讀者負責也就是對政府負責，按報紙規律辦事也就是按黨的宣傳政策辦事。這一套說法看似巧妙，卻並沒有真正解決問題。因爲「黨的利益即人民利益」固然是一種理想狀態，事實上兩者往往會不一致甚至相互矛盾。一旦兩者利益出現衝突時，究竟是黨的利益優先於國民的利益還是國民的利益高於黨的利益？如前所述，黨治理論是主張黨的利益高於民眾利益的。程滄波在此提出要以民眾利益爲重，雖然用心良苦，卻有違黨治精神，終究是一廂情願。其理論「創新」也不能真正化解黨報報人的的角色衝突，至多衹是爲黨營新聞事業工作者尋找一種可能的作爲空間——在黨的利益與國民利益一致的時候，他可以按照新聞規律辦事。否則，他就只能犧牲民眾喉舌，或者受到黨紀的處罰。想要二者兼顧，結果往往是兩方面都難有作爲。逼仄的空間裏，黨報報人未免感覺到寂寞的痛苦。〔註40〕

　　以黨營新聞事業宣傳黨義，或者說將宣傳滲透到新聞中，既是國民黨意

〔註40〕晚年的程滄波曾承認，一個深思憂時的記者，內心深處總有曲高和寡的寂寞感。所謂曲高和寡，就是站在少數不同意見的立場上。程滄波認爲，民主政治的特點，便是在制度上不讓懷有不同意見者受到無理的壓迫，不但不讓它受到壓迫，而且讓它有正當發揮的餘地。因爲在思想史上，少數人的不同意見，往往是真理之所在。因此，要做一個堂堂正正的人，關鍵在於自由之有無，而不在於智識之高低。一個人獲得了自由，才能保持其人性，保持其人格尊嚴，發揮其個性至善，以造福於自己及社會。要做人先要求得自由，要建立一個人的社會，必先得爲個人或一群人爭取自由。政治與社會的公平，其實現有賴於制度，而尤在透過不斷的公正言論，使各種制度日新月新。參閱程滄波：《〈自由人〉發刊詞》，《中國自由史上一位獨立的記者》，《寂寞的記者》，《滄波文存》，臺北傳記文學出版社，1983年3月版，158～159頁，167頁，297頁。

識形態控制的公開化表示，也是國民黨黨義宣傳的藝術化體現。早在北伐之前，北方報業就在感受到國民黨人的軍事攻勢之前，先已對其宣傳攻勢有了深刻印象。〔註41〕北方輿論重鎮《大公報》不無諷刺地批評國民黨強大的黨義宣傳是「虛構事實，顛倒是非」〔註42〕、希望國民黨能「事實勝於宣傳」，以實際行動糾正北方軍事政治上的許多弊害，「否則宣傳工作是白做了的。」〔註43〕國民黨的許多重要領袖人物，像孫中山、汪精衛、胡漢民等人，對於報刊工作都相當熟時時悉，于右任、戴季陶、葉楚傖、陳布雷，都曾是報壇的風雲人物。因此，國民黨是懂得也很講究宣傳藝術的，一再強調要以事實宣傳代替抽象宣傳，要用藝術的方法，通俗生動的方式，讓讀者和聽眾在潛移默化中自然接受國民黨的思想和政策。〔註44〕儘管如此，宣傳畢竟是宣傳，事實畢竟是事實。汪精衛在國民黨第二次代表大會的閉會詞中就曾經表示：「我們革命黨人最大的痛苦，就是宣傳與事實不能一致……不把事實來改變，是不能宣傳的，但是想把事實改變，卻又必先努力於宣傳。宣傳自宣傳，事實自事實，是我們覺得非常痛苦的事。」〔註45〕美好的宣傳如果不能成為現實，必然成為水中之月；而如果沒有宏偉藍圖的理想宣傳，又無法動員民眾投入革命實踐，現實也就不可能得到改變。〔註46〕作為黨的領袖，汪精衛的話，很深刻地提示了國民黨的革命宣傳與中國的革命現實之間的辯證關係，也一語道破作為黨的新聞工作者角色的艱難與尷尬。

　　1931年底國民黨提出《改進宣傳方略案》，同意中央通訊社遷出中宣部，

〔註41〕有學者分析說，北伐戰爭的結果，人力物力財力均處劣勢的國民革命軍一舉戰勝處於優勢的北洋軍閥，頗出時人意料之外。其原因之一，就是改組後的國民黨的黨務——這一無形的力量戰勝了北方軍事——這一有形的力量。而黨務的中心工作之一，便是三民主義的宣傳。參閱羅志田：《亂世潛流：民族主義與民國政治》，上海古籍出版社，2001年10月版，186頁。

〔註42〕《宣傳與革命》、《宣傳與事實》，分別刊載於天津《大公報》，1927年6月13日、10月11日。

〔註43〕《事實宣傳與理論宣傳》，天津《大公報》，1928年7月2日。

〔註44〕榮孟源主編：《中國國民黨歷次代表大會及中央全會資料》，下冊，光明日報出版社，1985年10月版，5～7頁。

〔註45〕榮孟源主編：《中國國民黨歷次代表大會及中央全會資料》，上冊，光明日報出版社，1985年10月版，169頁。

〔註46〕正如有人評價蘇聯共產主義宣傳模式時所指出的，該模式在某種程度上是成功的，但同時也可能是有限的，其有限性就在於，無論多麼精明地設計和運用說服，都「不可能改變條件而只能改變對條件的看法。」轉自許靜《大躍進運動中的政治傳播》，香港社會科學出版社，2004年2月版，8～9頁。

《中央日報》實行企業化改組，也是試圖弱化黨營新聞事業的宣傳色彩，希望藉此重新樹立黨報的信用。社長制後的《中央日報》和遷出國民黨中宣部的中央通訊社雖然自主權大增，宣傳事業獲得長足發展，[註47] 但是，中宣部仍爲其主管機關，其業務經常受到中宣部的干涉。據謝然之回憶說，國民黨中宣部與《中央日報》關係非常密切，每天都要通電話聯繫，商洽宣傳有關新聞處理問題。[註48] 躊躇滿志的程滄波在任上如履薄冰，仍然不免自取其辱，《中央日報》甚至被曾經做過國民黨中宣部長、對宣傳與事實相隔之苦有過身同感受的汪精衛罵作「狗屁」。[註49]

　　事實與宣傳的衝突，黨義宣傳與公開輿論的衝突，自身使命與角度的衝突，給黨報報人提出了一個理論挑戰和實踐難題。程滄波嘗試提出黨的喉舌與民眾喉舌相統一的假設，幾乎回答了這個問題。但是，邏輯的最後一步他沒有完成。從黨的利益即國民的利益出發，可以推論黨義宣傳高於簡單的事實報導，對於事實與宣傳的衝突，這未嘗不是個緩衝。但是高於事實不等於可以否定事實，高於事實應該可以涵蓋事實，否則事實與宣傳的衝突依然客觀存在。程滄波沒有繼續向前推進，其他三民主義報刊理論家也沒有解決這一點。面對同樣的難題，共產黨人則通過區分事實與「事實的報導」，特別是區分現象眞實與本質眞實，使得「用事實說『話』」成爲理所當然，以此化解事實與宣傳的矛盾，至少在邏輯上要自治得多。[註50] 當然，即使解決了這

<hr>

[註47] 《中央日報》發行量由以前的 9000 多份增加到 30000 份以上，初步具備了在多元化報業結構的環境下參與市場競爭的實力。中央通訊社的全國通訊網絡也基本建成，每天有四種不同的廣播，收費的訂戶也達到了 159 家。趙君豪：《中國近代之報業》，上海申報館，1938 年 12 月增訂再版，99 頁。

[註48] 謝然之：《追念馬星野先生》，載《傳記文學》第 60 卷第 1 期，臺北傳記文學雜誌社，1992 年 1 月版。

[註49] 比如 1931 年 10 月 19 日《中央日報》誤發日本電臺發佈的有關國聯的新聞。事後，陳布雷、程滄波聯名上書中央執行委員會自請處分。1934 年又因登載監察院彈劾鐵道部長顧孟餘的彈劾文章，在國民黨中常會上汪精衛對程滄波拍桌子大罵「狗屁的中央日報」。在登載南京憲兵在把江門搜查煙土時開槍傷人的消息後，南京衛戍司令部盛怒之下，甚至打電話到報社要抓人。參閱程滄波：《半世紀的回顧》，載胡有瑞主編：《六十年來的中央日報》，臺灣中央日報社 1988 年 2 月版，31～32 頁。

[註50] 黃旦在比較徐寶璜和陸定一關於新聞的兩個定義時，曾經精彩地指出，徐寶璜把新聞等同於事實，事實等同於眞實。陸定一則既承認事實是新聞的本源，又認爲新聞不就是事實，而是事實的報導或反映，包含了事實選擇、報導的動機、目的以及事實的分析、評判等價值範疇的內容，一句話，包

一邏輯關節，在自由主義看來，程滄波理論假設的邏輯前提——黨的利益即人民的利益——依然是個更大的難題，這一點就更不是黨治理論工作者所能解決的。〔註 51〕

3、從宣傳審查到新聞檢查

如果黨義宣傳祇是國民黨黨營新聞事業的任務，如果國民黨不是憑藉執政黨的地位，將黨義作為檢查其他新聞言論的標準，國民黨的新聞政策或許就可以不稱作統制政策。但是，國民黨一開始就在強化黨營新聞事業和黨義宣傳的同時，加緊了對不符合、特別是違反國民黨黨義的所謂反動宣傳和非黨營新聞事業的檢查和控制。

如前所述，早在 1924 年的改組中，國民黨宣傳部就曾被授予檢查和糾正黨內出版物的專門職責。定都南京後，國民黨中央通過了《指導普通刊物條例》、《審查刊物條例》等，對非國民黨系統報刊的出版與宣傳事宜作了明確規定，要求各刊物言論取材，必須「絕對以不違反本黨之主義政策為最高原則」、「絕對服從中央及所在地最高級黨部宣傳部的審查」。1929 年 1 月，國民黨中央執行委員會通過《宣傳品審查條例》，將審查範圍擴大到各種宣傳品，包括「黨內外之報紙及通訊稿」。審查標準則是所謂總理遺教、本黨主義、本黨政綱政策、本黨現行法令和「其他一切經中央認可之黨務政治記載」，可謂完全以國民黨是非為是非。該條例判定含有「宣傳共產主義及階級鬥爭者」、「宣傳國家主義、無政府主義及其他主義而攻擊本黨主義政綱政策及決議案者」等五種性質的宣傳品為反動宣傳品；含有曲解、誤解本黨主義政綱政策及決議案者等三種性質的宣傳品為謬誤宣傳品。對於兩種宣傳品的處理辦法是：謬誤者加以糾正或訓斥，反動者查禁封查或予以究辦。〔註 52〕此條例頒佈後，僅上海特別市教育局

含了意見和傾向。既然包含意見和傾向，自然就有正確與錯誤之區分。那種將事實與意見分開、對事實不做正確分析的所謂客觀主義的報導，正是中共中央宣傳部所嚴厲批評的資產階級的新聞觀點。「只有為人民服務的報紙，與人民有密切聯繫的報紙，才能得到真實的新聞」。而共產黨的黨報堅持密切聯繫人民的方針，那麼也就能或必然能真實反映事實。換句話說，這裏也就不可能存在事實與宣傳的衝突問題。參閱黃旦：《中國新聞傳播的歷史建構——對三個新聞定義的解讀》，載《新聞與傳播研究》2003 年第 1 期。

〔註 51〕陸鏗：《陸鏗回憶與懺悔錄》，臺灣時報文化公司，1997 年 7 月版，100 頁。

〔註 52〕國民黨中央執行委員會秘書處檔案，載中國第二歷史檔案館編：《中華民國史檔案資料彙編》第 5 輯第 1 編「文化（一）」，江蘇古籍出版社，75～76 頁。

查禁的各項反動刊物，1929 年 1 月至 6 月間就達 80 多種，7 月至 12 月又查獲 200 餘種；1930 年 1 月至 6 月，查獲 34 種。〔註 53〕1932 年 11 月國民黨中央執行委員會第 40 次常務會議通過《宣傳品審查標準》，在原來的《宣傳品審查條例》基礎上，又將謬誤的宣傳由 3 種增加到 5 種，而反動的宣傳由 5 種增加到 8 種。〔註 54〕這些條例的刊佈，標誌著國民黨由政黨言論控制走向報刊言論控制，由宣傳審查走向新聞檢查，由對黨營新聞事業的控制走向對非黨營新聞事業控制。將「反動」、「謬誤」等政治標準引入新聞稿件的判斷，這顯然是集權主義報刊理論的體現，完全有違新聞獨立和言論自由的原則。

　　1929 年 8 月，為「防止不正當出版品之流行」，國民黨政治會議修正通過了《出版條例原則》，規定一切出版品都要向政府登記並由政府審查。其中，凡屬所謂「宣傳反動思想者、違反國家法令者、敗壞善良風俗者、妨害治安者」，不得登記；已經登記的，則予以撤銷。違反規定者分別處以糾正、警告、查禁或拘罰等處罰。一個月後出臺的《日報登記辦法》規定，日報登記機關為各省黨部宣傳部，各特別市黨部宣傳部，最後審核由中央宣傳部辦理。凡申請登記的日報，其主辦人須至當地辦理登記機關履行登記手續，包括填繳保證書，呈繳最近一個月所出版的刊物等。日報登記合格後，如發現有反動言論，經當地黨部檢舉，上級黨部宣傳部審查核實，中央宣傳部核准，得撤銷其登記資格，禁止出版。〔註 55〕顯然，《出版條例原則》關於一切出版品都要向政府登記並由政府審查的規定，與《日報登記辦法》規定日報登記機關

〔註 53〕王煦華，朱一冰合輯：《1927〜1949 年禁書「刊」史料彙編》第一冊，北京圖書館出版社，2007 年 5 月版，19 頁，28 頁，58 頁。

〔註 54〕增訂的《宣傳品審查條例》規定，適當的宣傳包括闡揚總理遺教者、闡揚本黨主義者、闡揚本黨政綱政策者、闡揚本黨決議案者、闡揚本黨現行法令者、闡揚一切經中央決定之黨務政治策略者等 6 項；謬誤的宣傳包括曲解本黨主義政綱政策及決議者、誤解本黨主義政綱政策及決議者、思想怪僻或提倡迷信足以影響社會者、紀載失實足以淆惑觀聽者、對法律認可之宗教非從事學理探討從事詆毀者等 5 項；反對的宣傳包括為其他國家宣傳危害中華民國者、宣傳共產主義及鼓動階級鬥爭者、宣傳無政府主義國家主義及其他主義而有危害黨國之言論者、對本黨主義政綱政策決議惡意詆毀者、對本黨及政府之設施惡意詆毀者、挑撥離間分化本黨危害統一者、誣衊中央妄造謠言淆亂人心者、挑撥離間分化國族間各部分者。國民黨中央執行委員會秘書處檔案，載中國第二歷史檔案館編：《中華民國史檔案資料彙編》第 5 輯第 1 編「文化（一）」，江蘇古籍出版社，89〜90 頁。

〔註 55〕國民黨中宣部檔案，載中國第二歷史檔案館編：《中華民國史檔案資料彙編》第 5 輯第 1 編「文化（一）」，77〜78 頁。

為各省黨部、特別市黨部宣傳部之間存在著矛盾，結果申請登記者，往往缺少內政部登記證或黨部的書表。〔註56〕為了釐清兩個部門之間的職能區別，中宣部將日報和通訊社的登記事項歸於各省及特別市黨部宣傳部負責，並將「登記證」改為「審查合格證書」，而立案事項則交由各省及特別市主管行政機構辦理。

1930 年 3 月，國民政府製定《中華民國出版法》。該法共計 6 章 44 條，對新聞紙、雜誌及書籍等出版品的申請登記和刊載內容作了規定和限制。該法要求新聞紙或雜誌的發行必須在首次發行期前 15 日，呈由發行所在地所屬省政府或隸屬於行政院的市政府轉內政部申請登記；如果內容有關黨義或黨務事項登載，並應經由省市黨部或相當的黨部向中央黨部宣傳部申請登記。〔註57〕在出版內容方面，該法規定：一、出版品不得為左列各項言論或宣傳之記載：1、意圖破壞中國國民黨或違反三民主義者；2、意圖顛覆國民政府或損害中華民國利益者；3、意圖破壞公共秩序者。二、出版品不得為妨害善良風俗之記錄；三、出版品不得登載禁止公開訴訟事件之辯論；四、戰時或遇有變亂及其他特殊必要時，得依國民政府命令之所定，禁止或限制出版品關於政治軍事外交或地方治安事項之登載。〔註58〕儘管 3 個月前蔣介石曾通電全國報館，表示歡迎新聞界為政府建言獻策。該法的頒佈顯然與蔣介石的口頭承諾和輿論界的期望相反，對新聞事業的開辦條件、登載內容作了更嚴格的規定，處罰則趨於更為嚴厲。其第 35 條規定，違反出版法者，如果其行為同時違反其他法律規定，並且其他法律相關處罰比該法處罰較重，將依其他法律處罰。業界評論說，僅此一條，「不啻將出版法之精神，完全推翻。」〔註59〕5 月，國民政府內政部和國民黨中央宣傳委員會又制訂《出版法施行細則》，共 25 條，其中對有關黨義黨務事項出版品的規定特別嚴密。該法引人注目地公開將國民黨黨義法律化，賦予各級黨部審核出版物內容的權利，並使用語意含糊的「意圖」，為執法者留下巨

〔註56〕《第四屆中央執行委員會第四次會議中央宣傳委員會工作報告》，載王煦華，朱一冰合輯：《1927～1949 年禁書「刊」史料彙編》第 2 冊，北京圖書館出版社，2007 年 5 月版，52 頁。

〔註57〕1937 年修正的《出版法》將「有關黨義或黨務事項登載應經由省市黨部或相當的黨部向中央黨部宣傳部申請登記」這一項刪除，將相關許可權移交地方政府，使得黨政關係的界限較為清楚。

〔註58〕立法院編譯處編：《中華民國法規彙編》（1935 年輯），中華書局（上海），1936 年版。

〔註59〕《國民會議與言論自由》，天津《大公報》，1931 年 5 月 12 日。

大的空間。1933 年，在原有審查及發給許可證辦法的基礎上，國民黨西南執行部還擬定《定期出版物保證辦法》，規定凡定期出版物須具有現金或商店保證，方可獲取許可證。〔註60〕

除了出版許可證制度，集權主義報刊理論的另一項制度安排——內容審查制度，也很快成為國民黨政府的基本新聞政策。1927 年 7 月，南京戒嚴司令部根據戒嚴條例，特設郵政檢查委員會，檢查來往一切郵件，並製定了《南京戒嚴司令部檢查郵政暫行條例》。1929 年 8 月 27 日，國民黨中央執行委員會秘書處檢送《全國重要都市郵件檢查辦法》，開始對郵件進行檢查。該辦法規定：對於全國各重要都市郵件，中央可以在認為必要的時候命令當地高級黨政軍機關共同派員檢查，檢查主任由中央宣傳部指派。〔註61〕檢查的郵件中，遇有「反動」嫌疑的，立即扣送審查員審查。如果是有違《宣傳品審查條例》的郵件，則送由當地高級黨部宣傳部依該條例規定分別處理；如果是有關治安或軍事方面的「反動」郵件，則送當地高級政軍機關按情節輕重分別處理。〔註62〕南京、上海、北平、天津、漢口、廣州、青島、哈爾濱等八特別市率先設立郵件檢查所或類似機關，這標誌著國民黨的新聞統制政策趨緊，也就是由事後審查追懲制度改為事前預防的新聞檢查制度。〔註63〕1930年 4 月，又制訂《各縣市郵電檢查辦法》，將檢查推廣到縣市。1931 年 2 月 5日，國民黨中央宣傳部《關於省市黨部宣傳工作實施方案》規定，省及特別市黨部除有權對一切可疑的往來郵件電報予以檢查，還可按期審查報館及通訊社所出刊物，並隨時派員密查印刷所有否印刷反動宣傳品。〔註64〕為了加

〔註60〕《定期出版物保證辦法》，王煦華，朱一冰合輯：《1927～1949 年禁書「刊」史料彙編》第 2 冊，北京圖書館出版社，2007 年 5 月版，327 頁。

〔註61〕郵件檢查所的事務，涉及到交通部郵政總局、中宣部、地市黨部和軍政等多個機關。開始時的辦法是，各所人事與經費，都由各參加機關共同負責。因此，經費支配，及人事調遣，都不能獨立。1935 年 11 月後，為集中事權，交通部郵政總局製定《郵電檢查施行規則》，規定各地郵件電報檢查事宜，全部改由軍事委員會調查統計局統籌辦理。國民政府郵政總局檔案，載中國第二歷史檔案館編：《中華民國史檔案資料彙編》第 5 輯第 1 編「文化（一）」，174頁。

〔註62〕國民黨中央宣傳部檔案，中國第二歷史檔案館編：《中華民國史檔案資料彙編》第 5 輯第 1 編「文化（一）」，160 頁。

〔註63〕方漢奇主編：《中國新聞事業通史》第 2 卷，中國人民大學出版社，1996 年 5月版，412 頁。

〔註64〕國民黨中宣部檔案，中國第二歷史檔案館編：《中華民國史檔案資料彙編》第

強檢查的秘密性，1935 年制訂的《郵電檢查施行細則》還授權軍事委員會調查統計局插手郵件檢查。〔註65〕

　　雖然在郵電檢查中，新聞電訊的檢查占了主要部分，但為了更全面地檢查非電訊新聞，1933 年 1 月，國民黨第四屆中央委員會第 54 次常務會議通過《新聞檢查標準》、《重要都市新聞檢查辦法》，將此前實行的郵件檢查辦法推廣到新聞領域，首先是軍事和外交新聞。〔註66〕軍事，特別是外交新聞的凸顯表明了「九‧一八」之後國民黨新聞檢查政策的悄然改變。南京、上海、北京、天津、漢口等大城市紛紛設立新聞檢查所。雖然該辦法聲明檢查範圍只限於軍事、外交、地方治安及有關的各項消息，但各地新聞檢查所仍要求當日出版的報刊、通訊社稿件，甚至增刊、特刊、號外等，均須在發稿前將全部新聞稿件一次或分次送請檢查。對於不服從者，予以一天至一星期停版或其他必要處分。南京新聞檢查所還規定，如發現不經檢查而先期發行，或經扣留、刪改而依然發表原稿，以及私行泄露禁載消息或在新聞刪改處故留空白，均要援引《新聞法》予以懲處。此後，中央宣傳委員會鑒於各檢查所參與機關過多，〔註67〕新聞檢查的法令繁密，〔註68〕檢查單位事權不統一，

5 輯第 1 編「文化（一）」，17 頁，21 頁。

〔註65〕彭明主編：《中國現代史資料選輯》第 4 冊，中國人民大學出版社，1989 年 1月版，270 頁。

〔註66〕《新聞檢查標準》規定，關於軍事新聞之應扣留或刪改者：1、關於我國高級軍事機關、要塞、堡壘、軍港、軍營、倉庫、飛行場港、兵工廠、造船廠、測量局及其他國防上建築物之組織及設備情形；2、關於國軍預定實施之軍事計劃及一切部署；3、關於國軍之兵力番號與其行動及軍用品之輸送卸地點或籌備情形；4、關於高級指揮官之行蹤及其秘密之軍事談話；5、關於各級軍事機關有關軍事秘密之會議與紀錄；6、關於敵我軍情與事實不相符之紀載；7、其他不利於我方之軍事新聞。關於外交新聞之應扣留或刪改者：1、凡對我國外交有不利影響之消息，尚未證實或已證實不確者；2、凡外交事件正在秘密進行中，其消息或文件尚未經外交部正式或非正式公佈者。關於治安新聞之應扣留或刪改者：1、搖動人心引起暴動，足以釀成地方人民生命財產之重大損失者；2、故作危言影響金融足以引起地方人民日常生活之極度不安者。《新聞檢查標準》，載王煦華，朱一冰合輯：《1927～1949 年禁書「刊」史料彙編》第 2 冊，北京圖書館出版社，2007 年 5 月版，329～330 頁。

〔註67〕比如首都新聞檢查所先由中央宣傳部、陸海空軍總司令部、首都衛戍司令部、首都警備廳共同派員組成，後來由國民黨中央宣傳委員會、軍事委員會、內政部、首都警察廳、南京警備司令部、南京市黨部及市政府派員會同組織，新聞團體得派代表一人參加；其他各地新聞檢查所由當地高級黨部高級政府（或指派公安機關）及高級軍事機關（或指派警備機關）會同派員組織，必

又通過《修正重要都市新聞檢查辦法》，將檢查的範圍「限於」——其實是囊
括——「軍事、外交、地方治安及與有關之各項消息」，〔註69〕並在上述原有
三項檢查標準之外，增加關於「社會風俗」一項。〔註70〕

簡單的回顧表明，無論宣傳審查還是新聞檢查，國民黨新聞統制的目的
和重點都是爲了防止和肅清「反動宣傳」，以實現黨義對全國民眾思想的控
制。所謂「反動宣傳」，不同的時期所指不同，有時也包括國民黨內不同派
別的宣傳。但無論哪個時期，國民黨之外的宣傳，包括共產黨、青年黨和無
政府主義黨派等的宣傳始終是其防範和打擊的重點，其中共產黨的宣傳，更
是重中之重。國民黨第三次全國代表大會上，賴璉等 21 人首次提議確定新
聞政策，取締反動宣傳案，這裡的「反動宣傳」還包括「其言論有違反黨義」
的黨報宣傳。1929 年 1 月通過的《宣傳品審查條例》規定五種性質的宣傳
品爲反動宣傳品，其中第一種就是「宣傳共產主義及階級鬥爭者」。1932 年
11 月通過新的《宣傳品審查標準》規定的「反動的宣傳」，前兩項分別是「爲
其他國家宣傳、危害中華民國者」和「宣傳共產主義及階級鬥爭者」。〔註71〕

要時得由當地新聞團體派員參加，如上海新聞檢查所由上海市政府、市黨部
及警備司令部三機關合組而成，經費由三方分攤，人員由各方派充。參閱《首
都新聞檢查條例》、《重要都市新聞檢查辦法》、《上海市新聞檢查所》，載王煦
華，朱一冰合輯：《1927～1949 年禁書「刊」史料彙編》第 2 冊，北京圖書館
出版社，2007 年 5 月版，265 頁，332 頁，39 頁。

〔註68〕新聞檢查的標準除了《出版法》、《新聞檢查標準》等之外，《新聞檢查標準》
還規定，各新聞檢查所得隨時遵照中央宣傳委員會頒佈應注意之點，並須參
照《宣傳品審查標準》之規定，「各報社刊佈新聞，須以中央通訊社爲標本」。
以上海新聞檢查所爲例。該所用以檢查新聞的根據包括五種：1、中央所頒新
聞檢查標準，內容著重外交軍事國防政治地方要訊；2、中央宣傳委員會每周
頒發的新聞指導標準，屬臨時指導性質；3、臨時發生事故時，中央新聞檢查
處隨時電令知照或由該所事前電訊請示；4、本市新聞指導員之指示——國民
黨中央爲力謀指導新聞便捷起見，推上海特別市市長吳鐵城爲本市新聞指導
專員，因此本市臨時發生重大事故急需解決時，多請示吳市長辦理；5、本市
黨政軍最高機關臨時之指示。參閱《上海市新聞檢查所》，載王煦華，朱一冰
合輯：《1927～1949 年禁書「刊」史料彙編》第 2 冊，北京圖書館出版社，2007
年 5 月版，41 頁。

〔註69〕國民黨中央執行委員會秘書處檔案，中國第二歷史檔案館編：《中華民國史檔
案資料彙編》第 5 輯第 1 編「文化（一）」，江蘇古籍出版社，163 頁。

〔註70〕《第四屆中央執行委員會第四次會議中央宣傳委員會工作報告》，王煦華，朱
一冰合輯：《1927～1949 年禁書「刊」史料彙編》第 2 冊，北京圖書館出版社，
2007 年 5 月版，65 頁。

〔註71〕榮孟源主編：《中國國民黨歷次代表大會及中央全會資料》，上冊，光明日報

另外，據 1929 年國民黨有關方面的統計，全國反動刊物比 1928 年增加 90%。在全部反動刊物中，共產黨刊物占 54%強，改組派刊物占 24%，國家主義派刊物占 5%強，無政府主義派刊物占 4%，第三黨刊物占 2%。1934 年 1 月，國民黨第四屆中央執行委員會第四次會議中央宣傳委員會工作報告在總結一年來國內刊物言論概況時指出，「至於反動刊物方面，仍以共產黨為反動主力，始終貫徹其階級鬥爭與推翻本黨政府，鼓吹建立『中華蘇維埃政權』之猛烈反動宣傳。國家主義派除仍彈其『取消黨治』的舊調外，對赤匪亦不惜主張妥協，以冀聯合推翻本黨政府。其他第三黨，無政府黨、社會民主黨等，對本黨亦保持污蔑與攻訐之態度。反動宣傳品在數量上的統計，當以共產黨較多，其他各派均甚少。但共產黨反動刊物，已遠不若往年之倡狂矣。」報告透露，一年以來審查的書刊中，包括定期刊物 518 種，不定期刊物 251 種，傳單標語 357 種，書籍 186 種。刊物方面言論正確的約為 25%，大多為本黨及政府發行之刊物；言論失當者約占 15%，其中以共產黨占主要數目，其他反動派如國家主義派占反動刊物總數約 5%，第三黨社會民主黨約占 3%，國家社會黨及無政府黨約各占 1%，東北傀儡組織約占 7%。〔註72〕「共產黨反動刊物，已遠不若往年之倡狂」，東北傀儡組織刊物的新出，都表明九‧一八事變後國際環境和國內政治生態已悄然發生變化，與之相應，國民黨新聞統制政策也悄然作出微妙調整。這種變化與調整的情形，下一節將作具體論述。

4、新聞統制是一種集權主義新聞政策

一手抓黨義宣傳，一手抓新聞檢查，兩手合起來，構成國民黨新聞統制政策的整體。1934 年 1 月，國民黨在第四屆中央執行委員會全體會議通過的決議中第一次明確提出，中央宣傳委員會在新聞界的任務是「集中經費於少數報紙，培養成有力量之言論中心」，「對全國新聞界作有傚之統制」，「使新聞界黨化起來」。1934 年 3 月，在國民黨新聞宣傳會議上作的《開會詞》中，中央宣傳委員會主任邵元沖解釋說，所謂新聞統制，「一方面要希望自己的新

出版社，1985 年 10 月版，632～633 頁；國民黨中央執行委員會秘書處檔案，中國第二歷史檔案館編《中華民國史檔案資料彙編》第 5 輯第 1 編「文化（一）」，江蘇古籍出版社，75～76 頁，89～90 頁。

〔註72〕《第四屆中央執行委員會第四次會議中央宣傳委員會工作報告》，王煦華，朱一冰合輯：《1927～1949 年禁書「刊」史料彙編》第 2 冊，北京圖書館出版社，2007 年 5 月版，47～50 頁。

聞宣傳發生有力的表現，一方面要應付反黨反宣傳的新聞」。會上，中央宣傳委員會新聞科提交了《本黨新聞政策之確立與實施》的報告。報告公開提出要吸取德國、義大利等國的法西斯宣傳思想與經驗，以國家至上為原則，進行「民族主義的新聞建設」，實行「科學的新聞統制」。國民黨上海市黨部還具體制訂了《新聞統制之實施方案》，將獲取「新聞最高領導權」作為新聞統制的核心，「盡力增厚黨的新聞業（黨報及黨的通訊社）之權威，充分培養其本能，使之自動發揮偉大的力量，取得新聞紙新文藝運動之最高領導權」，「徹底完成新聞一元主義（即純粹黨化新聞界）之任務」；並將意識形態統制滲透到新聞活動之內，製定積極影響新聞界的政策，從新聞界的人員管理、行政管理和新聞、言論統制等方面，「消滅反對報紙及新聞社，取締冷酷無情始終自外革命集團，絕無合作誠意者尤不容留。限制非黨系的新聞業侵略式的發展，干涉非黨系新聞企業托辣斯或叠而加形式」。〔註73〕這是對非國民黨經營的新聞事業的公開指責，是通過行政權力以國民黨宣傳思想滲透、干涉並進而控制全部新聞事業的明確表示。有人甚至提出要取消私營新聞業，實行報刊公營化。不過，持這種主張的人不是擔心新聞私營造成壟斷、從而使新聞媒介不再成為天下公器，而是援引法西斯德國、義大利等所謂「新興國家」、「吐棄民主政制」的榜樣，要在中國仿照建立起「一黨專制或獨裁政治下之報業公營」，〔註74〕其真正理論來源，毋寧說是希特勒將言論自由、新聞自由稱為削弱國家的「腐蝕劑」的理論。〔註75〕

客觀地說，作為一個現代政黨，國民黨在成文公告上，並不反對提新聞自由。1924 年國民黨《建國大綱》對內政策第 6 條規定：「確定人民有集會結社言論出版居住信仰之完全自由權」。訓政時期約法第 14 條規定：「人民有結社集會之自由，非依法律不得停止或限制之」；第 15 條規定：「人民有發表言論及刊行著作之自由，非依法律不得停止或限制之。」1935 年國民黨五屆全國代表大會宣言也宣稱保障言論公開，以宣達民意，統一民意，「關於言論著作出版之管理，必須悉心改善其辦法，備極善導，使於自由發展之中，其趨齊一健全之途，憲法未頒佈前，對於人民報刊，並宜根據訓政時期

〔註73〕《新聞會議記錄》，轉自方漢奇主編：《中國新聞事業通史》第 2 卷，中國人民大學出版社，1996 年 5 月版，408〜409 頁。

〔註74〕楊季：《報紙前途之趨於公營》，《前途雜誌》1933 年 12 月，轉自方漢奇主編：《中國新聞事業通史》第 2 卷，409 頁。

〔註75〕朱庭光主編：《法西斯體制研究》，上海人民出版社，1995 年 4 月版，95 頁。

約法保護之。」爲了免去人們對於「非依法律不得停止或限制之」的擔心，1936 年憲法草案第 25 條規定：「凡限制人民自由或權利之法案，以保障國家安全、避免緊急危難、維持社會秩序，或增進公共利益必要者爲限」。但是，黨治理論決定了所有關於新聞自由的條文注定成爲但書。根據黨治法則，反對國民黨或三民主義就是違反國家安全，就是損害公共利害。因此《出版法》第 19 條有關禁止登載的規定中，第一項被禁止的就是「意圖破壞中國國民黨或三民主義者」。胡漢民就公開稱「黨義是我們檢查一切的總標準」。〔註76〕

　　除了黨治理論，還有其他幾個重要因素決定了國民黨的新聞政策趨於反對新聞自由。首先，國民黨定都南京後，北洋軍閥的勢力雖已基本平定，但是，蔣桂戰爭、中原大戰、五次「圍剿」等軍事行動依然不斷，在某種意義上是處於一種「非常時期」。〔註77〕出於軍事考慮而採取某些檢控新聞的措施，實屬必然。與此同時，20 世紀 30 年代德、意法西斯勢力的崛起，以及西方資本主義國家因經濟蕭條而紛紛加強政府對於經濟的干涉和控制，這些國際局勢和思想語境也使得一些中國知識份子誤以爲自由民主制度已經衰落，開明專制與獨裁統治成爲一種新的政治發展方向。表現在新聞上，統制言論也頗能獲得業界相當的同情。〔註78〕日本侵略的威脅步步逼近，迅速完成國內政權的統一，以便

〔註76〕　胡漢民：《建設不尚虛飾》，《中央黨務月刊》第 20 期，1930 年 4 月。
〔註77〕　吳成編：《非常時期之報紙》，上海中華書局，1937 年 3 月版，27 頁。
〔註78〕　《大公報》的社論中就多次表達了這種意見。比如，1934 年 10 月 4 日社論《統制言論之合理化》認爲：「今日世界，已非十九世紀以來個人自由主義萬能時代。在國家社會公眾需要之前，個人利益，只有犧牲，故不但現代共產主義國家之蘇俄，法西斯主義當權之義、德，人民言論自由，已成過去陳迹，即其他政制改革不似俄義德三國之劇烈者，對於個人自由之限制，新聞言論之干涉，亦屬習見習聞，無足驚異。中國在此世界潮流之中，復處國步艱難之會，社會思想混沌，民眾智識不等，將欲效法英美人傳統地尊重言論自由，自係一種奢望，恐任何人任何派當國，胥難必其有此雅量，是以在今日而言統制言論，直爲時代趨勢使然，殊不足怪。」1935 年 7 月 30 日的社論《新出版法的再檢討》中又再次表示：「今日乃全體主義勝過個人主義之時代，事關全體利益者，個人必須犧牲。此不特政治經濟爲然，法律亦復如是，不但公法爲然，私法且亦如是，因是個人的自由主義在昔認爲地義天經者，現代國家，莫不以全體主義之需要而輒加統制。即在自由最稱神聖之英美，近年亦受世界思潮之激刺而有所修正。如美國之自由思想家杜威嘗將個人主義分爲新舊，主張個人主義應採新方式。英國哲學家羅素亦在許多近著中論及相當的統制爲現代社會所必需。由此可見自由與統制，初非絕對不能並存之物，而中國之新聞統制，實係本此世界潮流與時代需要而來，原則上自未可以厚

中央政府能夠合理地調配資源進行備戰，成為一個亟需解決的問題，〔註79〕這也為法西斯理論在中國的流行提供了土壤。所有這些原因，使得國民黨新聞報刊理論和法律條文中有關言論自由的表述流為一種裝飾，具體政策的不斷發展最終走向了新聞統制；也使得國民黨借新聞統制以實現意識形態控制的意圖，〔註80〕不僅獲得了辯護性很強的理論化表達，而且其政策的推行與實施過程，也帶有明顯的強制性，甚至表現出中國新聞史上從未有過的殘酷性。〔註81〕在這種統制政策下，新聞界感覺到言論自由，「像周公一樣的，不易叫人夢見」。〔註82〕抗戰全面爆發前就有人指出，戊戌變法以來，中國本來已有四、五十年的自由運動和解放運動的歷史，可是自從國民黨採納蘇聯顧問鮑羅廷的改組方案以後，中國便發生了一個向紀律和統制的變，國民黨不僅在黨政軍方面實行統制，而且推波助瀾，試圖將思想文化等等全部統制起來。〔註83〕抗戰前夕正在中國從事新聞採訪和新聞教育的斯諾也評論說，「不僅對於共產黨的宣傳，而且對於所有自由的和進步的思想，蔣介石的回答是：鎮壓中國的民間自由。這種鎮壓自1928年以來愈演愈烈，已經到了空前嚴重的程度。在法西斯新生活運動和復活孔教活動的推動下，對中國的民間自由實行鎮壓，完全是把中國人民的思想納入南京統治者所列條文的框框中去。控制思想的特務使得公眾言論的每一根音弦都啞然失聲。」〔註84〕

非。」1936年6月9日社論《論統制新聞》也說：「各國今日，除英美法等憲政國外，報紙皆受嚴重統制。如義德，如蘇聯，如日本，皆然，故中國之統制新聞，亦本不足異。」

〔註79〕倪偉：《「民族」想像與國家統制：1929～1949年南京政府的文藝政策及文學運動》，上海教育出版社，2003年9月版，196頁。

〔註80〕有學者指出，從辦報資格和禁止發行條款來看，國民黨對1930年《出版法》的一次次修訂使得該法的政治色彩大大增強，「從對被剝奪公權者和在押的刑事犯的限制到《修正出版法》的對破壞國民黨者、違反三民主義者、顛覆國民政府者等等的限制；從普遍含義的所謂清亂政體到具體的所謂破壞國民黨、違反三民主義等，其法規的黨派色彩、政治色彩明顯突出，新聞法規後面的激烈意識形態鬥爭昭然若揭。」參閱蕭燕雄：《我國近現代新聞法規的變遷》，香港《二十一世紀》1998年6月號。

〔註81〕江沛認為，在輿論管理上的專制，國民黨可以說是前無古人，其表現也恰恰從一個側面揭示了國民黨及其南京國民政府的精神本質。參閱江沛：《南京國民政府時期意識形態管理剖析》，《近代史研究》1995第3期。

〔註82〕舍我：《言論自由》，上海《立報》，1935年11月17日。

〔註83〕張佛泉：《論統制之宜審慎》，《國聞周報》第12卷第32期，1935年8月19日。

〔註84〕斯諾著，劉力群譯：《中國的新聞檢查》，《新聞研究資料》總第24期，中國社會科學出版社1984年3月版。

二、業權的沉浮：從「沉默的服從」到「統制『統制新聞』」

　　對於三民主義報刊理論的本質及其與新聞自由的必然衝突，新聞界有著清楚的認知。早在國民黨《宣傳品審查條例》頒佈時，作為北方輿論重鎮，[註85]《大公報》就發表社論對條例中幾條條文的「含混不明之點」，提出了質疑和修正意見。針對條例第 5 條關於「反動宣傳品」的 5 項規定的第 2 項——「宣傳國家主義無政府主義及其它主義而反對本黨主義政綱政策及決議案者」，社論提出 3 個疑問：何種國家主義為反動？何種為不反動？何以國家主義為反動？至於第 3 項「反對或違背本黨主義政綱政策及決議案者」，社論也認為大有問題。因為國民黨自己都承認理論尚未統一，也就是「主義解釋未確定」。既然如此，什麼是「反對或違背本黨主義」也就難以判斷；至於政策及決議案，就更無把握。因為黨國法令，經常變更——「昨日之政策，今日未必遵守；上屆之決議，下屆或者變更。」因此，要嚴格執行本項規定，國內言論界只有「鉗口沉默」，才可免於反動之咎。同樣，本條例第 6 條規定「謬誤宣傳品」的條件，有所謂「曲解本黨主義政綱政策及決議案事」、「誤認本黨主義政綱政策及決議案事」等，也都含混不清。如果不修正，很難實行，「其結果非條例成具文，即言論遭壓迫，二者必居其一。」社論表示並不反對以法律條例管理言論，但必須尊重自由；而且應該「法必期其行，行必期其善。」《大公報》明確表示，黨和國家的利益都應該以民意為基礎。輿論界的消極，不利於防止政治專制和腐化，[註86]顯然是委婉卻不失針對性地以自由主義和民主政治觀念暗批了國民黨的黨治理論。該社論關於應善

〔註85〕抗戰以前，《大公報》的發行量已達十萬份。據陳紀瀅估算，凡是中國知識份子、公務員、官吏，80%以上都是《大公報》的讀者，與同期的《申報》、《新聞報》發行 15 萬份但 80%為商人讀者相比，影響自然不同。陳紀瀅的估算在數位上未必準確，但判斷大致不錯。程滄波也認為，從「九‧一八」到抗戰時期，是《大公報》歷史上最為風光的時期，他戲稱「《大公報》是交的國難運。」陶希聖則認為，《大公報》之所以成就這段風光歷史，既有時局與地理位置的原因，也有張季鸞個人風格的原因。具體說就是，「九‧一八」後，北方是政情的重心所在，北方新聞界與學術界聯合起來是一道精神的長城，在苦撐著局面，而張季鸞魯仲連似的交遊於公卿之間的風格，使得《大公報》站在平津學術界與政府中間，成為輿論的橋樑。參閱陳紀瀅：《報人張季鸞》，重光文藝出版社（臺北），1967 年 7 月版，37 頁。程滄波：《我所認識的張季鸞先生》，陶希聖：《遊於公卿之間的張季鸞先生》，臺灣《傳記文學》第 30 卷第 6 期。

〔註86〕《中央之宣傳品審查條例》，天津《大公報》，1929 年 1 月 12 日。

意扶育輿論而不可輕易摧殘的主張，引起了陳佈雷的共鳴。〔註87〕

　　1929 年 12 月 27 日，蔣介石以國民政府主席的身份通電全國報館，歡迎新聞界爲政府建言獻策，不吝批評。雖然蔣介石這封「求言詔書」的電文擡頭是「大公報並轉全國各報館鈞鑒」，儼然視《大公報》爲輿論領袖，《大公報》仍然在社論中直接檢討國民黨的新聞宣傳政策，明確指出其「有承襲蘇聯式或法西式理論之趨勢，將完全置全國言論界於黨部指導管理之下，而絕對統一之」。在《大公報》看來，國民黨南京政府的理想，不僅要求全國報紙統一言論，連「紀事」、也就是新聞報導也要統一，一律以當局的是非黑白爲準，「言論一律、紀律亦一律」。社論直言不諱地批評這種制度完全爲當局作政策宣傳，「不復含自由宣達民隱之意」。它最終必然產生兩個弊端：一方面，由於宣傳過於統一嚴整，久而久之會使人民神經麻痹，反而使宣傳失效；另一方面，由於報紙成爲專替政府宣傳的機關報，其言論必將趨於單調和平庸，最終將使報紙失去信用。〔註88〕《大公報》還評論說，南京政府成立以來在政治上的最大失策，就是錮閉思想，干涉言論。當局者只求一時耳根清淨，結果卻導致士氣消沉，人心萎靡，得不償失。〔註89〕

〔註87〕陳佈雷在上海《時事新報》上也撰文對《宣傳品審查條例》提出了修正的意見，雖然在總體上不免爲該條例作了辯護。陳佈雷的意見包括三條：第一，願行法之人顧大體而略小節，語法意而鮮運用。因原條例所包含待審查之品件，範圍甚廣，以吾人所知中央宣傳部之組織，其擔任審查工作者，當不滿十人，耳目精力時間並有限制，決不能遍及而無遺，故除誠心反動之宣傳品外，對於一般，與其嚴毋寧恕，必使輿論界出版界有發乎愛護黨國之眞誠而自知審慎，然後可達所期之目的，萬不可打草驚蛇，反臻顧此失彼。第二，願各級黨部之注意徵集或審查時，亦須本此原則以行，最忌以尋垢索瘢之心，爲表示勤能之計，吾人以爲若干之反動宣傳品，查禁與制止固屬不得已之手段，但同時亦應就所見所聞，堂堂正正與之相峙或闡辯。蓋查禁之手段或有所疏漏，其間未必無達世人之耳目者，則積極的辯正之工作，尤不可少。至於尋常之日報或刊物，縱有違越，大抵皆誤解爲多，而存心曲解者爲少，不必定以極嚴厲之聲音顏色對之也。第三，願中央更頒定詳細之施行條例，其間應規定舉發失當者之取締方法，及借審查爲名而圖遂私利，或以不正當之交換條件而扶匿不報者之懲罰方法。蓋出版商中，品類亦至不齊，盡有出於種種之目的而以變相之賄求惑當事人者，風氣一開，則不特爲黨業怨，即條例尊嚴，亦大受其影響耳。陳佈雷：《對於宣傳品審查條例之意見》，原載上海《時事新報》，1929 年 1 月 18 日，收入中國國民黨黨史委員會編：《陳佈雷先生文集》，臺灣黨史委員會，1984 年 6 月版，123 頁。

〔註88〕《國府當局開放言論之表示》，天津《大公報》，1929 年 12 月 29 日。

〔註89〕《言論自由與立言之態度》，天津《大公報》，1930 年 7 月 24 日。

　　形勢正如《大公報》所料，隨著國民黨新聞統制政策的中心由宣傳轉向審查，以及進一步由宣傳審查轉向新聞檢查，中國新聞事業的生態環境也日趨惡劣。與宣傳審查的重點目標集中在違反黨義的所謂「反動」宣傳上不同，新聞檢查的範圍更加寬泛。除了軍事、外交等新聞，國民黨中宣部實際上爲了輿論一律，儘量壓制負面新聞，特別是限制媒體批評政府的言論。嚴厲的新聞統制確實造成了某種程度上的輿論統一，但它更造成了媒體新聞和言論的單一化，從而使讀者對於報紙的信任與興趣大減。〔註90〕面對輿論箝制，言論界對政府不得不抱一種「沉默的服從」態度，新聞事業顯得黯淡而缺少生機，〔註91〕整個社會也因此充滿著詐僞、虛矯、自欺欺人的空氣，「只有『鄉愿』，只有『愚論』，而不能有健全合理的眞輿論。」〔註92〕1934 年 1 月，國民黨召開第四屆中央執行委員會第四次會議，中央宣傳委員會的工作報告總結一年來國內刊物言論概況時也承認，自國難發生以來，言論界之態度，頗爲激昂。榆關失陷，熱河棄守，長城苦戰，平津困危，一般言論雖痛責北方軍事主持人無抗戰決心，但同時也認識致敗的原因，在於「國家社會組織之不健全，根本缺乏抵抗實力」，因此而生悲觀與煩悶，遂成爲極普遍之現象。〔註93〕《大公報》曾經希望通過新聞法界予新聞界依法批評政府的自由，以恢復清末民初輿論界爲言論自由奮鬥的精神。〔註94〕但是，黨治體制決定了出版法並不能眞正帶給業界所期待的自由。尤其是在國民黨新軍閥進行混戰的所謂「軍事時期」，軍人把持一切，軍權高於法權。各省報紙不僅不敢指摘省政府，即便是各縣的腐敗事迹，也不敢揭穿；不僅不敢開罪於軍長師長，即便是團營連長之流，在地方報的記者心目中，也都是小皇帝。這些大小軍人根本不需要通過法律，只要藉口軍事便利，就可以隨意封報館，捉報人。〔註95〕在這種環境中，不少記者爲職

〔註90〕　《送上海記者團南歸》，天津《大公報》，1929 年 6 月 3 日。
〔註91〕　《中央之宣傳品審查條例》，天津《大公報》，1929 年 1 月 12 日。
〔註92〕　政之：《中國爲什麼沒有輿論》，原載《國聞周報》第 11 卷第 2 期，1934 年 1月 1 日，收入王瑾，胡玫編：《胡政之文集》（下），天津人民出版社，2006年版，1043～1044 頁。
〔註93〕　《第四屆中央執行委員會第四次會議中央宣傳委員會工作報告》，王煦華，朱一冰合輯：《1927～1949 年禁書「刊」史料彙編》第 2 冊，北京圖書館出版社，2007 年 5 月版，46 頁。
〔註94〕　《送上海記者團南歸》，天津《大公報》，1929 年 6 月 3 日。
〔註95〕　可以說，封閉報館，逮捕記者，是隨時隨地都有之事，並不只限於「軍事時期」，或者某個區域，也包括在那些所謂「反蔣」的地區。比如 1929 年，國民黨查封了成都《白日新聞》、重慶《新社會日報》，1930 年，又查封了四川

業命運和前途感到不寒而慄。〔註 96〕《江聲日報》經理劉煜生被國民黨江蘇省黨部主席顧祝同捕殺後，北平市新聞記者公會向南京中央黨部、行政院等通電抗議，指責顧祝同公然目無法紀，蔑視人權，破壞法治精神，妨害言論自由，倒行逆施，甚於舊日軍閥。重慶記者協會譴責南京國民政府成立後的記者遭遇仍與軍閥專制時代一樣險惡。」〔註 97〕在軍事強力面前，《出版法》形同具文，不僅不能保護新聞記者，反而成為新聞事業的束縛。連國民黨領袖胡漢民在給孫科等人的函件中也驚呼，「數年以來，人民言論、出版、居住之自由，為軍人剝奪淨盡。」〔註 98〕

除了輿論批評和通電抗議，新聞界也以實際行動抵制新聞檢查。1929 年，為反對南京政府的新聞檢查，蘇州 11 家大小報紙聯合自動停刊以表示反抗，國民黨蘇州黨部被迫撤銷檢查新聞處。《民主周刊》評論說，新聞檢查員「我即政府」的態度，為南京政府新軍閥「我即政府」、「我即黨」、「我即中央」的縮影，為蘇州言論界被摧殘的縮影。〔註 99〕一些新月派人士公開呼籲：「我們要思想自由，發表思想的自由，我們要法律給我們以自由的保障。」〔註 100〕1930 年 3

的《大中華日報》、《新新新聞》、《川康日報》、《巴蜀日報》、《平報》、《川西北商務日報》。1929 年 8 月，無錫《新民報》記者朱冰蝶被以「侮辱黨部」罪名非法逮捕。1930 年 2 月，《時事新報》記者陳荇蓀被以「宣傳國家主義」罪名判刑 6 個月。1933 年 1 月，《江聲日報》副刊登載的《時代不是時代》、《我們的希望》等文章中，出現「地上泛起紅潮，添上一片紅」、「鐵的紀律」等詞句，被指責為「顯有宣傳共產，顛覆國民政府之故意」，違背《出版法》第十九條，該報經理劉煜生遭到逮捕，經戒嚴司令部審訊，依照危害民國緊急治罪法第二條第二款判處死刑，執行槍決。幾天後，《時事新報》駐南京記者王慰三又遭暗殺。1934 年，《申報》主編史量才被特務亂槍殺於滬杭公路。此後，成舍我因為《民生報》刊登揭露汪精衛親信彭學沛的文章被捕，杜重遠因為《新生周刊》發表易水的《閒話皇帝》被判刑。參閱實言：《分出黑白來，檢查新聞廣州也一樣屬害》，載王煦華，朱一冰合輯：《1927～1949 年禁書「刊」史料彙編》第三冊，北京圖書館出版社，2007 年 5 月版，165 頁；國民政府檔案，載中國第二歷史檔案館編《中華民國史檔案資料彙編》第 5 輯第 1 編「文化（一）」，江蘇古籍出版社，194～197 頁，307～316 頁。

〔註 96〕周孝庵：《新聞檢查與報紙條例》，《記者周報》第 2 號，1930 年 5 月 25 日。

〔註 97〕《重慶記者協會宣言》，《記者周報》第 6 號，1930 年 6 月 22 日。

〔註 98〕國民政府檔案，載中國第二歷史檔案館編《中華民國史檔案資料彙編》第 5 輯第 1 編「文化（一）」，江蘇古籍出版社，316 頁。

〔註 99〕《祝蘇州報界的勝利並告全國輿論界》，原載上海《民主周刊》第 1 期，1929 年 7 月 18 日。收入中國第二歷史檔案館編《中華民國史檔案資料彙編》第 5 輯第 1 編「文化（一）」，江蘇古籍出版社，198～9 頁。

〔註 100〕梁實秋：《論思想統一》，《新月》第 2 卷第 3 號，1929 年 5 月 10 日。

月，魯迅等人發起成立的中國自由運動大同盟譴責國民黨新聞檢查壓制了言語自由。〔註101〕同年 7 月，山東省代理主席命令濟南市公安局要求濟南報界每天刊登稿件送檢，報界聯名寫信表示拒絕，要求當局收回成命。〔註102〕《大公報》怒稱國民黨的新聞電報檢查政策不如袁世凱時代，〔註103〕是要「制報業於死地」。〔註104〕1931 年底，當上海全面實施新聞檢查的時候，上海日報公會召開緊急會議，向國民黨上海市黨部提出強烈抗議，表示「拒絕一切新聞檢查。」

〔註101〕 《中國自由運動大同盟宣言》，原載《萌芽》第 1 卷第 3 期，1930 年 3 月，轉自王煦華，朱一冰合輯：《1927～1949 年禁書「刊」史料彙編》第 3 冊，北京圖書館出版社，2007 年 5 月版。

〔註102〕 《濟報界對檢查之反感》，《記者周報》第 14 號，1930 年 8 月 17 日。

〔註103〕 社論說：「在袁世凱時代，雖亦檢查新聞電報，然有時可以與檢查員商洽更改。實際上初鮮壓迫。其後軍閥當國，言論束縛，漸已加烈。至於近年，政崇黨治，重視宣傳，新聞紀事與報館專電，乃大蒙有力者所垂念。專員審查，常置不停。特惜各處檢查電報人員，往往不明政情，欠缺理解，其去軍閥時代，不甚相遠。以致或過度禁制，或漫爲刪改，甚且正反顛倒，故意出入。結果徒令新聞信用受損失，新聞記者感痛苦。」《檢查電報》，天津《大公報》，1931 年 5 月 28 日。

〔註104〕 《大公報》生動地描述了當時國民黨郵電新聞檢查情形及業界的感受：「吾同業所最感苦痛者，莫過於各地檢查新聞電報之嚴峻而不合理。如南京電報檢查員，有時竟將政府命令，國議議決，亦爲扣留不發。至於檢閱怠忽，延擱遲誤，使新聞電不能當日到達如時上版，致將現金付費之專電，成爲明日黃花之舊聞，訪員採訪之辛勞，等於精神虛耗之舉動，尤爲新聞界莫大之懊惱。此由奉令檢查電報者，大率無辨別新聞之眼光，遂至有利官方之報導，有時亦受抑止不發之處分。……此外最近令報界感受苦痛者更有郵電機關之本身。例如各地郵寄新聞雜誌，動遭遺失，其不能使人信賴，遠非往年之郵政可比，尤以南京郵局，受人指摘更甚。以前每值報紙寄遞不到，或者認係檢查扣留，迨後調查，有不儘然者，於此見遞信事業，確有愈趨窳壞之勢。更如各地電信機關，近來效率，益復墜落，時通時阻，時愈時壞，竟使新聞記者無所遵循。從前建設委員會主持無線電之時，確有革命氣象，一自交通部收回管理，敏速便遠不如前，轉使人深悔從前援助交部，主張統一之無謂。上海水線電報，自來異常捷速，滬發津電，從前一小時即可收到，近自我國收回海線之後，效率遽爾銳減，有時上海夜午十二時發之電報，竟不及排入翌日之報版。尤可怪者，江西爲剿共中心，全國注目，乃南昌電局，近竟停發新聞電半個月，是豈非故意壅塞國民耳目乎？……中國新聞事業，甫在萌芽，而各方面有形無形之壓迫、牽掣，直令人無從招架。試觀新聞電訊，一受檢查員無理解的扣留，再受電報局無軌範的稽滯，更加郵送之多貽誤，讀者之不諒解，實是制報業於死地。是以吾人決不敢奢望受政府何等優待，但求：（一）檢查電報，勿過無理取鬧。（二）拍發電報，務予迅速痛快。（三）郵遞新聞雜誌，當事者多爲注意，勿令動輒遺失。三者辦到，於願已足，何敢他求？」《新聞界何敢有奢望！》，天津《大公報》，1931 年 8 月 3 日。

〔註105〕中國左翼新聞記者聯盟則公開宣佈：「否認現行的出版法及新聞法與各種國民黨中央或地方機關新聞檢查郵電檢查等一切束縛壓制新聞文化之發展的法令。」〔註106〕

在反對新聞檢查運動中，國民政府的《出版法》成為輿論的焦點之一。由於該法的模糊性，業界和新聞檢查機構經常在如何理解其條文上發生爭議。據統計，國民黨《出版法》自1930年公佈實施到1934年12月止，4年中，各省請求釋疑者達30餘件。〔註107〕因此，新聞界強烈要求對該法進行修訂。國民黨的中央委員中有不少人是同情新聞界舉動的。在1931年召開的國民會議上，陳介石代表甚至提案建議廢除出版法。當年7月12日，立法院例會討論《修正出版法》時，《中央日報》社長程滄波提議要征集新聞界意見，再行審議。葉楚傖也發表談話稱《出版法》「當痛快修正一下」。在他看來，新聞界不滿新聞管理單位的干涉，而新聞管理單位又擔心不管理會出亂子，彼此之間免不了麻煩，他呼籲新聞檢查單位，「應該使各報館的編輯人員有明瞭其不能登載的理由的必要」。〔註108〕

業界的抵制使得新聞檢查的效果並不理想，往往弄巧成拙，不了了之。針對國民黨借政府權力向媒體滲透黨義宣傳的意圖，胡政之曾經回答說，「我是國民，但不是國民黨。」〔註109〕1934年2月28日至3月1日召開的新聞檢查會上，南京、上海、北平、天津等全國各地檢查官員對新聞檢查政策抱怨很大。上海新聞檢查所陳克成報告說：該所對新聞檢查較嚴，言論方面，則為了被譏諷為箝制輿論，稍為放寬。北平、天津兩處也報告，當地新聞界對新聞檢查手續感到相當繁瑣；希望國民黨中央宣傳委員會今後電令扣禁新聞時，請將扣留理由及真相明示，以利於向新聞界解釋。北平、天津檢查所

〔註105〕《上海日報公會也爭言論自由》，王煦華，朱一冰合輯：《1927～1949年禁書「刊」史料彙編》第3冊，北京圖書館出版社，2007年5月版，171頁。

〔註106〕《中國左翼新聞記者聯盟行動綱領及組織綱領》，王煦華，朱一冰合輯：《1927～1949年禁書「刊」史料彙編》第3冊，北京圖書館出版社，2007年5月版，202頁。

〔註107〕祖澄：《新聞界請覆議修正出版法彙輯》，《報學季刊》第1卷第4期，申時電訊社，1935年8月15日。

〔註108〕張化冰：《1935年出版法修訂始末之探討》，《新聞與傳播研究》第14卷第1期。

〔註109〕政之：《中國為什麼沒有輿論》，原載《國聞周報》第11卷第2期，1934年1月1日，收入王瑾，胡玫編：《胡政之文集》（下），天津人民出版社，2006年版，1047頁。

以福建事變、南疆事件爲例，批評中央新聞政策往往重視封鎖而忽略積極宣傳。福建事變醞釀經過，全國早有所聞，國民黨中央卻終日闢謠，自詡樂觀，禁止報館發表任何消息，而聽任外國報紙及其他黨派的「反動」報紙充分宣傳。直到福建人民政府成立前一天，國民政府林主席、行政院汪院長還宣稱是謠言。最後迫不得已才由中央通訊社發佈消息，而且剛剛發佈又命令撤回，各新聞單位諷刺政府實行的是「手忙腳亂之新聞政策」。關於南疆事件，中央通訊社與塔斯社同時發佈消息，忽然卻又要扣留，華北新聞界紛紛表示，如此重要事件絕非可以「拖」、「瞞」了事，封鎖消息，無異於掩耳盜鈴，因此不顧扣留命令，各報仍然登載，結果是「新聞既未能收統制之效，於宣傳更成凌亂之狀」。會上，有檢查人員建議中央力避瑣屑籠統，除軍事、外交、國防及其他非常事件在某種限度之下必須絕對禁止外，其他消息應取寬大主義。中央通訊社也應充實消息內容，眞正供給豐富正確的消息。〔註110〕有人還指出，中央社經費取自國庫，卻成爲國民黨獨享的新聞機關，而收回外國通訊社發稿權，〔註111〕更割斷了國內報社對外的聯絡。〔註112〕至於新聞檢查人員的素質，黃天鵬的評價是，缺乏常識，亂抽亂檢。許多重要的軍事政治新聞，在香港可以長篇大論地記載，在廣州卻完全不能發表，因此對本國報紙的公信力，無疑是一大打擊。〔註113〕

「九・一八」事變後，日本問題幾乎成爲輿論的中心。〔註114〕國民黨的新聞政策也悄然發生變化，不過這種變化主要不是配合新聞界的輿論抗日。恰好相反，面對日益高漲的抗日輿論，國民黨從「攘外必先安內」的戰略出

〔註110〕國民黨中宣部檔案，國民黨中央執行委員會秘書處檔案，載中國第二歷史檔案館編：《中華民國史檔案資料彙編》第 5 輯第 1 編「文化（一）」，165～169 頁。

〔註111〕1931 年 10 月間，中央社先後與路透社、美聯社、哈瓦斯社、塔斯社等訂立交換新聞合約，收回各通訊社在中國發行中文通訊稿的權利。但當時中央社沒有足夠的設施，也無法翻譯外國電訊，因此，所謂「收回」，主要是法理上的權益，並未進入實際的作業階段。1932 年初，蕭同茲主持中央社後，迅速提升了電訊收發與翻譯能力，於是各外國通訊社紛紛將外文電訊稿交中央社發佈。原先在國際電訊上所冠的「路透社某某日倫敦電」自此改爲「中央社某某日倫敦路透電」。馮志翔：《蕭同茲傳》，臺北：傳記文學出版社，1975 年 1 月版，155 頁。

〔註112〕薩空了：《科學的新聞學概論》，香港文化供應社，1947 年 5 月版，42 頁。

〔註113〕黃天鵬：《中國新聞事業》，上海現代書局，1938 年版，138 頁。

〔註114〕柯博文：《走向「最後關頭」——中國民族國家構建中的日本因素（1931～1937）》，社會科學文獻出版社，2004 年 7 月版。

發，對日本採取「和平不到絕望之時不放棄和平，犧牲不到萬不得已不輕言抗戰」的策略，仍將重心放在意識形態控制上，不僅對於抗日宣傳相當消極，缺乏原則、組織和訓練，〔註115〕而且爲避免輿論刺激日本，並轉移對政府消極抗日的不滿情緒，在保守軍事、外交機密等名義之外又增加「團結」等名目，對於新聞言論、特別是有關日本的新聞言論，施以更嚴厲的禁止，〔註116〕新聞檢查演變成所謂取締新聞政策。輿論界對此強烈不滿。爲了安撫輿論界的激憤與悲觀情緒，陳佈雷曾親自向新聞界發表演講，希望全國輿論界既不要頹喪悲觀，也不要逞意圖一時盡興，而要有持久苦鬥的打算；要幫助政府，而不是指摘政府，非難政府，甚至窘倒政府。陳佈雷還從新聞業務上具體指示說，無論是重要消息，還是報上大標題，都應該更加慎重，「尤其要防止別有用心者的破壞挑撥宣傳」。〔註117〕1935 年 11 月召開的國民黨第五次全國代表大會第二次大會上，陳石泉等代表提議並獲大會通過的《關於確定文化建設原則與推進方針以復興民族案》，仍然強調統制運動的目標是，「辟除階級鬥爭與自由競爭之主張」。〔註118〕這都表明，儘管國難日深，國民黨的新聞統制仍與當時對中央蘇區的軍事圍剿緊密配合，以意識形態控制爲重心。

對於政府新聞政策上的這種「安內必先攘外」，有人認爲，一味採取消極的新聞檢查而缺少一個有計劃的新聞政策是根本錯誤的，〔註119〕有人更尖銳地批評爲「自取滅亡之道」，〔註120〕也有人建議政府徹底改變以往新聞檢查外

〔註115〕長江：《今後之戰時新聞政策》，武漢《大公報》，1938 年 1 月 27 日。

〔註116〕1935 年公佈的《敦睦邦交令》提出，「凡以文字圖畫或演講爲抗日宣傳者，均處以妨害邦交罪。」轉引自張宗厚：《國民黨政府統制時期的新聞法制》，載中國人民大學新聞系編《新聞學論集》第 11 期，中國人民大學出版社，1987 年 4 月版。

〔註117〕陳布雷：《切望輿論界對於國難當頭積極負起言責》、《國難中記者應有之態度》，分別載南京《中央日報》1931 年 10 月 2 日、10 月 10 日，收入中國國民黨黨史委員會編：《陳布雷先生文集》，臺灣黨史委員會，1984 年 6 月，241～242 頁。

〔註118〕行政院檔案，載中國第二歷史檔案館編：《中華民國檔案彙編》第 5 輯第 1 編文化（一），27 頁。

〔註119〕陳子玉：《戰時新聞紙的幾個重要問題》，《新聞記者》第 1 卷第 3 期，1938 年 6 月，漢口。

〔註120〕有人如此評論「九・一八」以後國民黨的新聞宣傳政策，「自『九・一八』事變以來，國難宣傳工作做得太少，原因就是政府未能保障言論自由。國家大政方針，總是秘而不宣，只曉得一則曰『鎮靜』，二則曰『鎮靜』，三則曰『鎮靜』，坐視強鄰進逼，疆土損失。本國新聞，又以檢查蓁嚴，報紙不能披露，

報例外的做法。〔註121〕1935 年 1 月和 7 月，上海、北平、南京等地數十家新聞團體曾兩次向國民黨中央請願，要求「開放言論自由」。就連國民黨的機關報《中央日報》也開始附和廢止新聞檢查的呼聲。1935 年 11 月 23 日，該報發表社論說，大局已經土崩瓦解，而人民尚未感覺，這不是人民之罪，而是「不合理的新聞政策及不合理的新聞檢查制度造成的」，是不合理的新聞政策與檢查制度「把我們國家與民族的一切生機都斬完了」。〔註 122〕1936 年初，上海市 71 位新聞記者聯名發表了為爭取言論自由的宣言，宣言說：

> 我們都是以新聞事業為職業的記者，深知道我們的責任是要做民眾的耳目，民眾的喉舌，要把國家民族所遭遇的實際情形，坦白地報告給讀者；為了國家民族前途的利益，說民眾所必要說的話。但是，幾年來環境的束縛，我們正確的報導，不能刊登在報紙上，我們連受良心驅使所要講的話，也不能披露在號稱輿論總匯的報紙上。每天翻開報紙，尋找我們辛勤得來的可靠消息，已經變成一大塊空白，或者成為幾百個幾十個方框，或者是用了一條報館的廣告抵補著，我們心中的悲憤，當然比任何讀者為甚。因為我們身歷其境，當然對違反全國民意的新聞檢查制度和報館奉命唯謹不敢稍違的態度，更覺痛心疾首。

> 在這整個國家整個中華民族的存亡關頭，我們決不忍再看我們辛勤

致使本國人民，對於本國之事，如墮五里霧中，昏迷不覺，而外國通訊社及報紙，反能盡情披露，輕重倒置，錯誤百出，此自取滅亡之道也。」參閱：《非常時期之宣傳工作》，原載《中國新論》第 2 卷第 4 期，1936 年 4 月 1 日版，收入吳成編《非常時期之報紙》，上海中華書局，1937 年 3 月版，58 頁。

〔註121〕對於外報（外文報或外人經營的中文報）不受國民黨新聞檢查政策限制的弊端，《大公報》曾評論說，外國媒體，「本以所屬國之利益為利益，且情勢隔膜，採訪不靈，故或為無意的誤傳，或為有意的妄載，或事出有因而宣傳過甚，或部分近似而全體失真」。（《論統制新聞》，載天津《大公報》，1936 年 6 月 9 日。）燕京大學新聞系主任梁士純也曾建議：一、取締一切外國在中國領土內所設的無線電臺及其他通電及通信的機關；二、外國人在中國領土內所辦的報紙及通信的稿件，應與中國人所辦的報紙及通信社的稿件受同樣的檢查。（梁士純：《戰時的輿論及其統制》，《國聞周報》第 13 卷第 24 期。）有人甚至提出強硬措施：「如外報不受統制，我們便予它以停止郵寄，嚴禁中國人購讀，違者槍決。如報館不服，則實行封閉。如果外人通訊社不受制裁時，則中國報紙，拒絕刊登它的稿件，再不然，實行封閉。」（吳成編《非常時期之報紙》，上海中華書局，1937 年 3 月版，37 頁。）

〔註122〕南京《中央日報》，1935 年 11 月 23 日。

耕耘的新聞紙，再做掩飾人民耳目，欺騙人民的煙幕彈，更不忍抹殺最近各地轟轟烈烈愛國運動的事實披露。我們認爲，言論自由，紀載自由，出版自由，是民國國民應有的權利，就是在中國國民黨第一次全國代表大會宣言所刊載的對內政綱裏，也有明文規定，到現在爲止，秉政的中國國民黨政府各級機關所每星期誦讀的總理遺囑中，還明白昭示國民黨同志，各機關公務人員「務須遵照」著「繼續努力，以求貫徹」的。所以我們不必向什麼機關請求，哀乞，我們應該自己起來，爭取我們自己所應有的自由。

在整個中華民族解放鬥爭的階段上，報紙應該是喚起民眾、組織民眾、反抗一切帝國主義者侵略壓迫的惟一武器，要這個武器發生運用的功效，只有先爭取言論自由。因此，我們堅決地主張：

一、反對新聞檢查制度的繼續存在。

一、檢查制度雖不立刻撤銷，一個自己認爲還算是輿論機關的報紙，絕對不受檢查。〔註123〕

輿論界長久的沉默終於爆發。當時正在用英文撰寫中國新聞輿論史的林語堂就認爲，文化圈內這種憤世嫉俗的精神，實質上是由於新聞檢查制度造成。在他看來，如果政府在軍事上或者在對外戰爭中節節獲勝，人們可能並不介意保持沉默；但是，當國土每天都在淪喪而政府依舊不允許人民發表言論，其結果自然是「人民被一種玩世不恭和消沉的情感所籠罩。」〔註124〕

企圖以三民主義控制知識階層的統制政策，其最終結果卻適得其反，反而強化了知識份子對政府的不信任情緒，使他們之中的一部分人更加堅定地投身到反政府的左翼運動中去。〔註125〕

值得關注的是，當整個輿論界言論日趨激進的時候，作爲業界領袖，張季鸞主持的《大公報》言論重心也發生了微妙的變化。1934年10月4日《大

〔註123〕《上海新聞記者爲爭取言論自由宣言》，《大眾生活》第1卷第9期，1936年1月11日。

〔註124〕林語堂著，王海、何洪亮譯：《中國新聞輿論史》，中國人民大學出版社，2008年6月版，138頁。

〔註125〕倪偉：《「民族」想像與國家統制：1929～1949年南京政府的文藝政策及文學運動》，上海教育出版社，2003年9月版，197頁。

公報》發表社論《統制言論之合理化》，從三個方面論述了中國不能效法英美等國實行新聞自由的原因：一是中國正處在「非常時期」；二是「世界潮流」正由十九世紀以來的個人自由主義轉向俄、德、意等國對於個人自由的限制對於新聞言論的干涉；三是中國民眾智識不等。社論由此得出結論說，統制言論，是時勢使然，「殊不足怪」。〔註126〕

如果還記得《大公報》曾對國民黨新聞統制政策予以不遺餘力並且是切中要害的批評，還記得《大公報》曾經就像一位啟蒙老師，反覆不斷地在社論中向國民黨政府申述新聞自由的大義──「有政權者應承認中國有獨立的言論界」、「有政權者應承認言論界有主張批評之自由」、「言論自由之內容，即主張批評之自由」，〔註127〕那麼這篇認為統制言論合理的社論居然出自《大公報》，就決非「殊不足怪」。而且，《大公報》這篇社論所列舉的反對新聞自由的三點理由都是不成立的，雖然這種理由在當時乃至今天都有人當作中國不能實現新聞自由的理由，〔註128〕這一點倒是「殊不足怪」。

導致《大公報》言論變化的原因大概有兩個。首先，對於國民黨報刊理論的統制本性，《大公報》有著透徹的洞察。在這種制度下，媒體要想獲得生存，就不能不接受統制的大前提，然後在這一大前提之內尋找具體報導和言論上的自由。這種策略與「黨報報人」以「人民喉舌」闡釋「黨的喉舌」有異曲同工之妙，同樣是一種「於統制與自由之間，妥求適當調和之道」。〔註129〕因此，《大公報》立論的轉變，或可視為一種立言策略的轉變，體現了統制之下媒體的生存智慧與言說藝術。但是，這種轉變之所以在這時發生，更直接的原因恐怕還是當時言論界憤世嫉俗、日益左傾的情形，使《大公報》在擔心統制破壞輿論生態的舊愁之外，平添了一種對於輿論界可能走向激進反政府、從而影響抗戰救亡的新憂慮。

於是，為緩和輿論界與政府之間的對抗，《大公報》公開承認新聞統制有其不得不然的理由。但必須同時指出，《大公報》認同新聞統制並不表示它完全放棄新聞權利。在承認統制言論是時勢使然後，社論緊接著就指出，「需要注意的，

〔註126〕《統制言論之合理化》，天津《大公報》，1934 年 10 月 4 日。

〔註127〕《對於言論自由之初步認識》，天津《大公報》，1930 年 4 月 26 日。

〔註128〕比如，有人就表示疑問：在以農民為主體的中國社會中，「公民社會」不在，「公共性」何在？「公共意志」何在？「公共社會機關」又何以能在？姜紅：《現代中國自由主義新聞思潮的流變》，《新聞與傳播研究》，2005 年第 2 期。

〔註129〕《新出版法的再檢討》，天津《大公報》，1935 年 7 月 30 日。

衹是統制的方法與程度」，進而向當局建議了新聞界理想中的「合理化的統制」
——所有與當前外交、國防、軍事、政治無直接危害的言論，即使與事實不符合，主張與政府有異，仍可曲示優容，許予發表。值得注意的是，張季鸞在這裡提出了兩條非常重要的言論自由的界限原則：「無直接危害」，「即使與事實不符合」。我們認為，這兩條原則與美國言論自由中的「明顯與即刻的危險」和「實際惡意」兩條原則不僅表述相似，內涵上也有相通之處。〔註130〕因為如果嚴格按照這兩條原則，幾乎所有的言論都應該是曲示優容，許予發表的。如果這一理解並非牽強附會，那麼，我們毋寧將《大公報》同意新聞統制的立言視為一種策略性表述，是以統制「合理化」之名以達到「批評」合理化之實，是一種言說方式的變化，而不是一種立場上的變化。

〔註130〕　「明顯與即刻的危險」這一原則最初使用只是表明最高法院並不贊成絕對論者對於自由表達的理解；並且將平衡保守國家機密和保護表達自由這兩種權利主張的難題擺在了法庭的面前。（〔美〕唐納德・M・吉爾摩等著，梁寧等譯：《美國大眾傳播法：判例評析（上）》，清華大學出版社，2002年9月版，23頁。）「明顯與即刻的危險」真正轉向自由優先，是在斯申克訴合眾國案之後，經過一系列案例的推進而逐漸達成的。1919年，霍爾姆斯在 ABRAMS 案對「明顯與即刻的危險」作了著名的修正，他說，最終的善最好通過思想的自由來實現，對真理的最好檢驗是在市場的競爭中讓思想的力量本身被人們接受；真理是人們能安然實現其願望的惟一基礎。無論怎麼說，這就是美國聯邦憲法的理論。這是一種實驗，因為所有生活都是一場實驗。如果不是說每一天的話，那麼每一年我們都不得不根據一些建立在不完善認識基礎上的預言，來打賭是否能得到拯救。當這一實驗成為美國制度一部分的時候，我們就應該永遠警惕，防止試圖鉗制我們痛快的並確信是該死的言論，除非這些言論如此迫在眉睫地威脅要立即干涉法律的合法和迫切目的，以至需要立即鉗制這些言論才能挽救國家。霍爾姆斯的這一修正實際上是強調，國會不能禁止所有改變國家思想的努力。在1925年 GITLOW 訴紐約州案中，霍爾姆斯強調，事實上，每一種思想都是一種煽動。思想本身會提供一種信念，信就照它做。意見表達和煽動在狹義上的惟一區別在於，言者對結果所抱的熱情。由此，他進一步明確了「明顯和即刻的危險」標準懲罰的應該是行動而不是言論。在同一案件中，大法官布蘭德斯代表霍爾姆斯所作的附議中提出，自由是幸福的源泉，勇氣是自由的奧秘。對自由的最大威脅來自惰性的人們。公眾參與討論是一項政治義務，也應該是美國政府的根本原則。「實際惡意」原則，是1964年《紐約時報》訴沙利文案中確立的保護新聞界揭露和批評政府的一條憲法原則。根據這一原則，即使新聞界對公共官員的官方行為批評和敘述不實，如果該官員不能舉證證明所作敘述出於實際惡意，即新聞界明知或全然不顧其揭露和批評失實，該官員訴新聞界誹謗就不能成立。這一原則徹底推翻了普通法禁止的對政府及其官員的批評，即所謂煽動性誹謗。（參閱邱小平：《表達自由——美國憲法第一修正案研究》，北京大學出版社，2005年1月版，31～32頁，41頁，44頁，425頁。）

　　在此後的立言中，《大公報》的策略意圖逐漸變得更加明顯並且更富機變。國民黨五中全會開幕時，新聞自由與統制問題成為會議討論的議題之一。《大公報》發表題為《為報界向五中全會請命！》的社論，突出地將「統制新聞」與「統制言論」作了區分，〔註131〕明確反對「統制言論」。至於「統制新聞」，則承認形勢所迫不能完全取消，但提出至少方法應該合理化。社論裏有一段話說：「中國現在正發著『統制熱』，然而一切統制之上，似乎都應該再上一道『統制』，就像『統制新聞』，還得要『統制「統制新聞」』。」所謂「統制『統制新聞』」，說白了就是以內容範圍、手續規章等種種條件限制「統制新聞」對於新聞的統制。〔註132〕關於「統制的方法與程度」，《大公報》認為應限於「影響公安或牽涉重大外交之緊急事項」。〔註133〕在關於《出版法》修訂的大討論中，《大公報》反覆爭論的也是新聞統制方法與程度、統制後的言論自由如何得到保障兩點。〔註134〕《大公報》提出，像揭發貪污、指摘劣政等重大問題，中央原則上並不禁止，新聞界應該可以自由報導和評論。〔註135〕

　　歸納起來，《大公報》關於「統制『統制新聞』」的主張大約有四點：第一，理解非常時期新聞統制的必要性；第二，現行的新聞統制政策，在方法、程度等方面存在嚴重問題，需要糾正和改進；第三，新聞統制不應該包括言論，言論自由主要體現為批評政府，這種批評不僅不能禁止，而且應該鼓勵，因為它對政府有好處；第四，對於新聞統制本身，也要加以統制，也就是限定統制的方法與程度。新聞統制的範圍應限定在「影響公安或牽涉重大外交之緊急事項」之內，或以「與當前之外交，國防，軍事，政治，無直接危害牴觸之處」為界。由此可見，《大公報》視為「殊不足怪」的新聞統制，乃是一種「理想中的合理化統制」。《大公報》在原則上認可新聞統制之後，轉而又從操作層面上「架空」了新聞統制；經過「統制『統制新聞』」這一否定之否定過程，它事實上已還原為新聞自由。或者說，《大公報》認為時勢使然的新聞統制，更多地不是表現為在自由與統制之間偏離自由，而是在自由與責任之間偏向責任。

〔註131〕從張季鸞的言論看，他在《統制言論之合理化》所說的「統制言論」，其實是泛指「統制新聞」；而《為報界向五中全會請命！》一文中所說的「我們對於近幾月來的『統制新聞』，根本反對」，這裏的「統制新聞」，其實主要是指「統制言論」。

〔註132〕《為報界向五中全會請命！》，天津《大公報》，1934 年 12 月 10 日。

〔註133〕《本報解除停郵處分》，天津《大公報》，1935 年 12 月 12 日。

〔註134〕《新出版法的再檢討》，天津《大公報》，1935 年 7 月 30 日。

〔註135〕《關於言論自由》，天津《大公報》，1935 年 1 月 25 日。

　　不過，《大公報》言論策略的轉變決不是一種簡單的話語遊戲，而是體現了《大公報》在國難「非常時期」尋求妥善處理媒體與國家、自由與責任等關係的努力。《大公報》試圖通過話語轉換，將新聞統制政策重新解釋成法律之內的新聞自由，準確地說是解釋成一種對國家民眾擔負責任的新聞自由。《大公報》爭得這種自由，誠如它所說，並不僅僅是為了新聞業自身，而是反覆強調它對於政治、政治家和國家的意義。防民之口，甚於防川；為川者決之使導，為民者宣之使言。中國古人就深知民意表達對於社會穩定的重要性。從自由主義的觀點看，言論自由既可幫助政府獲得民意基礎，也可以監督政府腐敗，避免政府自身和社會的危機。因此，政府和國家保障新聞界的自由，也就是保證了新聞界對於政府和國家的責任。1929 年蔣介石代表南京政府宣稱要開放言論的時候，《大公報》就積極回應，「獎勵言論自由愈早，所減除社會危機愈多，故於黨國利益愈大。」〔註 136〕國難嚴重關頭，《大公報》更是迫切希望政府與言論界同在一條戰線上密切合作，希望政府與媒體各守法律範圍，互相尊重；〔註 137〕希望人民有擁護政府的責任，也有「批評政府一部分政策或攻擊官吏一部分行動之權。」〔註 138〕對於當時全國關注的華北種種局勢，像河北事件、察東察北事件、「一二・九」學生運動事件等等，由於當局封鎖消息，只有外媒的報導，社會上謠言四起，民情日益激憤，《大公報》尤感痛心，質問蒙頭蓋面的統制新聞政策還能維持多久？《大公報》反覆申述，動員輿論是救國利器，而輿論養成，有賴自由研討；〔註 139〕民族團結，鞏固統一，首先都要政治開明健全，要先使愛國人士暢所欲言。〔註 140〕總之，言論自由是挽救危亡的關鍵，新聞事業的業權與民族國家的國權息息相通。

　　問題似乎又回到了起點。暢所欲言與激進言論的界線難以區分；因此，「統制『統制新聞』」最終可能意味著將「取消」新聞統制。從批判新聞統制到承認統制新聞是時勢使然，到主張「統制『統制新聞』」，既反映了《大公報》對待新聞統制態度上的變化，也暴露出中國報人在新聞自由認知和行為上的矛盾。就像黨報報人提出黨的喉舌即人民喉舌的假設，《大公報》設想出「統制『統制新聞』」，雖然修辭上不失為巧構，邏輯上卻相當乏力。國民黨的黨

〔註 136〕《國府當局開放言論之表示》，天津《大公報》，1929 年 12 月 29 日。
〔註 137〕《關於言論自由》，天津《大公報》，1935 年 1 月 25 日。
〔註 138〕《改善取締新聞之建議》，上海《大公報》，1936 年 4 月 2 日。
〔註 139〕《論統制新聞》，上海《大公報》，1936 年 6 月 9 日。
〔註 140〕《今後之大公報》，上海《大公報》，1936 年 4 月 1 日。

治體制決定了在媒體與政府的權力關係中政府占主導地位，也注定了「統制『統制新聞』」理想的不了了之。在下一節我們將看到，「統制『統制新聞』」在實踐中不可避免地遭遇尷尬和失敗。

1937 年初，國民黨三中全會召開，有委員提交涉及言論自由的議案。《大公報》重申了新聞統制應取寬大主義的一貫主張，並概括為「『但可放則放』，切勿『但可扣則扣』」兩句話。與以往有所不同的是，這篇社論在批評政府統制政策的程度範圍方法態度等問題的同時，將言論自由問題解決的關鍵，由政府轉向報人自身──「首視言論界本身之努力如何」，意味深長地提出濫用言論自由的可能。社論說：

> 自由之另一面，為責任。無責任觀念之言論，焉能得自由。夫自由云者，最淺顯釋之，為不受干涉；其表現為隨意發表，是則責任問題重且大矣。國難如此，不論為日刊定期刊或單行本，凡有關國家大事之言論，其本身皆負有嚴重責任。言論界人，自身時時須作為負國家實際責任者，儻使我為全軍統帥，為外交當局，則我應如何主張，應作何打算？此即所謂責任觀念也。夫意見當然不能人人一致，然態度應一致。一致者何？誠意是也。……自身不儘其責任矣，自由何從保障哉？是以吾人以為言論自由問題之解決，首視言論界本身之努力如何。要公，要誠，要勇！而前提尤要熟籌國家利害，研究問題得失。儻動機公，立意誠，而勇敢出之，而其主張符於國家利益，至少不妨害國家利益，則無慮壓迫干涉矣。縱意見與政府歧異，政府亦不應壓迫干涉矣。總之，言論自由，為立憲國民必需之武器，然不知用或濫用，則不能取得之，即偶得之，亦必仍為人奪去。吾儕欲享英美式之言論自由，則必需如英美言論界處理問題之態度。尤其關於國防利害，須加慎重，弱國之言論界，在此點之責任更艱巨矣。〔註141〕

社論還指責地方言論界「攻擊中央，尤其攻擊外交問題」是一種「貌似自由」，是封建割據的悲哀，「除分裂祖國使政治倒退以外，別無效益」，深望其今後絕迹於中國。這預示著隨著日本侵略的步步深入，《大公報》對新聞統制政策的態度再次出現了改變：救亡圖存成了它立論的基點，由此逐漸轉向國家中心論和領袖中心論。

〔註141〕《論言論自由》，天津《大公報》，1937 年 2 月 18 日。

第二節　在抗戰大纛之下：媒體角色與政府意圖的轉變

一、在自由與責任之間：抗戰期間報人的角色轉變

（一）為言論界一兵卒

《大公報》對新聞統制政策態度的轉變以及國權因素的凸顯，表明了戰爭陰霾籠罩下山河易色、民族危亡帶給新聞事業的巨大衝擊。

中國現代新聞事業的發展，是與中國現代化同步的。從 1815 年中國第一份近代報刊創刊開始，經過戊戌變法和民國成立時期國人先後兩次興起辦報高潮，到 1927 年國民政府完成北伐定都南京，我國報業進入空前蓬勃的時代。此期的中國報業，不僅營利性的報紙又在企業化的道路上邁進了一步，不少政治性的報紙亦向企業化大力推進，走向了「企業化與政治化的合流」，〔註 142〕中國新聞事業正朝著現代化方向穩步發展。

1937 年爆發的日本侵華戰爭，嚴重地破壞了中國的現代化進程，也給中國新聞事業造成巨大的財產損失和人員傷亡。〔註 143〕據中央宣傳部和內政部的統計，戰前全國報紙共有 1014 家，至抗戰一年以後，有 600 多家被摧毀，〔註 144〕人員方面至少裁減了三分之一。〔註 145〕然而，面對洶湧而至的侵略

〔註 142〕曾虛白主編：《中國新聞史》，臺灣三民書局，1966 年 4 月初版，191 頁。

〔註 143〕據胡道靜統計，大戰中殉職的中國新聞工作者達到 41 人。實際肯定超過此數，目前可考者至少有 44 人。其中，1937 年 12 月南京失守時，《興華日報》記者蕭韓粲第一個殉國。1938 年 9 月九江戰役中，菲律賓《華僑商報》記者張幼庭第二個殉國。1938 年 11 月 22 日漢宜途中撤退船被炸，《新華日報》記者和工作人員李密林等 4 人遇難。1939 年重慶「五・四」大轟炸中，中央社記者李堯卿、中央社戰區電臺主任劉柏生、《中央日報》記者張慕真等 3 人遇難。1942 年 7 月 9 日崇安轟炸中殉難者有上饒《前線日報》職員安敦叔等 10 人。此外，在其他地點轟炸中遇難的有江西《民國日報》的孫家傑、陳瑞齋等 5 人。在敵後工作慘遭殺害的有朱惺公等 10 人，在上海被捕後遭殺害的有《正言報》經理馮夢雲等 3 人，在其他各地被捕後遭殺害的有天津《益世報》社長王寶堂等 9 人。參閱胡道靜：《二次大戰盟國殉職報人錄》，《報學雜誌》，第 1 卷第 4 期，1948 年 10 月版，38～39 頁；范長江：《兩年來的新聞事業》，《新聞記者》第 1 卷第 5 期，1939 年 8 月 1 日。

〔註 144〕曾虛白：《中國新聞史》，臺灣三民書局，1966 年 4 月初版，408 頁。也有人估計各省在日本侵略中受到破壞的報紙的數量，達到 209 家。其中江蘇 26 家，浙江 28 家，安徽 50 家，江西 5 家，湖北 17 家，南京 18 家，北平 58 家，天津 27 家，山東 60 家，河北 18 家，河南 21 家，山西 11 家，青島 15 家，廣東 21 家。（梅世德：《中國戰時後方報業》，燕京大學新聞系畢業論文，

者，忠貞的中國新聞工作者並沒有畏懼，而是義無反顧地勇赴國難。《大美晚報》朱惺公在接到上海汪偽特工將對他執行「死刑」的恐嚇令後，大義凜然地表示「中國不亡，魂其歉格！」﹝註146﹞原來在各大都市出版的大報，除了少數民族敗類認賊作父、投靠侵略者或漢奸偽政府，留下中國新聞史上一張汙頁，﹝註147﹞以及少數報紙如北平《晨報》、《世界日報》停刊，上海《申報》、

1946年，9頁。）國民黨中宣部彭革陳處長1940年在重慶青年記者學會的演講中稱，戰前全國報紙有873家，通訊社375家。抗戰以來，只有報紙410餘家，通訊社29家。其中浙江43家，湖南42家，四川35家。全國黨報則較戰前增加，共有30家。（《中宣部彭革陳處長講「全國新聞業現況」》，《新聞學季刊》第1卷第2期，124頁。）另據1947年1月國民黨中宣部統計，全國報社期刊社共1833家，通訊社492家，分佈各省情況：報刊方面，南京49，上海80，北京45，天津34，武漢35，廣州42，重慶61，江蘇71，浙江83，安徽49，江西91，湖北68，湖南131，四川99，雲南31，貴州37，廣東101，廣西90，福建112，臺灣27，河北3，山東7，河南83，陝西45，山西11，甘肅68，寧夏1，青海3，新疆6，西康10，綏遠6，遼寧4，吉林1，香港1，松遼1，軍報229。通訊社方面：南京23，上海37，北京21，天津11，青海5，武漢14，廣州22，重慶12，江蘇16，浙江58，安徽8，江西37，湖北1，湖南54，四川45，雲南2，貴州1，廣東35，廣西4，福建23，臺灣2，山東2，河南23，陝西9，山西3，甘肅7，西康2，綏遠2，遼寧1，香港1，軍報11。該資料係國民黨中宣部根據1946年內經登記核准的統計，距實際數目尚遠，如昆明一地的通訊社即不只2家，瀋陽市報紙遠多於4家。（《全國報社通訊社統計》，《新聞學季刊》復刊號，1947年5月版，4頁。）

﹝註145﹞ 范長江：《兩年來的新聞事業》，《新聞記者》第1卷第5期，1938年8月1日，漢口。

﹝註146﹞ 朱惺公：《將被「國法」宣判「死刑」者之自供》，原載《大美晚報》，6月20日，收入余戾林編：《中國近代新聞界大事紀》，新新新聞報社（成都），1941年12月版，72頁。

﹝註147﹞ 《輿論界的緊要關頭》，《重慶各報聯合版》，1939年7月18日。上海灘失陷後，除了老牌漢奸報《新申報》，只有《中華日報》《國際夜報》及《晶報》三種漢奸報，其餘都抱抗戰的決心。1937年11月12日，上海南市孤軍退入法租界，上海市區完全為敵軍控制。某報有一天以「日」字代替「敵」字，據說用以民意測驗，結果一天當中接到100餘起質問申斥的電話。（惲逸群：《孤軍奮鬥的二十個月——上海新聞界的戰績》，《新聞記者》第2卷第6期，1939年12月25日。）抗戰期間，江蘇的漢奸報以南京為中心，有《南京民報》（後改為《南京新報》）、蘇州的《蘇州新報》、《江南日報》、《蘇州晚報》，揚州的《大江北日報》，昆山的《新昆山日報》，常州的《武進日報》，鎮江的《新鎮江日報》，蚌埠的《蚌埠新報》，常熟的《虞報》，無錫的《新錫日報》。浙江有《新浙江日報》、《嘉興新報》、《湖州新報》、《平湖日報》、《更生報》、《杭州新報》，天津的《庸報》、《東亞晨報》、《東西晚報》、《救國日報》，北

《新聞報》繼續在租界出版，〔註148〕其餘大部分都轉輾內遷，縮小規模，繼續發行。各種新聞機構和各地新聞工作者於顛簸流離中，因陋就簡，盡一切可能傳播各種資訊和聲音，不僅維持了中國新聞事業，並且很快重新集結起力量，投入到新聞抗戰的事業之中。〔註149〕

與此同時，隨著日本侵略的不斷加深，國內政治形勢的變化特別是國共關係的變化，國民黨的意識形態統制政策也逐漸作出調整，表現為民族主義的標準逐漸突出。1932 年 11 月 24 日修訂《宣傳品審查標準》時，新加入「為其他國家宣傳、危害中華民國者」一項，列為「反動的宣傳」第 1 條，原來的「宣傳共產主義及階級鬥爭者」則變成第 2 條。〔註150〕1936 年國民黨第五屆中央執行委員會第二次全體會議中央宣傳部工作報告中就指出：

> 近來國家外患日亟，關於闡發民族主義理論之文字較為普遍，僉以民族主義之實現，乃今後求獨立自由之路向，挽回民族危機之急務。其他關於國民經濟建設運動，新生活運動，則無論黨內外刊物，咸多論列，如經濟建設之統制，國營民營事業之劃分，新生活運動之理論與實際，在在加以詳細之檢討。此外一般刊物，對於非常時期之財政政策，國防政策等，亦有具體之論述。至於時事方面，自憲

平的《立言報》、《華北晨報》、《世界日報》、《華言報》、《新興報》、《新民日報》，山西《新民報》，彰德《同聲報》等。張學孔《戰時中國新聞政策》（燕京大學新聞系畢業論文，1945 年）附有「敵人在華日文、華文報及漢奸報統計」。有關日偽報刊研究，可參閱卓南生：《南京偽政權的新聞論及其統治下的報紙》，程曼麗：《日偽新聞體制的產生——〈華北新報〉研究》，陳昌鳳，劉揚：《日本侵華時期〈新民報〉社論研究》，均載《新聞春秋》第五輯，首都師範大學出版社 2006 年 8 月版；程曼麗：《華北地區最後一份漢奸報紙——華北新報研究》，《新聞與傳播研究》第 11 卷第 3 期。

〔註148〕趙君豪：《上海報人的奮鬥》，上海國光印書館，1946 年 3 月第三版。

〔註149〕1941 年，張季鸞在為《大公報》榮獲密蘇里新聞獎的慶祝會上所作的答詞中，稱該榮譽應該屬於抗戰時期的英勇奮鬥的全體中國報人，此言不虛。程滄波曾舉例說，在抗戰時期，江蘇《新江蘇報》的包明叔先生，帶領少數員工，在江南及淮揚等地轉輾遷徙，堅持辦報。如果密蘇里大學要頒新聞獎，像包明叔和《新江蘇報》一樣的許多中國報紙和報人，都可受之而無愧。（參閱程滄波《我所認識的張季鸞先生》，《傳記文學》（臺北）第 30 卷第 6 期，1973 年 6 月。）此外，像《大剛報》在衡陽三遭轟炸、從柳州到貴陽千里流離，更是體現了戰時中國報人愈挫愈勇、誓死不屈的精神。（參閱王淮冰，黃邦和主編：《大剛報史》，中國文史出版社 1999 年 5 月版，49 頁。）

〔註150〕國民黨中央執行委員會秘書處檔案，載中國第二歷史檔案館編：《中華民國史檔案資料彙編》第 5 輯第 1 編「文化（一）」，江蘇古籍出版社，89～90 頁。

法修正草案公佈後，一般民眾發行之刊物，極少異議。〔註151〕

此後，國民黨五屆中常會第九次會議通過《國民黨中央文化事業計劃綱要》，首次以是否違背或妨礙「民族利益」作為檢查刊物的標準，並且對階級鬥爭等「專門內容」不再禁止。該綱要第 15 條規定，所有刊物，「其中有專門內容而不違背民族利益者，輔助其發展，其無專門內容而妨礙民族利益者，停止其發展」；第 16 條提出：「集中新聞界之意旨，使在民族意識下從事新聞事業之改進」。〔註152〕這些規定反映了對外民族戰爭的嚴重性超過了國內黨派間的鬥爭。對於言論自由，蔣介石在 1937 年 2 月 20 日親自發表談話，表示除刑法及出版法已有規定外，只對於下列三種不能不禁止：一、宣傳赤化與危害國家擾亂地方治安之言論與記載；二、泄露軍事外交之機密；三，有意顛倒是非捏造毫無事實根據之謠言。除此三者外，本屬開放，本屬自由，而且希望全國一致「尊重合法之言論自由。」1937 年 8 月 6 日，蔣介石在國防會議上宣佈以「持久消耗戰」作為抗戰的基本戰略方針；提出努力擴大思想、政治、經濟的戰線，〔註153〕明確將思想戰線納入統一的戰略之中。1938 年 3月，國民黨臨時全國代表大會第三次會議通過的《確定文化政策案》要求推廣新聞、廣播、電影、戲劇等事業，還是「以發揚民族意識為主旨」，並明確提出「取締違反國家民族利益或妨害民族意識之言論文字」。此後，國民黨中宣部下發《抗敵救國宣傳大綱》6 條，指導新聞界加強對於日本侵略中國歷史以及我國抗戰必勝的宣傳，以激發民眾團結一致的精神與共赴國難的勇氣，信賴國民政府擁護最高領袖蔣委員長，增強民眾抗戰力量。〔註154〕

〔註151〕《中國國民黨第五屆中央執行委員會第二次全體會議中央宣傳部工作報告》，王煦華，朱一冰合輯：《1927～1949 年禁書「刊」史料彙編》第 2 冊，北京圖書館出版社，2007 年 5 月版，172 頁。

〔註152〕國民黨政府檔案，載中國第二歷史檔案館編：《中華民國史檔案資料彙編》第 5 輯第 1 編「文化（一）」，30 頁。

〔註153〕曾繼運：《政策與戰略》，《大陸月刊》第 2 卷第 10 期，1937 年。

〔註154〕六條內容包括：一、倭寇侵略中國之史實，以激發民眾之愛國觀念民族意志（包括 7 項內容：倭寇大陸政策的概要；倭寇奪我臺灣琉球之史實；倭寇強定二十一條之內容；倭寇造成濟南慘案之野心；九一八強佔東北四省；一二八無端出兵上海；蘆溝橋事變與倭寇之企圖）二、倭寇在中國之慘暴行為，以激發民眾同仇敵愾之精神群起殺敵之勇氣（包括在平津、南京、河北、沿江等地之燒殺奸掠之慘狀）三、倭寇滅亡朝鮮後之殘酷情況，喚醒民眾甘作順民之夢，憬悟保家必先保國之重要；四、對日抗戰與我國前途，激發民眾團結一致之精神共赴國難之情緒（包括 5 個方面內容：抗戰為中國生死存亡

　　爲了較好地建立新聞國防和思想戰線，國民黨對於輿論界開始表示出一定的善意。在經過長達兩年的討論之後，終於修改了《出版法》，將舊出版法中的「宣傳與三民主義不相容之主義」罪項刪去。不久，釋放了鄒韜奮、李公樸等救國會七君子。1937 年 8 月，國民黨同意中國共產黨在國統區創辦《新華日報》，國民政府監察院長于右任親自題寫報頭。同月，鄒韜奮主編的《抗戰》三日刊創刊；以郭沫若爲社長、夏衍爲主編的《救亡日報》也在上海創刊。11 月 29 日，國民黨中宣部部長邵力子在出席漢口市新聞記者歡迎大會上致辭時，宣佈以後的新聞檢查標準，將「不用可扣則可扣的方針，而改用不可扣即不扣的方針」，似乎是對《大公報》「『但可放則放』，切勿『但可扣則扣』」之建言的一種回應。﹝註 155﹞因爲新聞檢查的略爲放寬，各地報紙與新聞檢查機關之間的摩擦也不像以前那樣深了。﹝註 156﹞一時間，新聞界頗出現了團結對外的新氣象，這種團結的進步，既表現在新聞界與政府之間，也表現在新聞同業之間。﹝註 157﹞作爲國民黨軍方機關報、專爲「剿共」而創辦的《掃蕩報》，在抗戰開始後也逐漸改變了言論態度，悄悄收斂其激烈反共的言辭。由江西遷到武漢後，《掃蕩報》更將「攘外必先安內」的立言方針改換爲「國家民族利益高於一切」、「集中力量必須統一意志」等。特別是隨著中國共產黨組織的合法化及其機關報——《新華日報》的公開發行，標誌著抗戰時期中國新聞事業和言論格局發生重大調整，﹝註 158﹞也意味著意識形態統制勢必

之關頭：中央政府及最高領袖之決心；各戰場忠勇將士爲國犧牲之精神；全國民眾精誠團結熱烈抗戰之情形；二期抗戰與民眾總動員之關係）五、長期抗戰勝利必屬我國，鼓舞民眾抗戰勇氣堅定民眾動員之信念（從人員、經濟力量、國際關係、國內情形、雙方戰略等方面比較）六、全國民眾應盡之責任，使民眾：精誠團結服從政府命令；信賴國民政府擁護最高領袖蔣委員長；適齡壯丁踴躍應徵從軍；富有之家輸將捐助；慰勞抗戰將士；後方民眾要維持地方秩序，嚴密保甲組織，清剿土匪，偵緝漢奸；前方民眾要幫助軍隊作戰，嚮導、工兵、游擊；努力生產；推動戰時教育，增加民眾抗敵力量。載邵力子等著《抗戰與宣傳》，獨立出版社，漢口，1938 年 7 月版。

﹝註 155﹞ 邵力子：《抗戰期間宣傳方針》，邵力子等著：《抗戰與宣傳》，獨立出版社（漢口），1938 年 7 月初版。

﹝註 156﹞ 舒宗僑：《一年來戰時宣傳政策與工作的檢討》，《青年記者》第 1 卷 5 期，1938年 8 月，武漢。

﹝註 157﹞ 范長江：《兩年來的新聞事業》，《新聞記者》第 1 卷第 5 期，1938 年 8 月 1日，漢口。

﹝註 158﹞ 韓辛茹：《新華日報史》，重慶出版社 1990 年 3 月版，28～29 頁。參閱方漢奇《中國新聞事業通史》第 2 卷，681 頁。

難存，言論自由已取得事實上的突破。有人如此描述當時全國新聞界的情形：
抗戰以前，各報多有對政府指摘的地方；抗戰以後，則一致在「長期抗戰」、
「擁護政府」的口號下，共同努力。各報界黨派容有歧異，地域容有遼隔，
然而對抗戰的意志是統一的。在內地如共產黨《新華日報》，固然高舉「擁護
蔣委員長」、「擁護國民政府」、「爲三民主義而奮鬥」的旗幟，即在淪陷如孤
島的上海《申報》、《新聞報》、《文匯報》等，亦莫不大聲疾呼「長期抗戰」、
「爭取最後勝利」。如果今日的戰果有部分應歸功於意志動員的話，則報紙的
功勞是不可埋沒的。〔註159〕

國難的加深和統制政策的放鬆，共同促成了抗戰全面爆發後輿論界態度
的轉變。可以說，當《大公報》悄然改變其對於新聞統制政策的態度、將立
言重心轉向對國家負責的時候，它所代表的正是國難之中絕大多數新聞人言
論立場的一個轉向。1936年4月1日，《大公報》上海版創刊，「希望與全國
同業一道，溝通全國思想感情，發揚民意，挽回危局。」同年10月，上海、
南京報界發表《中日關繫緊張中吾人之共同意志與信念》，表示要「整齊步驟，
集中意志，以聽命於整個之國策。」〔註160〕12月16日《全國新聞界對時局
共同宣言》呼籲業界要「絕對擁護國民政府，擁護政府一切對內對外之方針
與政策。」〔註161〕上海《大晚報》原來對蔣介石所謂「攘外必先安內，去
腐乃能防蠹」、實際上只顧剿匪消極抗敵的做法相當不滿，經常撰文予以抨
擊。淞滬戰爭爆發後，該報創辦人曾虛白表示，「只要政府抗日，我願意犧
牲個人事業共赴國難。」上海淪陷後，全國新聞出版機構紛紛遷至武漢。爲
了統一領導這支文化力量，《大公報》武漢版發表社論，就抗戰宣傳工作向
最高統帥部提出緊急建議：由最高統帥部在武漢成立全國後方宣傳工作中
心，作爲中樞機關，負責推動指導後方各省宣傳工作。〔註162〕《大公報》
表示，在抗戰期間，「一切私人事業，精神上都應認爲國家所有。換句話說，
就是一切的事業都應當貢獻國家，聽其徵發使用各業皆然，報紙豈容例外。」

〔註159〕趙炳烺：《抗戰以來的新聞事業》，中央政治學校新聞學研究會主辦：《新聞學季刊》創刊號，1939年11月20日，重慶。
〔註160〕《滬京報界共同宣言》，原載《國聞周報》13卷40期，轉自曾虛白：《中國新聞史》，三民書局，1966年4月初版，405頁。
〔註161〕余戾林編：《中國近代新聞界大事紀》，新新新聞報社（成都），1941年12月版，62～64頁。
〔註162〕《關於宣傳工作的建議》，武漢《大公報》，1937年10月14日。

《大公報》遷渝出版社論中的一段誓願代表新聞工作者的共同心聲：「絕對效忠國家，以文字並其生命，獻諸國家，聽國家爲最有效率的使用……我們這一群人，這幾枝筆，這一張紙，謹在抗戰大纛之下，努力到底，以盡言論界一兵卒之任務。」〔註 163〕

在抗戰大纛之下，爲言論界一兵卒。角色的轉變也帶來職責的轉變。以言論救國的中國報人，自抗戰開始，責無旁貸地以筆爲槍，發揮精神動員的力量，以新聞與軍事配合，〔註 164〕在文化、心理上建立起另一種國防，〔註 165〕一面激勵同胞奮起抗敵，一面提振國民獨立自強的民族意識。〔註 166〕新聞界意識到，抗戰中的新聞事業，不再是平常意義上的新聞與言論職業，而變成一種特殊的服務組織，成爲戰爭總動員的一個單位。〔註 167〕其職責的重心，由監督政府轉爲動員民眾團結民眾，在政府和最高統帥的領導下參加抗戰，〔註 168〕並在輿論上爭取國際支持和打擊敵人信心。

報人的天職是尋找眞相，兵卒的天職則是服從命令。服從意味著不得懷疑和批判。成舍我就表示，新聞界要信任抗戰的政府和最高領袖，將生命財產獻給抗戰的政府和領袖，對政府不能有絲毫的不滿不平，不能像和平時期一樣求全責備。〔註 169〕《新民報》也認爲，外敵當前，任何工作，「莫急於救亡圖存」，任何意見，「莫先於一致對外」。〔註 170〕而爲了一致對外，凡是不利於團結抗戰的報導和言論，則必須「予以隨時之糾正」，各方面不正當的宣傳必須予以堅決取締。〔註 171〕至於監督政府，也必須以「絕不妨礙其作戰之計劃」爲前提。〔註 172〕換句話說，爲了有利於政府領導抗戰，新聞界不得不將政府統制輿論或操縱輿論「使其能一致作政府的後盾」的做法視爲

〔註 163〕《本報在渝出版》，重慶《大公報》，1938 年 12 月 1 日。

〔註 164〕張友鸞：《戰時新聞紙》，重慶中山文化教育館，1938 年 12 月版，7～9 頁。

〔註 165〕趙占元：《國防新聞事業之統制》，上海汗血書店，1937 年 2 月版，8 頁。

〔註 166〕姚朋：《道義眞理的衛士，三民主義的尖兵：中國新聞事業發展經緯》，臺北市新聞記者公會編印：《中華民國新聞年鑒》（1981 年），11 頁。

〔註 167〕任畢明：《戰時新聞學》，漢口光明書局，1938 年 7 月，18 頁。

〔註 168〕《中國青年記者學會成立宣言》，《新聞記者》第 1 卷第 2 期，1938 年 5 月。

〔註 169〕成舍我：《精神動員與最後勝利》，重慶《中央日報》，1937 年 11 月 16 日第 4 版。

〔註 170〕《本報復刊詞》，重慶《新民報》，1938 年 1 月 15 日。

〔註 171〕孫義慈：《戰時新聞檢查的理論與實際》，1941 年 6 月 4 日軍事委員會戰時新聞檢查局發行，7 頁。

〔註 172〕《輿論與戰爭》，重慶《中央日報》，1937 年 10 月 21 日第 2 版。

當然，〔註173〕並且不得不犧牲自己批評政府的部分權利。〔註174〕當時應運而生的戰時新聞學、國防新聞學、非常時期新聞學等新聞理論都主張，非常時期所需要的輿論，是要以恢復民族主義保衛國家主權抗禦外敵的一種輿論，不需要攻訐個人一黨一派或是「故意處處與政府為難」的言論。〔註175〕戰爭期間的「言論自由」，不是「自由浪漫主義」的自由，而是「共同行動」的自由，是民族的自由，而非個人的自由。抗戰期間最大的自由，是從「抗日第一」、「民族利益」之下而產生的自由，絕對不能超出這個範圍以外，不能破壞抗戰政策的限制而有「新聞自由」。〔註176〕甚至有人認為，戰時新聞檢查雖限制了一部分人民的言論，但因為它是為了維護國家民族的利益，不得不如此。所以，與其認為是取消人民言論的自由，毋寧說是幫助新聞記者的自由言論。〔註177〕

　　將批評政府視為「故意處處與政府為難」，進而將限制自由說成是保護自由，對新聞事業而言，戰爭確實意味著一種倒退。〔註178〕這種倒退的背後，固然不能排除政府以戰爭為藉口箝制輿論的意圖，但畢竟戰爭才是迫使言論自由沉寂的客觀原因。戰爭一方面導致戰時新聞學又將新聞學理論問題拉回到現實政治問題中，〔註179〕甚至將作為新聞生命的真實性原則置於戰爭宣傳的原則之下，〔註180〕另一方面則迫使戰時新聞人在新聞自由權利上作出自我犧牲——將作為新聞生命的言論自由置於民族國家的生存自由之下。〔註181〕

〔註173〕梁士純：《戰時的輿論及其統制》，《國聞周報》第13卷第24期。

〔註174〕邵力子：《抗戰期間宣傳方針》，載邵力子等著：《抗戰與宣傳》，獨立出版社（漢口），1938年7月初版。

〔註175〕吳成編：《非常時期之報紙》，上海中華書局，1937年3月版，35頁。

〔註176〕任畢明：《戰時新聞學》，漢口光明書局，1938年7月，67～68頁。

〔註177〕孫義慈：《戰時新聞檢查的理論與實際》，軍事委員會戰時新聞檢查局發行，1941年6月4日，9頁。

〔註178〕展江：《戰時新聞傳播諸論》，中國人民大學博士論文（1996年），10頁。

〔註179〕李秀雲：《中國新聞學術史（1834～1949）》，新華出版社，2004年12月版，181頁。

〔註180〕為了能夠更好地使新聞與軍事相配合，連「什麼是新聞」的定義也被改變。張友鸞便提供了一個「戰時特別要的新聞定義」：新聞是最近發生然為多數讀者注意「有利於國家民族」的一件事實。他甚且用他獨特的社會新聞編輯風格舉例說，人咬狗不是新聞，中國人咬了日本狗才是新聞。新聞紙要與軍事配合，新聞也得不厭詐。我們要對國家民族忠實，就應當放棄目前不必要的小信用。參閱張友鸞：《戰時新聞紙》，重慶中山文化教育館，1938年12月版，7～9頁。

〔註181〕吳廷俊：《新記大公報史稿》，武漢出版社，2002年5月版，359頁。

（二）由報人而諍臣

沒有民族國家的自由，就沒有言論的自由，在 1939 年 9 月 1 日記者節的社論中，《大公報》公開表示，報人一向視若生命的言論自由，在民族戰爭中不復成其為問題。〔註 182〕在此前為香港《大公報》撰寫的一篇社論中，張季鸞有一段更透徹的話：

> 自從抗戰，證明了離開國家就不能存在，更說不到言論自由。在平時，報紙要爭新聞，這是為著事業，也為著興味。但在這國家危辱關頭，這些問題，全不成問題了。所以本來信仰自由主義的報業，此時乃根本變更了性質。就是，抗戰以來的內地報紙，僅為著一種任務而存在，而努力，這就是為抗戰建國而宣傳。所以現在的報，已不應是具有自由主義色彩的私人言論機關，而都是嚴格受政府統制的公共宣傳機關。國家作戰，必須宣傳，因為宣傳戰是作戰的一部分，而報紙本是向公眾做宣傳的，當然義不容辭的要接受這任務。……就是，精神上將這一張報完全貢獻給國家，聽其統制使用。我們這班人，本來自由主義色彩很濃厚的。人不隸黨，報不求人，獨立經營，久成習性。所以在天津在上海之時，往往與檢查機關小有糾紛，然抗戰以後，在漢在渝，都衷心歡迎檢查，因為生怕記載有誤，妨礙軍機之故。中央宣傳部本是指導報界的最高機關，抗戰以來，我們更竭誠接受其指導。我們自信：這一個渺小的存在，惟有這樣忠紀律，守統制，時刻本著抗戰建國綱領工作，然後這存在庶幾為無害。〔註 183〕

1941 年 3 月，中國新聞學會在重慶成立。張季鸞被公推撰寫了《中國新聞學會宣言》，他在《宣言》中以中國報人的名義表達了同樣的意思：

> 新聞記者本為自由職業之一，今日亦然，而意義有異。慨自敵寇入侵，國危民辱，成敗興亡，匹夫有責，今日抗戰建國之大義，即在犧牲個人一切之自由，甚至生命，以爭取國家民族之自由平等。吾儕報人，以社會之木鐸，任民眾之先鋒，更應絕對以國家民族之利益為利益，生命且不應自私，何況其他。是以嚴格言之，戰時之中國報人，皆為國家之戰時宣傳工作人員，已非復承平時期自由職業

〔註 182〕《祝九一節》，重慶《大公報》，1939 年 9 月 1 日。
〔註 183〕張季鸞：《抗戰與報人》，香港《大公報》，1939 年 5 月 5 日。

> 者之比矣。本會同人，不論是否在黨，對於此點，實具一致之認識，
> 是以今後工作方針，仍概依中宣部之指導，恪守法令，尊重紀律，
> 以共求國家至上民族至上之共同最高利益。……本會同人敬謹接受
> 領袖之指示，必倡導全國軍事化，國防化，放棄陳舊之意識理論，
> 共為組織民族戰鬥體而努力。〔註184〕

在抗戰爆發前一年提出「統制『統制新聞』」時，《大公報》還反覆強調言論自由是救亡圖存的關鍵。短短幾年間，《大公報》居然由天津、上海時代的「與檢查機關小有糾紛」，轉為抗戰以後在漢在渝的「衷心歡迎檢查」，張季鸞也由為事業為興味爭言論自由轉為將它視為陳舊意識理論加以放棄，在他眼中，新聞事業則由「具有自由主義色彩的私人言論機關」變為「嚴格受政府統制的公共宣傳機關」，報人由自由職業工作者變成戰時宣傳工作人員，由監督政府的社會看守人變為領袖的座上賓和政府的策士，張季鸞的這一系列變化可以說幾乎完全放棄了他主張報業獨立的一貫立場，確乎是「根本變更了性質」。

　　對於報人而言，放棄報業獨立也就意味著放棄批判政府的權力。1937年8月2日，盧溝橋的烽火已燃燒到平津戰場，上海抗戰的號角即將吹響。在戰火的煎灸之中，主持上海《大公報》筆政的王芸生寫了一篇《沉痛的自譴》。文章說：

> 盧溝橋的烽火業已燒掉平津，這無情的烽火正在那裡燃燒，我們不能坐待它整個燒掉我們的國家。
>
> 盧溝橋事件發生已將近一月，人家在亦戰亦和的手法下，完成了緩兵計，執行了野蠻屠殺；我們卻始終遲留在不戰不和的局面之下。
> 北平已成漢奸世界，天津毀成一片焦土，我的家鄉是給這火焰燒掉了，我所關切的親族朋友沒有存亡的消息。國破家亡的景象和況味已整個的擺在我的面前和心頭。這是一個大時代的開頭，政府將如何決策，我們雖然著急，卻不便過問；但在這幾天的思潮起落中，觸發我無限的沉痛的自譴。
>
> 我們有志於文章報國的人，這幾年在萬鈞的國難下，雖不斷的在自勵勵人，但仔細檢討一下，究竟自勵幾許？勵人幾何？這是我們沉痛自譴的第一點。

〔註184〕張季鸞：《中國新聞學會宣言》，余戾林編：《中國近代新聞界大事紀》，新新新聞報社（成都），1941年12月版，57～58頁。

我們的目光集中於國難，我們不斷把鄰人的虛實及環境的動向向國
人吶喊，把報國做人的觀點向國人絮聒，老實說，對於國內政治的
裏層卻未盡多少批評的責任。

這幾年，尤其是最近兩年，我們打落了牙齒和血吞，一切對內的話
都不忍說，為的是什麼？無非是愛護政府，愛護這個中心勢力，惟
恐損及它的尊嚴，喪失它的信心。我們只在督促它的決心，培植它
的力量，希望在艱難的建國路上，做些準備工作，增強內在的力量，
打開外來的魔難，我在這個態度下，曾和許多朋友犯顏相爭，並曾
苦口勸諫憂國的青年。一直到現在，我相信我的態度並沒有錯，不
過卻覺悟到我在另一面缺少了批評功夫。沒有嚴正批評的愛護，結
果變成了姑息。這是我們應該沉痛自責的第二點。

這是一篇很奇特的文章。有話不忍說，鬱結於胸，不能不有所發泄。可是，
連這種發泄也不能不強忍著，文章並沒有發表，心中更多一份抑鬱。後來又
忍不住收入《芸生文存》，卻「刪去許多所應該說的話」——作者的自譴因
此多加一分。王芸生因此在文末特意加了一條頗多意味的「附注」，以訴衷
腸。

　　王芸生感覺應該說而不忍說的話到底是哪些呢？文章說：

我一貫的愛護中央，愛護政府，近兩年我更以一貫的態度言論來勉
勵和督責一般國人，現在我也不惜指出我們的政府還有它的腐爛
面。我一面愛助中央，擁護政府，領導我們為民族國家的永生奮鬥；
同時要求政府迅速施行手術，割去腐爛面，以免繼續蝕蛀我們民族
國家的生命血液。國家的局面已到尖銳的階段，我要求中央迅速嚴
密政府組織，肅清貪污腐爛分子，吸收新鮮血液，在組織上單純強
固起來，在這個精神原則之下，出現一個廉潔有能的「戰時政府」。
在這個「戰時政府」之下，無疑的，將更振奮全國的人心，增強準
備的效果及奮鬥的能力。

我近年堅固的相信蔣先生是我們國家的領袖，在他的領導奮鬥之
下，可能度過我們民族國家的艱難。但是，我們也要知道一個領袖
的聰明能力都有他的極限，須要組織及人才的輔助，經不起左右的
包圍蒙蔽。我們堅決的要求蔣先生一面領導全國對外奮鬥，一面對
內肅清貪污，造成一個廉潔有能的「戰時政府」。我相信惟有刷新自

己的陣營，才能確保對外的勝利。〔註185〕

原來王芸生欲說還休的「對內的話」，是要求政府及其執政黨肅清貪污。對於媒體而言，批評政府本是其天職。可是，國難當前，說政府裏有貪污腐爛分子，未免有違「任何意見莫先於一致對外」，有可能被說成「故意處處與政府爲難」，不利於「團結」，在政治上是不正確的。王芸生自然明白這一點，出於「愛護政府，愛護這個中心勢力，惟恐損及它的尊嚴，喪失它的信心」的苦衷，他立下「國民黨的內部問題，我向不輕談」的原則，強忍著「打落了牙齒和血吞，一切對內的話都不忍說」。前文已述及，《大公報》在抗戰之前即期望與政府合作，「團結」對外，並將團結的前提設爲「人民有擁護政府之責，同時亦俱有批評政府一部分政策或攻擊官吏一部分行動之權。」因爲在內政與外交打成一片的語境下，安內與攘外往往成爲一個問題的兩面。〔註186〕爲了抵禦外侮，固然要眾志成城，同心同德，輿論上要意見統一；可同時又要群策群力，暢所欲言。抗戰時期報人的言說因此面臨一種兩難情形：「說」是爲了報國，「不說」也是爲了報國。爲了政府不願意說的話，爲了國家卻不能不說。而在黨國一體的體制下，國家與政府又常常不可分，黨權等同國權。不談國民黨的內部問題，也就是不談國事。談國事，也就是談論國民黨的內部問題。不能談而不得不談，在這種複雜的衝突之間尋找言論的空間與邊界，何其艱難；而在這種兩難的糾纏下，報人又何其尷尬而沉痛。

在兩周前撰寫的《幾點諍言》一文中，王芸生就有些隱諱地表示：「能說而不敢說的話，假使是僅僅關於一己的私利私益的，則不說也罷；假使是關係國家大眾的，則不說豈非一種損失？」「關係國家大眾」，是最高原則，爲此甚至可以犧牲言論自由，但是這個原則本身，是不能再犧牲的。王芸生提出要依靠兩種力量，一是要有說眞話的勇氣——這是對報人的要求，二是要有兼聽橫議的雅量——這是對政府的希望。王芸生接著說：「君有諍臣，不失其天下；士有諍友，不離其令名。則國豈可無諍民？竊願自躋國之諍民之列，對國家貢獻幾點諍言。但願言者無罪，聽者或有益歟？」原本打定不談，現在卻不禁「願妄居諍友，在簡單的原則上，冒昧一談」。〔註187〕談與不談，理

〔註185〕王芸生：《沉痛的自譴》，《做一個現實的夢》，大公報出版有限公司（香港）2007 年 6 月版，98～101 頁。

〔註186〕羅志田對此有相當精彩的分析。參閱羅志田：《亂世潛流：民族主義與民國政治》，上海古籍出版社 2001 年 10 月版，281 頁。

〔註187〕王芸生：《幾點諍言》，《做一個現實的夢》，香港大公報出版公司 2007 年版，

由都在於國家利益。爲了從民族自由的擠壓下重新釋放言論自由，王芸生轉而從諍民的角度爲自己尋求言論的合法性，〔註188〕試圖以「諍民」的諫議突破「兵卒」的服從，以具體檢討政府政績化解戰時統制的束縛。〔註189〕但是，諫諍的精神與制度，畢竟和言論自由是有本質差別的。〔註190〕在言論自由制度下，批評政府是媒體的權利，是不須管政府有沒有兼聽橫議的雅量的；「諍民」可否行使諫議，或者諫議能否成功，卻須視納諫者有沒有兼聽橫議的雅量。平時視自由爲生命的人，戰時求「諍民」而不得，能不沉痛？

王芸生的這段獨白很耐人尋味。實際上，王芸生的沉痛，不僅是戰時報人的感受，也是國難時期自由主義知識份子的共同感受，它所折射出的自由知識份子和國民黨當局的曖昧關係，殊堪玩味。〔註191〕比如，胡適就同樣面

---

85 頁。

〔註188〕此前，陳布雷和胡政之也曾以「諍友」的角色稱呼戰時新聞界。1931 年 10 月 1 日，陳布雷在對新聞界演講時希望全國輿論界在此嚴重時期，「自任爲國家之忠僕，人民之諍友，在國家整個的永久的利害上，不憚貢獻逆耳之忠言」。1934 年，胡政之也曾以二十年服務報界的經驗，希望政府當局們要放寬度量，容納諍友。陳布雷：《切望輿論界對於國難當頭積極負起言責》，原載南京《中央日報》，1931 年 10 月 2 日，收入中國國民黨黨史委員會編：《陳布雷先生文集》，臺灣黨史委員會 1984 年 6 月，241 頁。政之：《中國爲什麼沒有輿論》，原載《國聞周報》第 11 卷第 2 期，1934 年 1 月 1 日，收入王瑾，胡玫編：《胡政之文集》（下），天津人民出版社，2006 年版，1048 頁。李金銓認爲，蔣介石是國家主義者，相信「法家化的儒家」，他敬重張季鸞、陳布雷之類的「諍友」或「國士」，因爲他們名望高，沒有政治野心，可以幫助蔣介石提高道德威信，可是他又相信日德法西斯的若干鐵腕措施，箝制新聞自由，敵視西方自由主義如寇仇。右派獨裁者多半不懂得利用媒介來洗民眾之腦，只斤斤計較如何保護實際權力與利益。凡威脅國民黨統治權者，必不留情鎮壓。參閱李金銓：《從儒家自由主義到共產主義：記者角色的衝突與匯流》，收入氏著：《超越西方霸權：傳媒與「文化中國」的現代性》，香港：牛津大學出版社 2004 年，71 頁。

〔註189〕陳紀瀅認爲，直到抗戰勝利，《大公報》一貫地是以中國國民黨爲道義之交，有時爲密友，有時爲諍友。參閱陳紀瀅：《抗戰時期的大公報》，黎明文化事業有限公司，1981 年 12 月版，72 頁。

〔註190〕李敖在《諫諍——「寧鳴而死，不默而生！」》一文的附記中說：有人拿諫諍事實與制度，來比擬言論自由的事實與制度，這是比擬不倫的。諫諍與言論自由是兩回事。甚至諫諍的精神，和爭取言論自由的精神比起來，也不相類。言論自由的本質：我有權利說我高興說的，說的內容也許是罵你、也許是挖苦你、也許是尋你開心、也許是勸你，隨我高興，我的地位是和你平等的；諫諍就不一樣，諫諍是我低一級，低好幾級，以這種不平等的身分，小心翼翼地勸你。

〔註191〕李金銓：《文人論政：知識份子與報刊》，廣西師範大學出版社，2008 年 11

臨著「可以不做政府的諍友，卻不能不做國家的諍臣」的難處。北伐統一後，對於國民黨的「以思想殺人」（屠殺青年共產黨人）和「黨治」、「黨化」教育，胡適非常反感，曾公開指責「革命成功之後，統一專制之局面又來了，學術思想的自由仍舊無望」，並從新文化運動的立場批判國民黨是反動的。在《慘痛的回憶與反省》一文中，胡適進一步批評說，北伐時期曾得多數人心擁戴的國民黨，「因為缺乏活的領袖，缺乏遠大的政治眼光與計劃，能唱高調而不能做實事，能破壞而不能建設，能箝制人民而不能收拾人心，這四五年來，又漸漸失去做社會的重心的資格了」。可是，「九·一八」後外患造成的危急時局又把胡適逐步推向他所不滿的國民黨。用他自己的話說，「國家是青山，青山倒了，我們的子子孫孫都得做奴隸了。」胡適可以不做國民黨「政府的諍友」，卻不能不作「國家的諍臣」。同樣，曾經猛烈抨擊南京國民政府「黨治」政策的章太炎，到了「九·一八」後，也表示「國難嚴重已屆萬分，此種問題，可擱置不談。」〔註192〕《沉痛的自譴》與《慘痛的回憶與反省》，兩篇文章的標題就表明它們的作者相同的心迹。

（三）「文人論政」中的自由與責任

　　導致張季鸞、王芸生以及胡適等自由知識份子立場轉變的根本原因，顯然在於戰爭和民族危急情況下不可避免的國家中心論和領袖中心論。〔註193〕有學者指出，中國近現代新聞史上，當救亡與新聞自由發生矛盾時，毫無例外地是新聞自由為救亡讓路，這使得近代中國的新聞自由思想常常表現為急功近利、功利主義，有時不免似是而非，表現為以國家民族利益為取向的反西方新聞自由原則的「新聞自由」。〔註194〕但是，如果說中國報人的新聞自由思想常常表現為似是而非，其原因卻未必是自由主義新聞思想在中國水土不服，〔註195〕毋寧說是由於中國自由主義思想在某些基本觀念上的缺失。〔註196〕表現在新聞自

　　　　月版，4～6頁。

〔註192〕參閱羅志田：《亂世潛流：民族主義與民國政治》，上海古籍出版社，2001年10月版，266頁，304頁

〔註193〕參閱本文第三章第二節。

〔註194〕李五洲：《論近代中國對新聞自由思想的認識偏差》，《新聞大學》2001年冬季號。

〔註195〕姜紅在考察自由主義新聞思潮失敗的原因時，認為首先是這一思潮在中國的「水土不服」。姜紅：《現代中國自由主義新聞思潮的流變》，《新聞與傳播研究》2005年第2期。

〔註196〕吳國光曾分析說，以胡適為代表的中國自由主義的憲政觀念在本質上具有「反

由方面，往往因過分專注於批判改造社會的工具性價值而缺乏對自身價值合理性的建構，現實中還易屈從於其他價值合理性。〔註197〕作為一種工具性權利，言論自由的價值既然在於有助於社會和民眾利益，那麼，按照功利主義的原則，如果在某種情況下，控制言論自由對於社會和民眾的收益大於成本，那麼這種控制就必然成為合理的。〔註198〕近代中國報人之所以願意一再以民族國家利益為重而犧牲言論自由和新聞自由，原因就在於此。

　　客觀而言，中國近代報人並非都只看到言論自由的工具性價值，而無視其自身即為目的的價值。羅隆基就曾依據美國憲法第一修正案精神，明確主張言論自由就是「有什麼言，出什麼言，有什麼論，發什麼論」。言論本身絕對不受任何干涉，用命令禁止言論是非法的行動，是違背言論自由原則的。即使立法機關或司法機關拿法律的招牌來限制言論，也是違背言論自由的原則。他引用自己的老師、英國社會主義者拉斯基主義者的觀點說，國民甚至「可以主張用武力革命的方法去改造現狀」。在言論自由上，羅隆基這種「沒有絕對的自由，就成為絕對的不自由」的立場完全可以說是得了西方言論自由的精髓。〔註199〕因此，對於他這樣的中國報人而言，以下這些西方新聞自由主義所強調的「消極自由」並非不可思議：一個人有權說話，不是因為他說的話會造福社會，而在於審查和不准他說話會損害其享有的個人權利；個人表達意見和獲得資訊的自由，不應該因不同的政治理念和事實後果遭到限制和禁止，哪怕在民主制度下多數意見批准了這樣的限制和禁止；新聞自由不是依法享有新聞自由，而是除普通刑法外，不得立法剝奪新聞自由。從消極意義上說，言論自由作為一種基本人權，與是否促進公共福祉無關，它甚至是一種可以在道德上為惡的自由。〔註200〕總之，言論自由根本上是源於個

政治」的特點，包括對於人性和政治的理解沾染濃厚的烏托邦色彩，嚴重的精英主義，尤其是文化精英主義，一旦擴展到政治領域，則不免向憲政政治的對立面比如「賢能政治」甚至「開明專制」轉化等。參閱吳國光：《反政治的自由主義——從胡適的憲政思想反省憲政主義在中國的失敗》，馮崇義，朱學勤編：《憲政與中國》，香港社會科學出版社有限公司，2004年版。

〔註197〕唐海江：《論新聞自由言說的當代轉向》，《新聞與傳播研究》2000年第1期。
〔註198〕林子儀：《言論自由與新聞自由》，臺灣月旦出版有限公司，1993年4月版，43頁。
〔註199〕羅隆基：《告壓迫言論者》，《新月》第2卷第6、7號合刊，1929年9月10日。
〔註200〕邱小平：《表達自由——美國憲法第一修正案研究》，北京大學出版社，2005年1月版，167頁。

人的自主與自尊，而不是因為賦予個人該項權利將有助於他人利益。

但是，在大多數近代中國報人看來，新聞事業的價值主要體現為有助於去塞求通、開啓民智、監督政府、富民強國等等。言論自由的限度也以此為界，超出上述目標之外的新聞自由，政府可以進行控制。近代中國報人更多地將新聞自由視為一種制度性權利，強調媒體服務社會、監督政府的制度性功能和報人論政的職業責任。他們對於新聞自由的這種獨特認知，如同前文所分析的，從根本上說還是中國惡劣的輿論環境和政治生態的產物。此外，它也與中國士大夫的道德言說傳統和中國近代新聞史上的「文人論政」有關。

自孔子以來，中國歷代士人志業所在，不出得君行道與明道救世二途，不能在朝執政，便是在野論政。余英時先生認為，自春秋戰國時代，禮崩樂壞，道術為天下裂，道統與政統分立，中國的士大夫即成為道的承擔者。從此，以「道」的標準來批評政治、社會，便成為士階層的分內之事，不治而議論，負有「言責」之任。〔註201〕曾虛白先生認為，中國傳統文人用以承載言責的通道有兩條：講學與著書。近代報刊引入後，為士人議政提供了新的途徑。中國報紙初由西方傳教士及商人攜來試辦時，未見十分功效。直到後來配合著政治的需要，激蕩而成重要的傳播媒介，於是蔚成風氣，文人與報人打成一片，能文之士轉為辦報能手，報刊內容也多偏重於言論，「意」多於「事」，由此形成中國新聞史上獨特的政論報紙的興盛和文人論政的傳統。〔註202〕從社會轉型的角度看，文人論政可視為中國士人在轉向知識份子的邊緣化過程中，試圖以報刊為中心重構社會重心的嘗試。〔註203〕正如方漢奇先生所指出的，文人論政的出發點是文章報國，是知識份子對國家興亡的關注，和他們的以天下為己任的襟懷和抱負。〔註204〕因此，文人報國賦予中國報人一種特別負責任的職業倫理。

〔註201〕余英時：《士與中國文化》，上海人民出版社，1987年12月版，107頁。
〔註202〕曾虛白主編《中國新聞史》，臺灣三民書局，1966年4月初版，1989年9月六版，10頁。
〔註203〕李金銓認為，從胡適在《獨立評論》曾主張由「知識階級、職業階級的優秀人才」組成「干政團體」，可以推知知識份子向往士大夫時代的落日餘暉。他總結了中國文人論政的特徵包括：一，抱著「以天下為己任」的精神，企圖以文章報國，符合「立德、立功、立言」的三不朽；二，感染儒家「君子群而不黨」的思想，無黨無派，個人主義的色彩濃厚，論政而不參政；三，自由知識份子和國民黨當局的關係曖昧，殊堪玩味。李金銓：《文人論政：知識份子與報刊》，廣西師範大學出版社，2008年11月版，4～6頁。
〔註204〕方漢奇主編：《大公報百年史》，中國人民大學出版社，2004年7月版，3頁。程滄波認為，代表士風的新聞記者，既擔負著撥亂反正的任務，也擔當了化

用儲安平的話說，「我們平日的職業，就是議論政事」。過問國事，既是權利，也是義務。「在朝執政和在野論政，其運用的形式雖異，其對國家的貢獻是一樣的」。〔註205〕作爲文人論政的代表，〔註206〕《大公報》認爲，中國報業這一點與外國報業不同，「可以說中國落後，但也可以說是特長。」〔註207〕究竟而言，其特長主要表現爲一種專業責任意識。賴光臨先生在評價張季鸞時，也稱讚張季鸞標揭的言論自由，一方面含寓西方自由主義思想，一方面又具有近代社會責任論觀念，但又與西方社會責任理論在「出發點上則多少有所不同」。西方社會責任論倡於二十世紀中葉，針對新聞事業濫用新聞自由而發，基於權利與義務相對待，因而呼籲課以責任。張氏的責任觀念，則是報人基於對國家的忠誠，自覺地對工作產生一分壯敬之心，表現了一分崇高的國士精神，〔註208〕顯然具有更高的精神境界。〔註209〕

民牖世的的使命。參閱程滄波：《新聞記者與天下國家》，載《滄波文存》，臺北傳記文學出版社，1983年3月版，293頁。

〔註205〕儲安平：《政府利刃指向〈觀察〉》，《觀察》第4卷第20號。

〔註206〕吳廷俊認爲，新記《大公報》標誌著「文人論政」達到了一個新水平，不僅使「文人論政」理論化，而且使「文人論政」在實施時具體化。（吳廷俊：《新記〈大公報〉史稿》，武漢出版社2002年5月版，14～16頁。）陳紀瀅認爲，《大公報》雖然是吳鼎昌、胡政之與張季鸞三位共同創辦的新聞事業，但張季鸞更充分地代表著《大公報》，《大公報》也彰明較著地孕育著張季鸞的精神。因此，張季鸞與《大公報》成爲一而二、二而一的「報」與「人」。（陳紀瀅：《報人張季鸞》，臺灣黎明文化事業公司，1967年版，4頁。）

〔註207〕《本社同人的聲明——關於米蘇里贈獎及今天的慶祝會》，重慶《大公報》，1941年5月15日。

〔註208〕陳順孝認爲，西方將記者視爲政府對手的「第四權」概念，對中國人而言是陌生的。中國記者作爲知識份子，扮演的角色是政府的忠誠評論者而非對手，他們的任務是對君王提出忠告以防君王爲惡，而不是扮演政治賽局中的平等對手。因此，統治者期待記者扮演政府「諍臣」、「諍友」角色，記者也常以此自我期許。陳順孝：《新聞控制與反控制：「記者避禍」的報導策略》，臺灣五南圖書出版股份有限公司，2003年4月版，9頁。

〔註209〕賴光臨：《七十年中國報業史》，臺灣中央日報社版，1981年3月版，119～120頁。李金銓也認爲，文人論政的動力來自儒家的情懷，但又從西方自由主義和社會主義獲得「解放」的想像：既充滿了追求國家現代化的焦灼，強調國家意識形態，糅合西方自由主義，謀求救亡圖存之道。《大公報》提倡的新聞觀，在精神上（如果不是在實踐上）神似西方專業主義，但西方專業主義在歷史上是市場經濟勃興的產物，而《大公報》的專業標準則立基於儒家知識份子的道德責任，對市場的作用多持疑慮。因此，儒家自由主義的報人，是「文化機構」的成員，以追求社會公益爲目標，不是所謂「意識工業」的代理人，孜孜追逐個人和市場利益，以致受到權力和錢財的腐化。參閱李金

　　不滿足於僅僅報導新聞，以天下為己任，從一言興邦的高度發表讜論，固然是一種崇高的責任精神。但它是否是一種負責任的自由主義精神，當看它是否是一種以自由為基礎的責任，雖然這種自由不純粹是個人權利。〔註210〕問題不在於是否將新聞自由視為一種工具性權利，而在於如何認識這種工具性權利。有學者指出，西方基於第四權理論的新聞自由，主張保障新聞媒體的自主性，使其能提供未受政府控制或影響的資訊，以促使大眾對政府的施政及公共事務的關心，並進而形成公共意見，發揮輿論監督政府的功能。從理論上說，作為一種工具性的基本權利，為了增進該工具性權利所欲追求的利益，可以對新聞自由提出一定的管制，但是這種管制必須是以維護新聞媒體的自主性或促進新聞媒體提供多元化資訊為具體目的。〔註211〕媒體自律需要相應法律法規的保障，為表達自由、新聞自由這些基礎權利提供強勁的扶持。〔註212〕新聞自由監督政府的制度性權利，也就是張季鸞和王芸生等人念茲在茲的「檢討政績」，就是《大公報》反覆申論的「言論自由之內容，即主張批評之自由」。〔註213〕從這一角度看，近代中國報人出於崇高的責任，為了國家利益而接受一定的新聞管制並不必然意味著反對西方新聞自由，它可能更多地意味著反對絕對自由主義者將自由視為可以不負責任的權利。〔註214〕換句話說，責任意識凸現並不一定會妨礙言論自由；相反，通過媒體自律可以更好地保護新聞自由。但是，從張季鸞幾乎完全放棄自由立場的「根本改變」看，他所自覺承擔的國士責任，主要是一種忠於國家及其領袖的責任，是一種士為知己者死的責任，或者至多是一種與德性權利相關的責任。〔註215〕

　　　　銓：《從儒家自由主義到共產主義：記者角色的衝突與匯流》，收入氏著：《超越西方霸權：傳媒與「文化中國」的現代性》，香港牛津大學出版社，2004年版，65～68頁。

〔註210〕威爾伯・施拉姆等著，中國人民大學新聞系譯：《報刊的四種理論》，新華出版社，1980年版，124頁。

〔註211〕林子儀：《言論自由與新聞自由》，臺灣月旦出版有限公司，1993年4月版，129～130頁。

〔註212〕陳力丹編：《自由與責任：國際社會新聞自律研究》，河南大學出版社，2006年9月版，3頁。

〔註213〕《對於言論自由之初步認識》，天津《大公報》，1930年4月26日。

〔註214〕約翰・C・尼羅等著，周翔譯：《最後的權利：重議〈報刊的四種理論〉》，汕頭大學出版社，2008年7月版，122頁。

〔註215〕夏勇認為，在中國傳統政治文化中，政治參與是一種基於德性的義務和權利。與現代西方基於利益的政治參與和「自然權利」不同，德性義務和權利的觀

張季鸞從他的報恩主義的人生觀出發，主張「一切只有責任問題，無權利問題」，〔註216〕強調報人的修養和責任，而與這種修養相隨的德性權利之大小，要視進言者與納言者的德性好壞及其關係親疏程度而定。引申而論，報人對於言論自由與責任的主張，往往取決於他本人及其所屬政治群體在權力格局中的位置。換句話說，政治主張不比哲學觀念可以由主觀意志完全決定，往往要受到客觀條件的限制。像張季鸞，因為與蔣介石關係特殊，〔註217〕就可以「除了蔣先生，誰都可以罵」。他因此可以國士的身份，在表示「敬謹接受領袖之指示」、「概受中宣部之指導」的同時，「隨時檢討政績，宣揚民隱」。這種「殊榮」，一般報人是享受不到的。〔註218〕即使是張季鸞得意的接班人王

念使得中國的公民道德以對同胞、團體、國家和天下懷有高度責任感為特徵，並且典型地反映在中國傳統知識份子的品格之中。因此，在一種對普天下的義務感激勵和推動下，中國傳統知識份子自覺登上政治舞臺，自由表達或批評政府也由此在理論上成為一種個人權利，儘管這種個人主義只是對從善才有價值，而沒有在道德上作惡的權利——它最終並不能發育成為實際上的個人權利。參閱夏勇：《中國民權哲學》，三聯書店，2004年9月版，63-85頁。

〔註216〕季鸞：《歸鄉記》，《國聞周報》第20卷第1期，1935年1月1日。

〔註217〕關於張季鸞與蔣介石的個人關係，參閱田斌：《張季鸞與蔣介石的恩怨》，《炎黃春秋》2004年4月號。自從1928年在河南鄭州「悅然面悟」以來，蔣介石對張季鸞可謂禮賢下士，一直倚為策士。張季鸞也以國士相報，為蔣介石盡忠盡瘁。據徐鑄成回憶，張季鸞曾對他說：「我的中心思想，是要抗戰救國，必須要有一個國家中心。蔣先生有很多地方也不盡如人意。但強敵當前，而且已侵入內地了，沒有時間容許我們再另外建立一個中心。而沒有中心，打仗是要失敗的。所以，我近幾年，千方百計，委曲求全，總要全力維護國家這個中心。」同時，他也表示：「當然，我仍希望蔣先生從一黨一派的小圈子裏跳出來，真正成為全民的領袖。」無論是戰時的軍事第一，還是勝利之後的民主第一，國家至上這一點是不變的。參閱徐鑄成：《報人張季鸞先生傳》，學林出版社，1999年1月版，128頁。

〔註218〕除了與蔣介石本人的特殊關係，張季鸞與國民黨負責宣傳的陳布雷等人關係都非同尋常。由於這種關係，張季鸞事實上在某種程度上參與了國民黨輿論宣傳政策的謀劃。據王泰棟先生介紹，陳布雷日記中有許多與張季鸞交往的記載，並經常將張季鸞的長信和建議幾千字幾千字摘錄在日記中。由此推測，張季鸞的意見完全有可能通過陳布雷影響國民黨的宣傳決策。茲舉一例。1935年4月16日陳布雷日記記載：當晚往張季鸞處，「季鸞有下列意見囑為補充：1、請以後減少演講，慎密言詞，在此環境下，欲言救國，只有以心傳心；2、獨裁民主之爭，甚屬無謂，獨裁兩字為日本譯語，表面上與專制無異，何如延長訓政較有根據；3、思想犯罪問題，應有積極對策，最好由中央教部等設法，羅致全國文哲及社會科學專家，統一哲學系統及經濟思想，期在積極上樹立國論，但一面仍不禁止，在大原則下作自由研究」。比起社論裏的公開主張，張季鸞與陳布雷的「以心傳心」應該更能體現他的真實意圖。王泰棟編

芸生，即使事實上已負起《大公報》筆政的王芸生也同樣以天下為己任，可就因為缺少了那份特殊關係，往往是話到嘴邊說不得，只好「打落牙齒和血吞」。

張季鸞去世後，張季鸞與蔣介石的特殊關係所帶給《大公報》的輿論權威及檢討政績的空間，無疑都受到影響。從另一方面說，那種關係使得《大公報》對於國民政府特別是蔣介石本人應盡忠貞的道義壓力也稍得緩解。於是，原來可借由私人關係得到緩衝的媒體權力與新聞統制之間的矛盾也逐漸公開化。王芸生主持筆政後，揭出「小罵大幫忙」的新言論方針，〔註219〕公開表示要「罵」，顧忌是明顯減少了。「罵」雖是「小罵」，但是具體的真實的罵，比如《看重慶，念中原》，比如《晁錯與馬謖》。相比之下，「幫忙」雖是「大幫忙」，卻往往是原則的空洞的幫忙，最終導致了國民黨與《大公報》之間不斷的衝突。〔註220〕

二、納自由於統一之中：戰時統制政策的意圖

（一）《抗戰建國綱領》：「以民族鬥爭之意識消滅政治鬥爭之意識」

抗戰初期，政府與新聞界之間因為共同的外敵而結成的「團結」，不僅一開始就隱含著不確定性，而且難以維持長久。在以新聞事業作為抗戰的工具上，政府和媒體雙方的立場是一致的。然而，對於如何更好地發揮新聞抗戰的作用，雙方的理解存在著很大差異。政府建立新聞國防的目的，主要是希

著：《陳布雷大傳》，團結出版社，2006 年 8 月版。

〔註219〕如何理解「小罵大幫忙」，一直是如何評價《大公報》的爭論焦點。唐振常先生認為，文人論政就是本知識份子之良知，本人民的立場，是其所是，非其所非。其所批評，也許有不準確，甚而不正確，要其所歸不是一黨一派之利益。從此立論，就無所謂小罵大罵，小幫大幫。方漢奇先生更指出，《大公報》是一家無黨派的報紙，如果說她對中國的某些黨派有過所謂的「幫忙」的話，那麼，她更多的是幫了共產黨，而不是幫了國民黨。而且是越來越多地在幫共產黨，直至最後完全倒向共產黨。參閱謝國明：《「小罵大幫忙」新論》，《新聞學刊》1988 年 1 月。唐振常：《香港大公報憶舊》，原載《大公報》《大公圓》1999 年 12 月 15 日，收入《我與大公報》，復旦大學出版社，2002 年 5 月版，13 頁。方漢奇主編：《大公報百年史》，中國人民大學出版社，200 年版，19 頁。

〔註220〕陳紀瀅回憶說，張季鸞逝世後，王芸生幾乎與國民黨歷任宣傳部長都起過衝突。陳紀瀅：《報人張季鸞》，臺灣重光文藝出版社 1971 年 2 月第 3 版，47 頁。曾虛白也指責王芸生接掌《大公報》主持大權後，言論立場日漸左傾。曾虛白：《中國新聞史》，三民書局，1966 年 4 月初版，466 頁。

望通過宣傳動員民眾，使民眾理解並擁護政府的政策，糾正不正確的觀念與戰時心理，激昂全民的悲壯精神以迎艱苦的歲月。〔註221〕政府希望不僅新聞報導要保證有利於抗戰，就連新聞評論最好也是向讀者證明：信任政府擁護領袖是救國最好方法的必要。〔註222〕與政府意圖不同，媒體自覺地投入新聞抗戰，願意接受政府檢查，乃是以政府本身也必須眞正有效地抗戰爲前提。爲了維護政府的威信，媒體固然不能對政府求全責備，但是，對於政府的具體政績，比如後方服務人員不出力，後方醫院爲傷兵服務不周到，戰區民眾不協助忠勇將士抗敵，當局救濟難民沒有熱誠，不替失學失業青年謀出路等等，媒體也不能不加以檢討。〔註223〕可見，雙方在言論能否批評政府上的矛盾，並沒有因爲戰爭的來臨而眞正化解，只不過在這種矛盾衝突中，雙方均以戰爭作爲自己辯護的理由。批評政府，對於政府而言是渙散民心，反對抗戰。對於輿論界而言則是督促政府，是眞正有利於抗戰。在輿論界看來，政府要想眞正凝固民心，集中意志，需要做的是改善政績而不是取締言論。

國民黨固然希望最大程度地發揮新聞輿論動員民眾抗戰的能力，但是，也希望新聞輿論的功能最好也僅以動員民眾爲止。至於檢討政績、監督政府等等超出此範圍之外的報導和言論，仍然是要加以統制的。1937 年 10 月《中央日報》的一篇社論，就點明批評「要求召開國防代表會」、開放民眾運動等言論爲「浮躁」和「幻想」。〔註224〕然而，隨著《新華日報》的公開出版，所謂「浮躁」和「幻想」的言論必然會越來越多，國民黨對相關言論的控制也逐漸加強。

決定國民黨意識形態統制政策的因素，如果說在抗戰之前主要是國內政治鬥爭的話，那麼，抗戰爆發後則增加了民族鬥爭這個因素，從而使得該政策的變化情形更爲複雜。民族鬥爭因素的重要性，雖然一度超出政治鬥爭，但是，正如國民黨希望以民族戰爭的名義最大程度地統一輿論力量，國民黨的政治反對派也不失時機地以同樣的名義最大程度地發表自己的政治主張。1934 年《中國國民黨年鑒》中關於《宣傳刊物之審查與取締》的文件就指出，「九‧一八」

〔註221〕周厚鈞：《戰時宣傳內容問題》，收入邵力子等著：《抗戰與宣傳》，獨立出版社（漢口），1938 年 7 月初版。

〔註222〕王新常：《抗戰與新聞事業》，商務印書館，1938 年 1 月版 30 頁。

〔註223〕任畢明：《戰時新聞學》，漢口光明書局，1938 年 7 月，23 頁。

〔註224〕周厚鈞：《戰時宣傳問題》，載重慶《中央日報》1937 年 11 月 17～18 日第 3 版。

事變發生三年來，「一般刊物變動甚劇」，刊物數量「驟行增多」。統計全國刊物數量，「以本黨及政府暨一般民眾發行者爲最多，共產黨次之，國家主義派又次之，其他各派則爲數甚少。」內容方面，雖然大都集中於國難問題，但由於各刊物背景見解時間地域不同，言論上亦呈紛歧複雜之狀。從上海停戰協定簽訂後，輿論界多有指摘政府援救不力。此後甚至有人進而主張結束黨治，實行憲政，其中以國家主義派的宣傳爲最猛烈。國民黨認爲，共產黨及國家主義派的輿論攻勢實際是想借外難之際「乘機奪取政權」。1936 年國民黨第五屆中央執行委員會第二次全體會議中央宣傳部工作報告兩次指出：「國內各反動派言論，幾乎均隱藏在抗日救國的假面具之下，而陰施其詆毀政府，騙取民眾同情的勾當。」其中，共產黨的宣傳，「改頭換面，用灰色態度，混入民眾團體中散佈其虛僞之主張」，「假借『抗日聯合陣線』、『停止一切內戰』、『槍口一致對外』、『組織國防政府』等口號，以騙取民眾之同情」；國家主義派則提出「國民備戰」、「抵抗救亡」、「公開外交」、「反對赤匪」等等響亮口號，爲爭取民眾同情，而「極力避免露骨表示」。面對這種言論形勢，該部稱，「黨內刊物，均希望中央愼審考慮，勿使本黨多年苦鬥所得之政權，落於不革命者之手。」〔註225〕1937 年 2 月，國民黨五屆三中全會通過了爲應對抗戰的新的《本黨新聞政策》。該政策共 6 條，在繼續強調以三民主義爲全國報業精神準繩的基礎上，根據戰時新形勢，提出了「樹立新聞上之國防」、「國族利益高於一切」的言論方針以及對全國報業施行有效統制的目標。〔註226〕

〔註225〕 參閱《第四屆中央執行委員會第四次會議中央宣傳委員會工作報告》、《中國國民黨第五屆中央執行委員會第二次全體會議中央宣傳部工作報告》等，載王煦華，朱一冰合輯：《1927～1949 年禁書「刊」史料彙編》第 2 冊，北京圖書館出版社 2007 年 5 月版，46 頁，113 頁，173～174 頁，182 頁。

〔註226〕 這六條政策具體爲：一、全國報業以奉行總理遺教，建立三民主義之文化爲其最高理想，一切紀述作品以及對社會之服務，均須以三民主義爲準繩；二、全國報業應注意對於國民之教化，促向左列之目標邁進：（一）發揚民族精神勵行對外國策以完成民族之獨立；（二）增進國民智識充實政治能力以實現民權之使用；（三）改良奢侈風俗努力經濟建設以促進民生之發展；三、帝國主義憑藉不平等條約，在我國散播之惡意宣傳，全國報業應基於國家立場，聯合樹立新聞之國防以制止之；四、國族利益高於一切，全國報業言論之方針，業務之進行，絕對不能妨礙國族之利益；五、關於報業人才，應積極培植服務報業之人員，並須施行登記，予以法律之保障；六、對全國之報業應施行有效之統制，分別給予切實之扶助或嚴厲之取締，並於必要時收歸國家經營之。國民政府檔案，中國第二歷史檔案館：《中華民國史檔案資料彙編》第五輯第一編文化（一），92 頁。王凌霄認爲，這一政策「有濃厚的黨治意味」，

　　1938 年 3 月 29 日至 4 月 1 日，國民黨臨時全國代表大會在武漢召開，這是一次決定抗戰大計的重要會議，也是確定戰時新聞宣傳精神的會議。會議通過的《抗戰建國綱領》，確立了國民政府抗戰建國的最高指導原則是：「三民主義暨總理遺教爲一般抗戰行動及建國之最高準繩、全國抗戰力量應在本黨及蔣委員長領導之下集中全力奮勵邁進」。《抗戰建國綱領》同時也確立了抗戰時期新聞出版的基本準則。綱領第 26 條規定：「在抗戰期間，於不違反三民主義最高原則及法令範圍內，對於言論、出版、集會、結社當予以合法之充分保障。」與以往的新聞法、宣傳條例以及審查標準等相比，該綱領並無新意。爲了進一步闡明抗戰時期新聞宣傳的方針，大會通過的《中國國民黨臨時全國代表大會宣言》對該條原則作了專門的解釋：

　　　　民權主義與自由平等，固相爲因緣，然在革命已告成功之國家，自由
　　　　之政治，尤當存在於不妨害國體政體之範圍內，至於革命時期，則政
　　　　治之統一，較政治自由爲急，實爲勢之所不容，而當對外抗戰，則雖
　　　　在憲政時代之國家，亦必授權政府，俾得集中人民之力量，統一人民
　　　　之言論與行動，以同赴於國家至上之目的，當此之際，在議會及社會
　　　　間，雜然各殊之政黨，亦必相約爲政治的休戰，以一人民之心思耳目，
　　　　蓋自由與統一似相反而實相成，無自由則人民無自發的情緒，以從事
　　　　於同仇敵愾，無統一則以思想之龐雜，而致行動之紛歧，抗戰力量由
　　　　之減削有必然者，以此之故，抗戰期間對於人民之自由，必加以尊重，
　　　　則時亦加以約束，使納自由於一定制度之中，約束既定，政府人民共
　　　　同努力，見之實行，庶幾自由與統一，乃能兼顧。

從這段解釋可以讀出，國民黨對於抗戰期間的人民自由，雖然也加以尊重，但重心顯然在「加以約束，使納自由於一定制度之中」。正如陶百川爲此條文所作的釋義所說：「訓政時期約法明文規定黨治制度，憲法草案也保留『中華民國爲三民主義共和國』的條文，以黨治國就是國民黨以三民主義救國建國。」〔註227〕這一點，在會議通過的《統一革命理論肅清政治鬥爭之意識案》等決

　　　　「糅合了法西斯政黨的做法」，包換從業人員必須進行登記以及必要時將報社
　　　　收歸國有等。參閱王凌霄：《中國國民黨新聞政策之研究（1928～1945）》（1992
　　　　年臺北國立政治大學歷史研究所），中國國民黨中央黨史委員會 1996 年 3 月
　　　　初版，8 頁。
〔註227〕黃埔出版社編印：《抗戰建國綱領釋義》，重慶正中書局，1940 年 8 月版，163
　　　　～164 頁。

議案中表現得更爲直接。該決議案對抗戰以來的新聞宣傳情況作瞭如下分析：「各方之宣傳刊物如雨後春筍，盛極一時，其中認識正確，動機純潔者固多，而言論幼稚，主張怪誕者，亦不爲少。若干刊物，率多在對日抗戰一詞掩護之下，或則抨擊政府，妄作主張；或則厚誣本黨以十年來均未一行主義；光怪陸離，不一而足。」爲了矯正這種龐雜不一的狀況，該案要求全國各界人士，無論派別如何，都應該捐除成見，「在一個信仰、一個領袖、一個政府之下」，行動統一，理論一致，言論統一。會議通過的《對於黨務報告之決議案》也重申要將「黨義」滲透到教育機關、文化機構及社會各種組織，強化國民黨對於新聞出版事業的領導，「毋使足以妨害民族意識、違反國家利益之言論文字，散見於日報及坊間出版物。」〔註 228〕這些決議事實上否決了兩年前《國民黨中央文化事業計劃綱要》提出的階級鬥爭等「專門內容」不再禁止的規定，它不僅表明國民黨在戰時宣傳基本方略上從戰爭初期的短暫放鬆統制回到統制趨緊，而且表明這種統制的重心也由妨礙民族利益回到所謂「專門內容」。〔註 229〕意志集中「在一個信仰、一個領袖、一個政府之下」，行動統一，理論一致，言論統一，等等口號，無非是國民黨意識形態統制在抗戰期間所獲得的一種新的表述方式。其統制的意圖不僅沒有放棄，反而借戰爭這一客觀有利的條件得到強化，以「統一革命理論肅清政治鬥爭之意識」，特別是「以民族鬥爭之意識消滅政治鬥爭之意識」。〔註 230〕

　　戰時統制強化的一個重要表現，是對圖書雜誌採取原稿審查辦法。1938年 7 月 21 日，國民黨中央執委會常務會議通過《修正抗戰期間圖書雜誌審查標準》，認定反對國民黨的主義、政綱和政策等 8 項內容爲反動言論，曲解國民黨的主義、政綱和政策等 7 項內容爲謬誤言論。這裡的標準又恢復到

〔註 228〕榮孟源主編：《中國國民黨歷次代表大會及中央全會資料》，下冊，光明日報出版社，1985 年 10 月版，500 頁。

〔註 229〕榮孟源主編：《中國國民黨歷次代表大會及中央全會資料》，下冊，光明日報出版社，1985 年 10 月版，488～489 頁。

〔註 230〕陳布雷回憶說，臨時全國代表大會之前，蔣介石對黨派問題的態度是，與其用政權力量抑制其他黨派或思想之存在，不如融合其他黨派於一個信仰──三民主義與一個組織之下，共爲國家民族前途而努力。簡言之，即化多黨爲一黨。參閱陳布雷：《回憶錄》，載中國國民黨黨史委員會編《陳布雷先生文集》，臺灣黨史委員會 1984 年 6 月版，392 頁。爲了灌輸黨魂，國民黨召開五屆五中全會通過的《加強國民黨的建設和鞏固基礎的議案》甚至提出了「全國黨化」和「全黨特務化」的方針。

《國民黨中央文化事業計劃綱要》以前的標準，該綱要不再禁止的階級鬥爭等「專門內容」重新被判定為「反動言論」。會議還通過《戰時圖書雜誌原稿審查辦法》，組織中央圖書雜誌審查委員會，各大都市或省會成立地方圖書雜誌審查委員會，對圖書雜誌採取原稿審查辦法，對所有未經原稿審查的書刊一律予以取締。這一辦法引起了業界的強烈不滿。1938 年 8 月 20 日，漢口商務、中華等 15 家書店聯名呈文，指責圖書審查辦法及標準，「與中央廣開言路發展出版事業之本旨不符」；說明圖書雜誌與新聞消息不同，可以事後懲罰，但不必原稿付審。在此後召開國民參政會第一屆第二次會議上，鄒韜奮委員提出《撤銷圖書雜誌原稿審查辦法以充分反映輿論及保障出版自由案》，得到 70 多名參政員聯署，經過激烈辯論後獲得通過。不過，該提案沒能改變圖書檢查的狀況。在參政會第四次會議上，鄒韜奮兩次提出《改善審查搜查書報辦法及實行撤銷增加書報寄費以解救出版界困難而加強抗戰文化事業案》，以反映新聞出版界的最低要求，結果依然未付諸實施。針對鄒韜奮等人要求充分反映輿論的言論，有人批駁說，在戰爭緊迫的時期，改進政治最好的辦法，就是通過國民參政會直接向政府提出，只要是大多人民的要求以及用意良好的建議，政府是沒有不採納且亦不敢不採納的，「否則一定祇是少數人的要求或未成熟的輿論，是則不但無反映之必要，而且無反映之可能。」〔註 231〕《中央日報》也發表社論贊成圖書雜誌由追懲改為預防制，要求全民相信中央，「中央必能斟酌於個人自由和民族自由之間，人民權利和抗戰利益之間，審查原則與審查方法之間，下一個公平妥善的判斷。」〔註 232〕國民黨對於出版界的呼聲置若罔聞，終於導致戰後文化界大規模的拒檢運動。〔註 233〕

根據《抗戰建國綱領》和《本黨新聞政策》的精神，國民參政會一屆二次大會通過了由胡景伊、沈鈞儒、劉百閔等人提出的《擁護抗戰建國綱領確立戰時新聞政策促進新聞事業發展決議案》，進一步規劃了戰時新聞事業的具體措施。因為參政會集納了不同派系政治的力量，該案承認不同媒體在立場、見解上的差異，在新聞報導上有充分表現。該案嘗試提出所有媒體都可以接

〔註 231〕沈錡：《論戰時言論出版自由》，《新聞學季刊》第 1 期，1939 年 11 月。

〔註 232〕社論：《戰時出版物的預防和追懲》，重慶《中央日報》，1938 年 11 月 6 日。

〔註 233〕楊旭、余街玉：《反對國民黨新聞專制的「拒檢運動」》，《文史精華》2004 年第 3 期，總第 166 期。

受的戰時報導原則，包括新聞報導原則「以《抗戰建國綱領》為張本」，以建立三民主義的文化為最高理想，以教導並感化民眾為著手方針，以樹立新聞國防為鬥爭目標，以不妨害國家民族利益為指導範圍。並據此製定新聞報導具體綱目，包括軍事方面，應注意加強抗戰必勝的信心和戰局發展的正確認識；政治方面，應注重鞏固全國團結促成施政方針改進；經濟建設方面，應注重財經調整與生產建設；外交及國際方面，應注重獨立自主的外交政策。該案著重提出了改善新聞檢查制度的一些建議，包括統一全國新聞檢查機關；新聞檢查人員，必須有從事新聞事業三年以上歷史、確有新聞事業學識經驗者為合格；新聞檢查機關應召集當地報社編輯人員參加座談，共同商討各種新聞上的有關問題及法令，並接受報社意見；訂定新聞檢查人員獎懲辦法，如果新聞檢查人員濫施職權，應加以嚴屬懲處，以保障合法輿論。〔註234〕

作為抗戰期間全國民意的最高機關，參政會由來自國內各種不同政黨和代表不同政治力量的參議員組成。參政會建議確立的戰時新聞政策，同樣是一個包含不同主張的政策方案：一方面，它同意《抗戰建國綱領》規定的最高原則和國民政府建立新聞國防的目標，另一方面，它又提出了要「促成施政方針改進」，在操作層面上為媒體預留了批評政府的空間，這也反映了該案提議人與中國青年記者學會的密切關係。〔註235〕但是，在皖南事變國共關係惡化後，這一較有民意基礎的新聞政策也隨之湮滅不彰。〔註236〕

（二）精神總動員：以領袖意志糾正「分歧錯雜之思想」

針對輿論界和參政會希望保留媒體檢討政績的權利，國民黨的對策是進一步加強輿論和意志的集中。1939年1月，國民黨召開五屆五中全會通過了加強國民黨的建設和鞏固基礎的議案，公開提出「全國黨化」和「全黨特務化」的目標。為了推動這一目標的達成，國民黨隨之發起「國民精神總動員運動」。

1939年2月，蔣介石在國民參政會第一屆第三次會議上，代表國民政府宣讀了《國民精神總動員綱領》。該綱領根據蔣介石「前期抗戰，軍事與精神並重；而第二期即後期之抗戰，則精神尤重於軍事」的思想，提出了「國家

〔註234〕余戾林編：《中國近代新聞界大事紀》，新新新聞報社（成都），1941年12月版，49～51頁。
〔註235〕記者：《長沙文化新聞界熱烈討論戰時新聞政策》，《新聞記者》第9～10期，1938年12月。
〔註236〕王淩霄：《中國國民黨新聞政策之研究（1928～1945）》（1992年臺北國立政治大學歷史研究所），中國國民黨中央黨史委員會，1996年3月初版，10頁。

至上，民族至上；軍事第一，勝利第一；意志集中，力量集中」的三大目標。
〔註237〕要求全體國民言論，一律以領袖的意志為準繩，「分歧錯雜之思想必須
糾正」。隨後頒佈的《國民精神總動員實施辦法》進一步提出了實施精神總動
員的四種工作：宣傳與創導、訓練與改進、督促與規勸、研究與推行，要求
各新聞單位普遍實行。關於「糾正分歧錯雜之思想」，實施辦法規定了 4 項原
則，包括整飭、統一民眾團體組織及其訓練，取締有礙抗戰之爭論及非法活
動、糾正各種報刊之言論傾向。兩個月後，國民黨中央委員會又向全國各黨
部發佈《關於防制異黨活動辦法》，明確要求各地黨部及警察局、新聞郵電檢
查部門對「內容反動」的宣傳品應隨時查禁乃至封閉，命令各地印刷、派報、
運輸等與報紙出版有關的行業對「異黨」報刊的出版予以破壞和抵制。由此
可見，《國民精神總動員》所謂的「分歧錯雜之思想」，主要針對的是影響日
益增長的共產黨的思想。對於這一點，當時的駐華外交官就觀察到，對國民
黨的某些派別來說，反對共產黨已經成了宣傳工作的重要組成部分，如果說
不是最重要的組成部分的話。從這時起，抗戰以來曾經進行過的積極而富有
創造性的宣傳工作遭到扼殺，反日宣傳和對日心理的生氣與活力，已經下降。
〔註238〕同樣，當年 6 月根據蔣介石手令正式成立戰時新聞檢查局，也將共產
黨的新聞言論作為檢查的重點。這一點將在下文詳細論述。

　　從《抗戰建國綱領》提出「以民族鬥爭之意識消滅政治鬥爭之意識」，到
《國民精神總動員綱領》試圖以「領袖的意志」糾正「分歧錯雜之思想」，國
民黨的意識形態統制政策完成了從戰前到戰時的轉化。與戰前的單純以「黨

〔註237〕《掃蕩報》在武漢時期改變了江西時期的「攘外必先安內」，改為宣傳「國家民
　　　　族利益高於一切」、「集中力量必須統一意志」。方漢奇認為，蔣介石的國家至上
　　　　民族至上、意志集中力量集中、軍事第一勝利第一，就是採自《掃蕩報》。見方
　　　　漢奇：《中國新聞事業通史》第 2 卷，395 頁。而據陶希聖回憶，國民黨臨時全
　　　　國代表大會期間，蔣介石的參事室開會討論抗戰口號時，張季鸞首先提出的是
　　　　「軍事第一，勝利第一，政治休戰，黨派休戰」，後來經其他人改為「一面抗戰，
　　　　一面建國，國家至上，民族至上」。參閱陶希聖：《關於張季鸞與王芸生的幾件
　　　　事》，載《傳記文學》第 30 卷第 6 期。陳布雷的回憶是，蔣介石先是命他撰寫
　　　　《國民精神總動員綱領》，又叫他與邵力子、張季鸞商量，後來邵力子與張季鸞
　　　　分別擬出初稿，陳布雷將兩稿整合後頒發。參閱陳布雷：《回憶錄》，中國國民
　　　　黨黨史委員會編《陳布雷先生文集》，臺灣黨史委員會，1984 年 6 月，390 頁。
〔註238〕謝偉思：《關於自由中國的宣傳、心理戰和道德機構的備忘錄（1942 年 7 月
　　　　10 日）》，約瑟夫·埃謝里克編著，羅清，趙仲強譯：《在中國失掉的機會》，
　　　　國際文化出版公司，1989 年版 4 月版，63 頁。

義」統制爲主相比，戰時統制的一個重要特徵是，以黨的領袖的思想與意志作爲統制的準繩。這種轉換有一定的客觀必然性。抗戰期間，蔣介石個人的權力和名譽達到高峰。作爲戰時最高領袖，他是國家和軍隊的象徵。同時，隨著黨內最有力的競爭對手汪精衛的叛國，蔣介石成爲國民黨總裁，又是國民黨的象徵。因此，國民黨利用戰時軍事需要的便利，採取通過宣傳領袖、意志集中的途徑達到宣傳黨義、統制意識的策略。爲了確立領袖獨裁制度，臨時全國代表大會修改了《中國國民黨黨章》，增設《總裁》一章，與原有的《總理》一章並存，規定總裁爲全黨核心，「代行總理職權」。大會通過的《對黨務報告之決議案》，將戰時黨政關係形態設計爲：縣市採取黨政融化，省及特別市採取黨政聯席，中央採取以黨統制。以黨統制，實際上就是黨的領袖的統制。〔註239〕這一領袖獨裁制度決定了《抗戰建國綱領》提出的意志集中，實質上就是將全國民眾的意志集中到國民黨特別是蔣介石個人的意志之中。

對於本黨的這種戰時統制策略，國民黨三民主義新聞事業的理論家馬星野不無得意，他盛讚《抗戰建國綱領》，「已將多年來新聞界爭執不決之問題，加以總解決；已將政府多年來推行之新聞政策，作一最具體最明顯之宣佈，新聞界全體今後活動之範圍已定，而過去彷徨歧路之現象，可一掃而空」。並聲稱《國民精神總動員實施辦法》中規定的實施精神總動員的四種工作，「無一非報紙應該做而未曾全做，能夠做而未曾徹底做者」。〔註240〕不過，該策略最終未必能產生製定者所預期的成效。與國民黨以領袖承載「黨義」、以領袖意志統一言論相反，新聞界則採取了「除了領袖，其他人都可以罵」的應對策略。除了自身願意讓度的一部分言論自由，新聞界並沒有完全統一在國民黨的言論之中。因此，1942 年 3 月公佈的《國家總動員法》公開提出：「政府在必要時，對報館及通訊社之設立、報紙通訊稿及其他印刷物之記載加以限制、停止或令其爲一定之記載；政府得對人民之言論、出版、著作、通訊、集會、結社加以限制」──終於將以戰爭名義限制新聞出版的眞實意圖明確出以法律的形式。同年 11 月 27 日通過的《對於黨務報告之決議案》也不得不

〔註239〕蔣介石曾經說，「現在有些黨員認爲我是獨裁者，認爲我大權獨攬，因而起來反對我。我認爲，孫中山先生把我當作革命者，才把這個大權交給了我。因此，一切反對我的言行都是反革命。」巴庫林：《中國大革命武漢風聞錄》，中國社會科學出版社，1985 年版，90 頁。

〔註240〕馬星野：《國民精神總動員與新聞界》，《新聞學季刊》第 1 卷第 1 期，1939 年 11 月。

承認，「絕對統一，尚未達到」。〔註241〕此後，《修正出版法》及其實行細則、《非常時期報社通訊社雜誌社登記管制暫行辦法》等法規進一步將報社通訊社資本額提高至從前的五倍，並對報刊數目及篇幅作了更爲嚴格的限制；而一系列戰時新聞檢查法規的出臺，更將新聞統制變成戰時新聞日常生產必經的環節。伴隨這一過程，國民黨的新聞政策也就逐步由統制走向了戰時統制。

本章小結

　　從 1927 年北伐成功到抗戰爆發之前的 10 年中，國民黨南京政權基本上是個建立在軍事實力之上，並靠軍事實力來維持的軍事獨裁政權。〔註242〕根據「黨治」原則，在訓政時期，國民黨代表著全體國民行使中央統制權，任何政治問題都應絕對根據黨的主義、政綱和政策來決定，黨隨時監督政府。黨的力量，即是全國國民的力量，即是領導政府的力量；黨的利益，即是全國國民的利益，即是國家民族的利益。在黨國一體的體制下，黨權等同國權，甚至高於國權。黨權高於一切，神聖不可侵犯。不過，權力的高度集中和完全依賴赤裸裸的軍政特警等國家鎮壓機器來維持有效統治，與其說表明了該政權的強大，不如說暴露了國民黨是「一個弱勢獨裁政黨」。〔註243〕因此，國

〔註241〕榮孟源主編：《中國國民黨歷次代表大會及中央全會資料》下冊，光明日報出版社，1985 年 10 月版，782 頁。

〔註242〕費正清等編：《康橋中華民國史》（下），中國社會科學出版社，1994 年版，188 頁。

〔註243〕王奇生認爲，從 1924 年起，國民黨師法俄共（布）的組織形式，以之與孫中山的三民主義政策嫁接一體，將黨建在國上，實行以黨治國，一黨專政。但是，孫中山三民主義理念中的某些政治藍圖又是基於西方資產階級民主體制而設計的。這樣一來，國民黨實際上是依據兩個不能同時並立的政治架構，拼裝了一檯不倫不類的政治機器，即一方面依照分權學說，成立了五院，另一方面又依照黨治學說，設立了集權的中執會、中政會；這種兼收並蓄弊漏百出——國民黨對政權的獨佔和壟斷意味著孫中山所設計的資產階級民主憲政藍圖成爲泡影，三民主義體系中的民主憲政目標又使國民黨的一黨專政處於十分尷尬的境地，也時常成爲體制外用來批判和攻擊其黨治的有力武器。連陳果夫也感到苦惱：「黨的宣傳爲民主自由，黨的訓練爲軍事化，黨的組織爲學蘇聯，內部是中國的。如此東拼西湊，不成一套，如何是好？」因此，國民黨仿照俄共實行一黨專政，但在實際運作中，其組織散漫性，又更像西方議會政黨。國民黨是一個弱勢獨裁政黨，它並非不想獨裁，而是獨裁之心有餘，獨裁之力不足。參閱王奇生：《黨員、黨權與黨爭——1924～1949 年中國國民黨的組織形態》，上海世紀出版集團，2003 年 10 月版，360～361

民黨政權在以「槍桿子」鎮壓內部造反或抵禦外部侵略的同時，始終不忘記抓「筆桿子」，企圖讓被統治者對於既有秩序的效忠消融於日常意識中而不自覺。〔註244〕於是，該政權自成立伊始，便努力推行一套以黨義爲標準、以積極宣傳和嚴密審查軟硬兩手政策爲中心的意識形態統制。正如有學者所指出的，由國民黨南京政權開始，一種全新的政治意識形態挾持著現代政黨組織的力量迅速滲透到中國社會的各個領域。〔註245〕

　　作爲意識形態統制的重要制度安排之一，新聞統制政策是國民黨黨治體制在新聞領域的具體體現，其目的是要確立三民主義「黨義」對於意識形態的控制。因此，與英美等新聞自由國家的法律制度相比，國民黨頒佈的刑法和出版法中「關於『黨及黨義』的保障是中國的特殊性」。〔註246〕如同三民義本身是一種雜糅了不同理論的體系一樣，三民主義的新聞體制在某種意義上也雜糅了集權主義、自由主義和共產主義新聞體制的不同成分。〔註247〕這一體制及其背後的哲學基礎內含著不可避免的矛盾衝突：一方面，它承認新聞自由是一種現代權利，承認傳媒在促進社會進步中的積極作用，另一方面，它又從精英主義和國家主導社會發展的角度出發，公然以黨權統制業權，對新聞自由作了種種限定。既要求不違背三民主義的最高原則，又盡可能包容反對勢力的意見，始終是國民黨訓政時期新聞政策必須克服的最大難題。〔註248〕新聞界則在自由的

頁。家近亮子也認爲，國民黨及其國民政府最終之所以在大陸失敗，基本原因就在於其權力滲透不夠。南京國民政府經常在「應採取的政策」與迫於政治現實而「不得不採取的政策」中間搖擺不定：面臨這樣的選擇，其內部的意見往往形成對立。參閱〔日〕家近亮子著，王士花譯：《蔣介石與南京國民政府》，社會科學文獻出版社，2005年1月版，29頁。

〔註244〕李金銓：《從威權控制下解放出來——臺灣報業的政經營觀察》，載朱立、陳韜文編：《傳播與社會發展》，香港中文大學新聞與傳播學系，1992年版。

〔註245〕倪偉：《「民族」想像與國家統制：1929～1949年南京政府的文藝政策及文學運動》，上海教育出版社，2003年9月版，36頁。

〔註246〕沈錡：《論戰時言論出版自由》，載中央政治學校新聞學研究會編：《新聞學季刊》第1卷第1期，20頁，1939年11月。

〔註247〕正如賽伯特所注意到的，現代許多基本上是集權主義性質的政府，在它們的組織上點綴了一些自由主義的裝飾，就像今天大多數民主主義國家還保留著專制主義的遺跡，而集權主義和自由主義的國家在許多情況中又都含有許多社會主義的特徵。〔美〕韋爾伯·施拉姆等著，中國人民大學新聞系譯《報刊的四種制度》，新華出版社，1980年11月版，32頁。

〔註248〕王凌霄：《中國國民黨新聞政策之研究（1928～1945）》（1992年臺北國立政治大學歷史研究所），中國國民黨中央黨史委員會，1996年3月初版，4頁。

理想與統制的現實之間戴著腳銬跳舞，「臨場發揮」，「打擦邊球」，並由此導致與政府的長期衝突和紛爭不已。〔註249〕就像馬星野所說，自從國民政府奠都南京直到抗戰爆發，「言論自由」與「言論統制」之爭，一直就是新聞界聚訟不決的問題〔註250〕。

　　戰爭的來臨無疑為政府的控制提供了新的正當理由，而媒體也不得不為自身的權利尋求新的辯護理由。因此，國難發生後，在內政與外交打成一片的語境下，政府與媒體、報人之間圍繞著新聞統制與新聞自由的邊界之爭，出現了非常不同的新特徵和更為複雜的表現。一方面，連原來最反對新聞檢查的媒體也承認一定的檢查是必要的，不再堅持要求從前程度的新聞自由，雖然並不放棄新聞自由的原則；另一方面，由於戰時新聞檢查政策和輿論環境的趨緊，某些能夠接受原來檢查標準的媒體有時也會本能地出現反彈，雖然仍然認同新聞統制的方針。更多的媒體則徘徊於兩者之間，靠著消極的防守和不時的臨場發揮在兩難之間左衝右突。因此，在一切為了抗戰的新聞統一戰線內部，圍繞著新聞統制政策，又存在著合作之中的對立和紛爭。在新聞內容趨同的表象下，又暗含了各自內在理路上的分歧，有時甚至暴露為公開的鬥爭。這種鬥爭，最為尖銳地體現在《新華日報》對於新聞檢查制度的抗爭之中。這一點我們將在下一章中加以討論。

〔註249〕李瞻：《新聞學》，臺灣三民書局，1972 年 5 月版，251～253 頁。
〔註250〕馬星野：《國民精神總動員與新聞界》，《新聞學季刊》第 1 卷第 1 期，1939年 11 月。

第二章 檢查與反檢查：戰時新聞統制政策的執行與效果分析

第一節 戰時新聞統制的行政、法規與程式

一、國民黨戰時新聞統制的行政與機關

　　任何國家的戰時新聞政策都包含積極的新聞宣傳和消極的新聞檢查兩個部分。對於政府來說，宣傳是正當的，檢查則是取締各種不正當宣傳。〔註1〕檢查與宣傳相輔相成，檢查製造傳播真空，然後由宣傳去填補，兩者統一於新聞統制之中。雖然與新聞檢查相比，統制新聞更有力的工具還是新聞宣傳，

〔註1〕有人將抗戰時期的正當宣傳和不正當宣傳總結如下。不正當宣傳包括六個方面：戒絕分化民族這階級鬥爭，使整個民族戰線，不致被敵人擊破；戒絕阻害國際同情之誇大與窄狹的宣傳，使不得已而應戰之主旨，不致為敵人顛倒是非；戒絕不合自衛之廣義的世界主義，使全國人民衛國守土之精神，不致被敵人借詞破壞；戒絕平時之民治呼聲，使戰時之集權組織不致被敵人離間動搖；戒絕黨派對立及爭權之心理，使全民族之統一指揮，不被敵人乘隙分化；戒絕聞勝即驕，聞敗即餒之虛弱情感，使最後勝利之努力，不致被敵人造謠中傷。正當宣傳包括：說明國家民族利益高於一切，以提高人民為國家民族效忠之信念；只攻擊與之作戰之敵國，務必養活其他各國之疑慮，而博得國際之同情；說明國恥重於宿隙與偏見，以劃一人民救亡之思想意志；說明軍事上之進退攻守，及抗戰到底之決心，以堅定人民最後勝利之信念；擁護集權的軍事與政治的戰時組織，以鞏固統一戰線。參閱劉益霆：《中國戰時新聞檢查制度研究》，1943年燕京大學文學院新聞系學士畢業論文，5～6頁。

〔註2〕而且過度的審查會導致與人們追求的完全相反的結果，〔註3〕加上由於
媒介自覺地進行自我審查，反而使得強制性的新聞檢查在某種程度已顯得有
點畫蛇添足。〔註4〕但是，在研究各國的戰時宣傳之後，趙超構發現，統制才
是法西斯新聞制度的核心。〔註5〕同樣，無論是精神總動員，還是樹立新聞國
防，國民黨戰時新聞政策的重點也放在了控制與檢查上面。這一特點充分地
體現於國民政府的戰時新聞行政構架之中。

因應戰時體制的需要，國民黨新聞管理機構在抗戰時期進行大幅調整，強
化了戰時檢查部門職能，形成了戰時新聞檢查局、圖書雜誌審查委員會和中宣
部三個系統。其中，戰時新聞檢查局是整個戰時統制體制中最重要的組織。國
民黨中宣部的主要職能是指導輿論，但所謂「指導」，在相當程度上正是為了防
止所謂不正當宣傳，因此這個部也同樣負有統制之責。此外，在領袖獨裁制下，
蔣介石本人的意旨，實際上成為國民黨統制新聞的一條途徑；〔註6〕它雖然不
是正式的途徑，卻常常凌駕在正式途徑之上。可以說，蔣介石本人兼任著戰時
新聞統制最高統帥的角色。

抗戰期間，蔣介石本人對新聞事業也表現出從未有過的重視。他不僅經
常發表對宣傳工作的指示，還兩次親臨中央政治學校新聞專修班為畢業同學
訓詞，教導新聞宣傳的方法。由於抗戰時期國民黨恢復了領袖獨裁制，在某
種意義上，正是蔣介石的新聞觀主導了抗戰時期，特別是抗戰後期國民黨的
宣傳方針和新聞政策。蔣介石的戰時新聞思想，充分體現在他的幾篇「訓詞」
中。1940 年 3 月 23 日，蔣介石對中央政治學校新聞專修班一期畢業同學作了
題為《今日新聞界之責任》的「訓詞」；同年 7 月 26 日，對中央政校新聞專
修班二期畢業同學又作了《怎樣做一個現代新聞記者》的「訓詞」；1941 年 3
月 16 日在中國新聞學會成立大會和 1941 年 5 月 2 日的全國政工會議上都有
「訓詞」。在這幾次「訓詞」中，蔣介石對新聞事業在抗戰中的職責給予高度
評價。他強調，「宣傳即教育」，新聞記者是「國家意志所由表現之喉舌」，也

〔註2〕　梁士純：《戰時的輿論及其統制》，《國聞周報》第 13 卷第 24 期。
〔註3〕　〔法〕讓-諾埃爾·讓納內，段慧敏譯：《西方媒介史》，廣西師範大學出版社，
　　　　2005 年版，113~114 頁。
〔註4〕　詹姆斯·卡瑞，珍·辛頓著，欒軼玫譯《英國新聞史》，清華大學出版社，2005
　　　　年 8 月版，54 頁。
〔註5〕　趙超構：《戰時各國宣傳方案》，獨立出版社，1938 年版，56 頁。
〔註6〕　高郁雅：《國民黨的新聞宣傳與戰後中國政局變動（1945~1949）》，國立臺灣
　　　　大學出版委員會 2005 年初版，83 頁。

是社會民眾的導師，其作用「不亞於前線衝鋒陷陣之戰士」。蔣介石勉勵新聞界朝四個目標努力：普及宣傳、宣揚國策、推進建設、發揚民氣。他特別要求新聞事業以服務為目的，不能以營利為目的；「一切言論記載，悉以促進我國民獨立自尊心，養成我國民奮鬥向上心為旨歸。處處遵守抗戰建國綱領，時時不忘國家至上、民族至上。」蔣介石明確表示，宣傳家同時就是煽動家，應該具備誇張事實的本領；「一切宣傳，都要懂得煽動的方法，具備鼓動的力量」，才能發生很大的功效，否則，定是徒勞無功。至於如何才能使宣傳收到鼓動和煽動的效果，他提出宣傳要有神秘性。蔣介石所謂的宣傳神秘性，就是要使一般官兵民眾的戰鬥精神發揮到最高點，「使他們對於革命的主義和戰爭的目的，發生一種崇高的信仰」，能夠蹈死不顧，捨身殉義。〔註7〕

（一）國民黨中央宣傳部

日常指導全國新聞宣傳事業並負責檢查文化輿論的最高機構，是國民黨中央宣傳部。〔註8〕1924 年 1 月 31 日，孫中山主持召開國民黨一屆一中全會，決定設立中央黨部，包括秘書處、組織部、宣傳部、青年部、工人部、農民部、婦女部、調查部、軍事部，宣傳部長戴季陶，北京、上海、漢口執行部也都設有宣傳部，其中汪精衛任上海執行部宣傳部部長。〔註9〕國民黨宣傳部初期規模較小，只負責黨部對外文告的工作。1928 年 3 月，國民黨中內常務會議通過《中央執行委員會宣傳部組織條例》，正式確立了中宣部的架構，其機構設施逐漸完備。初設普通宣傳、特種宣傳、國際宣傳、徵審、出版和總務六科，其中徵審科與新聞界關係密切，下轄徵審與審查兩股，負責征集一切宣傳資料並審查一切定期與不定期刊物。後來，增加指導科，負責黨內外宣傳事件的指導工作，普遍宣傳科與特種宣傳科合併為編撰科，徵審科改為徵集科，原屬該科的審查權力移歸指導科，《指導科辦事細則》第 5 條規定：

〔註7〕　蔣介石：《今日新聞界之責任》、《怎樣做一個現代新聞記者》、《對全國政工會議訓詞》，分別載《新聞學季刊》第 1 第 3 期、《新聞戰線》第 1 卷第 5、6 期合刊。

〔註8〕　國民黨各地方的宣傳機構和人員，同樣是一身二任，既要負責宣傳，也兼負所謂偵查檢舉反動刊物的任務，以達到「杜異說、一人心」的目的。參閱陳布雷：《宣傳之原則》，原載上海《時事新報》，1929 年 6 月 5 日，收入中國國民黨黨史委員會編《陳布雷先生文集》，臺灣黨史委員會 1984 年 6 月，221 頁。

〔註9〕　費約翰認為，國民黨第一個中央宣傳機構，是由張繼於 1921 年 9、10 間在上海設立的。費約翰著，李恭忠等譯：《喚醒中國：國民革命中的政治、文化與階級》，三聯書店 2004 年 10 月版，298 頁。

「本科指導之原則，根據主義政策及中央所公佈之一切宣言決議辦理之」。1929 年底，指導科增設登記股，負責登記國內外一切定期與不定期刊物，目的是「整頓輿論界之言論，而免其有礙本黨之宣傳」，成爲該科除特種宣傳、審查雜誌報紙、檢查反動言論之外最重要的工作。不過，《出版法》頒佈後，登記股的工作移交給內政部，登記股也不復存在。

「九‧一八」之後，國民黨中央決定擴大部會組織，中央宣傳部也改組爲中央宣傳委員會，下設指導、新聞、國際宣傳、文藝、編審、總務六科，指導科審查黨內外刊物的權力移交新聞科，專司下級黨部宣傳事務的審核與糾正。國民黨第五次全國代表大會後又恢復中宣部，下設宣傳指導、新聞事業、電影事業、國際宣傳、總務等五處。中宣部附屬單位有中央通訊社、中央無線電臺、中央日報社與各直轄黨報、中央圖書館、中央印刷所等。抗戰爆發後，因爲戰時新聞檢查功能的強化，戰前居於全國新聞管理最高機關的中宣部，其地位則一度邊緣化。〔註 10〕1938 年國民黨臨時全國代表大會後，其職能重新得到強化，並正式通過了中宣部組織法。根據這一組織法，國民黨中宣部下設普通宣傳處、國際宣傳處、藝術宣傳處、新聞事業處、出版事業處、廣播事業處、總務處共七個處。

在整個抗戰過程中，中宣部用以指導全國輿論的最高原則有兩條。第一不違背三民主義，第二不與抗戰期間國家民族的利益相牴觸。其工作任務主要是編發「宣傳通報」、「每周情報」、「宣傳通訊」和「宣傳大風」。「宣傳通報」每星期五晚五時以前，利用中央社的電訊廣播或交通部的電報無線電，向全國各地宣傳機構傳達，約 1000 字，並且在當晚十一時後利用廣播。「宣傳通報」的內容包括國內外大勢分析、供宣傳工作人的參考情報，更重要的是對於時事報導方針的指示，這種指示下達的範圍達到 400 家新聞單位。「宣傳通訊」每月 1 日、16 日發出兩次，篇幅達到 30000 多字。內容包括宣傳指示、時局分析、大事記、重要參考資料、查禁圖書情況表；還有對宣傳技術的研究──比如如何辦報，如何辦壁報；以及提高宣傳工作人員修養的資料等。「宣傳通訊」屬於保秘材料，雖從該部發出，卻不以宣傳部的名義。每期發出的數量達 8000 至 9000 份。「每周情報」則偏重於「駁斥各方荒謬的言論，

〔註 10〕參閱王凌霄：《中國國民黨新聞政策之研究（1928～1945）》（1992 年臺北國立政治大學歷史研究所），中國國民黨中央黨史委員會，1996 年 3 月初版，31～37 頁。

－90－

宣傳本黨的主義」，其方法是每周搜集大量不發表的消息，加以分析與批判，大部分都是供給宣傳工作人員。「宣傳大綱」不定期，也不常發。一般一期就一個主題，比如兵役問題土地問題糧食問題等，說明國民黨的主張；或者以時事爲對象，如「三‧二九」黃花崗革命紀念，經常通過《宣傳大綱》，根據當年的政治情況指導紀念主題和紀念方式。除了以上四種常規工作外，該報還會就臨時事件的新聞宣傳或社論事宜向各新聞單位發佈臨時指示令。

　　新聞事業處主要是管理國民黨黨報。抗戰期間，爲了統一言論加強宣傳，國民黨大力發展黨報。直轄中央宣傳部的黨報有 18 家，各省或特別市黨報 41 家，縣市黨報 397 家。爲強化宣傳統一口徑，中宣部專門成立「黨報社論委員會」，由正副宣傳部長及黨部重要人員參加，包括潘公展、甘乃光、程滄波等，每周開三次會，衡量時局決定選題，再推定委員就題撰寫，每周另有一篇專論，社論專論均由中央社統一發往全國各地黨報發表。社論委員會由於經常獲得蔣介石透過幕僚直接傳達的旨意，因此成爲國民黨的最高言論機關，享有免受戰時新聞檢查局檢扣的特權。後來委員會因委員事繁而無形解散，各地黨報便自行撰寫社論。

　　黨報的新聞統一由中央社供應。抗戰時期，國民黨對中央通訊社扶植不遺餘力，充分予該社以電訊、交通、採訪各種便利。國民黨臨時全國代表大會通過的《對於黨務報告之決議案》就提出要普及中央通訊社的網路，加強新聞源控制，強化本黨言論的領導機能。〔註 11〕抗戰時期，中央通訊社在國內設有 10 個分社，20 餘個通訊單位，對於新聞源的獨佔和所有新聞出入的成功控制。〔註 12〕保證了新聞的來源，牢牢控制在國民黨手裏。這一點讓國民黨中宣部深爲得意，聲稱「這種間接的統制新聞手段，雖英美各國也是不及的。」〔註 13〕從這一意義上說，戰時中央通訊社既是全國新聞惟一的補給站，更是國民黨新聞統制的一個有效手段。〔註 14〕

　　戰時國民黨黨營事業的另一個擴張，就是軍報的迅猛發展。軍委會政治

〔註11〕榮孟源主編：《中國國民黨歷次代表大會及中央全會資料》，下冊，光明日報出版社，1985 年 10 月版，500 頁。

〔註12〕不僅國內報紙要依賴它，各外國通訊社的發行權也多半通過它。因此，各通訊社的消息交到中央社後，中央社可加以選擇發佈，如果不可以發表的便扣留住。

〔註13〕許孝炎：《本黨的宣傳機構及其運用》，《新聞學季刊》第 2 卷第 2 期，4 頁。

〔註14〕趙炳烺：《抗戰以來的新聞事業》，《新聞學季刊》第 1 卷第 1 期。

部陳誠專門成立「部報委員會」，負責軍隊新聞幹部培訓等工作，軍報包括《掃蕩報》（武漢時期最高發行量達到 67000 份）、《陣中日報》（由每個戰區司令長官政治部發行）、《掃蕩簡報》（最基本的小型戰地軍中報，油印）。〔註 15〕1939 年 9 月，第四戰區政治部成立工作團，爲各戰區創舉。團下有藝術宣傳與漫畫宣傳隊、電影放映隊、流動圖書館、政治大隊等五個工作單位，實行宣傳上前線，強化行動的宣傳。〔註 16〕

（二）國際宣傳處

隨著戰爭形勢的迫近，國民黨新聞政策變化的一個顯著方面，是加強對外輿論的統制。在以往的國民黨新聞政策中，無論是積極的宣傳或是消極的檢查，其重心都在國內方面。1920 年 1 月 29 日，在《致海外國民黨同志函》中，孫中山有感於國民黨對外宣傳的薄弱，詳細提出了改善計劃，包括推進華僑宣傳和國際宣傳，建議設立英文報機關，爲三民主義尋求國際方面的同情與支持，並駁斥各種侵略主義輿論。〔註 17〕國民政府成立後，也逐漸重視對外宣傳。國民黨中宣部專門設立了國際宣傳科，但初期工作，主要限於收集翻譯有關「民國主義政策的批評文字」，以供內部參考；以及將國民黨的重要消息譯成外文，供給外國媒體刊載。爲了掩飾其宣傳色彩，加上缺乏大型電臺及通訊社，往往以私人名義投稿的方式。作爲國際宣傳前線的駐外單位，則採用經費援助、介紹國民黨員充任編輯、利用海外僑報或直接津貼外國報紙等方式，但效果均不理想，引起眾多批評。1930 年後，隨著中央社和無線電臺等事業的發展，國際宣傳漸有起色。

在控制在華的外國媒體方面，1930 年 2 月，中宣部有感於外人在中國所辦的報刊「造謠侮辱，儘其煽惑之能事」，徵得外交部同意，製定了《外報登記辦法》，試圖對外報進行管控。管控的手法包換停止郵寄特權、電報檢查、驅逐出境等。但由於列強在華有治外法權，所以外報往往有較多的言論自由，可以刊載國內報刊不能刊載的消息。「九・一八」事變後，國民政府加強了對外消息的控制。蕭同茲出任中央通訊社社長後，積極收回外國通訊社在華發稿權。中央社代發各外國通訊社電訊，除了以中文稿件交換外，還要交費，再向中國各報社收取稿費，但稿費收入不抵支付給國外通訊社的費用，而且

〔註15〕 曾虛白：《中國新聞史》，臺灣三民書局，1966 年 4 月初版，439 頁。
〔註16〕 第四戰區政治部編印：《宣傳工作做法》，1940 年 5 月版，曲江。
〔註17〕 孫中山：《致海外國民黨同志函》，《孫中山全集》第 5 冊，208 頁。

增加了翻譯抄寫的工作，從企業化角度看很划不來。但是，藉此對外國通訊社的稿件進行了把關，收了「過濾」之效，達到了統制國際新聞報導的目的。〔註18〕

戰爭的迫近使得國際宣傳的重要性日益凸出。1935 年 11 月 16 日，國民黨第五次全國代表大會通過《統一本黨理論擴大本黨宣傳案》。在關於擴大本黨宣傳的事項中，該案明確提出要擴大國際宣傳，「以期世界各國眞確認識本黨主義及政治情形。」〔註19〕同年 12 月 2 日至 7 日，國民黨五屆一中全會通過《關於今後黨務工作納案》，決定強化海外宣傳工作，「於海外各重要區域斟酌設立報館（避免黨報名義）」，並計劃設立國際宣傳處專門負責國際宣傳，隸屬於中央宣傳部，統籌國際宣傳事項。在各國分設宣傳機關，附屬於當地使領館，「以收彼此策應之效」。〔註20〕1937 年 9 月，爲了加強國際宣傳，爭取國際輿論同情和支持，聯絡外國記者和媒體，統一對外宣傳，國民政府軍事委員會增設第 5 部，由國民黨中宣部副部長董顯光負責。同年 11 月，第 5 部改組爲國際宣傳處。12 月 1 日，國際宣傳處在漢口召開了第一次外國記者新聞會議。1938 年，國際宣傳處改隸國民黨中宣部領導，經費由軍委會支出。〔註21〕當年 11 月，國際宣傳處遷往重慶，在兩路口巴縣中學辦公。

國際宣傳處分爲總部和駐外機構（包括重慶以外的中國其他城市和海外組織與通訊社）兩部分。總部設有編撰科、外事科、對敵科、攝影科、國際廣播電臺傳音科。國際宣傳處的工作同樣分爲兩個部分，正面宣傳和對於負面國際新聞的檢查控制。

編撰科的主要工作是採寫新聞，撰發電訊通訊，出版刊物，印發書籍和對外文字宣傳材料。沈劍虹、鄭鈞、趙敏求、萬君和先後任科長。武漢時期，該科創辦了英文日刊和月刊《戰時中國》，遷渝後，由於重慶印刷設備落後，月刊改在香港印刷出版。隨著到重慶的外國記者越來越多，材料需求增多，編撰科的任務越來越重，不斷增加人手，在英文日刊的基礎上，發行英文周

〔註18〕方漢奇主編：《中國新聞事業通史》第 2 卷，385 頁。

〔註19〕榮孟源主編：《中國國民黨歷次代表大會及中央全會資料》，下冊，光明日報出版社，1985 年 10 月版，316～318 頁。

〔註20〕榮孟源主編：《中國國民黨歷次代表大會及中央全會資料》，下冊，光明日報出版社，1985 年 10 月版，380～381 頁。

〔註21〕據統計，抗戰期間國民政府用於宣傳的總經費，每年達 6784 萬元。其中，中央通訊社、中宣部新聞事業費 2066 萬，廣播事業費 2043 萬，其他出版經費 12%，國際宣傳 13%。陳瓊蕙：《中國戰時宣傳》，燕京大學學士畢業論文（1944 年）。

刊以及英文定期刊物《重慶新聞》，並增發了俄文日刊、法文周刊、世界語月刊。此外，該科還在華盛頓、芝加哥、舊金山、墨爾本、蒙特利爾分別發行日刊，在倫敦、加爾各答分別發行周刊，在悉尼發行三日刊。

外事科主要掌管對外活動和聯繫。抗戰期間，塔斯社、美聯社、路透社、合眾社、哈瓦斯社、海通社、紐約時報、芝加哥日報、時代等國外著名新聞機構駐渝記者，都由該科負責接待安排。該科還經常向國民黨軍政大員引見經過挑選的有影響的外國記者、文化名流，接受他們的訪問。外事科也負責對外國記者所拍發的電訊進行檢查。凡在內地發電稿的外國記者，電稿都要經過檢查，才能發往國外，負責此項工作的是精通英、德、俄、法文的魏景蒙、朱新民、郎魯遜、沈琦等人。1939 年製定的《抗戰時期檢查外國記者新聞電報準則》，詳細規定了外國新聞記者拍發新聞電訊的相關要求。1940 年10 月，實行三級外文電訊檢查制度，由董顯光、曾虛白最後過目放行。國際宣傳處將外國記者發送新聞電報，視爲增加宣傳資料在外發表數量，因此積極予以協助，包括與交通部合作，通過該部電臺發送的消息，十分鐘內即可送達美國報館。〔註 22〕

對敵科的主要工作是進行對日廣播宣傳，進行心理戰及收錄敵方廣播。爲了對在華日軍和日本國內軍民進行反戰宣傳，該科編制了各種圖片和文字宣傳品，通過秘密渠道運往日本。該科成員幾乎全是留日學生。對敵科爲了加強攻心戰的效果，聘用了日本反戰人士綠川英子、長谷川照子等擔任播音員。該科還編發過《敵情報告》、《敵情檢討》、《敵情資料》、《敵方輿論》等不定期刊物，供有關方面決策參考。1942 年，國民黨中宣部成立對敵宣傳委員會，專門負責製定對敵宣傳的方針，規劃和檢查實施情況，具體事務仍由對敵科負責。1943 年 11 月，國民黨中央秘書處將對敵科改爲對敵廣播收錄科，負責收錄敵方電訊，編制日語廣播，每天由國際廣播電臺播發。國際宣傳處成爲戰時中國政府對外宣傳的管理部門和新聞發佈中心，他們在空襲連綿的重慶，不懈地向世界報導中國的抗戰進程，宣傳陪都精神，頌揚中華民族，被譽爲「炸不死的青蛙」。〔註 23〕

〔註 22〕 許孝炎：《本黨的宣傳機構及其運用》，《新聞學季刊》，1942 年 4 月 20 日版，
　　　　　3 頁。
〔註 23〕 《重慶陪都史書系》編委會：《國民政府重慶陪都史》，西南師範大學出版社，
　　　　　1993 年版 6 月版，241 頁。

攝影科的前身是「酈光新聞攝影通訊處」。1940 年 4 月擴大為攝影科，負責攝製新聞圖片、電影，並協助外國記者到各地進行攝製工作，承擔替外國記者洗印放大的業務，也藉此暗中檢查他們拍攝的內容。

國際廣播電臺傳音科負責國際廣播，重慶期間，借交通部無線電臺進行廣播，以英、法、德、日、俄語播報新聞、演講、時事評論等。1939 年，國宣處和中央廣播事業管理局合作，開辦了中央短波廣播電臺，後改為中國國際廣播電臺（XGOY）。國際廣播，每日製作節目，以十四種語言，向歐美等地播送。XGOY 英語廣播，曾聘請雅各比、白修德、愛潑斯坦等著名記者。為了增加收聽的清晰效果，該臺還曾在美國舊金山設錄音臺，以留聲機唱片收錄從重慶發出的廣播，然後用飛機寄送到紐約去發表，需時約兩小時。抗戰期間，蔣介石、宋美齡等黨政要人經常發表廣播演講，宣傳中國抗戰，效果不錯。

國宣處的駐外機構主要包括中國海外通訊社、成都編輯委員會、上海、香港、倫敦、駐美辦事處等。中國海外通訊社成立於 1939 年 12 月，前身為法國神甫楊安然作社長的益世海外通訊社。1939 年，國宣處委託該社先後創辦了法文月刊《中國通訊》和法文周刊。還在布魯塞爾出版法文月刊，由比利時神父柏立德任主編。後來因歐洲局勢緊張停刊。中國海外通訊社成立後，專門從事法文宣傳品的刊物的編寫與出版。成都編輯委員會成立於 1940 年，編委會全部由國宣處邀請在成都的華西、金陵等大學的外籍教師擔任，共 9 人，負責國宣處對外發行英文小冊子的選材、編輯、審查，還為國宣處的雜誌撰寫文章。上海辦事處成立於 1939 年，其前身為軍委會駐滬通訊社，由美國人法蘭、英國人柏蘭德等主持，其任務是溝通重慶與上海外國記者之間的聯繫，傳送各種材料，利用上海的外國記者和外文報刊作宣傳。1940 年後，該辦事處活動減弱。香港辦事處成立於 1939 年，其前身為國宣處香港支部，是國宣處印發刊物運往國外的重要中轉發送站，並負責接待各國記者、作家和友好人士由香港進入內地，並且與港英政府和各國情報人員聯繫，收集日本情報，香港淪陷後，大部分撤回重慶。倫敦辦事處和美國辦事處的任務則主要是推動英國與美國的援華。由於美國是國民政府對外宣傳的重點，〔註24〕國宣處不僅把紐約辦事處作為駐外機構的中心，還在華盛頓、舊金山、芝加

────────────────

〔註24〕王曉嵐：《論抗戰時期國民黨的對外新聞宣傳策略》，《抗日戰爭研究》，1998年第 3 期。

哥設立了分支機構。太平洋戰爭後，國宣處將美國劃分爲四個宣傳區，除原有的紐約、華盛頓辦事處，又增設了舊金山和芝加哥辦事處，發行英文刊物《現代中國》、《中國呼聲》等。〔註25〕

為了增強對外宣傳的效果，董顯光主張實行間接宣傳，「絕對掃除一切宣傳痕迹」。國宣處爲此採用了「西人路線」，即利用同情和支持中國抗戰的「洋人」開展對外宣傳，聘請外國人擔任宣傳顧問和職員，在國內外聯絡各國使領館人員，知名作家，外籍新聞記者，利用他們「中立國」、「第三者」的身份在報刊雜誌上揭露日本的侵略陰謀，呼籲各國援華制日。〔註26〕美國、英國辦事處都由當地記者出面組織。

太平洋戰爭爆發一年後，由於國際形勢的變化，國民黨中宣部在1942年度工作計劃中提出國際宣傳已無隱蔽之必要，可由國人公共主持，從此，由西人路線改爲中西並進的路線。但在國內人才遴選上，條件相當嚴格，「由中央遴選深明黨義、通曉國際情形之同志，分赴各同盟國任宣傳工作」。〔註27〕1942年12月，蔣介石指令培訓國際宣傳人才。次年，中央政治學校和美國哥倫比亞大學在重慶合辦新聞學院，爲中國培訓國際宣傳人才，董顯光、曾虛白親任正副院長。

除了專門的新聞宣傳機構，在重慶還有許多民間外交團體，如國民外交協會，國際反侵略運動總會中國分會，中英、中美、中法比瑞各文化協會等，也都積極進行國際宣傳，開展國民外交，這對加速太平洋局勢的變化，起到了一定的作用。1939年1月27日，國民黨五屆中央五次會議專門通過《改進國際宣傳實施方案》，決定由中央宣傳部、中央海外部、外交部、軍事委員會政治部、軍令部聯合組成國際宣傳委員會，通盤籌劃國際宣傳事宜。〔註28〕

二戰中，中國是遠東戰場的中心，大量國外媒體和新聞記者來到中國。外國記者最早到達重慶的是德國海通社。1938年8月，德國駐華軍事代表團和德國大使陶德曼奉召回國後，柏林海通總社通知駐華記者艾格勞率領漢口

〔註25〕陳雲閣：《抗戰期間外國記者在重慶的活動》，《重慶報史資料》第6輯。

〔註26〕白修德著，馬清槐，方生譯《探索歷史：白修德筆下的中國抗日戰爭》，三聯書店，1987年12月版，15頁。

〔註27〕榮孟源主編：《中國國民黨歷次代表大會及中央全會資料》，下冊，光明日報出版社，1985年10月版，792頁。

〔註28〕國民黨中央執行委員會秘書處檔案，中國第二歷史檔案館編：《中華民國史檔案資料彙編》第5輯第2編「文化（一）「，3頁。

分社三個主要工作人員乘英國怡和輪船到達重慶，受到當時重慶報界中心人物、《新蜀報》總編輯周欽岳的熱情接待。此後，英國路透社、美國合眾社、法國哈瓦斯社、蘇聯塔斯社和紐約時報社記者等也陸續遷到重慶。隨著外國記者來渝人數的增多，國際宣傳處由董顯光出面，請求行政院長兼財政部長孔祥熙用私人捐贈方式撥款，在兩路口巴縣中學校園內與國際宣傳處鄰近的草坪上，蓋起了一幢專門安頓國際宣傳處洋員和常駐外國記者自費食宿兼辦公的招待所。由於這裡是戰時中國政府的對外宣傳中心，位置適中，又有比較堅固的防空設施，加上國際宣傳處有一個比較精幹齊全、熟悉對外宣傳業務、服務熱情的工作班子，這裡成為戰時國外記者集會的中心。國宣處洋員丁普萊、武道，路透社的趙敏恒、合眾社的王公達、費思爾，美聯社的慕沙、法新社的馬可仕、美國記者愛潑斯坦、德新社的沈克、姜彼德、海通社的陳雲閣等人，最早進駐這幢招待所。著名記者白修德、貝且特、斯特朗、斯諾、賴特、史沫特萊、羅果夫等都曾在此逗留，有的還是常客。國際宣傳處每星期五下午二至五時，定期在這裡舉行新聞發佈會。〔註29〕儘管這裡電話不靈，燈光不明，自來水沒水，屋頂漏雨，四壁透風，老鼠橫行，但它是外國記者之家，為每一個在這裡住過的人念念不忘。曾在這裡住過的時事周刊記者賈克柏在澳洲殉職後，他的母親還捐款在這個招待所裏建了花園。〔註30〕美國《基督教科學箴言報》駐遠東記者谷爾德如此描述招待所：「在遙遠的四川腹地的自由中國的新都，供應了最親切的東西，收容今日世界各地的自由的新聞記者。凡身份可靠的報人，都可以居住在新近開放的記者招待所，每月膳費僅美金一元，房金不到三元。」〔註31〕1939、1940 年之交，是國際宣傳處業務最為繁忙的一段時期，美國新聞界領袖人物霍華德、盧斯夫婦等先後來華，都由該處接待。珍珠港事件之後，外國記者的注意力又轉向歐洲戰場，來重慶採訪的名記者亦告終止。

　　隨著外籍記者來華人數的激增，對他們的管理成了一個問題。相關各部門紛紛擬定了一些條規。1937 年 12 月 13 日，行政院公佈《隨軍記者及攝影人員暫行規則》，規定外籍記者及攝影人員（敵國國籍除外）如果要隨軍採訪，

〔註29〕陳雲閣：《抗戰期間外國記者在重慶的活動》，《重慶報史資料》第 6 輯，84頁。

〔註30〕邵加陵：《趙敏恒在重慶的幾件事》，《重慶報史資料》第 10 輯，34 頁。

〔註31〕轉自董顯光：《董顯光回憶錄：記者招待所》，《報學雜誌》，試刊號，1948 年8 月，20 頁。

「須先經各該國使領館或軍事代表之正式介紹，再由外交部核准」，才可以辦理。1938 年，國民黨中央宣傳部擬定《中外新聞記者戰地採訪管理辦法》，分審查、簽約、給證三個步驟對中外戰地記者進行審核。經審核合格後，戰地記者前往戰地之前，事先要持證明書到軍政部戰地宣傳辦事處申請簽注，到達戰地後，要將證明書向該戰區司令長官部繳驗。〔註32〕外交部也頒發了《外籍新聞記者註冊證規則》。國防最高委員會制訂的《對外新聞發佈統製辦法》規定，「無論任何機關、團體、人員，非因職務或業務之必要，應儘量避免與外人接觸；遇有接觸之必要時，應不得告知任何政治消息或發表政治意見」；「各中央機關對外發表消息及一切文告，應交由外交部情報司或中央宣傳部國際宣傳處代爲發表。」〔註33〕

董顯光特別重視聯絡和影響外國記者的工作，要求國宣處以「店員」對待「顧客」的態度，對待外國新聞界人士，以達到爲我宣傳的目的。從 1937 年到 1941 年初，國宣處大約接待了 150 名外國各類記者，舉行新聞會議 600 多次。1938 年至 1941 年 4 月，國宣處引見國民黨各界要人接待外國記者和友人約 250 餘次。聯絡外國記者的方式包括：召開新聞會議、協助採訪、提供資料、舉辦茶話會、引見要人、以私人名義與外國記者個別交談等。儘管如此，外國記者對政府提供的宣傳材料，並不滿意。比如，關於中國軍隊的戰事消息，1941 年 5 月美國記者田伯烈和賈古柏就曾致信國際宣傳處處長曾虛白予以批評，認爲有三個缺點：「1、太零碎而無整個戰局有系統之介紹；2、缺少地圖，一般美國人士對我抗戰進展不易發生興趣；3、缺少故事性之報導。」〔註34〕爲了讓外籍記者獲得更多有價值的新聞，1939 年秋天，董顯光親自帶領重慶的外籍記者前往長沙前線。但這次長沙之行也使董顯光認識到，一個不懂中文的外籍記者，假如沒有嚮導而想上第一線去觀察是不安全的。因此，如果找不出職員陪同，任何外籍記者上前線採訪的要求，他都概予拒絕。〔註35〕這種考慮，除了人身安全方面的原因，也不無控制外國記者

〔註32〕國民黨中央宣傳部檔案，中國第二歷史檔案館編：《中華民國史檔案資料彙編》第 5 輯第 2 編「文化（一）」，377～380 頁。
〔註33〕《對外新聞發佈統制辦法》，原載《戰時新聞管制案》，轉自王凌霄：《中國國民黨新聞政策之研究（1928～1945）》（1992 年臺北國立政治大學歷史研究所），中國國民黨中央黨史委員會，1996 年 3 月初版，147 頁。
〔註34〕中國第二歷史檔案館：《曾虛白工作日記選》，《民國檔案》2003 年第 2 期。
〔註35〕董顯光：《山城，在轟炸中》，《報學雜誌》，第 1 卷第 7 期，1948 年 12 月版，31～32 頁。

單獨直接與中國軍民接觸以獲取新聞的企圖。

（三）戰時新聞檢查局

由於新聞檢查是國民黨戰時新聞統制政策的中心任務，各檢查機關在戰時新聞行政中也佔有中心地位。抗戰時期的意識形態檢查機關，新聞方面有新聞檢查局，圖書雜誌有中央圖書雜誌審查委員會，戲劇電影也各有檢查。〔註36〕這些檢查機關中，最重要的無疑是戰時新聞檢查局。

由於影響國民黨新聞統制政策兩個最重要的因素是戰爭和意識形態，新聞檢查機構的隸屬關係也不斷在中宣部和軍事委員會之間來回變動。1933 年《重要都市新聞檢查辦法》規定，新聞檢查所歸屬國民黨中央宣傳委員會指導，其辦事人員則由各地黨政軍三方面機關派員組成。不久，《修正重要都市新聞檢查辦法》又規定：首都新聞檢查所，由中央宣傳委員會會同軍事委員會及行政院派員共同組成；為表示尊重業界，還允許新聞團體可以派一名代表參加。其他各地新聞檢查所，由中央宣傳委員會（或當地高級黨部）會同當地高級政府及高級軍事機關派員組成，當地新聞團體也可以派一名代表參加。同時，為了謀求全國新聞檢查行政統一，國民黨將新聞檢查事權，改隸於國防委員會，成立中央檢查新聞處。僅僅過了一年，《檢查新聞辦法大綱》又規定，由中央執行委員會下設中央檢查新聞處，掌理全國各大都市新聞檢查事宜。然而大半年後，到 1935 年 4 月，中央檢查新聞處又改隸軍事委員會。到抗戰前夕，1937 年 4 月，中央檢查所新聞處又改隸中央宣傳部。武漢撤退後，黨政機關多有裁併，中央檢查新聞處也奉令結束。新聞檢查事務，則暫時由中央宣傳部設專門科直接辦理。隨著《抗戰建國綱領》的頒佈，特別是戰時精神總動員的展開，恢復並強化戰時新聞檢查再度成為當務之急。1938 年 9 月 8 日，軍委會政治部部長陳誠致國民黨中央宣傳部，強調非常時期統制新聞至關重要，特由武漢新聞檢查所擬訂《非常時期新聞檢查規程及違檢懲罰暫行辦法》。該辦法規定：「凡在各省市印行之日報、晚報、小報、通訊社稿及其增刊、特刊、號外等於發行前均須將全部稿件無論社評、專論、專電、通訊、特訊、特寫、專訪、信件及其他一切副刊文字並廣告等一律送由各該新聞檢查所檢查。」〔註37〕1939 年 6 月，根據蔣介石手令，正式成立戰

〔註36〕許孝炎：《本黨的宣傳機構及其運用》，《新聞學季刊》，1942 年 4 月 20 日版，5 頁。

〔註37〕國民黨中央宣傳部檔案，載中國第二歷史檔案館編：《中華民國史檔案資料彙

時新聞檢查局，隸屬於軍事委員會，但組織、訓練和業務由中央宣傳部負責。

作為全國最高新聞檢查機關，戰時新聞檢查局負責管理戰時全國新聞檢查事宜，並統籌各省市新聞檢查所及各縣市直屬新聞檢查室的人事與經費。戰時新聞檢查局局長一般由軍委會辦公廳主任兼任，熊斌、賀國光、商震等人先後出任，但具體事務一般由中宣部出任的副局長負責。戰時新聞局下設指導科、情報科和事務科。指導科負責掌擬撰相關法規，指導並考覈各地新聞檢查工作，審查中外報紙以及對於違檢作出處分等事項。

成立戰時新聞檢查局，目的是「為統制新聞，集中意志，以協助抗戰建國大業之任務。」〔註38〕該局成立後，根據戰時形勢擬訂或修訂了一批相關法規，〔註39〕規範新聞檢查的組織與工作程式，統一機構名稱，〔註40〕明確組織系統，〔註41〕並根據各自軍事地位的重要程度和業務的繁簡情形，將全國各省市新聞檢查所、室，劃分為特級或甲級、乙級、丙級等不同級別。據統計，到1940年11月，國統區已建立各級21個新聞檢查所，54個新聞檢查室。〔註42〕

編》第5輯第2編「文化（一）」，382頁。

〔註38〕 軍事委員會戰時新聞檢查局檔案，載中國第二歷史檔案館編：《中華民國史檔案資料彙編》第5輯第2編「文化（一）」，426頁。

〔註39〕 這些法規包括《修正戰時新聞禁載標準》，《戰時新聞違檢懲罰辦法》，《戰時新聞檢查局組織大綱》，《戰時新聞檢查局服務規則》，《戰時新聞檢查局辦事細則》，《戰時新聞檢查局設計委員會組織條例》，《戰時新聞檢查局審查室規則》，《各省市新聞檢查所組織條件》，《各省市新聞檢查所服務規則》，《各重要縣市新聞檢查室組織規程》，《各重要縣市新聞檢查室服務通則》等。

〔註40〕 戰前各地的新聞檢查機構名稱各異，如四川新聞檢查所稱為成都新聞檢查所，雲南新聞檢查所稱為昆明新聞檢查所，廣東省新聞檢查所稱為汕頭新聞檢查所。戰時新聞檢查局成立後，將各省新聞檢查所統一以省名稱之，縣新聞檢查室以縣名稱之，市新聞檢查所或新聞檢查室以市名稱之，並一律冠以上級機關的名稱，以明系統。例如重慶市新聞檢查所，就稱為軍事委員會戰時新聞檢查局重慶新聞檢查所；萬縣新聞檢查室，就稱為四川新聞檢查所萬縣新聞檢查室。

〔註41〕 戰前各地新聞檢查機構，大都隸屬系統不明，名義上受中央指揮，實際各自為政。戰時新聞檢查局規定，全國新聞檢查所及直屬新聞檢查室，一律歸局直接管轄，並且規定各縣市普通新聞檢查室歸省新聞檢查所指揮，但有緊急情事，可以直接向局請示。

〔註42〕 孫義慈介紹，21個新聞檢查所包括，重慶1所列入特級，四川、雲南、浙江、陝西、山西、綏遠、廣西、湖南、河南9所列入甲級，江西、福建、廣東、貴州、湖北、河北、甘肅7所列入乙級，寧夏、山東、江蘇、安徽4所列入丙級。直屬新聞檢查室，已呈准軍事委員會設立者，有鄞縣、紹興、永嘉、

二、戰時新聞檢查的法律、政策依據及檢查標準

戰時新聞檢查的法律根據包括一般法——憲法〔註 43〕、出版法〔註 44〕、戒嚴法；〔註 45〕專門法——《非常時期新聞檢查規程及違檢懲罰暫行辦法》（1938 年 9 月）、《戰時新聞檢查辦法》（1939 年 5 月）、《戰時新聞違檢處罰辦法》（1939 年 12 月）、《修正戰時新聞禁載標準》（1939 年）、《戰時新聞違檢懲罰辦法》（1943 年 10 月）等。政策依據則包括 1937 年 2 月國民黨中央第五屆第三次全體會議所決定的新聞政策〔註 46〕、國民參政會第二次大會所通過的戰時新聞政策等。〔註 47〕

海門、沅陵、衡陽、西昌、鄭州、許昌、永春、贛縣、梧州、梅縣、瀘州、宜賓等 15 室，其中除瀘州、宜賓、許昌 3 室列入乙級外，其餘均爲甲級。普通新聞檢查室，已經戰時新聞檢查局備案或核准者，共有 54 室，分別是衢縣、於潛、麗水、蕭山、諸暨、餘姚、嵊縣、上虞、蘭溪、浦江、東陽、建德、江山、龍遊、淳安、慈溪、定海、奉化、寧海、鎮海、象山、平陽、瑞安、樂清、泰順、黃岩、溫嶺、天台、遂昌、松溪、永安、南平、晉江、建甌、龍溪、連城、龍岩、莆田、長汀、仙遊、上杭、邵武、福清、松溪、惠安、同安、尤溪、南安、長樂、南城、芷江、長沙、邵陽、萬縣等。參閱孫義慈：《戰時新聞檢查的理論與實際》，1941 年 6 月 4 日軍事委員會戰時新聞檢查局發行，4～5 頁。

〔註 43〕國民黨五五憲法草案第 13 條規定，「人民有言論著作及出版之自由，非依法律不得限制之。」第 25 條規定，「凡限制人民自由及權利之法律，以保障國家安全，避免緊急危難，維持社會秩序，或增進公共利益所必要者爲限。」

〔註 44〕1930 年《出版法》第四章第 21 條規定，「出版品不得爲左列各款言論或宣傳之記載：（1）意圖破壞中國國民黨或違反三民主義者；（2）意圖顛覆國民政府或損害中華民國利益者，（3）意圖破壞公共秩序者」；第 22 條規定，「出版品不得爲妨害善良之紀載」，第 23 條規定，「出版品不得登載禁止公開訴訟事件之辯論」，第 24 條規定，「戰時或遇有變亂及其他特殊必要時，得依國民政府命令之所定，禁止或限制出版品關於政治經濟外交或地方治安事項之登記」。

〔註 45〕《戒嚴法》第 12 條第一項第一款規定，「得停止集會或取締新聞雜誌圖書告白標語之認爲與軍事有妨害者。」

〔註 46〕其全文計 6 條，第 4 條規定：國族利益高於一切，全國報業言論之方針，業務之進行，絕對不得妨害國族之利益。第六條規定：對於全國報業，應施行有效之統制，分別予以切實之扶助或嚴厲之取締，並於必要時得收歸國家經營之。所謂施行有效的統制，及予以嚴厲的取締，就要以新聞檢查爲手段，來達成統制的任務。

〔註 47〕其第 2 項調整宣傳機構辦法規定：改善新聞檢查制度，使不僅實施消極的新聞檢查工作，更應推行積極的指導任務；統一全國新聞檢查機關，新聞檢查所應由全國新聞管理機關統籌支配，務使政府之確立方針不受任何地方關係

　　抗戰時期有關新聞檢查的法令，可謂層出不窮，日益繁苛。除了這些相關法律和專門法規，與新聞檢查無直接關聯的法規也多被援用。比如，《戒嚴法》第 12 條第 1 項規定就多次被歪曲引用到新聞記者身上。此外，各黨政軍機關每制訂一套新的有關新聞管制的法規，如《軍機防護法》頒佈後，因該法第 4 條規定：「刺探或收集藏匿非職務上所應知悉或保管之軍事上之機密消息、文書、圖書或物品者，處三年以上，十年以下有期徒刑」，某軍法機關竟想借用此條規定處分新聞記者。後來經法院解釋，此法才不得引用於新聞記者。〔註48〕

　　1940 年 1 月，在綜合各方意見和戰時新聞檢查實踐經驗的基礎上，戰時新聞局通過了《修正戰時新聞禁載標準》，共列出禁止發表文字或圖畫的 55 項禁載事項，其中軍事禁載事項 21 條，黨政禁載事項 9 條，外交禁載事項 7 條，財政經濟禁載事項 9 條，社會禁載事項 9 條，幾乎囊括了可以想到的一切事項。其他沒有想到的事項，各相關內容中最後一條——「其他一切不利於我方軍事之記載」、「其他一切足以損害政府信譽之記載」、「其他一切不利於我國外交之記載」、「其他一切不利於我國財政經濟之記載」、「其他一切足以妨害善良風俗之記載」等規定也足以堵塞了「其他一切」可能出現的例外。

　　無論禁載標準如何完備，戰時新聞檢查局猶恐不能網羅無遺。因此，還不時根據形勢需要下達各種臨時指示。比如，1940 年 6 月朱德從延安赴重慶前夕，戰時新聞檢查局專門製定了《朱德來渝新聞檢查辦法》，規定關於朱德的言論談話或素描等，應與其他高級軍官同樣處理，即其內容如有違反抗建國策及軍情者，嚴格檢扣。並專門指示《新華日報》，如要特別有所發表，亦以不違反以上二原則為限。〔註49〕僅 1943 年，該局臨時下達的一般指示就達 14 種，包括「各報對限價實施情形及物價變動之報導以不妨礙限價推行及刺激物價為準，其有建設性之評論文字可酌放行，但徒恃消極指摘者應予檢扣」、「關於英軍在緬北伊洛瓦底江流域之游擊行動，未經盟軍司令部正式公佈者，應予檢扣」、「禁止各報討論『愛與恨』問題」、「關於反對新兵役法之文字及妨礙兵役推行之文字，應一律檢扣」、「關於假道伊蘇輸入物資一項消

之限制：新聞檢查機關，應隨時召集當地報紙編輯人參加談話，共同商討各種新聞上之有關問題及法令等，以收切實領導之效，並接受報社貢獻之意見。

〔註48〕 曹增祥：《中國戰時新聞檢查制度概論》，燕京大學學士畢業論文（1945 年 12 月）。

〔註49〕 重慶檔案館、中國第二歷史檔案館編：《白色恐怖下的新華日報——國民黨當局控制新華日報的檔案材料彙編》，重慶出版社，1987 年 10 月初版，84 頁。

息，應從嚴檢扣」等，特殊指示 4 種，包括「禁止新華日報刊用『陝甘寧邊區』字樣」、「對戰時青年訓導團及所屬分團一切消息概予檢扣，以免引起奸黨注意」等。〔註 50〕

　　此外，蔣介石本人的指示也成爲新聞檢查的標準。這方面的一個經典笑話是，太平洋戰爭爆發後，滇緬公路因爲管理不善，弊端叢生，新聞界曾不斷予以揭發評論，惹惱了蔣介石。爲了所謂國際名譽，他手令此後凡是有關交通問題的新聞或評論，「非經委員長本人同意不能登載」。此令一出，各新聞檢查所據此將所有交通新聞均視爲禁品，連成渝路翻車、川陝公路土匪搶劫客車等新聞也不能登載。〔註 51〕

三、戰時新聞檢查的內容與程式

　　根據《非常時期新聞檢查規程及違檢懲罰暫行辦法》的規定，各級新聞檢查所實際檢查的內容，主要是各省市及當地社會新聞、各新聞媒體採寫的專電、通信，以及非新聞類的社論、言論、副刊，廣告等內容。有關戰事消息和發往國外的電訊，分別歸軍令部戰訊發佈組和中央宣傳部國際宣傳處辦理，不在戰時新聞局及其下屬機構負責範圍之內。根據規定，外埠駐各省市記者所發的消息，應一律將原稿送由各該新聞檢查所檢查後方允拍發（由各新聞檢查所通知各地電檢所照辦）。中央通訊社的稿件，除了政府交發的文件通稿，其餘也必須一律送檢。由於戰時各地新聞郵電檢查所多由國民黨軍隊系統掌握，而國民黨新聞事業大多掌握在 CC 系手中，因此對黨營新聞事業的稿件，包括《中央日報》和中央通訊社的稿件，檢查往往一樣嚴格。〔註 52〕

　　新聞檢查的手續，分初檢、覆核、發還三個步驟。初檢由檢查員負責，初檢工作完成後，檢查員加蓋「檢查訖」的印章，送副主任覆核，最後由主任或檢查長對於內容無不妥的稿件，交給事務員登記發還，並在稿件封面上

〔註 50〕戰時新聞檢查局檔案，中國第二歷史檔案館編：《中華民國史檔案資料彙編》第 5 輯第 2 編「文化（一）」，484～486 頁。

〔註 51〕劉益聖：《中國戰時新聞檢查制度研究》，燕京大學文學院新聞系學士畢業論文（1943 年），48 頁。

〔註 52〕張亞雄：《我所知道的國民黨新聞檢查和新聞發佈》，《甘肅文史資料選輯》第 6 輯，188～189 頁。比如，陶百川任《中央日報》社長期間，就因爲刊登的社論遭到三青團批評爲指桑罵槐，而承受巨大壓力。陶百川：《困勉強狷八十年》，轉自高郁雅：《國民黨的新聞宣傳與戰後中國政局變動（1945～1949）》，國立臺灣大學出版委員會，2005 年初版，66 頁。

注明發還時間。需要刪改或需要免登、緩登的稿件，仍然交給初檢人員，注明刪改、免登、緩登的理由，再逐級呈核。〔註53〕《非常時期新聞檢查規程及違檢懲罰暫行辦法》規定，「一部分不妥者予以刪改，並加蓋刪改章發還之；全部不妥者免登，原稿不發還；凡未至發表時期之消息予以緩登，並將稿件留所存查，俟至可予發表時期始行發還，或通知發表之。每次送檢稿件須將同樣稿繕送兩份，以一份留檢查所存查，其發還的稿件要保留十日，以備稽考。」〔註54〕以重慶市報紙的稿件為例，由戰時新聞檢查局所屬重慶新聞檢查所直接負責檢查，分為三個階段：頭天晚上將要登載的稿件送檢，標題不需送檢，由該所根據內容分別處以放行、免登、刪登、緩登。出版第二天，再由該所審查，看是否遵檢或違檢；如果違檢，是全部違檢還是部分違檢，由該所視其情節輕重予以處分。〔註55〕

新聞檢查所人員不多，即使像重慶新聞檢查所這樣的所謂特級編制的檢查所，檢查人員也只有十幾人，白天夜晚輪流值班，分三班制。〔註56〕晚上值班時間大約從晚上 8 點到次日凌晨 3 點。報社經常每晚送檢兩次，有時要三次，把次日要見報的除中央社的通稿之外的一切文稿，以及已排好的廣告小樣送審。每份稿件都在送審簿上登記。第一批送檢的稿件大部分是副刊或有關文教之類的稿件，此類稿件較少被扣，晚上 10 點以前便可取回付排，或留待以後刊用。夜半以後送檢的多是本報記者採寫的新聞或當夜寫的評論，包括社論和特約的外稿，經常被紅筆抹成「大花臉」，才可蓋印放行。有的被全文檢扣，則加蓋黑印「槍斃」。後來報館為了省事，多以小樣代替原稿送審。如果被檢扣，就從大版上撤下，換上一條中央社的稿子或廣告，遇上被檢扣稿件多的時代，報社就只好「開天窗」。〔註57〕據戰時新聞局重慶新聞檢查所的統計，1942 年度重慶各大新聞單位送檢的稿件中，被刪登、緩登、免登占

〔註53〕劉益聖：《中國戰時新聞檢查制度研究》，燕京大學文學院新聞系學士畢業論文（1943 年），40 頁。

〔註54〕武漢新聞檢查所：《非常時期新聞檢查規程及違檢懲罰暫行辦法》（1938 年 9月），重慶檔案館、中國第二歷史檔案館編：《白色恐怖下的新華日報》，重慶出版社，1987 年 10 月版，8～9 頁。

〔註55〕重慶檔案館、中國第二歷史檔案館編：《白色恐怖下的新華日報》，重慶出版社，1987 年 10 月版，138 頁。

〔註56〕丁孟牧：《民國時期重慶控制報刊雜記》，《重慶報史資料》第 18 期，62 頁。

〔註57〕陳封友：《雜憶抗戰期間國民黨當局的新聞檢查》，《重慶報史資料》第 12 輯，57 頁。

放行稿件的比例普遍在 10% 至 20% 之間（見表 1）。1941 年 11 月 5 日至 22 日共 18 天內，重慶《新民報》晚刊被刪、扣的稿件達到 30 篇，平均每天近 2 篇。中國共產黨機關報《新華日報》的情形更爲糟糕，下文將作詳細敘述。

表 1：重慶新聞檢查處 1942 年度關於重慶各報社、通訊社新聞稿件放行、刪登、免登統計表：〔註 58〕

報社通訊社名稱	放行稿	刪登稿	緩登稿	免登稿
中央日報	5364	256	70	120
大公報	2960	303	24	112
新民報	3382	198	12	94
新蜀報	3452	326	27	242
益世報	3213	406	32	185
時事新報	2408	96	8	22
國民公報	2073	253	18	91
商務日報	4126	305	33	189
新華日報	3960	521	84	260
新民晚報	9520	373	108	204
南京晚報	8633	277	96	172
論壇報	420	52	12	21
工商新聞	2753	13		1
遠東社	904	29	3	16
塔斯社	2033			2
盟利社	204	2	1	12
總計	46845	3409	522	1755

　　對於不送檢的新聞單位，《非常時期新聞檢查規程及違檢懲罰暫行辦法》規定，根據其不送檢的情節輕重予以不同的處罰：一天不送檢，書面警告；兩天不送檢，停刊三天；三天不送檢，停刊一星期；超過三天，則停刊半月以上。1939 年公佈的《戰時新聞違檢懲罰辦法》對違檢新聞單位的懲罰辦法，

〔註 58〕軍事委員會戰時新聞檢查局檔案，載中國第二歷史檔案館編：《中華民國史檔案資料彙編》第 5 輯第 2 編「文化（一）」，江蘇古籍出版社，473～474 頁。

分為忠告、警告、嚴重警告、定期停刊（以一天至一個月為限）、永久停刊五種。違檢的行為包括：稿件未經檢查先行發表或不遵照檢查結果自行發表——稿件不遵照刪改發表、提前發表緩登稿件、刊載免登稿件；以及因為刪改或免登稿件後造成版面空缺，不設法補足，而是在稿件中「故留空白，或另作標記，易致猜疑」。1943 年修訂的《戰時新聞違檢懲罰辦法》對違檢新聞單位的懲罰辦法增加到六種，分別是：警告、嚴重警告、沒收報紙通訊稿或基底版、勒令更換編輯人員、定期停刊、永久停刊。

　　同樣根據重慶新聞檢查所的報告，1942 年重慶各主要報刊都受到不同程度的處罰，各種處罰次數大都達到 50 次以上，其中《商務日報》竟達 106 次，平均每個月接近 9 次（見表 2）。1942 年 10 月至 1943 年 10 間，重慶各報受到定期停刊處罰的有：重慶《大公報》因違檢刊載《看重慶念中原》的社評被處以停刊三日；重慶《新民報》晚刊因違檢刊載空襲消息被處以停刊一日；重慶《國民公報》因連續全部稿件不送審被處以停刊一日。其他被處定期停刊處分的還有昆明《曲江先報》、衡陽《大剛報》、洛陽《中原報》、西安《工商日報》、西安《青年晚報》、韶關《建國日報》、梅縣《中山報》、福州《青年晚報》、成都《新中國日報》、臺山《大同報》等。同期被永久停刊的報紙，則有湖北《老百姓報》、安徽《大江報》、成都《經濟快報》、肇慶《雄風報》、昆明《大國民報》。〔註 59〕

表 2：重慶新聞檢查處 1942 年度關於重慶各報社、通訊社違檢處理統計表〔註 60〕

報社、通訊社名稱	函促注意	忠告	警告	嚴重警告	扣郵	全部沒收
中央日報	36	4	1			
大公報	45	10	8	2		
新民報	50	21	12	8		
新蜀報	14		2			
益世報	52	17	12	15	3	1
時事新報	3		1			

〔註 59〕 軍事委員會戰時新聞檢查局檔案，中國第二歷史檔案館編：《中華民國史檔案資料彙編》第 5 輯第 2 編「文化（一）」，488～497 頁。

〔註 60〕 軍事委員會戰時新聞檢查局檔案，中國第二歷史檔案館編：《中華民國史檔案資料彙編》第 5 輯第 2 編「文化（一）」，475 頁。

國民公報	10	5			1	
商務日報	38	19	21	28		
新華日報	25	16	23	7		
新民晚報	30	24	6	12		
南京晚報	36	5	8	13		
論壇報	2	1	2			
自由西報	1					
遠東社	1					
工商新聞	3					
盟利社						
總計	643	122	96	85	4	1

第二節　戰時新聞統制與戰時新聞文本生產

一、作爲戰時新聞統制的新聞源控制

　　新聞源控制和新聞檢查，是國民黨戰時新聞統制政策中影響媒體新聞生產的兩個主要方面。新聞源的控制，主要是通過中央通訊社。1938 年國民黨臨時全國代表大會通過的《對於黨務報告之決議案》，提出將普及中央通訊社的網路作爲「加強新聞源控制，強化本黨言論的領導機能」的手段。〔註61〕根據這一精神，國民參政會開大會，國民黨中全會開會，記者不能旁聽，也不能發表任何有關開會的消息，等到大會結束，政府才把宣言、公告及一切政府自行撰就的新聞交付中央社發表。有的會議雖然邀請記者參加，但發稿權依然獨歸中央社一家。即使中央社發的這類新聞，多半也不是中央社記者自己採寫的，往往出自政府部門科員秘書之手。這樣一來，新聞的來源，實際上通過中央社牢牢地控制在國民政府手中。

　　新聞源的集中，使得在戰時大後方各報主要新聞大都來自中央通訊社。有研究者選定 1943 年 12 月 1 日至 1944 年 1 月 31 日兩個月時間，對抗戰期間大後方六大城市九大報紙的稿源進行統計，結果顯示，中央社稿在各報所

〔註61〕榮孟源主編：《中國國民黨歷次代表大會及中央全會資料》，下冊，光明日報出版社，1985 年 10 月版，500 頁。

佔的百分比分別爲：成都《中央日報》佔 87.4%，《新新聞報》佔 69.4%，重慶《中央日報》佔 85%，重慶《大公報》佔 79.5%，昆明《中央日報》佔 77.3%，《貴州日報》佔 70.7%，《西京日報》佔 84%，《廣西日報》佔 75%，桂林《大公報》佔 62.8%。〔註62〕另外，根據 1940 年 1 月份的統計，重慶各報採用中央社稿件及其佔該報全部稿件的情況是：《掃蕩報》採用 2151 條，特訊專電 79 條，共計 2230 條，佔全部稿件的 96.5%；《大公報》採用 1840 條，特訊專電 109 條，共計 1909（應爲 1949 條——引者按），佔總數的 88%；《時事新報》採用 1841 條，特訊專電 28 條，共計 1869 條，佔總數的 98.5%，《新華日報》採用 1547 條，特訊專電 196 條，共計 1743 條，佔總數的 88.7%。〔註63〕各報自己採編的稿件佔總用稿的比例相當少：《大公報》自己採訪的稿件佔 8.44%，通訊佔 3.06%，專電佔 2.35%，特譯佔 1.92%；《中央日報掃蕩報聯合版》，自己採訪的佔 4.9%，通訊稿佔 2.88%，專電佔 9.8%；《商務日報》自己採訪的稿佔 13.79%，通訊稿佔 5.82%，專電佔 0.33%；《新華日報》自己採訪的稿件佔 9.66%，通訊稿佔 2.02%，專電佔 4.70%。各報選用中央社稿平均佔全部新聞面積的 85.6%，表現個性的版面，只剩 14.4%。〔註64〕

　　除了壟斷國內新聞，中央通訊社還通過與各國外大通訊社簽約交換新聞的方式，對外國通訊社的消息進行嚴密「把關」，扣發不利於政府的消息。各新聞單位自設的電臺往往沒有能力抄收外國通訊社的電訊，收了也無力翻譯。因此，整個國統區的中文報紙缺少國際資訊來源，惟一可以依賴的消息來源，是各國在華設立的新聞處。

　　爲了擺脫中央社的控制，抗戰期間，蘇、美、英等主要國家都開始自己發中文稿。塔斯社是最早發中文稿的。在重慶譯發蘇聯總社的英文電報稿，塔斯社先譯成英文新聞稿，然後譯成中文，發給各報館供使用。塔斯社在中國發佈的新聞，以反映蘇聯國內政治經濟情況爲多，有的是介紹民主陣營反法西斯鬥爭的，其他國家的新聞很少。在寫作、傳遞速度、重要性、趣味性等方面，都略遜英美通訊社。有些稿子特別冗長，如演講、社論、叛國案之

〔註62〕姚世光：《後方六大城市報紙之分析》，燕京大學新聞系學士畢業論文，1944年 6 月，34 頁。

〔註63〕程其恒編著，馬星野校訂：《戰時中國報業》，銘眞出版社，1944 年 3 月初版，16 頁。

〔註64〕曹增祥：《中國戰時新聞檢查制度概論》，燕京大學學士畢業論文（1945 年 12月），41 頁。

類，除《新華日報》採用率較高外，其他報紙並不認為很合口味。〔註65〕

英國新聞處名義上屬於英國大使館，其專員實際上是英國宣傳部駐中國代表，負有在華一切宣傳的實際責任。英國新聞處設有英文日報編輯部，在重慶、成都、昆明每天出版英文日報一中張。內容多為由無線電收聽來的世界各國消息，每天譯出少量送給報館刊登。該報在成都發行4200份，也收訂費。成都英國新聞處每天早晨還收聽路透社的電訊或BBC的消息，再轉到各晚報。

抗戰期間，中國媒體使用外稿最多的來自於美國。〔註66〕為了加強對中國的宣傳，1942年冬，美國國務院派遣費正清（J.K.Fairbank）到駐華使館籌建美國新聞處。該處具體負責人費虛認為，要在中國進行新聞宣傳，最便捷的方法是向中國報紙發中文稿件。他聘請劉尊棋主持新聞處中文部的工作，按照國際新聞社的方法，出版中文《新聞參考》、《新聞快訊》等，為報紙提供時事評論和通訊，所選譯的文章包括斯諾、索爾茲伯里、李普曼、伊利奧特、鮑德溫等著名記者和撰稿人的作品。該部編印的《新聞資料》，為讀者及時提供美國報刊發表的熱門文章，印數達5000份，贈閱社會各界知名人士。〔註67〕美國新聞處在重慶及昆明、成都分處都有自設電臺，日夜收聽美國總處及同盟國方面的消息，每天上下午有固定時間轉播美國「自由之聲」電臺，收聽新聞後編譯分送中央社及各新聞單位。除此之外，還在美國國內紐約、華盛頓、舊金山等處聘請各方面專家，撰寫軍事、政治、外交、經濟等專稿。1944年，為了給國統區報紙提供及時的新聞背景資料，又翻譯美國最新書報雜誌，出版中英文的F・Y・I（for your information），定期刊物《新聞資料》，分鉛印與油印兩種，每星期出版一份，為「總」字型大小，分送各地各報館，內容分時代記錄、事物介紹、新聞地理等，在刊頭印有：「各地報紙雜誌刊用本稿，並無說明由敝處譯發之義務，至發表時檢查之責由各報各雜誌自負」。油印新聞資料分三種，編號為「聯」、「合」、「國」三字，分別於每周二、四、

〔註65〕舒宗僑：《我作塔斯社中國記者的經歷》，《重慶報史資料》第6輯，1990年11月版。

〔註66〕以1940年1月為例，重慶各報採用的中央社稿1857條，佔55%，美國合眾社稿503條，佔15%，路透社436條，佔13%，哈瓦斯社313條，佔9.2%，德國海通社259條，佔7.7%。程其恒編著，馬星野校訂，《戰時中國報業》，銘真出版社，1944年3月初版，16頁。

〔註67〕于友：《劉尊棋與美國新聞處》，《重慶報史資料》第11輯，44～46頁。

六出版。有許多有趣味的文章，各報副刊與晚報喜歡引用，並在刊頭印有「本稿在貴地只供貴報獨家刊用」。該處成都新聞處編譯部每天將收聽到的舊金山、華盛頓與倫敦電訊立即譯出，於中午 12 時以前送到各晚報。《成都晚報》與《華西晚報》新聞版刊載的消息，有 70%由美國新聞處供給（見表 3）。《新民晚報》選用較少，因為它自己設有電臺，並且兼用英國新聞處的電訊。

表 3：美國大使館成都新聞處供給本市各晚報新聞數位（1944 年 10 月至 1945 年 3 月）〔註 68〕

時　　　間	發出新聞條數	華西晚報	成都晚報	新民晚報
1944 年 11 月	115	115	115	115
1944 年 12 月	110	110	110	110
1945 年 1 月	215	125	129	26
1945 年 2 月	293	102	134	10
1945 年 3 月	300	84	168	12

二、戰時中國媒體新聞文本的形態特徵：以重慶報紙新聞為例

　　如果說新聞源控制是從源頭上以無形的手扼住了各新聞媒體的聲音，那麼，新聞檢查就是在新聞文本的生產過程中施加斧削和堵塞。毫無疑問，對於軍事新聞的嚴密檢查是十分必要的。淞滬戰爭時期，曾經因為新聞檢查不嚴，各報發表的戰地報導對於地理形勢和長官總部所在地，經常描寫得極為詳盡，敵人通過報紙報導獲得情報後立即派飛機轟炸，使我方遭受重大損失。戰時新聞檢查實施後，軍事情報資敵的弊端大減。已往報紙，尤其是上海地區報紙的傷風敗俗污穢風氣一掃而空。〔註 69〕從這一方面說，國民黨的戰時新聞檢查是成功的。但是，它幾乎也僅僅是在這方面取得了成功。

　　如前所述，抗戰期間用於新聞檢查的法規條文多如牛毛。這些條文有的無比瑣碎，有的涵義寬泛，無所不包；有的前後變動太快——某種新聞昨天還可以發表到今天就在被檢扣之列；有的彼此間重複衝突，或者同一項法規在陪都、省、縣、市各地的實施細則不同。加上政出多門，各級各地軍政長

〔註 68〕 錢家瑞：《三年來英美在我國宣傳之比較》，燕京大學新聞系畢業論文（1945 年 6 月），47～48 頁。

〔註 69〕 曹增祥：《中國戰時新聞檢查制度概論》，燕京大學學士畢業論文（1945 年 12 月）。

官常常自定標準，使得檢查人員無所適從。為了避免責任，檢查人員往往寧緊勿鬆，不是「但可放則放」，而是「但可扣則扣」，甚至「不應扣而扣，不應刪而刪，執一點以抹煞一切」。〔註70〕如此法網恢恢，層層檢查，不僅使各媒體送檢的稿件傷痕累累，而且常常令人莫名其妙，啼笑皆非。

　　這方面的例子不勝枚舉。比如，《戰時新聞禁載標準》中有關軍事禁載事項的第 20 條規定「軍事足資敵人利用之報告或文件」、第 21 條規定「徵募兵役及軍事工役之計劃與實施內容及有礙兵役工作之記載」，均在禁登之列。根據這兩條規定，成都《中央日報》刊載的《戰前歷年成都雨量統計表》被檢免登。其他報紙，連帶有描寫或報導四川秋收情形的，也多被勒令免登，理由是此類新聞「足資敵人利用」。此外，各報凡有涉及役政的言論或報導，也不管是否有礙「軍機作戰」，都被擴大解釋為「有礙兵役」，而被檢免登或刪登。第 25 條規定「其他一切不利於我方軍事之記載」，曾被擴大解釋為──可將所有非官方發表的軍事新聞完全免登。軍事新聞禁載方面的限制固然影響最大，黨政、外交、社會等禁載事項，比軍事禁載事項更加廣泛，也更易被引申解釋或歪曲援引。如《戰時新聞禁載標準》第 34 條規定「其他一切足以損害政府信譽之記載」，第 50 條「其他一切不利於我國財政經濟之記載」，第 55 條「其他一切以妨害善良風俗之記載」，均禁止登載，這裡的「其他一切」幾乎可以無所不包。像物價「飛漲」，也被檢查員認為是「不利我國財政經濟之記載」而禁止登載。無奈之下，新聞記者只好想出以「波動」一詞代替「飛漲」。其他與讀者生活有切身關係的新聞，檢查機關動輒也以「不利戰時經濟」或「影響士氣民心」等理由檢扣。

　　由此可見，國民黨戰時新聞檢查的檢查範圍和苛嚴程度都遠遠超過了軍事必需，其實施的結果，除了最大限度地防止了媒體報導為敵人提供情報的可能性，也導致了戰時中國新聞事業呈現出退步的現象。有人總結說，戰時中國報業，新聞單調枯燥，各報版面雷同，千篇一律，缺乏個性，經營上也遭受到嚴重打擊。以戰時新聞的中心地──重慶的報紙為例。抗戰時期的重慶報紙，其精神上的堅苦卓絕令人欽佩，可是新聞業務較戰前卻有巨大的退步。各大名報，除了少數還能在新聞版面保持其過去的特點與光輝外，大多數的內容都是生氣毫無。社會上有人主張「倒不如把他們合併出版」，以免重

〔註70〕劉益聖：《中國戰時新聞檢查制度研究》，燕京大學文學院新聞系學士畢業論文（1943 年），45～48 頁。

複浪費。有人甚至認爲，戰時中國新聞事業，又有回到三十年前的新聞紙「捨『上諭』『邸鈔』無專電，捨遊戲文章無副刊，捨不著邊際之短評無社論」的「原始榛莽時代」。〔註71〕總結起來，戰時中國的新聞文本生產及其形態突出地帶有以下特徵——

比重失衡：根據統計分析，抗戰時期重慶報紙的版面普遍呈現三少三多的特點：新聞少，廣告多；國內新聞少（重慶報紙，國內新聞佔總新聞平均爲 56%），國際新聞多（佔總新聞 44%）；內政新聞少（平均佔國內新聞的3%），軍事新聞多（國外軍事新聞佔全部新聞的 24%，國內軍事新聞佔全部新聞的 13%）。言論方面，有關內政的評論時常被以「有禍政府威信」、「詆毀黨國」等理由檢扣，造成報紙「懼內」，同樣出現了國內評論少、國際評論多（各報對國內問題的評論平均佔全部評論 20.7%，國際評論佔 16.4%。）的現象。〔註72〕報紙連篇累牘地登載歐洲大戰消息，言論方面充滿了對各種國際問題的猜測分析，《中央日報》社論諷刺這種現象說，「國人對於國際問題的注意，可謂百年來所未有」，呼籲糾正這種重外輕內的風氣。〔註73〕軍事新聞和國際新聞泛濫，與人民日常生活相關的新聞，像所有關於物價或與讀者生活有切身關係的新聞，卻經常被檢查機關以「不利戰時經濟」或「影響士氣民心」等理由檢扣。即使放行，在全部新聞中所佔的比例也相當有限。比如有關商業金融等新聞佔全部新聞的 3.49%，交通新聞佔 1.09%，地方新聞佔 4.93%，社會新聞佔 8.3%。〔註74〕

事實失眞：戰時新聞學主張，戰時新聞的最高目標就是讓新聞與軍事配合以打擊敵人贏得勝利。有人主張戰時新聞也得不厭詐，報人要對國家民族忠實，就得放棄目前不必要的小信用。〔註75〕抗戰時期媒體關於戰事的報導，幾乎只有勝利的消息，沒有失敗的新聞。明明一個地方失守，被敵人侵佔，偏說「爲戰略關係」「轉移新陣地」；明明由於某軍「守土不力」某地淪陷，新聞的描述卻是「敵炮火過於猛烈」或「已取得敵人相當代價」；明明戰爭中

〔註71〕馬星野：《個性發展與技術合作》，轉自余夢燕：《重慶報紙新聞版之分析》，燕京大學學士畢業論文（1943 年 6 月），7 頁。

〔註72〕于效謙：《戰時中國報紙社論》，53～55 頁。

〔註73〕《糾正一種風氣》，重慶《中央日報》，1943 年 8 月 27 日。

〔註74〕曹增祥：《中國戰時新聞檢查制度概論》，燕京大學學士畢業論文（1945 年 12 月），44 頁。

〔註75〕張友鸞：《戰時新聞紙》，重慶中山文化教育館，1938 年 12 月版，7 頁。

我軍傷亡比敵人更加慘重，新聞卻說「敵我傷亡均重」或「敵之傷亡尤倍於我」。結果出現「今天某地失守，不予刊登，明天克復，反又見諸報端，使讀報的人如入五里雲霧」的現象。〔註76〕這種掩蓋眞相的新聞報導逐漸程式化，成爲八股腔。如關於前線戰況，一般報導模式是：「某部進至某地，激戰幾小時，獲槍幾枝」；〔註77〕而所謂「縮短戰線」、「轉移新陣地」也成爲「撤退」、「某地失守」的代名詞或同義語。〔註78〕新聞失眞還表現爲誇大我軍的勝利。比如中央社晉東南某地電訊稱：「我軍進迫聞喜後，激戰一週，已獲敵步槍數十枝，輕機槍二挺，敵傷亡達二千，當我軍收復大小澤村時，敵遺屍遍地，狼狽情形爲抗戰以來所僅見。」當時就有人懷疑，傷亡二千，必定是抗戰以來的大戰役，但從沒聽說過，而且傷亡兩千與獲步槍數十枝不符合，顯然是誇大。〔註79〕對於實在無法文飾的不利消息，中央社往往採取拖延時效的方式。比如，1944年湘豫桂大潰敗時，日本軍隊侵陷獨山，本是12月1日的事，新聞發表則在12月7日。戰時新聞失效現象連蔣介石都不滿意。1941年5月2日在全國政工會議上作訓詞時，蔣介石就批評戰地消息太慢，甚至有許多人家已經知道的消息，而我們還不曉得。〔註80〕

媒體失信：巷戰故事編多了，連眞巷戰老百姓都不信了。第十四集團軍在洛陽與敵人巷戰兩星期，人民不相信。湘豫桂大潰敗期間，報紙消息遲滯，讀者諷刺說：「敵人比戰報跑得快，謠言比敵人跑得快」，因此「只聽謠言不看報」。

記者失去興趣：王芸生就曾不無調侃地說，因爲有中央社在，裏裏外外一把抓，報館不愁沒有稿登，也不怕遺漏新聞。外勤變成可有可無的配搭，內勤編輯成了中央社發稿的伺候人，可以閉著眼睛把中央社的稿向排字房一推，標題內容，一切現成，再把收到的外稿一齊送到檢查所。檢查所也相當周到，要刪的從原稿刪去，要扣的原稿沒收，發還的都蓋了「檢訖」，不用看就送到排字房去排。有了問題，檢查所替你負責。只要你會懶，會滑，就萬

〔註76〕趙炳烺：《抗戰以來的新聞事業》，《新聞學季刊》第1卷第1期，1939年11月20日，重慶。

〔註77〕馬星野：《國民精神總動員與新聞界》，《新聞學季刊》第1卷第1期。

〔註78〕喬廷斌：《戰時重慶報紙拾零》，《重慶報史資料》第11輯，58頁。

〔註79〕葛赤峰：《戰地電訊的研究》，《新聞學季刊》第1卷第1期。

〔註80〕蔣介石：《對全國政工會議訓詞》，《新聞戰線》第1卷第5、6期合刊，1941年9月1日版。

事大吉。〔註81〕

　　政府失人心：報紙的公信力下降，讀者對報紙信心下降，也同樣造成了政府與人民的隔閡，阻礙廉潔有效政府的實現，妨礙民主精神的發展。失去了關心公共事務的機會與興趣，社會的道德水準也隨之降低。馬星野不由得感慨萬千地說，「五四」前後，報界將言論自由誤解成可以不負責任地嘲笑甚至惡意謾罵。抗戰以來，國人又誤以為只有做到了噤若寒蟬無聲無臭才算達到新聞統制的目的。〔註82〕五四前後，報界是否誤解言論自由之義，那是馬星野個人的評判。但抗戰期間輿論缺乏批評精神，卻是報界共同的看法。

　　新聞檢查法規及其檢查制度所暴露出的這些弊端，引起了新聞界的強烈不滿。而新聞檢查人員，首當其衝地成為了矛盾的焦點。〔註83〕檢查人員普遍缺乏記者經驗，辦事效率慢，影響報館出版時效。檢扣標準拘泥於條文和長官旨意，得扣且扣，寧可錯扣十條不違規的新聞，也不讓有一條可能違規的新聞僥倖漏網——對新聞單位態度有欠公允。〔註84〕加上新檢機關也缺乏威信，除了忠告、警告等處罰，其他處置辦法都必須依靠當地軍政機關輔助辦理。因此，報館對新檢機關的處理有時並不重視，甚至不無蔑視。〔註85〕重慶《新民報》晚刊著名編輯張友鸞曾借英國同名漫畫，作《剪草狂》一文以示諷刺。其文曰：

　　　有一人，愛以利剪除庭前亂草，久之成癖。一旦忽間作，取一巨剪，剪草即盡，復將所植花木，一一剪之。入室，見所懸電燈，亦以為草，則斷其垂線。如此而已，興猶有未足。出門四顧，適見一婦人緩步而前，遂從其後驟然截其辮髮，此婦人覺而追逐之，狂人奔馳，闖入法院，時有長鬚法官，方高坐堂皇，訊鞫人犯，狂人遽登前席，

〔註81〕　王芸生：《新聞的選擇與編輯》，《中國新聞學會年刊》第1期。
〔註82〕　馬星野：《國民精神總動員與新聞界》，《新聞學季刊》第1卷第1期。
〔註83〕　林語堂認為，一方面，檢查人員個人難以捉摸的靈機掌握著新聞的生殺大權；另一方面，檢查人員即使本人很可愛，但他的職業本身使得他難以避免遭受嘲笑咒罵的命運。他的尷尬在於：要麼篡改他不理解的篇章，要麼對於自己無法理解的報刊不作任何刪改，這樣就等於丟掉了飯碗。參閱林語堂著，王海，何洪亮譯：《中國新聞輿論史》，中國人民大學出版社，2008年6月版，137頁。
〔註84〕　趙炳烺：《抗戰以來的新聞事業》，《新聞學季刊》第1卷第1期。
〔註85〕　劉益聖：《中國戰時新聞檢查制度研究》，燕京大學文學院新聞系學士畢業論文（1943年），48頁。

捉其鬚而並付一剪。……以報人對國家利益之見識，初不在檢查員之下，而檢查員一剪在手，興發如狂，報人無如之何，唯有加以調侃，示其報復云。〔註86〕

第三節　「特殊關係」中的《新華日報》與戰時新聞檢查

一、《新華日報》與戰時新聞檢查政策

上一章我們已經指出，抗戰以前南京國民政府的新聞統制政策，除了針對共產黨宣傳，還有像青年黨甚至國民黨內部的非蔣介石派的宣傳。抗戰以後，隨著國民黨內部派系鬥爭基本結束，蔣介石的領袖地位已經確立，以及共產黨報刊的公開化，使得國民政府的戰時新聞檢查，幾乎以共產黨言論為惟一對象。雖然任何媒體對於政府的批評都可能被指責為「故意處處與政府為難的言論」，〔註87〕但在所有「與政府為難的言論中」，國民黨首要注意的是共產黨言論。

《新華日報》在某種意義上成了抗戰期間國共兩黨關係的象徵。一方面，它是兩黨合作的產物；另一方面，它產生的輿論力量又引起了國民黨方面的警惕，並從而引發國民黨對言論統制乃至對兩黨關係的態度趨於緊張。有人如此描述當時的輿論生態：「我國的報紙自抗戰開始以來，步驟就始終不曾一致。無論對於哪一個問題，你有你的說法，我有我的說法，即使我心裏承認你的道理強，但是為了維持自己的地位和面子，就似乎非獨創一說不可。因此就千方百計去找出許多不成理由的理由出來。」〔註88〕

《新華日報》創刊不久，國民黨中宣部在武漢編輯出版了一本《抗戰與宣傳》的冊子，強調「戰時宣傳必須統制」。〔註89〕其中一篇文章不無針對性地指出，抗戰期間，「無論素日是屬於那一個思想系統的人，絕不能如平時一

〔註86〕轉自蔣麗萍、林偉平：《民間的回聲：新民報創始人陳銘德鄧季惺傳》，新世界出版社，2004年8月版，109頁。

〔註87〕吳成編：《非常時期之報紙》，上海中華書局，1937年3月版，35頁

〔註88〕沈錡：《戰時報業改進芻議》，《新聞學季刊》第1卷第2期。

〔註89〕童仲庚：《嚴整宣傳戰的陣容》，載邵力子等著：《抗戰與宣傳》，獨立出版社（漢口），1938年7月初版。

樣的硬要站在自己特殊的觀點上主張言論自由」。文章要求那些持「特殊」觀
點的人，「必須立刻停止那種平日言論的態度，來服從最高權力的支配」，承
認抗戰高於一切，承認國民政府與最高領袖具有領導指揮一切思想言論同赴
抗戰路線上的絕對的權力。在具體分析抗戰以來的政治文化刊物時，文章公
開指責共產主義者的言論，「都是在外表以三民主義作屏障，而內中仍然玩弄
他們特殊立場理論的舊花樣」；指責中國共產黨在《國共合作宣言》中的聲明
──「孫中山先生的三民主義為中國今日之必需，本黨願為徹底地實現而奮
鬥」──快要變成一句空話套話了。文章分析說，中國共產黨所謂的三民主
義，不是現實的三民主義，乃是「革命的三民主義」：

> 美國記者史沫特萊曾發表七篇與某先生談話的文章，某先生說，「現
> 在的任務，確非為實現革命的三民義而奮鬥不可」，加上「革命的」
> 三個字，這幾乎比加上一個「新」字還徹底些，差不多可以把三民
> 主義任意的予以其涵義以外的解釋……謂之為革掉了三民主義的命
> 也不為過。自從揭櫫了這個新名詞以後，他們的宣傳刊物，就枝外
> 生枝地選出許多口號，什麼「民族的解放」、「民權的自由」等等，
> 其鼓吹的民權自由的民主政治，與三民主義的全民政治意義的民主
> 政治就完全不同。《國共合作宣言》裏說「取消現在蘇維埃政府，實
> 行民主政治，以期全國政權之統一」，可是又將民主政治解釋成以工
> 農兵階級專政的民主，而工農兵政府也就是蘇維埃政府，所以，「以
> 民主共和國代替蘇維埃」口號等於是「以蘇維埃代替蘇維埃本身」，
> 也就是沒有改變……像這樣堅持「以退步為進步、明退暗進」的進
> 攻的態度，使真正領導抗戰思想的三民主義言論受著一層暗淡的蒙
> 蔽，似乎要用言論操縱全國思想界的傾向，要想把他們所提倡的革
> 命的三民主義的思想，深深的傳播到民間去，生吞活剝的說是實行
> 啟蒙運動，提高民眾的某種意識，這是清清楚楚地要想弱化三民主
> 義政府的抗戰指揮力，同時更分化了抗戰的民眾戰線力量。因此，
> 我們覺得當前全國言論有急速統一集中的必要，積極方面，要努力
> 建立真正三民主義言論中心，消極方面要屬行戰時出版法，取締反
> 動刊物。〔註90〕

〔註90〕文濤：《抗戰言論與抗戰刊物》，載邵力子等著：《抗戰與宣傳》，獨立出版社
　　　　（漢口），1938 年 7 月初版。

共產黨的公開活動，《新華日報》的公開出版，其日益增長的影響顯然令國民黨疑慮重重。對國民黨的某些派別來說，反對共產黨已經成了宣傳工作的重要組成部分，如果說不是最重要的組成部分的話。《新華日報》的民主、抗戰、聯蘇宣傳，被人批評爲「民主的鼓吹、絕交宣戰論的擡頭、積極聯俄論」，是煽動和製造輿論的「錯誤行爲」。批評者認爲，《新華日報》的這些言論，「把所謂民主和獨裁的鬥爭暴露在敵人之前」，完全是新聞媒體被「政治投機者」利用的結果。爲了避免類似情形發生，批評者「希望今後的新聞事業者能把這種有授敵以危險的新聞，或演辭，又或播音稿，加以封鎖，務使抗戰不至因少數的政治投機而蒙不利的影響。」〔註91〕國民黨臨時全國代表大會通過的《統一革命理論肅清政治鬥爭之意識案》，在總結抗戰以來的輿論形勢時也特別指出，「若干刊物，在對日抗戰一詞掩護之下，或則抨擊政府，妄作主張；或則厚誣本黨以十年來均未一行主義；光怪陸離，不一而足。此其爲說，或亦該黨明達之士之所不取……亟欲矯正。」所謂「該黨」，顯然是指共產黨；而「若干刊物」，自然是指《新華日報》、《群眾》等共產黨所辦的刊物。〔註92〕「議論龐雜」、「光怪陸離」自然不符合「言論統一」的要求，《國民精神總動員綱領》因此明確提出要「使分歧錯雜之思想必須糾正」。所謂「分歧錯雜之思想」，主要仍然是「異黨」也即共產黨以及接近共產黨的左翼人士的思想。1939 年 4 月，《國民精神總動員綱領》頒佈僅僅兩個月，國民黨中央委員會就向全國各黨部下發了《關於防制異黨活動辦法》，明確指示各地黨部及警察局、新聞郵電檢查部門，對「內容反動」的宣傳品應隨時查禁乃至封閉，命令各地印刷、派報、運輸等與報紙出版有關的行業，對「異黨」報刊的出版予以破壞和抵制。國民黨重新強化以中共出版物爲對象的新聞統制政策，意味著抗日統一戰線開始出現了一個反動。一位美國外交家觀察說，從這時起，反日宣傳和對日心理的生氣與活力，已經下降。〔註93〕董顯光也認爲，抗戰最初兩年半，中共與國民黨領導的政府雖曾並肩共同禦侮，可是潛伏在二者間的摩擦到 1940 年初便開始表面化了。」〔註94〕值得

〔註91〕王新常：《抗戰與新聞事業》，商務印書館，1938 年 1 月版，23 頁。

〔註92〕榮孟源主編：《中國國民黨歷次代表大會及中央全會資料》，下冊，光明日報出版社，1985 年 10 月版，488～489 頁。

〔註93〕謝偉思：《關於自由中國的宣傳、心理戰和道德機構的備忘錄》，約瑟夫・埃謝里克編著，羅清，趙仲強譯：《在中國失掉的機會》，國際文化出版公司，1989 年版 4 月版，63 頁。

〔註94〕董顯光：《董顯光回憶錄：紅色的煩惱》，《報學雜誌》，第 1 卷第 6 期，1948 年 11 月 16 日，27 頁。

注意的是，國共兩黨間的開啟糾葛之時，國外報紙對國民政府的攻擊也從此開始。

二、《新華日報》「違檢」情況概述

　　國民黨戰時新聞檢查以《新華日報》及其中共報刊爲重點，在有關戰時新聞檢查法規的制訂過程中就體現得相當明顯。實際上，最早由武漢新聞檢查所擬訂的《非常時期新聞檢查規程及違檢懲罰暫行辦法》，其直接起因就是爲了對付《新華日報》。1938 年 8 月 12 日，《新華日報》登載了中共《「八·一三」宣傳大綱》。8 月 24 日，武漢警備司令郭懺以該事件爲藉口，致電國民黨中央宣傳部部長周佛海，表示依據平時新聞檢查辦法檢查非常時期的報紙所載文字言論，實不足以防流弊。爲應急處理，「規定武漢各報紙自本月二十二日起，凡刊登稿件……均須將原稿送檢後方准登載，凡經刪改，即須切實遵照辦理。」〔註95〕1939 年 5 月實施的《戰時新聞檢查辦法》附帶公佈了《第三次訂發抗戰時期宣傳名詞正誤表（第二次訂發者作廢）》，規定了禁止使用的「敵人分化侮辱我國之謬誤名詞」以及「一般欠妥名詞」，並相應規定了「正確名詞」。所謂「謬誤之詞」是指站在敵僞立場上的修辭，「一般欠妥名詞」則主要是共產黨報刊的用詞。由於戰時新聞局所檢查的對象主要爲國統區的媒體，出現「謬誤之詞」的現象很少。〔註96〕檢查的目標，因此主要集中在「一般欠妥名詞」，《新華日報》自然首當其衝。「一般欠妥名詞」包括以下三種。〔註97〕

1、表示全國團體絕對不應採用者
　　　組織國防政府　　　爭取民主　　　國共合作　　　爭取抗戰自由
　　　長征時代　　二萬五千里長征　　十年內戰　　　內戰時期
　　　壓制救亡運動　　　陣線

〔註95〕重慶市檔案館、中國第二歷史檔案編：《白色恐怖下的新華日報》，重慶出版社，1987 年版，7 頁。

〔註96〕1937 年 11 月 12 日，上海南市孤軍退入法租界，上海市區完全爲敵軍控制。某報曾有一天以「日」字代替「敵」字，據說是用以測驗民意，結果一天當中接到 100 餘起質問申斥的電話。參閱惲逸群：《孤軍奮鬥的二十個月——上海新聞界的戰線》，《新聞記者》第 2 卷第 6 期，1939 年 12 月 25 日。

〔註97〕重慶市檔案館、中國第二歷史檔案館編：《白色恐怖下的新華日報》，重慶出版社，1987 年版，725 頁。

2、詞氣有語病應加改正者

欠妥名詞	正確名詞
開放民眾運動 爭取民眾武裝自由	組織民眾訓練民眾
某某邊區政府 某某特區	一律以原省名或地名代替
抗日聯軍 統一戰線 聯合戰線	團結抗戰
共同領導	服從領袖之領導
獨立自由幸福的三民主義 革命的三民主義 眞正的三民主義	三民主義
擁護革命的領袖 擁護抗日的領袖	擁護領袖
武裝工農	武裝民眾
聯合各黨派 各黨各派聯盟	全國精誠團結
國民黨專政	國民黨統治

3、在某種運用上應審慎辨別者

欠妥名詞	可以代替之名詞
淪陷區域	戰地或戰區
各階級各階層	各界
佔領（敵對我）	侵佔
救亡運動	抗戰工作
抗日政府抗日政權	國民政府
抗日地方政府	某省政府
一九二五──二七大革命	民國十五年北伐
群眾自動武裝	訓練民眾

《新華日報》自創刊始，其最爲不同尋常的遭遇莫過於每天的新聞檢查。

創刊不久，凱豐就在致王明的信中談及這方面的情形：「從頭到尾，包括廣告、標題均須檢查。檢查所刪改的必須照改，如果不照改的話，每天早上二時左右，就派三個憲兵三個檢查員，一個便衣特務『坐鎮』報館，親自校正。如發現沒有照改，則必『勒令』重排，並用鐵鏟將字鏟去，或威嚇工人停止印刷。」〔註98〕曾任戰時新聞檢查局副局長的李中襄在一封呈送中宣部部長王世杰並轉呈蔣介石的文件中也承認，《新華日報》所送檢的稿件，有關外交、經濟或其他重要論文稿件，往往由他親自複檢。如果遇上重要時機，則於凌晨四時，派人前往化龍橋監視排印，如發現有不妥處，則作鏟版或事後扣報處理。〔註99〕

1938年1月17日《新華日報》出版僅一個星期，營業部及印刷廠就被一批身份不明的人搗毀。1月23日，代表國民黨出席兩黨關係委員會的康澤、劉健群當著王明、周恩來的面，指責八路軍在華北「遊而不擊」。隨後，在武漢的國民黨報紙出現攻擊中共的言論。〔註100〕同年8月，武漢新聞檢查所擬訂《非常時期新聞檢查規程及違檢懲罰暫行辦法》規定一切稿件均須送檢，武漢各報均遵照執行，《新華日報》以未奉到中共中央命令為由，暫時不將社評送檢。武漢新聞檢查所請武漢警備司令部派武裝士兵前往強制執行。10月25日，《新華日報》遷渝出版。報社負責人周怡親自到重慶新聞檢查所，要求社論和特寫兩種稿件免予檢查；如果必須送檢，則請求勿加刪免。重慶新聞檢查所請示國民黨中宣部後答復說，《新華日報》所有稿件一律送檢。1939年4月24日，國民黨中宣部部長葉楚傖致周恩來函指責《新華日報》多次違檢，並特意抄附《新華日報最近違檢一覽表》一份（見表4），要求周恩來命《新華日報》今後務須恪守法令，將全部稿件逐條送檢。

表4：《新華日報》違禁一覽表（1938/3/23～4/20）〔註101〕

日　　期	標　　題	違　檢　情　形
3月23日	陝甘寧邊區萬石救國公糧徵收運動會	未刪「邊區」
3月25日	對戰地黨政委員會的期望（社論）	未刪（一）八路軍、新四軍

〔註98〕韓辛茹：《新華日報史》，重慶出版社，1990年3月版，113頁。
〔註99〕重慶檔案館、中國第二歷史檔案館編：《白色恐怖下的新華日報》，重慶出版社，1987年10月初版，139頁。
〔註100〕高華：《紅太陽是怎樣升起的》，香港中文大學出版社，2000年版，149頁。
〔註101〕重慶檔案館、中國第二歷史檔案館編：《白色恐怖下的新華日報》，重慶出版社，1987年10月版，22～23頁。

又	陝甘寧邊區各界熱烈回應生產運動	未遵免登
3月26日	陝甘寧邊區農產競賽展覽會	未刪「邊區政府」
4月3日	中共中央致聯共第十八次代表大會賀電	未送檢查
4月18日	陝甘寧邊區的生產運動（社論）	未刪「邊區」字樣
又	加緊生產堅持抗戰	未刪（一）邊區字樣未改（二）邊區政府字樣未改（三）在邊區……已參議會
又	陝甘寧邊區人民發展生產運動	未刪「邊區」字樣
4月19日	陝甘寧邊區生產運動組織生產突擊隊	未刪「邊區」字樣
4月20日	陝甘寧邊區的生產運動	未刪「邊區」字樣
又	生產運動在延安	未刪「邊區」字樣

　　1939年「五三」、「五四」大轟炸後，重慶各報損失慘重。市政當局要求各報緊急疏散郊外，各報為了進行業務聯繫並向市政當局接洽疏散有關事務，經過共同協商，臨時組織了重慶各報聯合委員會，推薦一名總幹事。5月5日，奉蔣介石手令，國民黨中宣部通知該會，要求由《中央日報》牽頭，召集重慶十大報紙借《時事新報》社出聯合版。《新華日報》當即給《中央日報》社長程滄波和《時事新報》總編輯崔唯吾致函聲明：「關於聯合版事，敝報一概恕不參加」，並於5月6日其他9家報社停刊的情況下繼續出報。國民黨中宣部為此致函《新華日報》，要求「7日起不得再行刊行」，否則當「嚴予處分」。周恩來親自致函該部部長葉楚傖，表示「同意參加重慶各報暫時聯合版以利團結」，同時鄭重聲明：「一俟各報遷移有定所，籌備有頭緒，《新華日報》即將宣佈復刊。」原定的一個月期限到後，聯合版繼續出版。在《新華日報》等的爭取下，報聯會第七次會議決定8月13日為各報復刊期。鑒於國共兩黨黨報立場不同，聯合版決定不用評論，新聞力求不偏不倚。但是有一次，國民黨中央宣傳部利用《時事新報》總編輯崔唯吾等人值班的機會，試圖發表托派分子葉青的文章。潘梓年得到消息後，立即給葉楚傖寫信，申明若聯合版刊登葉青文字或類似的文章，則《新華日報》「不得不立即退出」。葉楚傖在覆信中只好說，「絕無其事，或出於誤傳。」聯合版期間，適逢「七‧七」周年紀念，國民黨中宣部允許各報自行出版紀念特刊，《新華日報》利用特刊出版機會，刊載了大量中共領袖的重要文章，結果遭到「嚴重警告」的處罰。

　　1939年8月13日，《新華日報》恢復單獨出版。同年9月28日，《新華日報》發表陳紹禹《目前國內外形勢與參政會第四次大會的成績》一文，戰

時新聞檢查局認為「其內容違背中央疊次指示，不止一端，情節較為重大」，通知憲兵第三團團部、衛戍司令部，實行查抄。〔註102〕10 月 19 日，《新華日報》又因為刊載毛澤東的《中國共產黨領袖毛澤東同志與中央社等記者談話》一文，提出著名的「人不犯我我不犯人，人若犯我我必犯人」的政治原則，被處以停刊一日的處分。停刊當天凌晨，重慶衛戍司令部派人強行將正在印刷中的幾百份報紙扣留，並毀版。事發後，國民黨中央執行委員會秘書處致函戰時新聞檢查局，要求該局對於《新華日報》嚴密檢查，即使社論、廣告亦不容其或有例外。儻再有反抗情事，即請隨時依法予以處分。〔註103〕11 月 13 日，因短評《國民黨六中全會開幕》一文中，有「從國內看，我們不得不著重指出，在這一時期中，國內某些地方的摩擦，是增加了！」等句，又被檢查所認為「實屬不妥」，被予警告處分。據戰時新聞局統計，1939 年 7 月至 1940 年 2 月期間，《新華日報》的違檢處理情況如表 6：

表 6：《新華日報》違檢處理統計表（1939 年 7 月 1940 年 2 月）〔註104〕

時　　間	違　檢　情　形	處理辦法
1939/7/10	繼續發行七七特刊多次且不遵刪扣	嚴重警告
1939/8/21	不遵緩登免登刪改且不將稿件送檢	警告
1939/9/13	八月份內疊有違檢情事奉令予以警告	嚴重警告
1939/9/28	刊載陳紹禹《目前國內外形勢與參政會第四次大會的成績》一文不妥	扣押報紙
1939/10/20	刊載《中國共產黨領袖毛澤東同中央社等記者談話》一文未遵緩登	停刊一日
1939/11/9	所登稿件標題未妥	警告
1939/11/13	關於六中全會之短評內容不妥	警告
1939/11/14	被刪字句均留空白	通知注意
1939/12/13	軍事新聞之標題未遵軍委新聞組刪改	警告
1940/1/11	登載朱彭總副司令電慰白求恩家屬	警告
1940/2/1	1 月 27 日記載不妥 31 日社論不妥 2 月 1 日標題不妥且沿用謬誤名詞	嚴重警告

〔註102〕重慶檔案館、中國第二歷史檔案館編：《白色恐怖下的新華日報》，重慶出版社，1987 年 10 月初版，41 頁。
〔註103〕同上，56 頁。
〔註104〕重慶檔案館、中國第二歷史檔案館編：《白色恐怖下的新華日報》，重慶出版社，1987 年 10 月初版，64～65 頁。

1940/2/4	標題欠妥	令知渝檢
1940/2/8	擅改標題	所注意檢
1940/2/13	刊登不妥稿件	扣並轉知
1940/2/13	標題錯誤	該報改正

　　1940 年 3 月 14 日，《新華日報》刊登的一幅諷刺漫畫，被檢為「頗足影響友邦情感」。3 月 17 日，《加強三民主義的研討》一文中引用毛澤東談話，被指摘「其所攻擊之目標，實為影射本黨及政府易引起對於本黨及政府厭惡之情緒」；同日，「國際」欄目中有《英美法矛盾日增》，被認為「標題與電文內容不符，殊欠安愼」。3 月 20 日社論《粉碎汪逆僞組織》中有一段文字——「不能說沒有少數軟骨動物跟著汪逆對抗戰進一步動搖與叛離，汪逆登場，這些隊伍裏會引起一些蠢然波動。因此，一方面可以再一次的挽起一些在抗戰洪流中沉澱下去的渣滓」——被指為「既非事實，而立論尤屬不妥」。同日「國際新聞」欄載有漫畫《擺脫奴隸的命運》，「亦不應有」。4 月 3 日，第 4 版「經濟講座」欄目所刊《論當前的金融問題》一文中有「法幣的發行額，從戰前的 14 億元，增至去年年終止的 30 億元，增加率是一倍有餘」等語，被指摘「法幣發行額為我國金融上之重大設施，不應刊登洩露」。1940 年 5 月 6 日，戰時新聞檢查局電令重慶新聞檢查所，《新華日報》「如發表為某黨宣傳之論文及新聞對本黨及政府不利，或仍刊佈有關摩擦問題之文字時，希一律禁載。」〔註 105〕5 月 14日《新華日報》第 2 版刊登《中央社記者訪河北省振濟委員會負責人談話》，被認為「所載標題未送檢，又全與本文內容不符，肆意詆毀，對當局及辦振人員橫加誣衊」，停刊一日處分。6 月 2 日，社論《穩定法幣的一些問題》中有「先由發橫財的大官徵發」一語，被指「易引起民眾對政府之惡感」；《聯軍晝夜潰退》、《英在印募大軍驅印人作犧牲》、《美報力主參加搶奪殖民地》等新聞標題，被指為「不利於同盟國」。6 月 3 日的社論《粉碎敵僞和平攻勢》，「措詞多有不妥」。6 月 4 日，「經濟講座」欄《關於中國以何立國的問題》一文末段引用毛澤東語，「殊為不妥」。6 月 14 日「特寫」欄載《X 路軍後方的教育工作》及《魯藝在生產戰線上》兩文，均為「讚揚共產黨之宣傳文字，殊欠妥當」。6 月 24日第四版「信箱」欄《有苦向誰訴》一文，描寫工資問題，「有挑撥勞資情感之嫌，有違指示」；「且信末未具眞實姓名，等於匿名揭貼，違檢情節重大」。6 月

〔註 105〕重慶檔案館、中國第二歷史檔案館編：《白色恐怖下的新華日報》，79 頁。

17 日「特寫」欄載《冀南的平原游擊戰——宋任窮將軍訪問記》「係共產黨宣傳文字」；「專載」欄刊載的《論美國的經濟與戰爭》一文，「多違反中央歷次指示」，國民黨中宣部為此致函戰時新聞檢查局質問何故放任發表。7 月 5 日第二版刊登的《我們應該嚴格檢討自己》，有如下一段：「我們要問問良心，今日中國的敵人，究竟是日本強盜，還是自己同胞（漢奸為日寇之走狗，自不能當中國人看）。兄弟鬩於牆，外禦其侮的古訓，如果值得記取的話，我們是不是應該有所警惕」，被檢為「繫屬影射漫罵文字」。8 月 17 日第四版「名詞淺釋」欄中的《華爾街》，將華爾街描繪成美國資本家殘酷的代名詞，美國的工農大眾一提起這個名詞，就要咬牙切齒地痛恨，被檢為「頗有挑撥美國勞資仇視之嫌」。8 月 27 日第四版《老實話‧貨牌子》一文寫道：「今日之憲政，吾人唱之，漢奸亦唱之，別有居心之人亦唱之，雖係皆為憲政兩字，但其貨色各有不同，或為全國人民之憲政，或為效勞敵人之憲政，或為皇帝之憲政，多矣哉！」其中「別有居心之人亦唱之」、「或為皇帝之憲政」兩語，被指為「皆有所影射」。10 月 6 日《華北聯大致世界學聯電》一文自「我們不敢自私自利」至「因為許多已有基礎和有歷史底的學生團體，是被迫解散了」被檢為「欠妥」。10 月 7 日副刊《戰時農村面面觀》描寫佃農困苦狀況，《糜爛的生活》敘述公務員腐化情形，「亦屬不妥」。10 月 12 日「國內消息」欄，以顯著地位載「綏德通訊」《正確領導下綏德政治突飛猛進》，批評國民黨專員何紹南貪贓枉法、棄職潛逃、圖謀不軌，宣傳共產黨在綏德、吳堡、米脂、清澗等縣新政，「內容荒謬，不啻為共黨佔領綏德等各縣之公開宣言」。11 月 19 日《抗屬之呼聲》，有「當茲米珠薪桂，百物上漲，求生不得，欲死不能……處此艱難時局，居無其所，口無所食，寒無所衣……雖政府軫念抗屬，設有平價米公賣處，而抗屬多係老弱，不能前進購買，以致三回五轉，結果難求，向該處職員聲明，反遭毆辱」等語，措詞淒慘，「至足影響前線將士作戰情緒」，殊屬不妥。11 月 27 日社論《請聽僑胞的呼聲》中，有「苟有敢破壞統一，資敵以離間挑撥之機會，而甘為民族罪人者，我一千一百萬華僑，當認之為不共戴天之仇，與世共棄之……我全國同胞應當一致的回應僑胞們的呼聲，同情僑胞們的義憤，誰敢破壞統一，資敵以離間挑撥之機會，他便是民族的罪人，凡我中華兒女，皆當認為不可戴天之仇人而共棄之」等語，「詞意奇特，顯係有所影射，殊屬不妥」。據戰時新聞局的相關統計，《新華日報》在 1940 年底到 1943 年的違檢以及「不妥」言論的情況如下：

表7：1940年12月～1941年5月《新華日報》檢查情形統計〔註106〕

時間	免登次數	刪登次數	違檢次數
1940/12	55	47	18
1941/1	70	50	46
2	47	12	29
3	25	18	23
4	16	16	16
5	51	13	22
合計	264	156	154

表8：1942年新華日報「不妥」言論統計〔註107〕

月份	不妥稿件總數	遵檢稿件總數	違檢稿件總數
1	36	18	18
2	37	20	17
3	37	24	13
4	34	22	12
5	29	23	6
6	14	8	6
7	51	36	15
8	50	42	8
9	97	79	18
10	42	38	4
11	38	34	4
12	36	31	5
合計	501	375	126

表9：1943年《新華日報》遵檢違檢稿件統計〔註108〕

月　份	檢扣稿件總數	遵檢稿件總數	違檢稿件總數
1	36	29	7
2	47	33	14
3	60	57	3

〔註106〕重慶檔案館、中國第二歷史檔案館編：《白色恐怖下的新華日報》，重慶出版社，1987年10月初版，141頁。
〔註107〕同上，180頁。
〔註108〕同上，199～200頁。

4	39	31	8
5	29	26	3
6	34	23	1
7	67	67	0
8	51	50	1
9	53	53	0
10	37	37	0
11	87	62	25
12	30	25	5
合計	570	503	67

表 10：1944 年 1～6 月《新華日報》檢扣稿件及違檢稿件統計 [註 109]

月份	檢扣稿件	違檢稿件
1	42	4
2	86	17
3	59	10
4	84	37
5	119	27
6	114	33
合計	504	128

　　戰時新聞檢查局曾有一份對於 1942 年《新華日報》「不妥」言論進行統計和綜合研究的報告。據該報告分析，《新華日報》的全部「不妥」言論中，暴露國民黨弱點的占了最大量，爲共產黨宣傳的占第三位，指摘國民黨及政府的占第四位，居末位的是違背中央外交國策及代敵僞張目者。在違檢的言論中，以宣傳共產黨的「最爲嚴重」，[註 110] 這與《新華日報》的言論立場正相對應。

三、一個方面軍的作用：《新華日報》對新聞檢查的抵制與國共勢力的消長

　　既要完成中國共產黨機關報的戰鬥使命，又要衝破新聞檢查機關的嚴厲檢查，《新華日報》社長潘梓年將該報立論與編輯方針解釋爲，「除一本政府

〔註 109〕同上，211～212 頁。
〔註 110〕同上，182 頁。

精誠團結抗戰到底國策外，對國際及國內重要政治問題，為爭取抗戰勝利計，
為中國人民利益計，為表明中國共產黨之政治主張計，自未隨波逐流，人云
亦云，無視事實，抹煞真理。」〔註111〕為了達到這一目的，《新華日報》探索
了各種行之有效的鬥爭策略。一方面採用多種增強宣傳效果的方法：包括重
複宣傳，加深讀者印象；〔註112〕利用中央社的「權威」，以求「客觀」效果；
〔註113〕與其他報紙配合；〔註114〕巧設修辭。〔註115〕另一方面則想出種種對
付檢查的辦法，〔註116〕包括：推遲送檢〔註117〕、暴檢（包括留白〔註118〕、

〔註111〕 重慶檔案館、中國第二歷史檔案館編：《白色恐怖下的新華日報——國民黨當
局控制新華日報的檔案材料彙編》，重慶出版社，1987 年 10 月，初版，41
頁。

〔註112〕 比如，11 月 27 日，社論《請聽僑胞的呼聲》：「我全國同胞應當一致的回應
僑胞們的呼聲，同情僑胞們的義憤，誰敢破壞統一，資敵以離間挑撥之機會，
他便是民族的罪人，凡我中華兒女，皆當認為不可戴天之仇人而共棄之」。12
月 5 日，副刊中《簡復》一文又以答覆通訊口吻，重複《請聽僑胞的呼聲》
社論內容，以引起讀者注意。

〔註113〕 比如，1939 年 10 月 19 日刊載的《中國共產黨領袖毛澤東同志與中央社等記
者談話》；1940 年 5 月 14 日刊載的《中央社記者訪河北省振濟委員會負責人
談話》，都是直接編輯中央社的消息，宣傳共產黨的主張。

〔註114〕 比如，1940 年 11 月 15 日第四版載《為青年的苦悶呼籲》，末段引用 4 月 25
日《大公報》的社評：「至現代的秘密的偵探的方法，尤不可讓其侵入於教育
的園地……因為這種方法，不但不能收統制思想行為的效果，而且徒助長不
良分子的不良傾向，使一學校中由少數人去任意執行窒息鉗制工作。」

〔註115〕 《新華日報》善於用冷筆、哨筆、揶揄、嘲諷各種筆法，指桑罵槐、含沙射
影，達到宣傳目的。參閱：韓辛茹《新華日報史》，重慶出版社 1990 年 3 月
版，101～102 頁。新聞檢查所的檢查報告中，常常將《新華日報》的文章，
判為「措詞淒慘」、「顯係影射」等。此外，《新華日報》還善於巧用對比，比
如 1940 年 6 月 11 日社論《我們一定要團結抗戰到底》，「都逃不出以『反共』
為其中心」，「正是那批『反共』的東西」等語，將「反共」指代漢奸，達到
「反共即漢奸論」的修辭效果。重慶檔案館、中國第二歷史檔案館編：《白色
恐怖下的新華日報——國民黨當局控制新華日報的檔案材料彙編》，重慶出版
社 1987 年 10 月版，85 頁。

〔註116〕 向純武總結《新華日報》反檢鬥爭的幾種主要方法是：在有理有利有節的鬥
爭原則下，合法鬥爭與非法鬥爭相結合，利用國民黨對《新華日報》的兩難
政策，先奏後斬、先斬後奏、斬而不奏等；公開與陰蔽鬥爭相結合，派中共
黨員潘沃權打入戰時新聞檢查局，利用崗位為新華日報提供方便，「小扣大
放」。向純武：《〈新華日報〉的反檢查鬥爭》，載石西民、范劍涯：《新華日報
的回憶~續集》，四川人民出版社，1983 年 2 月版。

〔註117〕 將稿件先付排印，臨近出版前才送審，不給檢查官預留充分的檢查時間；然
後以檢查機關拖延時間為理由，強行將有關稿件刊出，是《新華日報》經常

開天窗〔註 119〕、直接刊登啓事〔註 120〕）、不遵檢〔註 121〕、不送檢〔註 122〕、

使用的策略。比如，1939 年重慶各報聯合版期間，爲利用出版「七七」特刊機會，儘量多地傳達中國共產黨的聲音，組織了大量稿件，達數十萬字之多，重慶新聞檢查所的全體檢查員費時三天多，每天平均當班十多個小時，才檢查完畢；但在八日凌晨七點和九日凌晨三點，又送審一批稿件，該所奉令扣留，未予檢查。同年 10 月 19 日，爲刊載毛澤東的《中國共產黨領袖毛澤東同志與中央社等記者談話》一文，凌晨五點半將稿件送審，檢查所蓋緩登印，但到七時報社派人取稿時，報紙已出版發行了，而戰時新聞檢查局只能處以停刊一日處分，想扣留當天的報紙卻爲時已晚。檢查所工作人員爲此向戰時檢查局指責《新華日報》「故作此舉，欲陷害檢所耳」。參閱重慶檔案館、中國第二歷史檔案館編：《白色恐怖下的新華日報——國民黨當局控制新華日報的檔案材料彙編》，重慶出版社，1987 年 10 月版，24～34 頁，48 頁。

〔註 118〕 於刪改部分標以「（略）」、「（被略）」、「XXX」、「被略若干字」、「被略一大段」、「……」等字符，以表明被檢查刪改。上下文氣不接，也不按新聞檢查所要求加以修飾補充。

〔註 119〕 1940 年 1 月 6 日，《新華日報》因連送兩篇社論《論冬季出擊勝利》和《起來、撲滅漢奸！》被扣，便在當天社論位置上刊載「抗戰第一！勝利第一！」八個大字，是第一次也是篇幅最大的一次「開天窗」。1941 年 3 月 7 日，《中共參政員未出席本屆參政會真相》一則，僅有標題，並未刊載內容，留空白一方。「開天窗」的方式後來爲其他民辦報紙仿效。新聞檢查處通知各報不得「開天窗」，也不得用廣告代替。某報有一天在要聞版中間原擬開天窗的地方填上一幅漫畫，畫面上一個嘴被一把大鎖鎖住，其諷刺效果勝於一篇社論，被讀者們傳談。陳封友：《雜憶抗戰期間國民黨當局的新聞檢查》，《重慶報史資料》第 12 輯，57 頁。

〔註 120〕 皖南事變後，重慶市特種會商定《新華日報》只准印，不准賣。新華日報傳單控訴國民黨檢扣稿件，在廣告、發行等方面壓迫新華日報的客戶讀者和報童，國共關係緊張，報社人員疏散。《新華日報》被迫刊登啓事：「本報因奉令免登之稿件過多，難於編排，若勉強維持原有篇幅，既虛耗同人之精力，更難副讀者之雅望。特定於二月一日起，改出一中張。」

〔註 121〕 比如，1940 年 6 月 11 日社論《我們一定要團結抗戰到底》，第二段「都逃不出以『反共』爲其中心」，檢查所改爲「都逃不出以『亡革』爲其中心」；「正是那批『反共』的東西」，檢查所改爲「正是那批『漢奸們』」；「既然真的爲了抗戰，就要把嫉忌、疑慮、提防等一概取消」一句，檢查所刪去，但該報皆未照辦。

〔註 122〕 對於重要的新聞和文件，比如中共的重要文件政策、領導人的重要文章，《新華日報》寧願事後處分，也要盡一切可能發出去——這是該報的使命決定的。比如，1941 年 3 月 10 日，《新華日報》出版一大張增刊，用大字將《中共七參政員不出席參政會之全部文獻》公開發表，包括毛澤東等七參政員致參政會秘書處電報和周恩來信函等七件。並發表《二月份政治迫害事件》，向讀者報告《新華日報》的遭遇：「《新華日報》自二月起，由於中央特種會報，有『只准印不准賣』之規定，其所遭遇，有過於報館之被封閉。蓋《新華日報》名雖受合法保護，但其文稿，則被扣被刪，幾無法發表意見；其廣告則因商

暗度陳倉〔註123〕、製造新聞檢查機關間的矛盾。〔註124〕據石西民回憶，《新華日報》編輯部經常研究稿件送審對策：某篇稿件選什麼時機送審？哪些詞句不易通過，換什麼代用詞能騙過檢查官？被無理刪改的字句何者必須保留？何者可以遵檢？對被扣免登的怎樣處理為宜？遵檢、違檢、還是「開天窗」暴檢，每採取一種鬥爭方式，都要審時度勢，權衡利弊。〔註125〕

由於《新華日報》採取這些鬥爭策略，使得戰時新聞檢查局對《新華日報》的檢查和處理始終是色厲內荏，表面看似嚴厲，實際效果甚微，陷入一種尷尬境地。不過，《新華日報》的鬥爭策略能取得成功，其根本原因還是由於該報的特殊身份，而這一特殊身份的形成又由於特殊的民族戰爭時期所造成的兩黨間既合作又鬥爭的特殊關係。

作為中國共產黨機關報，《新華日報》的公開發行，成為國共團結、抗日民族統一戰線的標誌。正如《新華日報》社長潘梓年在 1941 年寫給國民黨中宣部

家受國民黨部警告，多不敢續登：其訂戶則因受特務機關恐嚇，多不敢續訂；其報販因受警憲捕拿，多不敢代售。似此環境，與封閉何異，而其痛苦，則又甚於封閉。」

〔註123〕利用副刊中的「郵箱」、「代郵」等欄目，將被扣各稿題目羅列出來。更重要的是有時將被檢扣的重要稿件印成單頁傳單隨報秘密發行，或印成小冊子單獨秘密發行。此外，還秘密發行刊物。皖南事變後，周恩來決定由許滌新等人另辦秘密發行的刊物，發佈新檢機關通不過的稿件。壁報則是另一種暗度陳倉的好辦法。壁報四開兩面，報面式樣和報頭字體跟《新華日報》相仿，在下面加印「壁報」二字。一版是社論和國內外要聞，二版是陪都人民生活動態，有時是副刊，還插有漫畫。壁報最初是三日刊，印數不多，只在重慶街頭和附近城鎮交通要道的牆壁上張貼，後來讀者一天天多起來，就改為又日刊、日刊，並發行到外埠讓讀者訂閱。重慶新聞檢查所要求將壁報送給他們檢查。壁報工作人員說，壁報不是正式報紙，新聞檢查條例沒有檢查壁報的規定。重慶新聞檢查所於是頒發「壁報檢查條例」，專門對付這張油印小報，每天將印好的壁報全部送檢，若要刪節，由檢查人員用毛筆一張一張塗抹，然後張貼出去。參閱重慶檔案館、中國第二歷史檔案館編：《白色恐怖下的新華日報》，重慶出版社，1987 年 10 月版，78 頁。韓辛茹《新華日報史》，重慶出版社 1990 年 3 月版，101～102 頁。陸詒：《最先與讀者見面的報紙——新華日報提早出版紀實》，《重慶報史資料》第 10 輯，31 頁。

〔註124〕1941 年 3 月 7 日，《中共參政員未出席本屆參政會真相》一則，僅有標題，並未刊載內容，留空白一方。中宣部要求戰時新聞檢查局查明原因。檢查局答覆說，檢扣該稿後，恐該報不遵免登，乃派員前往鏟版，只因無憲警協助，該報堅持不願，故僅鏟去其內容，未將標題一併鏟出。參閱重慶檔案館、中國第二歷史檔案館編：《白色恐怖下的新華日報——國民黨當局控制新華日報的檔案材料彙編》，重慶出版社，1987 年 10 月版，136～137 頁。

〔註125〕石西民：《報人生涯雜憶》，《新聞記者》，1984 年第 2 期。

的一封信中所稱的，《新華日報》「不獨爲出版法及一般法令所允許，而實因兩黨團結抗戰爲政治所保障。」〔註126〕這就意味著國民黨如果想要封閉《新華日報》，就得擔起破壞團結、破壞抗戰的罪名，也就可能面臨世界輿論尤其是作爲共產黨後臺和中國盟友的蘇聯的壓力。這也就是爲什麼面對《新華日報》屢屢違檢，國民黨卻投鼠忌器，始終不敢封閉它的原因。共產黨則利用這一特殊身份，最大程度地發揮《新華日報》宣傳共產黨、團結民眾和孤立國民黨的目的，在國共兩黨力量的大檢閱中，《新華日報》起到了一個方面軍的作用。〔註127〕

早在1938年9月14日，武漢新聞檢查所主任鍾貢勳就向國民黨中宣部部長周佛海訴苦說，武漢各報言論都容易統制，唯獨《新華日報》難以完全就範。他擔心的是，如果《新華日報》停刊，可能會「引起國際問題」；可是，如果該報堅持其特殊立場，不受限制，又難免不滋貽誤。無奈之下，他向周佛海請示應付的方針。〔註128〕《新華日報》遷渝出版後不久，即遇上參政會開會，重慶新聞檢查所的沈重宇也向周佛海提出了同樣的問題：關於國民參政會消息，按規定「非由中央社或該會秘書處發出及未經中宣部核准者，一律不許發表」。如果遵令嚴格執行，《新華日報》亦不能例外。可是，《新華日報》仍以「中共喉舌，關係特殊」爲由，不願送檢。如果任其例外，又與其他各報相矛盾，怎麼辦？國民黨中宣部的答覆是：《新華日報》應遵照檢章，所有稿件，一律送檢。〔註129〕1938年12月6日、7日《新華日報》先後發表社論《論全面抗戰》、《論全面抗戰及游擊戰爭》，公開反駁國民黨副總裁汪精衛的言論，國民黨中宣部打算讓《新華日報》永遠停刊，但是由於《新華日報》地位特殊，只能請示國民黨中央。1938年12月23日，國民黨中宣部密呈中國國民黨中央執行委員會秘書處公函，歷數《新華日報》的違規情形。該函稱《新華日報》作爲共產黨的機關報：

> 凡該黨之宣言、決議案、告民眾書，以及八路軍、新四軍之戰績，陝甘寧、晉察冀邊區政府之德政，抗大及陝北公學教育之邁進，等

〔註126〕向純武：《〈新華日報〉的反檢查鬥爭》，載石西民、范劍涯：《新華日報的回憶~續集》，四川人民出版社，1983年版，489頁。

〔註127〕韓辛茹：《新華日報「方面軍」──在打退第二次反共高潮中的作用》，《新聞研究資料》第21輯。

〔註128〕重慶檔案館、中國第二歷史檔案館編：《白色恐怖下的新華日報──國民黨當局控制新華日報的檔案材料彙編》，重慶出版社，1987年10月版，10頁。

〔註129〕同上，13～14頁。

等，無不在該報儘量發表。本部因其地位之特殊，雖有時覺其有誇耀或失實之處，均未予干涉。但該報未能諒解斯旨，日益放肆，如抨擊英、法，詆毀意國，罵希特勒為畜類，此足以影響於外交者。再如，申述保甲制度施行之黑暗，青年運動壟斷之不公，抗戰書報禁止之無謂，救亡團體封閉之失策，此足以阻礙現行之法令者也。又如，捏造事實，謂參政會會席上有人企圖言和，下級軍官槍斃壯丁，某地政府屠殺抗日分子，並隨時儘量誇張地方政治惡劣情形，引起民眾反感等，此足以動搖人心之安定者也。本部乃不得不隨時斟酌情形予以處分，除較輕事件由部逕予書面警告外，其中較為重要者有二：一為該報於本年 8 月 12 日刊登《中國共產黨湖北省委會保衛大武漢宣傳大綱》，經由武漢新聞檢查所轉飭停刊三天，其後 8 月 21 日政治部解散中華民族解放先鋒隊、青年救國會、蟻社等三團體，該報於 22 日著論反對，並登載該團體等宣言，又經由武漢新聞檢查所停刊三天，嗣後該報始稍稍就範。但該報於移渝後，故態復萌，凡社論、專載以及各地通訊等，又不送檢。最近本黨副總裁著《全面抗戰》一文，旨在說明其中意義，不意共產黨竟認為揭發其隱衷，而中其所忌，乃於《新華日報》12 月 6 日社論《論全面抗戰》及 12 月 7 日社論《論全面抗戰及游擊戰爭》二文中，公開反駁汪副總裁之言論，並妄肆侮辱誣衊。

該函最後表示，「本部因職責所在，對於該報嗣後如再有不穩言論或不妥消息，擬永遠停刊。」可是，由於事案較大，國民黨中宣部出於慎重，不得不呈報該黨中央執行委員會，「敬乞指示」。也許是事案太大，竟沒有一家機關敢作主張，事情像皮球一樣被踢來踢去，最終不了了之。先是中國國民黨中央執行委員會秘書處將中宣部意見轉致重慶市政府，「應由貴市政府嚴行防範，切實取締，並負責處理，以弭後患」；重慶市政府接到函後，也祇是應付性地呈請國民政府軍事委員會委員長行營飭行營郵電新聞檢查所嚴密防範切實取締，並分令本府社會局、警察局切實注意；軍事委員會委員長行營同樣以官樣文章回覆重慶市政府，說是「已令飭新聞郵電檢查所切實取締矣」。〔註130〕1939 年 4 月 24 日，新任國民黨中宣部部長的葉楚傖轉而希望周恩來命令《新華日報》恪守法令，將全部稿件逐條送檢。1939 年 9 月 28 日，《新華日報》發表陳紹禹《目前國內

〔註130〕同上，15～17 頁。

外形勢與參政會第四次大會的成績》一文，戰時新聞檢查局認為「其內容違背中央疊次指示，不止一端，情節較為重大」，通知憲兵第三團團部、衛戍司令部，實行查抄。1940 年 2 月，軍事委員會與戰時新聞檢查局商議《新華日報違檢案件處理步驟方案》，擬派憲兵監視《新華日報》，以免將檢扣消息刊出；並表示，如果在執行定期停刊處分後，復刊有再違檢情形發生，且被連續三次嚴重警告，則「斟酌當時情形，予以再停刊或永久停刊處分」。但是，為「顧慮對蘇外交及予中共以過甚之刺激，該報永久停刊後，得准許其另行辦一報紙，但須另換名稱，依法聲請登記」，所以處理方針仍然是以「嚴重警告」和「停刊一日至七日之定期停刊」兩種處分「循環執行」，非必要時不會執行永久停刊的處分。〔註131〕1940 年 12 月 24 日，中共中央南方局為《新華日報》改革問題致電中央書記局和黨報委員會：「在國民黨的嚴密檢查和壓迫下，處境日漸困難」，「為使報紙合法存在，擬從新年起大加改革，不一定天天有社論，刊多方面的材料，而且不要每篇都是政治化的面孔，實行烘托宣傳。」

戰時新聞檢查局副局長李中襄對於《新華日報》有時「不惜故意違禁，以達其特種宣傳之目的」的辦法，也感覺「該報立場背景不同，故應付比較困難。」在他看來，自 1941 年 1 月份起，《新華日報》不作社論，2 月份起縮小篇幅，態度轉為消極，處處表示弱者被壓迫狀態；只在 1 月 18 日及 3 月 6 日突然違檢，發表周恩來為新四軍事件題字，及中共參政員不出席參政會的全部文獻，乃是「意欲政府封閉其報館，獲取社會同情」。而戰時新聞檢查局，「一因受軍紀之制裁，再則受民意之詰責，已處於被動之劣勢」，始終審慎應付，不敢封閉。只能以「仍保留其異黨色彩，俾中外人士對中共易起厭惡之念，即為本黨宣傳政策之勝利」等語自欺，以「吾人固不必使《新華日報》變為類似之《中央日報》，且亦不可能也」自慰。〔註132〕

《新華日報》的特殊性，就連蔣介石都感覺到棘手。1939 年 1 月 9 日，蔣介石命令國民黨中宣部禁止宣傳八路軍。〔註133〕1940 年 10 月 19 日，蔣介石親自致電新聞檢查局陳局長，飭令「百團大戰」等名詞及有關新聞，應絕對禁止登載。〔註134〕10 月 28 日又密電國民黨中宣部部長王世傑、戰時

〔註131〕同上，61～62 頁。
〔註132〕同上，138～140 頁。
〔註133〕同上，18 頁。
〔註134〕同上，114 頁。

新聞檢查局陳局長，認爲《新華日報》登載成都市教師請增加米貼薪給新聞，「甚屬不妥」；並飭令以後關於此類新聞，無論爲機關、學校、工廠等，凡屬請願加薪一類之消息，應絕對檢扣，禁止登載。〔註135〕10 月 12 日，「國內消息」欄以顯著地位載「綏德通訊」《正確領導下綏德政治突飛猛進》，批評國民黨專員何紹南貪贓枉法、棄職潛逃、圖謀不軌，宣傳共產黨在綏德、吳堡、米脂、清澗等縣新政。國民黨中央執行委員會調查統計局 11 月 2 日致函重慶新聞檢查所，認爲此類「內容荒謬，不啻爲共黨佔領綏德等各縣之公開宣言」。11 月 10 日，蔣介石就此事致電戰時新聞檢查局代局長商震，務希對於該報之消息及言論，「特別注意檢查，嚴予檢扣。」〔註136〕1943年 4 月 29 日，蔣介石致電國民黨中宣部部長張道藩、戰時新聞檢查局局長商震、副局長李中襄，指示 4 月 28 日《新華日報》第三版《讀者園地》刊登的《援救張天翼先生》，「應予取締」；並令以後不許有陝甘寧邊區字樣登載。〔註137〕蔣介石雖然多次手令嚴查《新華日報》，但從未下達過封閉該報的命令。皖南事變後，爲了彌合國共裂痕，蔣介石還曾秘密下了一道「手諭」，要求重慶憲軍警及黨政機關保護《新華日報》和共產黨人。爲了執行命令，國民黨中央宣傳部又鄭重其事地給戰時新聞檢查局下了一個密件，稱「非奉委員長命令，均不准對新華日報及中共黨人稍有騷擾爲難事情」。〔註138〕《新華日報》創刊半年後，讀者評論說：「無論就形式或內容來說，都可以說是國內第一流的報紙。無論就讀者的踴躍，報紙的地位，言論的力量說，《新華日報》的影響，都不在英國的《工人日報》或法國的《人道報》之下。」〔註139〕毛澤東把《新華日報》比喻爲共產黨領導的八路軍和新四軍之外的另一支方面軍。」〔註140〕難怪 1947 年國民黨終於下令查封《新華日報》時，蔣介石曾經說：「讓《新華日報》出版，這是我們的大錯誤。」〔註141〕

〔註135〕同上，117 頁。
〔註136〕同上，121 頁。
〔註137〕同上，186 頁。
〔註138〕韓辛茹：《新華日報史（1938~1847）》，重慶出版社，1990 年版，210 頁。
〔註139〕杜若君：《大公報與新華日報》，《戰時文化》，1938 年第 1 卷第 3 期。
〔註140〕熊復在 1983 年北京舉行的「紀念新華日報和群眾周刊創刊四十五周年」大會上的講話，《新聞研究資料》，第 19 期。
〔註141〕閔大洪：《武漢時期的〈新華日報〉》，載石西民、范劍涯：《新華日報的回憶~續集》，四川人民出版社，1983 年 2 月版，471 頁。

第四節　對外國新聞電訊的檢查與外國記者的反檢查

在戰時新聞檢查中，對國際宣傳的檢查佔有重要的地位。1939 年製定的《抗戰時期檢查外國記者新聞電報準則》規定，外國新聞記者拍發新聞電訊，有下列各項之一者，一律刪改或扣留。軍事方面：有關國防計劃者、有關軍事秘密者、部隊之番號駐防地點及長官姓名、部隊之調動情形、敵軍實力及戰略之判斷、敵機轟炸之結果；財政方面：凡國際借款易貨及其他一切與對外貸款有關者、內外債務之處理、幣制及金融上之措施、金銀之運送、國外捐輸情形；交通方面：決定而未經實施或正在進行尚未完成之一切交通建設計劃、有關國防及國際交通要道之設施情形；實業方面：有關國防之工業設施情形、後方新興工業之設施情形等等。〔註 142〕從該準則可以看出，外國記者的報導範圍，除了軍事上的限制，在外交、財政、經濟、交通等方面，都有嚴格的限制。

對於國民黨的戰時新聞檢查，外籍記者與中國報人一樣抱有相當程度的理解和配合。據斯諾介紹，許多比較正直的外國新聞記者都明白，「中國的壞消息對日本來說就是好消息」。因此，在整個戰爭期間都儘量不去揭露國民黨政權最醜惡的事情，儘管他們如果真要揭露的話，總是可能躲過新聞檢查的。〔註 143〕但是，正如在對內實行新聞檢查的範圍遠遠超出軍事上的必要，國民黨對外國記者新聞電報的檢查也往往顯得簡單粗暴。時任國際宣傳處處長的曾虛白在日記中曾記載過一次典型事件。1941 年 5 月 17 日，美國駐菲律賓空軍司令克萊蓋特到達重慶，周至柔赴機場歡迎。當時在場的紐約《泰晤士報》記者竇登曾與克萊蓋特有過長談。但是，因為克萊蓋特到重慶負有特殊使命，周至柔便以電話向蔣介石請求克萊蓋特來渝的消息是否可以發表，蔣介石回答說應該封鎖。周至柔趕緊到國際宣傳處囑咐外國記者，如果發電訊，一概扣留。可是，克氏來渝的消息在菲律賓和香港已風傳一時，而且此前同盟社對此的報導也很詳細，連香港《大公報》也以大字標題報導他將到重慶並拜會蔣介石，當天香港合眾社的電訊也已報導他起飛赴渝的消息，形勢上是不可能不透露了。於是，對於各國駐渝記者要求發佈此條消息的要求，國際宣傳處只得以「奉諭扣留，不得不遵照執行」回覆。經過幾個小時與各位部長

〔註 142〕國民黨中央宣傳部檔案，載中國第二歷史檔案館編：《中華民國史檔案資料彙編》第 5 輯第 2 編「文化（一）」，江蘇古籍出版社，379～385 頁。

〔註 143〕埃德加‧斯諾著，宋久、柯楠、克雄譯：《復始之旅》，新華出版社，1984 年 8 月版，275 頁。

再三商議，曾虛白最終決定部分消息放行，其餘的仍予刪扣。〔註 144〕

在軍事消息的報導上如此，對於政治經濟方面的報導也差不多。據白修德回憶，如果外國記者拍發的電訊稿中提到某個政府部長，檢查員就會用電話通知他，要是他不同意，這則電訊就被扣壓下來。有的稿件還必須交蔣介石親自審閱。美國駐華大使高斯批評國民黨及中國政府對批評過於敏感，卻不知道有些批評在某些時候對中國也有好處。美國人甚至將批評中國、敦促中國放寬新聞檢查視為促使中國邁向民主國家的預備性步驟。可是在國民黨和蔣介石看來，中國的國情有所不同，外國記者的批評往往出於對中國的誤解，是對中國的侮辱，甚至是對中國內政的干涉。他們不明白，中國把對美國不利的新聞如罷工等，都以妨害邦交的理由加以刪扣，為何美國卻允許那麼多對中國不利的新聞發表。〔註 145〕美國大使館特別助理兼新聞處主任的費正清認為，中國的新聞檢查制度的目標就是吹肥皂泡，粉飾太平，杜絕批評，隱瞞真相。外國記者對中國局勢任何方面加以揭露，很容易就成為不受歡迎的人。〔註 146〕作為費正清的學生，白修德的觀察則對檢查員抱有一定的同情。白修德受聘為國宣處人員時，其住處隔壁是廁所。當時負責電訊稿檢查的彭學沛患有慢性便閉症，經常在「出恭」時與值班新聞檢查員討論電訊稿。白修德從聽來的對話中發現，新聞檢查員並不打算欺騙美國；他們是在為他們自己的國家效勞。在多數情況下，他們本身就是受騙者。〔註 147〕另據愛潑斯坦回憶，連國民黨主管國際宣傳的中宣部副部長董顯光自己也發牢騷。有一次，董顯光告訴愛潑斯坦，他接到了命令必須修改那些提供給外國記者的中國報紙新聞的英文譯文——以使它們更「適合」於向國外傳播。他甚至戲稱自己只不過是一部印表機而已。〔註 148〕

董顯光等人對於國際新聞檢查的抱怨，同樣是國民黨「黨報報人」的典型症侯。董顯光自稱是「居中偏左的自由分子」，常常在中國政治舞臺上為自由理想而辯護。他明白，只要檢查制度存在一天，即令對於一般同情者，它也會令

〔註 144〕中國第二歷史檔案館：《曾虛白工作日記選》，《民國檔案》2003 年第 2 期。

〔註 145〕王凌霄：《中國國民黨新聞政策之研究（1928～1945）》（1992 年臺北國立政治大學歷史研究所），中國國民黨中央黨史委員會 1996 年 3 月初版，149～150 頁。

〔註 146〕費正清著，趙復三譯：《中國之行》，新華出版社，1988 年 3 月版，107 頁。

〔註 147〕白修德著，馬清槐、方生譯：《探索歷史：白修德筆下的中國抗日戰爭》，三聯書店，1987 年 12 月版，19 頁。

〔註 148〕伊斯雷爾·愛潑斯坦：《回憶在重慶作記者的歲月》，《重慶報史資料》第 17 輯，2～3 頁。

人感覺到我們在自由上尚存在著一個缺口。然而，作爲國際新聞檢查的主管官員，他又不能不爲此制度辯護。〔註149〕他希望坦率地向世界表明戰時新聞檢查有其不能不存在的理由。在他看來，「中國的當務之急，是贏得這場生死存亡的戰爭，而不是博取世界新聞界暫時的喝彩」。董顯光親自向《時代》發行人盧斯寫信解釋說：「就個人方面說，我對於嚴密的檢查制度是深惡痛絕的，可是在當前中國的局面之下，敵人佔據了她領域的大部分，一個政治團體差不多公開地反對政府，而拒絕誠意合作以抵抗外國的侵略者，檢查制度對她無疑是非常重要的。檢查制度對於拍往國外的新聞，不能不盡可能防止其協助敵人，以免使其獲得宣傳的資料。」在致美國聯合社社長古柏的信中，他還用了一個對外貿易的譬喻，說採訪新聞的情形就像從事外貿，「政府有著同樣的檢查權利，並得以各種辦法，防止違禁的新聞用公用的或秘密的方式拍往國外。」〔註150〕同樣，曾虛白也經常與外國記者在報導上發生爭論。曾虛白堅持記者報導應把自由世界共同利害的抗戰前途作準繩，而外國記者們則經常以爲一條有「價值」的新聞漏掉了，報館或電臺所受的損失不可以數位計。〔註151〕

　　像中國媒體經常以各種方式對付新聞檢查一樣，國外記者也想法設法避開國際宣傳處的檢查。海通社重慶負責人艾格勞曾採寫一篇關於宋美齡私生活趣聞的文稿，爲了換取美國期刊的高額稿酬，爲避免中國官方郵檢，私自請託紐約時報駐渝特派記者竇奠安代他寄發，結果還是被檢扣。有關方面會商後，決定經由德國使領館通知艾格勞本人限期自動離境，這也是海通社在中國從未有過的醜聞。〔註152〕白修德也曾經有過一次著名的違規操作，將河南災情的報導通過洛陽電報局發給美國《時代》雜誌。按照規定，這篇報導和任何新聞報導一樣，應當發回重慶，由他在宣傳部的老同事進行檢查。如

〔註149〕事實上，作爲整體宣傳的一個部分，國際宣傳同樣要服從蔣介石個人的最高權威。據斯諾回憶，抗戰期間，爲了中國工業合作社的事情，他在漢口受到蔣介石接見，他發現，在整個陪同接見的過程中，董顯光一直雙手發抖。斯諾說，這是他「第一次親眼看到過去在給皇帝的奏章中使用的字眼『誠惶誠恐』，對當今朝廷的侍從們依然完全適用」。埃德加‧斯諾著，宋久、柯楠、克雄譯：《復始之旅》，新華出版社，1984 年 8 月版，250 頁。

〔註150〕董顯光：《爲新聞自由而奮鬥》，《報學雜誌》，第 1 第 5 期，1948 年 11 月版，34～35。

〔註151〕李瞻：《新聞學：新聞原理與制度之批評研究》，臺灣三民書局，1990 年 9 月版，21～22 頁。

〔註152〕陳雲閣：《抗戰期間外國記者在重慶的活動》，《重慶報史資料》第 6 輯，88 頁。

果是那樣，白修德估計他們肯定會把這篇報導扣壓下來。然而，這封電報從洛陽通過成都的商業電臺迅速發往了紐約。或許是因爲這個電臺的制度不那麼嚴格，或許是因爲洛陽電報局某一位報務員在良心的驅使下無視有關規定，這篇報導不經檢查就直接發往紐約了。於是，消息首先在《時代》雜誌上傳開了——這家雜誌在整個美國是最同情中國人的事業的。當時正在美國的宋美齡對這篇報導十分惱火，她要求《時代》發行人盧斯將白修德解職，但被拒絕。白修德成了重慶引起爭議的人物，一些官員指責他逃避新聞檢查，另一些官員指控他和電報局的共產黨員共謀將報導偷發出去。最後白修德自己當面以新聞照片等事實說服了蔣介石，事情才算了結。蔣介石並且向他表示感謝，稱讚白修德是比「派出去的任何調查員」都要好的調查員。〔註153〕

　　但是，白修德的幸運祇是個例外。外國記者更通常的遭遇是電稿被扣。有一次，某記者一篇關於史迪威奉調回國的新聞被扣後，發送了一條「重慶日明月朗，天下太平，根本無新聞可發」的「新聞」。〔註154〕1943年後，在重慶的外國記者組成了外國記者俱樂部，聯名呈請蔣介石放寬新聞管制，並就新聞檢查不當事件集體向國民黨中宣部提出抗議。曾虛白在1944年國際宣傳處工作檢討書中也承認，加緊檢扣外電，實不啻掩耳盜鈴，難求實效；因爲外記者即使不能通過國宣處或交通部的正式電局拍發電訊稿，也能用托人帶到國外拍發等「非法」手續達到其目的。在他看來，美國記者多半以販賣新聞爲職業，一開始並沒有什麼政治成見。他建議倒不如儘量利用他們賣文爲生的弱點，放寬外電檢查。〔註155〕外國記者以新聞爲商品的新聞自由觀念，與曾虛白將國家和社會共同利益置於最高位置的觀念之間所存在的內在衝突，當然不是一封措詞優美的信函或一場精彩的辯論可以解決的。對於外國記者而言，他需要的是實際的新聞。爲此，他們一方面嘗試躲避新聞檢查，一方面將目標轉向其他新聞源。

〔註153〕白修德著，馬清槐，方生譯：《探索歷史：白修德筆下的中國抗日戰爭》，三聯書店，1987年12月版，121頁。

〔註154〕魏景蒙：《洋記者二三事》，《報學》創刊號，1951年6月版。另據國民黨中央執行委員會統計調查局統計，1943年外電扣發達到平均每百字被扣約1‧5個字。參見王凌霄：《中國國民黨新聞政策之研究（1928～1945）》（1992年臺北國立政治大學歷史研究所），中國國民黨中央黨史委員會1996年3月初版，151頁。

〔註155〕國民黨中宣部檔案，載中國第二歷史檔案館編：《中華民國史檔案資料彙編》第5輯第2編「文化（一）」，江蘇古籍出版社，500頁。

　　與國民政府的封鎖新聞和國際宣傳處拒人於外的作風不同，中國共產黨南方局駐重慶辦事處則經常主動給外國記者們提供他們感興趣的消息。據費正清回憶，中共駐渝代表團秘書龔澎等人熱情能幹，會講流利的英語，與許多外國記者交上了朋友，經常到外國記者下榻的招待所來，手提包裏裝著複寫的最新延安新聞廣播稿。龔澎等中共駐重慶辦事處人員與在渝外國記者們的良好關係，〔註156〕引起了國民黨方面的嫉恨。《中央日報》爲此發表社論，以一種酸溜溜的語氣並夾帶陰險用意說，外國記者喜歡與西語流利的中國人交流，可是西語流利的人，並不一定是中國的上等知識份子。社論將他們比作過去中國的買辦階級，說他們是奴才，是變相的買辦階級。因此，外國記者想通過此輩人瞭解新中國，是一個大錯誤。社論希望在中國的外國記者，「勿與中國若干招待員廝混。」〔註157〕可是，西方記者們，每天要和國民黨的新聞檢查機構鬥爭，當然歡迎反對黨方面的新聞報導。〔註158〕

　　對於共產黨方面的積極宣傳，國民黨應對的主要方式還是通過新聞檢查。國共合作抗日後，蔣介石在接見德國新聞記者時曾宣稱「在中國沒有共產黨員了」，國民黨新聞檢查員也遵命刪去許多消息中的「共產黨」字樣。作爲宣傳共產黨的代表人物，斯諾還曾收到蔣介石的對美宣傳顧問利夫的來信，信中提醒他在報導中「請勿請使用『共產黨員』一詞」，因爲那樣會「幫日本的忙」。〔註159〕可是，作爲一個記者，斯諾認爲自己的任務是瞭解並報導眞相。他沒有支持或反對共產黨人的義務，他祇是眞心想瞭解共產黨人究竟是好些，還是更壞些。〔註160〕爲了瞭解中國共產黨及其抗日軍隊和邊區的情

〔註156〕作爲「中共第一位新聞發言人」，龔澎在重慶的時候，每天下午準時到外國記者俱樂部，向各國記者發佈來自中共南方局和解放區的新聞。費正清稱讚說，「龔澎的性格裏既有青春的氣息，又有對中國共產黨事業的堅定信念，再加上隨軍記者所特有的敏銳觀察力和清新的幽默感」，在許多駐渝外國記者心目中，龔澎成了中國「言論自由的象徵」。參閱：喬松都：《喬冠華與龔澎——我的父親母親》，中華書局 2008 年版，46～51 頁。

〔註157〕《希望各國駐華記者》，重慶《中央日報》，1939 年 12 月 20 日。

〔註158〕費正清著，趙復三譯：《中國之行》，新華出版社，1988 年 3 月版，122 頁。

〔註159〕埃德加・斯諾著，宋久、柯楠、克雄譯：《復始之旅》，新華出版社，1984 年 8 月版，281 頁。

〔註160〕據斯諾和他的夫人回憶，斯諾的報導被南京政府稱爲是「說謊騙人」。當時中國駐美大使胡適堅持要求刊載斯諾報導的《先驅論壇報》在顯著地位刊登他的一則談話，聲稱斯諾的報導純屬捏造。胡適說中國根本就「沒有共產黨」軍隊。斯諾甚至被懷疑成美國秘密特務。斯諾夫人認爲，新聞作爲一種純粹

況，外國記者多次要求訪問延安。而由於被剝奪了合法地向中國報界發表意見的可能，毛澤東等共產黨領導人深知自己的看法一旦用英語發表出去，就有可能突破國民黨的新聞檢查，從而傳播到全國人民之中，因此很重視接受斯諾等外國記者的採訪。〔註161〕愛潑斯坦也認爲，國民黨統治區軍事、政治和經濟形勢的日益惡化，國民黨提供的新聞與現實越來越不一致，是導致國民黨國際宣傳逐漸失信的客觀原因。相比之下，中國共產黨提供的消息更適合他們對眞相的口味。特別是在皖南事變中，國民黨的新聞封鎖與共產黨的主動出擊形成了鮮明對比。〔註162〕

　　董顯光本人覺得新四軍衝突事件本是可以調停的兵家小事，令他頭痛的倒是政府堅持扣發新聞，引起了外籍記者與政府間的嫌隙，外國報紙對華的不利批評和攻擊遂接踵而至。政府發言人拒絕與外籍記者討論這個問題，就是偶爾碰上，也要躲躲閃閃，掩飾其詞，反而不如中共方面的坦率報導來得叫外國人容易相信。政府持緘默政策的理由是怕內部衝突宣揚開去後將爲「仇者所快，有利敵人」，並增加國共和平解決爭端談判的困難。中共把握時期搶先發表了新四軍事件，政府一變而立於防守地位，國際人士聽了中共的說法，對政府隨後來的解釋頗不置信。此前，外國記者爲了不「損害中國事業」，基

的採訪職業，對於中國人幾乎是不可想像的事。但實際上，斯諾報導的眞正價值，恰恰在於他是一名強烈厭惡宣傳、對讀者負責、追求眞實的記者，使得他在正確的時間、正確的地點，採取了正確的行動，毫無約束地形成了自己的判斷，從而使自己的報導變成了中國歷史的一部分——促進輿論向抗日統一戰線方面轉化。參閱埃德加·斯諾著，宋久、柯楠、克雄譯：《復始之旅》，新華出版社，1984年8月版，187頁，289頁。海倫·斯諾著，安危，杜夏譯：《我在中國的歲月——海倫·斯諾回憶錄》，中國新聞出版社，1986年9月版，218～219頁。

〔註161〕埃德加·斯諾著，宋久、柯楠、克雄譯：《復始之旅》，新華出版社，1984年8月版，192頁。

〔註162〕《對於新聞發佈統制辦法》規定，除中央各院、部、會主管及特別指派之人員外，無論任何機關團體人員，非因職務或業務上之必要，應儘量避免與外接觸，遇有接觸之必要時，亦不得告知任何政治消息，或表示政治意見。載王煦華，朱一冰合輯：《1927～1949年禁書「刊」史料彙編》第二冊，北京圖書館出版社2007年5月版，681頁。共產黨的成功宣傳令蔣介石和國民黨方面深爲憂慮。陳布雷日記中有許多這方面的記載，比如1944年3月1日日記：細思黨務及中共宣傳發展之前途及其與盟國之影響，憂心鬱結不可忍，午餐幾亦無心進食也，餐畢與希聖略談，彼之見地與我相同耳；3月3日日記：十二時卅分晉見委座……痛言黨內宣傳之不充實，無氣力，言之甚爲憤鬱，觀其容態，殊悒悒不怡。轉自王泰棟編著：《陳布雷大傳》，團結出版社，2006年8月版，275頁。

本能謹守著政府有關不許報導國共矛盾的規定，但是，當得知新四軍事件發生後，斯諾決定將它報導出去，不管這樣做在多大程度上會「傷害中國」。斯諾通過香港發出了幾則電訊，並預測中國 1941 年會發生大規模的內戰。美國國際新聞通訊社記者伯爾登的通訊說，政府對待新四軍冷酷無情，該軍衣著不全，且無糧餉。他甚至在外國記者招待所裏進行了個人示威，控訴國民黨的將軍是劊子手，控訴國民黨的新聞機構在撒謊。其他駐重慶的外國記者則對當局扣發他們也曾試圖發出的報導一事紛紛提出抗議。〔註163〕在事變發生後英國大使克拉克爾舉行的記者招待會上，大使特意請中共駐重慶代表團秘書龔澎坐在他身邊——明確表示英國擔心中國內戰爆發。〔註164〕1940 年 12月，仍有路易斯·斯特朗等外國記者想瞭解新四軍事件真相，但董顯光像過去一樣碰到政府中較強有力分子的反對，並且奉命凡是遇到兩黨間摩擦的新聞，一律予以檢扣。多年後，董晃光回憶說，在圍繞新四軍事件的報導中，中國共產黨人重視宣傳的價值和技術甚於大部分政府官員，政府當時不把難堪的中共情況公諸世界是宣傳上一大失策。一直等到新四軍被解散，同情延安的聲浪在國外響入雲霄，政府才發表一個過遲的聲明，但那些不利於政府的宣傳早已深印國際人士心目中，再要反擊已嫌太遲了。〔註165〕1940 年，國際輿論開始對國民黨不利。到 1945 年，國民政府與外界報界「幾瀕決絕局面」。董顯光認為，造成這一局面的原因在於共產黨的宣傳配上政府錯誤的新聞檢查政策。〔註166〕儘管他本人在抗戰期間經常致力於使新聞檢查法規內能夠保全自由主義的根基，並設法使政府內其他人士瞭解此一工作的必要性，但他終於發現，高級政府官員對出版自由全部目的所持的一種「犬儒派作風」使得他的努力歸於失敗。〔註167〕

〔註163〕埃德加·斯諾著，宋久、柯楠、克雄譯：《復始之旅》，新華出版社，1984 年8 月版，287～289 頁。

〔註164〕伊斯雷爾·愛潑斯坦：《回憶在重慶作記者的歲月》，《重慶報史資料》第 17輯，2～3 頁。

〔註165〕1941 年 4 月，國民黨才向全國頒發了經蔣介石親自審定的軍事委員會政治部《現階段之特種宣傳實施要領》，提出「根據何白兩總長皓電齊電所述之事實，列舉新四軍不法行為，以證明中央歷次容恕之寬大，顧司令長官執行軍紀制裁之萬不得已」。詳見湖北省檔案館 LS1-4-3749，轉自孫斌、王平：《皖南事變前後國民黨新聞政策揭秘》，《湖北檔案》2007 年第 6 期。

〔註166〕董顯光：《董顯光回憶錄：紅色的煩惱》，《報學雜誌》，第 1 卷第 6 期，1948年 11 月 16 日，27～29 頁。

〔註167〕董顯光：《董顯光回憶錄：為新聞自由而奮鬥》，《報學雜誌》，第 1 卷第 5 期，

　　國民黨抗戰時期對於國際新聞的檢查表明，國民黨的新聞統制及其作為該統制基礎的黨治體制，不僅影響了國內的輿論生態，也影響了國民黨的國際形象和外交關係，而這一國際關係又反作用於國內政治格局。費正清就認為，隱瞞真相和嚴密檢查的新聞政策，是導致美國政府對自由中國產生幻滅感的重要原因，「如果有更多真實的情況報導出去，就可以糾正錯誤不實的報導」。〔註168〕同樣，史迪威事件的真正原因也在於，史迪威認為蔣介石「把封鎖共產黨置於比對日作戰優先的地位」簡直是荒唐，其結果只能是災難。此後，美國副總統華萊士來華，說服蔣介石同意美軍向延安派出觀察組——迪克西使團，該團成員撰寫的大量報告和對美國政府的政策建議都主張美國在繼續承認和支持蔣介石的同時，也要與中共合作，並給予一定的軍事援助。〔註169〕從這一意義上說，新聞統制政策也成為導致國民黨被美國拋棄並最終在大陸失敗的重要原因。

本章小結

　　抗戰期間，國民黨在原來的基礎上逐漸建立起一套戰時新聞體制，出臺了一系列以新聞檢查為中心內容的戰時新聞政策。這些政策帶有鮮明的戰時特徵，服務於民族戰爭的軍事需要，同時又是戰前新聞統制政策的繼續，帶有強烈的意識形態統制意圖。抗戰時期中國新聞事業的諸多面相表明，國民黨戰時新聞政策對於新聞自由的壓制，並非完全是戰時需要的產物，它反映了該政權政治本性的一般性特徵。

　　撇開戰時新聞統制政策實施的特殊背景不論，就客觀效果言，它大致成功地避免了新聞報導為敵人所利用的可能，並且在爭取國際輿論支持方面取得了相當成效。表面上看，黨營新聞事業更是在戰時得到了空前的發展。但是，這些成功背後也掩藏著巨大的危機。戰時新聞統制政策也導致了中國新聞事業呈現出日見衰退、貧血寡味的病象。在產品形態方面，抗戰時期國統區的新聞媒體，由於過分偏重軍事內容，而且在軍事內容的報導和評論方面，又過於依賴中央通訊社等官方機構，各大報紙版面充斥著雷同、枯燥、呆滯的內容，造成了新聞產品單調，不同媒體千篇一律的情形。與百姓利益相關的大量新聞得不

1948 年 11 月版，35 頁。
〔註168〕費正清著，趙復三譯：《中國之行》，新華出版社，1988 年 3 月版，104 頁。
〔註169〕資中筠：《美國對華政策的緣起和發展（1945～1950）》，重慶出版社，1987年 6 月版，26 頁。

到及時報導和評論，大量新聞事實被拖延、被掩蓋，甚至被篡改，招致了讀者的不滿和批評。真相被封鎖，言論被箝制，媒體報導新聞和行使輿論監督的功能難以正常發揮，對於中國報人而言，也就意味著新聞事業未能履行其天職。新聞從業人員的積極性因此嚴重受挫，新聞業務和媒體經營管理水平甚至比戰前有所退步，媒體的公信力也有所下降〔註170〕。尤其重要的是，由於言論自由受到限制，輿論監督缺位，民意不伸，嚴重影響了社會的民主生活。在國內政治方面結下無限惡果，最顯著的就是貪污盛行，政治腐敗。〔註171〕在國際政治方面，則造成外國駐華記者和新聞檢查官員的矛盾衝突，特別是導致美國對國民黨及其政府的失望，最終在國共兩黨內戰中拋棄國民黨。如果說國民黨的新聞宣傳政策，在戰後失去大陸政權的歷史中具有關鍵地位，〔註172〕那麼這一政策的肇因至少可以追溯到抗戰期間。下一章中，我們將通過對戰時國統區代表性媒體的議程設置和報導框架，特別是各報的社論進行對比分析，具體探討戰時新聞統制政策對於政治生態的影響。

〔註170〕余夢燕：《重慶報紙新聞版之分析》，燕京大學學士畢業論文（1943年6月）。

〔註171〕曹增祥：《中國戰時新聞檢查制度概論》，燕京大學學士畢業論文（1945年12月）。

〔註172〕高郁雅：《國民黨的新聞宣傳與戰後中國政局變動（1945～1949）》，國立臺灣大學出版委員會，2005年初版，265頁。

第三章　言說的交鋒：抗戰時期《中央日報》、《新華日報》、《大公報》的社論分析

　　從前文的分析可以看出，無論是抗戰之前還是在抗戰期間，國民黨新聞統制政策的重點始終在意識形態統制，媒體言論自由的範圍也以此為邊界。政治經濟學理論認為，新聞並非自然產物，而是新聞工作者對客觀事實的主觀呈現。新聞生產也不是孤立的文本製作過程，而是一套制度化與組織化的過程，是意識形態、權力關係與話語霸權的生產過程。在新聞文本的生產過程中，記者和編輯總是選擇一些資訊而排除另一些資訊，通過這種「持續不斷地選擇、強調和遺漏」，影響公眾輿論或受眾對特定事件或問題的理解。媒體用於對資訊進行「選擇、強調、闡釋」的原則被稱為框架。不同政治立場和意識形態的媒體，具有不同的框架。〔註 1〕在不同的「框架」下，媒體通過各自不同的產品——文本或話語——建構、組織和展開不同的新聞議題，呈現不同的現實、意義並由此影響和規範人們的認識。由於意識形態在決定媒體的框架中具有決定作用，因此，「框架」作為一種特定的認識世界的方式和結果，它不能僅僅被視為一種講述故事和詮釋事件的能力，而且要將它「理解為一場獲取所說的意義的鬥爭」。同樣，作為不同框架產物的新聞文本或話語，既是對新聞事實進行描述

〔註 1〕　夏倩芳，張明新：《社會衝突性議題之黨政形象建構分析——以〈人民日報〉之「三農」常規報導為例》，載《新聞學研究》，2007 年 4 月號，總第 91 號。

和解釋的工具，也是一種意識形態棲身和抗爭的場所〔註 2〕──媒體由此成爲一個意識形態的競技場，不同階級的觀點在此進行較量。〔註 3〕

有學者總結出至少有五種因素在新聞生產的過程中潛在起作用：社會規範和價值、組織壓力和組織限定、利益集團的壓力、新聞常規、新聞從業者個體的意識形態或政治傾向。〔註 4〕嚴格說來，新聞工作者的專業理念也是一種意識形態，甚至還是一種社會控制模式。〔註 5〕因此，媒介文本的生產，是多種因素共同作用的結果。本文前兩章考察了戰爭語境、統制政策等影響抗戰時期中國新聞事業的外部環境因素，爲了進一步理解抗戰時期媒體生產文本和話語的過程，本章將從外部研究轉向媒體和新聞工作者自身，嘗試分析抗戰期間不同政治立場和意識形態背景的媒體，在共同的戰爭語境和統制政策環境下，如何採取不同的敘事框架和言論策略，最大限度地尋找專業作爲空間和發揮其輿論影響力，以及在此過程中相互間的爭鬥情形。我們將看到，在這一過程中，「自由」依然始終是各方爭奪的符號資源。也就是說，新聞統制與新聞自由，依然是媒體和報人日常言說中無法迴避的焦點。

第一節　重慶成爲戰時新聞事業的中心和各類報紙競爭角逐的場所

抗戰時期國民黨統治區的報紙，從政治立場上可以劃分爲國民黨黨報、共產黨機關報和民辦報等三種。與之相應的意識形態也主要有三種，分別是國民黨官方的三民主義、共產黨的馬克思主義及其中國化的毛澤東思想、民間報人的自由主義。三種報刊在抗戰的大纛之下雖結成了輿論的統一戰線，但彼此之間並沒有中止在話語和意義場域的較量。由於反法西斯戰爭與國內的政黨之爭錯綜交織，戰時重慶新聞事業因此呈現出獨特的景觀，複雜的生態。甘惜分先生曾經生動地描述說：「這裡面的驚濤駭浪、狂風驟雨，敵我友

〔註 2〕　曾慶香：《新聞敘事學》，新華出版社，2005 年 1 月版，196 頁。
〔註 3〕　詹姆斯‧卡倫著，史安斌、董關鵬譯：《媒體與權力》，清華大學出版社，2006 年 7 月版，138 頁。
〔註 4〕　黃旦：《傳者圖像：新聞專業主義的建構與消解》，復旦大學出版社，2005 年 12 月版，237 頁。
〔註 5〕　陸曄、潘忠黨：《成名的想像：中國社會轉型過程中新聞從業者的專業主義話語建構》，《新聞學研究》第 72 期，2002 年 1 月。

合縱連橫，左中右翻雲覆雨，種種悲歡離合的活劇一幕接著一幕，實在是驚心動魄，把一個兩江之間的小小山城攪得天旋地轉。」〔註6〕

一、新聞事業內遷與重慶新聞中心的興起

抗戰爆發後，大批新聞機構和新聞從業人員被迫流離遷徙，由沿海、城市不斷走向內地、農村。在這一過程中，新聞資源不斷分散與重組：規模由大變小，數量由少變多，聯合與集中，〔註7〕既推動了中國新聞事業大眾化的發展，也改變了中國新聞事業的空間佈局，重構了中國新聞事業的版圖。

自從外國傳教士創辦現代中文報刊以來，我國新聞事業的重心一直在沿海開放口岸，特別是香港、上海、天津等地。民國以來，南京與上海分別以其政治和經濟地位的重要性而成為全國輿論中心。與沿海城市相比，內地各省，不但新聞機構非常稀少，就是僅有的報館，一般都規模狹小，設備簡陋，技術拙劣。據估計，抗戰以前，中國報紙的總銷數，大約 150 萬份左右，而上海、南京、廣州、天津、北平 5 個城市便占了三分之二。〔註8〕抗戰之後，上海、天津、南京、北平等大都市紛紛淪陷，一些原在大都市出版的大報，像《大公報》，轉而化整為零，由一報而變多報。此外，小型報包括地方報、戰地報和敵後報也大量增加。以浙江為例，戰前浙江讀者多半讀上海和杭州出版的報紙，戰後不到兩年，浙江幾乎每縣都有了地方報，計達 185 家，其中三分之二是小型油印報。山西原有 11 家報被摧毀後，不到兩年，也出現了近百家小報。〔註9〕全國而言，戰前全國報紙共有 1014 家，至抗戰一年以後，有 600 多家被摧毀，剩下 400 餘家，但到了 1944 年 10 月，又恢復到近 1100 家，還不包括許多石印、油印的小報。在銷數方面，1944 年每日總銷數達到約 250 萬份，最高發行者達 6 萬份，普通則數千份，萬份以上的很少。〔註10〕

報紙走向鄉村，除了戰爭客觀環境使然，也與國民政府抗戰決策有關。1938年，成舍我發表了著名的《紙彈亦可殲敵》，建議中央在全國各鄉村創辦地方報

〔註6〕　甘惜分：《寄語重慶新聞史研究的同志們》，《重慶報史資料》第 10 輯。

〔註7〕　范長江：《兩年來的新聞事業》，《新聞記者》第 1 卷第 5 期，1938 年 8 月 1日，漢口。

〔註8〕　梅世德：《中國戰時後方報業》，燕京大學新聞系畢業論文（1946 年），4～5 頁。

〔註9〕　曾虛白：《中國新聞史》，臺灣三民書局，1966 年 4 月初版，408 頁。

〔註10〕　胡道靜：《戰時東南報業遭遇的實際困難問題》，胡道靜：《新聞史上的新時代》，上海世界書局，1946 年 11 月版，35 頁。

紙，編輯管理，皆由中央指導。〔註11〕蔣介石本人也從「抗戰前途不繫於少數都市而繫於全國廣大農村」的高度，號召新聞記者，「以篳路藍縷之精神，向困難最多而前途希望最大之內地，散播文化之種子，提高人民之知識」，期望達到「使平均每五縣或三縣有一規模之地方報紙」的理想目標。〔註12〕國民政府為此制訂了獎勵地方報、戰區報和淪陷區報紙的辦法。國民黨《中央日報》發行寶慶、貴陽、昆明、成都版，便是此意。〔註13〕為了改變報紙集中在都市特別是集中在重慶的狀況，有人建議先在重慶出發的四條公路線上，選出 50 個需要報紙而向無報紙的縣份，創設地方報紙，每報由中央派 3 個受過訓練的記者，前往籌備並主持，分別擔任經理、編輯主任和採訪主任。〔註14〕

　　進入到抗戰第二期後，〔註15〕中國新聞事業的動蕩不安趨於相對平穩，新聞事業佈局的新版圖基本確立，大體分佈在四個不同的區域：淪陷區（包括偽滿洲和汪精衛政權區）、共產黨領導的抗日根據地──蘇區、上海孤島區和國民黨統治區──大後方地區。毫無疑問，在四個區域中，中國新聞事業的主體在大後方，而大後方新聞事業的中心在重慶。

　　重慶新聞事業的發展，戰前即打下了相當的基礎。作為長江上游的重要港口城市，重慶是中國內陸最早開埠的地區之一，較早接受到西方近代文明的洗禮。在戊戌變法前後國人第一次辦報高潮中，維新人士宋育仁就在這裡創辦了四川第一家近代報刊──《渝報》。此後，隨著各種政治勢力在重慶登場，改良派、革命派、新文化運動派、地方經濟團體、教會組織先後創辦發

〔註11〕 成舍我：《紙彈亦可殲敵》，《新聞記者》第 1 卷第 3～4 期。
〔註12〕 蔣介石：《今日新聞界之責任》，《新聞學季刊》第 1 第 3 期。
〔註13〕 抗戰期間，國民黨中央宣傳部為加強國策的宣傳，有計劃地在各地普設《中央日報》，先期發行的有成都、貴陽、昆明、湖南、芷江、安徽、福建、廣西各版。湖南版初在長沙出版，後來曾經遷到邵陽、武岡、安江三地出版。芷江版為貴陽版的分版，後來停刊。安徽版在屯溪出版，由上海撤退而來的新聞工作者編輯出版，戰爭結束後，移回上海，成為《中央日報》上海版。福建版設在永安，在漳州與福州有分版。廣西版設在桂林，曾經撤退到百色出版。胡道靜：《新聞史上的新時代》，上海世界書局，1946 年 11 月版，3 頁。
〔註14〕 黃宣威：《普設全國各縣地方報紙芻議》，《新聞學季刊》第 1 卷第 1 期，1939 年 11 月 20 日，重慶。
〔註15〕 國民黨軍事委員會政治部原來的劃分是：自開戰到南京失陷為第一期，魯南會戰到徐州撤退為第二期，保衛武漢為第三期。1938 年南嶽軍事委員會開會的訓詞中，蔣介石提出「從盧溝橋事變起到武漢退軍岳州淪陷止，為抗戰第一期」。政治部據此提出以前的分期「不適當，應即改正」。國民政府軍事委員會政治部：《第二期抗戰宣傳綱要》，重慶《中央日報》，1939 年 2 月 25 日。

行了《重慶日報》、《崇實報》、《商務日報》、《新蜀報》等十餘種報刊。這些報刊，爲溝通重慶和外界的聯繫，爲傳播現代經濟文化資訊，建構各種政治議題，提供不同利益群體間對話的公共輿論空間，促進重慶的現代化發展，做出了重要貢獻。不過，到了抗戰初期，重慶只剩下《商務日報》、《新蜀報》和《國民公報》三家。〔註16〕

隨著國民政府遷都，重慶成爲戰時中國的政治與文化中心，世界反法西斯戰線遠東指揮中心，和中共中央南方局和第二次國共合作的所在地。在新聞傳播方面，也當之無愧地成爲中國資訊集散中心和世界反法西斯的傳播中心之一。這裡彙集了全國新聞事業的精華，吸引了世界各國重要的新聞機構和優秀的新聞人。《新民報》、《大公報》、《掃蕩報》、《中央日報》、《新華日報》等全國性報刊紛紛遷到重慶出版；路透社、《時代》周刊等國際重要傳媒機構紛紛在此設立記者站，可謂精英薈萃。據統計，抗戰八年間，重慶前後註冊的報刊共有127種，通訊社30家。最盛的時候，有22家報紙同時出版，12個通訊社同時發稿。〔註17〕

雖然早在南京淪陷前，國民政府就已決定遷都重慶，〔註18〕但是，1938年中國真正的軍事政治重心是在武漢。武漢也一度在重慶之前成爲戰時新聞中心。早在1935年，國民政府軍事委員會機關報《掃蕩報》就從南昌遷到漢口。1937年下半年開始，陸續遷漢的重要新聞機構包括天津《大公報》（1937年9月18日出漢口版）、中央通訊社總社（1937年11月遷漢）、上海《申報》（1938年1月15日遷漢出版）。《新華日報》也於1938年1月10日創刊。與此同時，

〔註16〕陳雲閣：《抗戰前後的重慶報界》，《重慶報史資料》第7輯，42頁。

〔註17〕22家報紙爲：中央、時事新報、大公報、新蜀報、掃蕩報、新華日報、國民公報、西南日報、新民報、濟川報、大江報、商務日報、武漢時報、群報、崇實報、南京晚報、大陸晚報、四川晚報、大漢晚報、新蜀夜報、壯報、武漢晚報等。12家通訊社爲：中央社總社、群力新聞社、勵商新聞社、新生命通訊社、中國新聞攝影通訊社、建國通訊社、中央社重慶分社、民族革命通訊社、社方通訊社、銀旗通訊社、國際新聞社、遠東通訊社等。程其恒編著，馬星野校訂：《戰時中國報業》，銘真出版社，1944年3月初版，5頁。

〔註18〕1937年10月29日，蔣介石在南京主持召開國防最高會議上，作了題爲《國府遷渝與抗戰前途》，提出四川爲抗日戰爭的大後方，應擇定「重慶爲國民政府駐地」，會議接受蔣介石提議，正式決定國民政府西遷重慶，次日，國民政府議決接受國防最高會議遷離國民政府西駐重慶、遠離戰區的決定。1937年11月26日，國民政府主席林森率國民政府遷抵重慶。12月1日，正式辦公。1937年12月9日，蔣介石由桂林飛渝，國民政府的軍事最高統帥部也移駐重慶。

廣州、長沙、金華等地也成爲一些重要新聞機構內遷的中轉站。但是不久，由於這些城市先後失守，新聞事業進一步內遷到重慶、成都、桂林〔註19〕、昆明等地。重慶則以其戰時首都的特殊地位，成爲各新聞機構的首選之地和必爭之地。

南京《新民報》是最早遷渝出版的，而且是直接從原出版地遷到重慶的。該報1937年11月27日南京停刊，12月西遷重慶。遷到重慶後，經鬍子昂介紹，以輪轉機和捲筒紙作抵押，向重慶銀行董事長潘昌猶貸款3000元作開辦費，在七星崗覓得樓房一座，1938年1月15日復刊。〔註20〕重慶版《本報復刊詞》向讀者說明了該報的立言主旨：

> 今山河破碎，局勢日非，民族生機，不絕髮縷，吾人既感國家社會對我之不薄，安忍於危急存亡之秋，苟偷息，不思所以傚命黨國之道。故所以於萬難中將機件運出，於萬難中移渝復刊，蓋所以盡同人輿論報國之責也。
>
> ……
>
> 目前工作莫急於救亡圖存，任何意見莫先於一致對外，凡無背於此原則者，皆應相諒相助，協力共處。本報以南京舊姿態，出重慶之地方版，相信抗戰既無前後方之分，救亡安有中央地方之別。戰局雖促，但我們必堅定最後勝利之信念。社會間雖不免有摩擦，但吾

〔註19〕 自從1938年底武漢、廣州相繼淪陷後，特別是1941年冬太平洋戰爭爆發，香港淪陷，桂林逐漸成爲西南大後方的著名的戰時文化城。廣西爲桂系控制，而桂系與蔣介石之間存在著深刻的矛盾，特別是1936年，桂系李宗仁、四川劉湘代表張斯可以及中共代表張雲逸在桂林簽訂了《川桂紅協定》，明確表示鞏固國內和平統一，團結抗日，充分接納各方抗日主張，開放民眾抗日運動，因此政治環境相對寬鬆，吸引了各種背景的文化人士和團體。據統計，抗戰以前，桂林出版的期刊約80家，報紙僅1至2家，抗戰時期，報刊猛增至近300家，報社達10餘家，包括《廣西日報》、《中央日報》、《救亡日報》、《力報》等，《大公報》、《掃蕩報》都設有桂林版，《新華日報》也設立了桂林辦事處。關於戰時桂林文化城的新聞事業及其成因，可參閱吳頌平的《桂林文化城的報紙綜述》（載廣西新聞史志研究室編：《廣西新聞史料》第22輯）、馮英子的《抗戰時期的桂林報業》（載《廣西新聞史料》第30輯）、魏華齡的《抗戰時期桂林文化城的形成》（載魏華齡、曾有雲、丘振聲主編：《桂林抗戰文化研究文集》，灕江出版社1992年6月版）和鍾小鈺的《抗日戰爭時期桂林的報業》（載魏華齡、劉壽保主編：《桂林抗戰文化研究文集（五）》，廣西師範大學出版社，1997年11月版）。

〔註20〕 何鴻鈞：《解放前的重慶〈新民報〉》，《重慶報史資料》第2輯。

人則認爲民族統一戰線實高過一切。其原則，在能以抗日反帝、反封建、反漢奸爲出發點，而以民主化集中一切革命力量，方能消除內部之矛盾，堅強抗戰之實力。故本報今後立言主旨，即本乎此。

1938 年 3 月 10 日，國民黨中央廣播電臺開始在重慶播音。此後，上海《時事新報》、南京《南京晚報》也在重慶出版。隨著戰局形勢的危急，武漢、長沙等地的新聞機構也紛紛遷到重慶。9 月 15 日，《中央日報》由長沙遷重慶出版。〔註21〕10 月 25 日，《新華日報》遷渝出版。〔註22〕《大公報》1937 年就計劃在渝出版，但因爲出香港版，人力不夠，到 1938 年 9 月才在重慶發行航空版。〔註23〕10 月 17 日《大公報》（漢口版）刊登《本報特別啓事》，宣佈自即日起遷往重慶繼續發行。〔註24〕10 月 18 日，漢口版出版最後一期報紙後，報館人員沿江西撤。但由於交通異常困難，直到 12 月 1 日大部分人員才抵達重慶，而「所有機件紙張及其他一切器材悉尚無到渝確期」，在這種情況下重慶版「勉強出版」。〔註25〕當天的社論《本報在渝出版》重申了漢口版最後一期社論《本報移渝出版》中的話，再度表明該報的立言宗旨以及新聞報國的立場。天津《益世報》是從昆明轉到重慶的。1939 年 11 月 23 日，《益世報》告別昆明。1940 年 3 月 24 日，《益世報》在渝復刊，編號爲 8006 號，社長楊慕時，董事長於斌。渝版《發刊詞》回顧了該報的歷史後，表明了該報「爲

〔註21〕黃天才認爲，1938 年 9 月 1 日，《中央日報》在重慶復刊。見黃天才：《六十年來的中央日報》，載胡有瑞主編：《六十年來的中央日報》，臺灣中央日報社，1988 年 2 月版，248 頁。但《中央日報》影印本缺 1937 年 11 月 28 日至 1938 年 9 月 14 日報紙。

〔註22〕《新華日報》當天同時出版武漢最後一張報和遷渝後的第一份報紙，分別在漢口和重慶編輯出版的兩份報紙的報號均爲第 287 號，但漢口版僅印刷同張，未及出版。見韓辛茹：《〈新華日報〉史（1938～1947）》，重慶出版社，1990 年版，50 頁。

〔註23〕《新華日報》總經理熊瑾玎帶領該報第一批人員於 1938 年 9 月到達重慶，14 日下午 5 點他就買到了當天的《大公報》，應該就是該報的航空版。相比之下，《新華日報》因爲不能按時寄到重慶，影響了發行，銷數從 1800 多份減少到只有 400 餘份。爲此，他給《新華日報》漢口總館寫信表達了自己的焦慮心情。參閱韓辛茹：《〈新華日報〉史（1938～1947）》，重慶出版社，1990 年版，51 頁。

〔註24〕《大公報》漢口版，出版時間由 1937 年 9 月 18 日開始，到 1938 年 10 月 18 日結束，報紙的報號從 12262 號到 12656 號。按，《大公報》漢口版的報號，接的是 1937 年 8 月 25 日的天津版報號。但影印本只印到天津版的 7 月 25 號，報號爲 12251 號，缺 7 月 26 日至 8 月 25 日的報紙。

〔註25〕《本報特別啓事》，《大公報》重慶版，1938 年 12 月 1 日。

中華民族之獨立自由而奮鬥」的六點言論主張。〔註 26〕在重慶最晚復刊的全國性大報是成舍我的《世界日報》。1944 年下半年，成舍我與程滄波合計籌組中國新聞公司，資本主要來自中國、交通、農民三家國家銀行，加上部分川幫銀行及各方面知名人士的認股。錢新之任董事長，成舍我任總經理。1945年 5 月 1 日，公司投資的重慶《世界日報》創刊。成舍我任社長，程滄波任社評委員會主任，趙敏恒任總編輯。〔註 27〕

　　抗戰時期，全國的媒體和報人奔向重慶，就像《大公報》記者徐盈在一篇文章中所描述的：

> 四方仰望的重慶，實在已逐漸成為中國的心臟與腦髓，堪為中國的政治、經濟、文化的中心地帶……吸引著四萬萬五千萬人民的思想、感情與意志，將他強有力的電波，指揮著全國。……肉眼看不出的潛力，習俗中找不出的堅毅，都在全世界的隆重讚歎聲中，走上了命定的光榮之途。重慶帶上了偉大的花冠。所有的中國人注視著它，所有的中國人向往著它，這是我們無可再退的堡壘，這是我們的耶路撒冷。〔註 28〕

二、戰時中國新聞事業的經營與管理

　　對於那些在南京或者沿海一帶城市長大的人來說，重慶好像是中國遙遠的西部一座未開化的城鎮。抗戰之前，重慶惟一與外界來往的途徑，是通過長江的水運。從重慶坐船往上海，需要三個星期才可到達。即使從政治上說，它與中央的關係在很長時間內也保持「遙遠」的距離。標誌著重慶和四川真正納入中央政府的參謀團入川事件，也祇是在抗戰之前不久才發生。在因戰爭而內遷的許多「下江人」眼中，重慶和四川老百姓的國家觀念很薄弱，簡直把中央政府官員和公務員的到來視同一種「侵略」。據說，在四川省主席張

〔註 26〕「第一，本報自有生命以來，即為中華民族之獨立自由而奮鬥。從九一八起，我們始終一貫主張抗戰。第二，對內主張實現民主政治。第三，本報為公教教友之報紙，有宣傳教義之職責。我們遵循教義，對國際局面以促進世界和平、增加人類幸福為最終目的。第四，公教教義，認人類生活精神重於物質。第五，公教教友在智識方面崇信真理。第六，本報過去有社會服務版，在全國報紙中實屬創舉。」參閱蔡貴俊：《益世報拾遺》，《重慶報史資料》第 9 輯。
〔註 27〕王國華：《解放前夕被國民黨政府查封搶奪的〈重慶世界日報〉》，《重慶報史資料》第 2 輯，1988 年 5 月。
〔註 28〕徐盈：《重慶——世界與中國的名城》。

群治理下，花了幾年時間教育當地百姓瞭解全民戰爭的意義。〔註29〕

　　比起國家觀念的淡薄，報人感受更深的則是當地居民閱報和廣告觀念的淡漠。隨著人口的不斷湧入，重慶人口由戰前的 30 餘萬增長到 40 年代初的 70 萬，最高時更達到 126 萬，但報紙發行量的增長速度卻相對較慢。〔註30〕重慶原有工商業不發達，廣告觀念弱，抗戰後雖然從下江遷來不少企業，也帶來了廣告意識，但風氣改變不易，每月的廣告總額只有六七萬，每家報紙每月能得萬元以上就很難得，沒有一家能靠純粹廣告和銷報收入生存。〔註31〕作為報社收入支柱的發行與廣告所得有限，可由於紙張緊張和物價飛漲而導致的報社支出卻在不斷增加，對於戰時報業而言，無疑是雪上加霜。

　　戰前中國報紙所用的紙張，大都依靠從芬蘭或加拿大進口，分平紙和卷紙兩種。因為依賴進口，紙張一向是中國報館的支出大宗。以全國報館 500 家計，平均日出 5 大張，發行 5000 份，日用紙為 5000 令，每令平均一兩七錢五分，

〔註29〕董顯光：《山城，在轟炸中》，《報學雜誌》，第 1 卷第 7 期，1948 年 12 月版，30 頁。

〔註30〕關於抗戰時期重慶各報的發行量，幾種說法出入頗大。據張十方提供的 1940 年統計資料，《大公報》銷數約 12000 份，《時事新報》、《新民報》，銷數在 7000-8000 份，《中央日報》、《掃蕩報》、《新華日報》各約 6000～7000 份，《國民公報》、《商務日報》、《自由西報》、《西南晚報》、《南京晚報》各約 3000～4000 份，全市報紙總發行量，約為 70000 左右。（見張十方：《行都的報紙》，原載《戰時記者》第 2 卷第 6、7、8 期，轉自曾虛白：《中國新聞史》，三民書局，1966 年 4 月初版，422 頁。）到了 1945 年，各報發行量有了大量增長，其中《大公報》達到 100000 餘份，《中央日報》30000 份，《掃蕩報》、《時事新報》、《新民報》，各 20000 份，《新蜀報》，102000 份。其中《新蜀報》的發行量顯然有誇大。（見張學孔《戰時中國新聞政策》，燕京大學新聞系畢業論文，1945 年，96 頁。）也有人說，《大公報》在接近勝利的時候，發行曾達到 10 萬份，《新民報》晚刊達 55000 份。（見解宗元：《戰後陪都新聞事業的鳥瞰》，《新聞學季刊》第 3 卷第 1 期（復刊號），1947 年 5 月，77 頁。）1939 年「五三」、「五四」大轟炸後，各報出聯合版，出現報紙「求過於供」的情況，報紙發行量從每天 20000 餘份，逐日增加到 30000 餘份，因為報紙供應緊張，以三萬份為最高限。「報販居奇，每份售價竟有倍於定價者」。（見黃天鵬《聯合版經過史》，載程其恒編著，馬星野校訂：《戰時中國報業》，銘真出版社，1944 年 3 月初版。）另外，有一份回憶材料提到，《新華日報》1941 年 1 月 18 日登載周恩來為皖南事變中遇難的新四軍將士題詞志哀的報紙，受到搶購，報紙從 1000 份增至 5000 份，一位英國人為看到這天報紙竟出價 80 元。（見毅甫：《山城雜色》，原載《解放》周刊第 129 期，轉自方漢奇：《中國新聞事業通史》第 2 卷，697 頁。）

〔註31〕沈錡：《戰時報業改進芻議》，《新聞學季刊》第 1 卷第 2 期，16 頁。

日需支出銀 8750 兩，每年 3193750 兩。〔註32〕抗戰爆發後，隨著海運中斷，外來新聞紙供應中止，價格也由每令 5 元漲至 40 元左右。1937 年 8 月 17 日《中央日報》就因爲南京上海交通梗阻，報紙來源緊張，迫不得已將報紙減縮爲一張半。第二天因爲同樣原因，報紙減縮爲一大張。9 月 26 日至 28 日，又因爲印刷部電力不足只得出版半張，29 日起才恢復一大張。內遷重慶的各家報館大都採用土紙。土紙是以稻草、破布、廢紙等做原料，以機器或手工造成。抗戰時期，四川全省有白紙廠 165 家，草紙廠 315 家，紙殼廠 19 家，共 499 家，大部分都是手工經營。經濟部後來改用機器造漿人工造紙的方式，將原來的迷信紙改良爲書寫紙，將原來的書寫紙改良爲印刷紙。〔註33〕戰時機器造紙廠主要包括中央造紙廠（前身爲上海龍章造紙廠，日產三噸至四噸紙）、中元造紙廠（宜賓）、建國造紙廠、嘉樂造紙廠（嘉定）、正中紙廠（嘉定）、銅梁造紙廠、湖北建設廳造紙廠、西南造紙廠（貴州）、雲豐造紙廠（雲南）、益生造紙廠（西安）、廣西造紙試驗所、湖南省造紙廠、益宜造紅紙廠（宜黃）、贛縣造紙廠。其中，嘉樂造紙廠日出一噸，爲出版界用紙的大宗供應廠。國民政府曾經計劃設廠製造印刷機件、紙張、油墨，供黨報用，但始終沒有實現。〔註34〕土紙質地粗糙，沒有韌性，有赭色、薑黃、土黃、淺紅、淡綠、灰白等顏色。土紙只適用於平板機印，滾筒機無用武之地。印刷的時候，只能先印一面，再印另一面，工序上增加不少麻煩。爲了爭取儘早出報，多數報紙一版全登廣告，四版下半部分也刊登廣告，上半版爲副刊，這樣每天下午好可拼版。鑄版後，晚間可開印。二版爲國內要聞及社論，三版爲國際新聞及地方報導和通訊。〔註35〕

　　戰爭時期，各種物資本來就相當緊張，加上大量人口的湧入，重慶地區的物價因此節節上陞。以房租爲例，平時每月 100 元的房租到戰時漲到了三、四倍，押金也增加到 10 倍以上，而且租房契約隨時可能被房東中止。1938 年初剛到重慶的陳公博曾經描述說，當時重慶賣東西的人很像拼命賺錢，賺完便再沒有了，買東西的人也像拼命購進，買完便再沒有了——很有點世界末日的神氣。〔註36〕爲了應付不斷攀升的物價，各報館迫不得已地不斷提高報

〔註32〕余理明：《中國戰時報業之特色》，燕京大學畢業論文（1945 年 6 月）。

〔註33〕《國產的新聞紙》，重慶《中央日報》第 4 版「本報特寫」，1938 年 1 月 19 日。

〔註34〕轉自曾虛白：《中國新聞史》，臺灣三民書局，1966 年 4 月初版，409 頁。

〔註35〕喬廷斌：《戰時重慶報紙拾零》，《重慶報史資料》第 11 輯，57 頁。

〔註36〕陳公博：《不合理的高擡物價——對重慶說話之四》，重慶《中央日報》副刊「平明」，1938 年 1 月 6 日。

價和廣告價格。《新華日報》從 1940 年 1 月至 1942 年 7 月，兩年半內，報價漲了 4 次，廣告價格漲了 2 次。〔註 37〕經營效益差，新聞從業人員的待遇也相當微薄。報館名義上供應伙食，事實上常常食不果腹。主食一般是發黴變質的「平價米」，炒菜除了空心菜（當地人常用這種菜喂豬，俗稱豬菜），就是辣椒炒胡豆。每逢開飯，大家端起飯碗就搖頭歎氣，等不到下午開飯，肚子就鬧饑荒。抄手吃不起，只好到路邊小攤吃碗擔擔麵。〔註 38〕印刷工人更加辛苦。報館一般在深夜兩三點鐘截稿，校樣改定後，在拼好的鉛字版上鋪墊浸濕的紙型紙，由工人手持棕刷一下一下拍打紙版，使其乾硬，凹凸成型。拍打紙型時，因輕重難勻，有個別鉛字跳出，深夜困乏的工人，睡眼朦朧，按還字釘時經常出錯。有一次竟將婚姻啓事中的「離」與「結」兩個鉛字誤植，結果引來一場糾紛。〔註 39〕與採編和印刷人員相比，從事發行的報童生活更加不幸。抗戰時期，重慶的報紙印出來後一般交給報童叫賣。報童賣一張報紙，只能賺一成利潤，五分錢的報紙可得半分錢，一毛錢的報紙可得一分錢。報童上面有報館的發行人員，有派報工會的人員，還有袍哥惡霸，保甲鄉丁，黨棍流氓，都要欺壓他們。〔註 40〕

　　抗戰時期的重慶各報，面臨的生存競爭可謂相當激烈。抗戰初期，外地報紙大舉遷入，對重慶原有報紙形成較大衝擊。外地人看慣了以前辦的報，對本地報不感興趣，甚至小看地方報。《新蜀報》等本地報銷路不大，營業情況也不好。《新蜀報》轉而利用在本地的影響力，發揮本地優勢，多登載

〔註37〕1939 年 12 月 31 日《新華日報》1 版刊登《本報營業部啓事》，宣佈自 1940 年元旦起「本報發行價格再予略增」，零售定價每份國幣 6 分，1 月 1 元 5 角，3 月 4 元 2 角，6 月 7 元 8 角，全年 14 元 4 角；1940 年 7 月 30 日 1 版刊登《本報緊要啓事》，再次宣佈因物價上漲而增加報價：自 8 月 1 日起，本報零售 1 角，1 月 2 元 4 角，3 月 6 元 3 角，半年 12 元，全年 23 元。1940 年 12 月 31 日發佈《重慶各報聯合委員會啓事》，決定廣告刊費每行或每方寸法幣 5 元，自 1941 年 1 月 1 日起實行；1942 年 2 月 1 日刊登《本報恢復大張啓事》，同時宣佈漲價：自去年 2 月 1 日起改出中張以來，迄今一年，今日起恢復大張，零售每份國幣 3 角，定閱每月 7.5 元，三月 20 元，半年 38 元，全年 72 元，因物價昂貴，增加廣告價，長行每行每日 10 元（折合每寸 8 元），報名旁每單位每日 120 元，經濟廣告甲種每日 10 元，乙種每日 6 元，自 2 月 1 日起實行。1942 年 7 月 2 日《本報更定價目啓事》又決定：自 7 月 5 日起，零售每份 5 角，訂閱每份每月 12 元，3 月 34 元，半年 63 元，全年 117 元。

〔註38〕喬廷斌：《且説時事新報》，《重慶報史資料》第 7 輯。

〔註39〕艾白水：《重慶新聞界舊聞》，《重慶報史資料》第 7 輯。

〔註40〕汪文風：《要爲重慶的報童書一筆》，《重慶報史資料》第 12 輯。

地方新聞。當時重慶市政府新聞處每天發佈一次新聞，爲吸引新聞單位，每次發佈會上還備有煙茶點心，可是去的記者還是不多。各報要聞版也基本被中央社稿件填滿，「本報訊」、「特寫」很少。《新蜀報》想方設法每天刊載一兩條不大爲人閱讀而又事關重大的「冷門」新聞，或者「特寫」，受到本地讀者歡迎。〔註 41〕外來報紙中，《新民報》由於最早在重慶復刊，在時間上搶了個先，設備、紙張比當地報紙好，又因爲它在身份上有優勢——它的創辦人陳銘德是四川人，又是從南京遷來，下江人、四川人都視爲自己的報紙。〔註 42〕因此復刊廣告一出，預訂報紙者就絡繹不絕。廣告也搶佔先機，一開始就擁有了全市影劇院、主要公司行號和商店的廣告，可謂一炮打響。〔註 43〕其他各報也都利用各自的優勢，各顯神通。《掃蕩報》作爲國民黨軍事委員會的機關報，與其他各報相比，在採訪戰事新聞上有有利條件。該報派遣到各戰區採訪的戰地記者，都可取得各戰區司令部的協助和支持，而且可以隨帶手搖發報機，隨時將每日戰況摘要及時發報給總部，戰地新聞與通訊在版面上也佔有較大篇幅。1943 年夏，該報從與《中央日報》合刊轉爲單獨出版。黃少谷請來萬枚子任副社長兼總主筆，進一步利用軍事系統的有利條件，增強軍報特色。包括增加社論、專論撰寫人員，提高輿論影響力。軍令部次長劉斐、國際問題研究所的王芃生、龔德柏等人都應邀撰稿。增派各戰區戰地記者，像徐州戰區的高天、張劍心，粵桂戰場的麥浪，緬甸戰場的謝永火、肖亮、陳洪鋼，鄂西戰場的張劍心，西北戰場的曹棄疾等，大量登載戰地通訊和戰況電訊。報社內部增設電訊室，每天晚上與各戰區聯繫戰況電訊。此外，該報每十天還撰寫一篇「國際十日評述」，以滿足讀者對於國際新聞的需求。〔註 44〕《時事新報》則利用自己在設備方面的優勢，加強國際新聞報導。該報配有短波收音機，並有專人抄收，國際報導比其他報紙較迅速。日美太平洋戰爭的新聞，該報凌晨收到當天見報。〔註 45〕在重慶各大報刊中，《大公報》以其卓越的聲譽，發行量遙遙領先，一度甚至超過其他所

〔註 41〕張志淵：《我在〈新蜀報〉六年》，《重慶報史資料》第 9 輯。

〔註 42〕陳銘德、鄧季惺：《新民報二十年》，《新民報春秋》，重慶出版社，1987 年12 月版，22 頁。何鴻鈞：《解放前的重慶〈新民報〉》，《重慶報史資料》第2 輯。

〔註 43〕蔣麗萍，林偉平：《民間的回聲：新民報創始人陳銘德鄧季惺傳》，新世界出版社，2004 年 8 月版，80 頁。

〔註 44〕沈傑飛：《我與八年抗日戰爭中的掃蕩報》，《重慶報史資料》第 14 輯，11 頁。

〔註 45〕邵加陵：《我在重慶採訪》，《重慶報史資料》第 2 輯，31 頁。

有報紙發行量的總和。《中央日報》條件優越，有新式的輪轉機、壓版機、電動鑄字爐、汽車，還有專線供電等等，地理位置好，離中央通訊社近，取稿方便，政治上更具獨一無二的優勢。

相比之下，《新華日報》無論在設備還是辦報環境上，都相當艱苦，其競爭策略，除了刊載大量關於中國共產黨及其軍隊和邊區政府的獨家新聞外，在經營管理上也有獨到之處。比如，在排版印刷方面，《新華日報》只有幾臺舊的平版機、手工打紙型、手搖澆字爐和自行車。加上重慶經常停電，連印報也得靠人力，速度很慢。《新華日報》就在人力技術下功夫。排字速度從一般每小時的 1200 字提高到平均 2000～2200 字，排字差錯率由過去的 10%降至千分之三，拼一塊版的時間由過去的 45 分鐘至 1 小時降到 30 分鐘甚至 20 分鐘。澆一塊版的時間一般最少也要 15 分鐘，而《新華日報》只需 5 分鐘。各環節配合好，從整版、打型、烘型到澆鑄型，一塊版只需 10 分鐘。鉛版鑄好一塊就上機器，一部機器上 2 塊版，只要 2 分鐘就可以開印，其他報則至少要 20 分鐘。在由《中央日報》發起的各報技術競賽中，《新華日報》獲得了排字、澆板和上機器印刷速度三項第一。工人唐文華的排字速度創下每小時 2241 字的紀錄，遠高於其他各報最高的每小時 1800 字的速度，而且差錯率不到千分之一，則大大低於其他各報。因此，《新華日報》的出報時間大為提前，每天凌晨不到 6 點鐘，報童就開始在街頭巷尾叫賣了，成為重慶出版最早的報紙。〔註46〕

廣告方面，《新華日報》也採取積極策略。《新華日報》廣告版面的變化，與政治形勢的變化密切相關。政治形勢好，廣告刊戶多，版面就占得多。報社總經理熊瑾玎希望將報紙的十分之三版面用來刊登廣告業務，除了增加報紙的收入，還可向讀者廣泛推薦進步報刊，並推動報紙在工商界和自由職業者中開展統一戰線工作。創刊一周時，《新華日報》曾發佈啟事說明本報廣告刊登的要求：「舉凡違反社會進化規律，萎靡抗戰情緒，提倡迷信以及投機廣告，恕不刊登。最歡迎者為提倡國貨，救亡文化及一切正當事業之開展。」《新華日報》廣告主要分為幾大類：中共領導人論著、馬列主義書籍和革命報刊的出版廣告；生活書店、讀書出版社、群益出版社、上海圖書雜誌公司等出版的進步刊物；戲劇、電影、醫藥和有關生活的廣告（像黃鼎臣、薛映

〔註46〕陸詒：《最先與讀者見面的報紙——新華日報提早出版紀實》，《重慶報史資料》第 10 輯。

輝、左昂、張錫君、王幾道、羅耀明、王壯夫等 20 餘名著名醫師的廣告）；
工商業者特別是四川地方工商業者的廣告（主要有中國興業股份有限公司、
永興隆商號、新華貿易公司、利民醬油廠、南洋煙草公司、紅金龍香煙、聯
合眼鏡公司、川康銀行、聚興誠銀行等）。《新華日報》曾拒絕刊登《血路》、
《再生》、《唯生史觀》等書刊廣告，理由是《中央日報》、《掃蕩報》不願「對
等」地刊登《毛澤東言論選集》的廣告。武漢時期，《新華日報》廣告來源
不多，由發行課兼管，每天只用八分之一版面刊登文化和救亡團體的廣告，
工商業廣告極少。遷往重慶後，逐漸重視廣告。先是一人專跑廣告，以後增
加到兩人，多的時候達到三人。1942 年前，報紙第一版上半幅是社論，下半
幅登廣告；第四版四分之一版面也刊登廣告。1942 年後，《新華日報》每天
出報比重慶各報都早，讀者增多，廣告也因發行量增大而增多，第一版全部
用來刊登廣告。在元旦、五一、雙十等節日，報紙周年紀念日，按慣例增加
篇幅，廣告也擴大至兩個版甚至三個版，一般則組織一些聯合廣告，比如圖
書業、商業（商店、捲煙、商品、銀行等）、電影、醫藥等。這種聯合廣告，
據當年負責廣告的范劍涯介紹，「這是在上海圖書雜誌公司經理張靜廬的啟
發下，開始創造出來的形式」。《新華日報》經常利用這種形式刊登生活書店、
讀書生活出版社的廣告和新書預告，有時還請副刊編輯組織書刊評介，效果
相當好。日本投降後，《新華日報》還組織了「勝利聯合廣告」，影響也很大。
1943 年至 1945 年，是《新華日報》廣告的黃金時代。1944 年元旦報紙出了
三大張，廣告占了七版。

　　《新華日報》對廣告版面的設計也能替客戶設想，滿足客戶心理需求，
出以獨特的風格。比如四川地方的工商業者喜愛字大圖大，浙江的工商業者
喜愛清晰明朗，廣告課的工作人員針對不同的需求作出不同的設計，直到客
戶滿意為止。戰時重慶報紙多用土紙和嘉樂紙，印出來的效果模糊不清，《新
華日報》則想辦法在澆鑄字釘、打紙型、澆鉛版等環節上想辦法，獨家達到
了「印得清」的高水準。為了這難得的「印得清」，有的客戶甚至願意冒風
險在《新華日報》刊登廣告。〔註47〕可見，即使是在經營管理的競爭背後，

〔註47〕重慶永先明眼藥水的經理，因為老家在解放區，就將廣告權交給《新華日報》
　　　　廣告科授權隨時可以刊登。從《新華日報》創刊直到 1947 年被查封，該廣告
　　　　從未中斷。此外，20 多位重慶名醫也是基本廣告客戶，無論政治形勢如何變
　　　　化，刊載不誤。

也存在著政治爭奪的影子。

三、抗戰時期重慶新聞事業的譜系與媒體內部的張力

在新聞業務和經營策略上展開競爭的同時，重慶各報間還在意識形態影響力和話語權方面進行著另一場爭奪。如前所述，隨著《新華日報》公開出版後共產黨輿論影響的日益擴大，國民黨終止了抗戰初曾短期實行的放寬統制的政策，新聞檢查逐漸加強。到了 1938 年秋天國民政府從漢口遷出前後，新聞統一戰線內部出現了一個反動，其結果是扼殺了曾經進行過的積極而富有創造性的宣傳工作，並使國民黨的宣傳帶有了強烈的反共偏見。〔註48〕在抗戰大纛之下彙集武漢的媒體在遷到重慶後，也因此出現政治上判然分別的壁壘，彼此的力量消長也表現得更加複雜。

從政治譜系上看，抗戰時期重慶報紙大致包括三股力量，即國民黨的報紙、共產黨報紙以及民營報紙。〔註49〕在以往的革命史範式中，抗戰時期的新聞事業一般被劃分為進步的、中間的和反動的三種。在 1985 年 10 月重慶舉行的抗日戰爭和反法西斯戰爭勝利四十周年學術討論會上，甘惜分先生就將抗戰時期和解放戰爭時期重慶報紙分為三大陣營：第一陣營是國民黨系的官方報紙和半官方報紙，其代表為《中央日報》和《大公報》；第二陣營是以《新華日報》為首的中國共產黨黨報以及團結在它周圍的進步報刊；第三陣營是民主黨派報紙和廣大民間報紙，這是中間地帶。〔註50〕這種以階級劃分的標準曾經被極端化，三種力量實際上了被化約成兩種，處於中間地帶的民間報刊也被歸入反動「幫兇」行列，像《大公報》就長期被認為屬於國民黨政學系，《新民報》被認為是國民黨四川地方勢力的代言人，《時事新報》則被視為國民黨內部孔祥熙集團的喉舌，天主教的《益世報》也被戴上反動的帽子。

客觀而言，抗戰時期重慶的民間報紙雖然與官方有這樣那樣的聯繫，但無論從其資本構成、實際負責人的政治身份還是就業務表現來說，它們與國

〔註48〕約瑟夫・W・埃謝里克編著，羅清、趙仲強譯：《在中國失掉的機會》，國際文化出版公司，1989 年 4 月版，62 頁。

〔註49〕重慶抗戰叢書編纂委員會編：《抗戰時期重慶新聞界的統一戰線》，重慶出版社，1995 年 8 月版，33 頁。

〔註50〕甘惜分：《戰火中的神筆》，1985 年 10 月，重慶舉行抗日戰爭和反法西斯戰爭勝利四十周年學術討論會論文。

民黨黨報和政府機關報都有著根本不同。就像 1947 年 3 月吳玉章被迫從重慶撤回延安時向中央報告四川省委工作情況時所說：「比較中立的報紙在言論上也跟著我們走。儘管《商務日報》不是我們辦的，但言論和我們相合。《民主報》就更不用說了。其他如《新民報》、《國民公報》以至《大公報》渝版，這些報紙比較明白、開通。〔註51〕」

比如《新民報》，其創辦人雖然與劉湘有關，但是抗戰不久，劉湘就去世。報紙的政治背景並不明顯，經濟實力也不雄厚。該報董事會裏既有四川實業界領袖人物如盧作孚，也有張群等國民黨重要人物。實際上，該報許多錯綜複雜的政治經濟關係，都是通過諸多人際關係來維繫的，而這種人際關係又是根據國內形勢變化及報紙自身的處境而靈活運作，因而難於判明它究竟在依附何種勢力。〔註52〕總體而言，《新民報》在保證「生存至上，事業第一」的前提下，採取了所謂「中間偏左，遇礁即避」的策略。〔註53〕

同樣，抗戰時期的《時事新報》，雖然背靠孔祥熙的支持，但是相對於作為國民黨機關報的《中央日報》，它至多屬於「在野」的半官方報紙，言論與國民黨中央並不完全一致。特別是在孔祥熙和宋子文的權力爭鬥中，分毫不讓，有時還比較尖銳。據說，在該報內部曾有一句話：「對宋子文，只管罵好了！」另外，《時事新報》也不同於所謂「逢共必罵」的《掃蕩報》，與後者相比，它顯得有點「穩重」；和地方報紙《新蜀報》、《國民公報》相比，又算有點「中央」的味道。雖然和影響較大的《大公報》、《新民報》比不了，總算是「孔字型大小」，代表一股勢力，仍有一些讀者。它能夠成為四十多年的「老報」，是因為它有一套新聞理論和實踐經驗，能夠運用二元論，既要為集團服務為政治服務，又要設法滿足讀者的要求，重視商業性，甚至具有某些「老報自由議論」的傳統。〔註54〕

在不同的時期，或者在同一個時期的不同地方，同一家報紙都可能有不同的政治傾向性。比如同樣是《大公報》，重慶版與香港版、桂林版就不完全相同。有人說，（重慶的）張季鸞是跟著政府走，（香港、桂林的）胡政之則在政府以外繞圈子。同樣是重慶版的《大公報》，張季鸞時代與王芸生時

〔註51〕吳玉章：《重慶工作的回憶》，《重慶文史資料選輯》第 15 輯。
〔註52〕何鴻鈞：《解放前的重慶〈新民報〉》，《重慶報史資料》第 2 輯。
〔註53〕陳銘德，鄧季惺：《新民報二十年》，陳銘德等著：《新民報春秋》，重慶出版社，1987 年 12 月版，37 頁。
〔註54〕邵加陵：《我在重慶採訪》，《重慶報史資料》第 2 輯。

代也不盡相同。〔註 55〕張季鸞去世前，《大公報》對政府的批評還能守住不
碰蔣介石的底線。王芸生獨立主持筆政後，雖然仍持擁蔣立場，但在言論上
多次越界從而與蔣介石發生衝突。

　　《世界日報》也如此，該報以成舍我任社長，程滄波任社評委員會主任，
趙敏恒任總編輯。程滄波固然是國民黨的宣傳幹將，報紙的言論新聞免不了
要為國民黨搖旗吶喊，不過它又與官報有所不同，不僅僅具有民營報紙的形
式。成舍我十分看重民營報紙的作用和價值，此前國民黨要他去辦官報，被
他婉言謝絕。成舍我與程滄波，雖然在政治觀點上基本一致，但表現在新聞
上又有所區別。為了爭取讀者，成舍我不僅力求擴充版面內容，還拉來一些
進步作家為該報的《明珠》副刊寫文章。抗戰勝利後，成舍我、程滄波等分
赴北平、上海，陳雲閣接任《重慶世界日報》社長，更是改組了股東會，改
變言論方針。1946 年 10 月 2 日該報發表題為《中國需要新革命運動》的社
論，明確提出「第三條路線」的主張。同月又連續發表 6 篇社論，號召中國
的自由主義知識份子團結起來，進行政治革新，走國、共以外的第三條道路，
亦即西方的資產階級民主或英國工黨主張的改良主義道路。1948 年 7 月 27
日該報發表劉尊棋的以美國自由主義為清算的文章，可以認為是對第三條路
線的總結和否定。〔註 56〕

　　抗戰時期中國新聞事業發展的明顯特徵之一，就是國民黨黨營事業的擴
大。在報紙方面，國民黨黨報，僅直轄中央宣傳部的就有 18 家，各省或特
別市的黨報有 41 家，縣市黨報則達到 397 家，這些不同層次的黨報共同結
成一張龐大的黨報網路。在大力擴張黨報的同時，國民黨還大力發展軍報。
軍委會政治部專門成立了「部報委員會」，負責軍隊新聞幹部培訓等工作。
在軍隊系統，同樣結成了一張由《掃蕩報》（武漢時期最高發行量達到 67000
份）、《陣中日報》（由每個戰區司令長官政治部發行）、《掃蕩簡報》（最基本
的小型戰地軍中報，油印）等不同層次報紙構成的軍報網路。〔註 57〕

─────────────

〔註 55〕方漢奇：《中國新聞事業通史》第 2 卷，中國人民大學出版社，1996 年版，727
　　　　頁。

〔註 56〕王國華：《解放前夕被國民黨政府查封搶奪的〈重慶世界日報〉》，《重慶報史
　　　　資料》第 2 輯。

〔註 57〕曾虛白：《中國新聞史》，三民書局，1966 年 4 月初版，439 頁。以廣西學
　　　　生軍為例，據不完全統計，先後創辦的報刊竟有 87 種之多。其中日報 11
　　　　種，3 日刊 26 種，5 日刊 8 種，周刊 21 種，旬刊 11 種，半月刊 10 種，每
　　　　期發行量總計達 3 萬多份，其傳播區域甚至到達了一些山鄉地區。參閱梁

　　然而，即使同樣是國民黨報紙，由於內部派系不同，也存在著不一致甚至相互鬥爭的地方。比如《中央日報》與《掃蕩報》，分別為國民黨中央和軍事委員會機關報，但具體掌控在國民黨內部不同的派系——黃埔系與CC系手中。《掃蕩報》原屬於國民黨軍政委員會政訓處，由賀衷寒處長直接領導。由南昌遷到武漢後，政訓處裁撤，軍隊政治工作併入軍事委員會政治部，名義上由該部第三廳管轄。政治部長陳誠派畢修勺出任總編輯，但實權仍在賀衷寒手上。賀衷寒提出「化敵為友」、「以報養報」八字辦報方針——「化敵為友」是編輯與言論方針，「以報養報」是經營方針。〔註58〕武漢淪陷後，《掃蕩報》內遷重慶，陳誠逐漸控制了該報，何聯奎任社長。1941年底，張治中繼任政治部長後，報社大權轉入黃少谷手中。1942年6月，《中央日報》與《掃蕩報》合刊出版，1943年夏，又單獨出版，黃少谷請來萬枚子任副社長兼總主筆，報紙版面與內容又有所變化。〔註59〕桂林《掃蕩報》是蔣介石集團當時設在新桂系地盤上的惟一報紙，「負有暗中監視桂系動態之任務」，但與重慶《掃蕩報》比，它顯得比較開明。〔註60〕據夏衍回憶，《掃蕩報》桂林版總編輯鍾期森曾經希望夏衍不要將桂林《掃蕩報》和重慶《掃蕩報》等同，並表示桂林《掃蕩報》和《救亡日報》同樣是寄人籬下，不會發表不利於團結的言論。《救亡日報》作為一張「由共產黨領導的、黨與非黨聯合、依靠進步人士辦起來的統一戰線性質的全國性報紙」，在黨的周邊代表黨說話，基本遵照周恩來的指示——不能辦成與國民黨的報紙一樣，也不能辦得像《新華日報》一樣。該報在宣傳抗日、團結進步的總方針下，力圖辦出自己的獨特風格，使之成為「一份左、中、右三方面的人都要看、都喜歡看的報紙」。〔註61〕該報還利用國民黨不是鐵板一塊、其內部充滿各種派系鬥爭的條件，作分化與合作的工作，經常從敵對陣營中獲得意外伸出的友誼之手。

　　由此可見，抗戰期間的大後方媒體，作為組織的政治傾向與媒體內部具

懷兆：《廣西學生軍的報刊（1938～1941年）》，《廣西新聞史料》第11輯，4頁。

〔註58〕程仲文：《掃蕩報的興衰》，《重慶報史資料》第14輯，3頁。

〔註59〕沈傑飛：《我與八年抗日戰爭中的掃蕩報》，《重慶報史資料》第14輯，11頁。

〔註60〕張鴻慰：《桂林掃蕩報簡記》，《廣西新聞史料》第30輯，113頁。

〔註61〕高汾：《夏衍和救亡日報》，載廣西日報新聞研究諮詢室編：《廣西新聞史料專輯》第4輯，11頁。

體新聞人的政治傾向並不完全一致。實際上，媒體的政治傾向往往隨著它的實際掌權者的變更而變化。因此，不同的政治力量對於編輯權的爭奪與控制，往往使同一報紙在不同時期表現出差異很大、甚至完全不同的新聞面貌。中國共產黨正是由於充分認識了這一點，才特別重視向各種媒體滲透力量，通過以個人進入的方式達到將這些非我媒體轉化為為我所用的目的。比如，抗戰後期的《商務日報》，雖然掌握在國民黨三青團重慶負責人高允斌手中，但是隨著徐淡盧、徐亦安、楊培新等共產黨員進入該報，並引進劉火子、聶紺弩、欽本立等人，不僅逐步控制了報社的採訪和編輯實權，而且對高允斌施加了影響，使他的立場發生轉變。連高允斌本人最後也在新聞黨團聚餐會上對國民黨市黨部的新聞統制表示不滿。他說：「希望市黨部考慮我們的困難。消息少了報紙賣不掉，全報社的人要吃飯怎麼辦？市黨部叫我們不登這樣消息，不登那樣消息，我個人願意照辦，可是我回去怎樣對記者說嘛！保障新聞自由，是黨國公開宣佈的方針，中外皆知，我們不能自己打自己的嘴巴。現在解決辦法只有兩個：一個辦法如《中央日報》那樣，黨部拿錢來維持報館開支，我們按黨部指示發稿，不管報紙賣得掉賣不掉。另一個辦法是黨部能叫全重慶所有報紙都不登這類消息，我的報紙也可以不登。」〔註62〕

　　成舍我、高允斌等人的言論表明，民營報紙雖然有著各自不同的政治立場和意識形態背景，但作為大眾媒體，它們不能不面對受眾市場的競爭壓力，在新聞和報導上不能不遵循新聞的專業要求。而要達到新聞的專業要求，必然有一定的新聞自由作為保證。正如有學者指出的，對於新聞工作者而言，專業理念本身也是一種意識形態。媒體政策與媒體工作者的新聞倫理之間的衝突，其實是新聞專業主義和非新聞專業主義在一個報紙中所形成的張力。〔註63〕同樣，這種張力也是新聞統制與新聞自由之間衝突的表現。媒體的敘事框架、言論風格與經營策略，在某種意義上，都是這種張力作用下的結果。作為抗戰時期不同意識形態背景的新聞事業的代表，《中央日報》、《大公報》和《新華日報》三家媒體的報導與言論，一方面在抗戰建國的統一戰線內有過互相呼應，而在這種張力的作用下，更經常地發生交鋒。

〔註62〕王掄楦：《重慶新聞黨團聚餐會始末》，《重慶文史資料選輯》第1輯。

〔註63〕黃旦：《傳者圖像：新聞專業主義的建構與消解》，復旦大學出版社，2005年12月版，190頁。

第二節　《中央日報》、《新華日報》、《大公報》的言論立場與意識形態之爭

一、各報的言論立場

（一）《中央日報》：國家意志的喉舌，黨的領袖的喉舌

蘆溝橋事變爆發後不久，南京《中央日報》刊登了一篇題為《輿論與戰爭》的文章。文章說：

> 今世之戰爭，所謂全體性戰爭也，舉全國一切人民無形中皆成軍隊中之一員，不但要求各人之服役而已，而且更需要其精神上之積極參加戰爭。於此情勢之中，輿論界所負之最大任務，厥為精神的動員，不僅應積極地提起全國人民之作戰精神，且須在消極方面，對於一切可以渙散此種精神者，予以隨時之糾正。至若監督政府，使無時不努力於其非常之使命，提出各種建議，以輔助其所缺漏，同時卻絕不妨礙其作戰之計劃，此固亦輿論界重大之職也。〔註64〕

這篇文章既是為輿論界，也是為《中央日報》自身進行抗戰中的角色定位。文章將精神動員分為兩個方面：積極方面是提起全國人民的作戰精神，消極方面則要隨時糾正一切可能渙散民眾作戰精神的輿論。積極方面也就是正面宣傳，消極方面則主要是檢查控制，兩者的結合，恰好構成完整的統制。由此可見，進入抗戰的《中央日報》依然秉承國民黨一貫的新聞政策。

雖然該文附帶提及監督政府也是輿論界重大職責，但作為國民黨機關報，《中央日報》必須遵照《設置黨報條例》、《指導黨報條例》等的規定，所有主張、評論，「須絕對站在本黨的立場上，不得有違背本黨主義、政策、章程、宣言及決議之處」。因此，其報導方向和策略只能緊緊跟著領袖和政府的意圖而動，其言論重心和自由尺度也完全依國民黨的方針政策而定，就像馬星野說的：「一個問題在政府未決定政策之前，各報不能各抒其意見，在決定政策實行以後，各報只有盲目的歌功頌德。」〔註65〕

〔註64〕《輿論與戰爭》，南京《中央日報》，1937年10月21日。

〔註65〕馬星野：《個性發展與技術合作》，轉自余夢燕：《重慶報紙新聞版之分析》，燕京大學學士畢業論文（1943年6月）。

　　在國民黨確定抗戰建國的大政方針之前，對於輿論界的各種議論，包括積極宣戰的主張，《中央日報》都一律以政府的態度為評判標準。「九・一八」事變後，《中央日報》力守蔣介石的「和平未至絕望時期，決不放棄和平；犧牲未至最後關頭，決不輕言犧牲」精神，力主緩進。雖然招致愛國群眾衝入報社搗毀事件，仍不改言論態度。1937 年 11 月刊載的一篇討論戰時宣傳問題的文章，仍然批評當時國內主張聯合陣線的言論是「幻想的」、「浮躁的」言論，並呼籲民眾「應該要信任政府抗戰的決心，絕交和宣戰都沒有必要。」〔註66〕面對民眾日益高漲的抗戰熱情，國民政府「沉靜」以待，《中央日報》也不敢造次，衹是反覆勸導民眾相信並擁護政府和領袖。蘆溝橋事變爆發後，全國民眾抗日情緒高漲，該報即連續發表多篇社論為政府辯護：

> 今日的中國，國家與政府不可分，政府的領袖就是國家的領袖。今天要擁護領袖，擁護的人各個應負全責，由負全責的態度才能出全力，幫助並鼓勵領袖去負責與出力。今日負責任的人民，對國事只須跟著領袖走，不應有第二個主張，大家由負責任的態度去信任領袖，領袖的力量才益加偉大……今日人民如果心目中存領袖，生死禍福，只唯領袖之命是聽，國民自己先表現這種態度，才是挽救危亡的大前提。〔註67〕

> 擁護政府的生存，加強政府的力量，都是危急時保持國命的要著。危急的時候，政府與國家不可分，政府與國家不容分，政府弱，國命危，政府倒，國家亡，這幾年的事實，都可為這一理論之明證……政治上的行動，成敗智愚，都是「能」與「不能」的問題，並不是「應」或「不應」的問題……最聰明的國民，必不先憂疑政府的成敗，而當先估量政府的能力之程度，尤其國家危急存亡之交，決不疑問政府的決策措施，而惟儘量發揮自己對政府的信任，以增加政府的能力。〔註68〕

> 我們應該熱烈歡呼，對國家領袖數年來教訓，表示至誠的擁護，從今天這一點表現，我們更應該對領袖發揮信仰與服從，在最高權力領導之下，完成這新時代的使命，服從與信仰，是一切力量的總源，

〔註66〕周厚鈞：《戰時宣傳問題》，南京《中央日報》第 3 版，1937 年 11 月 18 日。

〔註67〕《天津浩劫中之國民》，南京《中央日報》，1937 年 8 月 1 日。

〔註68〕《保持國家生命》，南京《中央日報》，1937 年 8 月 3 日。

　　服從紀律，信仰主義，便是各個人對國家最高的貢獻。〔註69〕
《中央日報》的社論還將抗戰中的時局比作「狂風雨正在襲擊中」，將國民比
作「風雨下孤舟中的乘客」，政府領袖則被當成「神聖的舵工」。社論說，「猜
風猜雨的時間應該過去了」，時局下的人民，惟有「視舵工為我們的主宰」，
發揮宗教的熱忱去信仰他。〔註70〕可是，滬戰結束不久，南京也日益不保，「神
聖的舵工」只能帶領「風雨下孤舟中的乘客」避風躲雨，向西遷移。《中央日
報》也被迫輾轉內地，直到 1938 年 9 月在重慶復刊。

　　1938 年初，《抗戰建國綱領》終於確立了抗戰期間的大政方針；同時，綱
領第 26 條條文以及大會宣言對於該條文的解釋，也確立了戰時言論出版的基本
國策。《中央日報》發表社論申述綱領提出的「納自由於統一之中」之義，號召
業界「體察國家的困難，詳審環境的需要，竭誠和政府合作」。〔註71〕當年 7
月，國民黨中央頒佈《戰時圖書雜誌原稿審查辦法》，將圖書雜誌的追懲制改為
預防制，引起業界強烈不滿，並在國民參政會上遭到猛烈批評。《中央日報》卻
在社論中極力支持預防制。社論表示，「中央必能斟酌於個人自由和民族自由之
間，人民權利和抗戰利益之間，審查原則與審查方法之間，下一個公平妥善的
判斷。」〔註72〕此後，國民政府發佈《國民精神總動員綱領》，《中央日報》也
隨之將言論重心轉向對精神動員的宣傳，並積極動員全體新聞界投入到精神動
員中。〔註73〕該報社論借用中宣部部長葉楚傖的話說，在開始發動國民精神總
動員的時候，力量最大的莫過於新聞界和教育界。尤其是新聞界，應該把這個
運動維持到抗戰勝利建國完成。作為對部長號召的回應，社論提出新聞界在精
神總動員運動中要躬行實踐，率先倡導；努力宣傳，繼續推進；要隨時發表言
論或發行特刊、新聞，經常刊載相關的新聞標語，供給各種參考資料。〔註74〕

〔註69〕　《鍛煉的實驗》，南京《中央日報》，1937 年 8 月 5 日。
〔註70〕　《舵工的指示》，南京《中央日報》，1937 年 8 月 7 日。
〔註71〕　《戰時之言論出版自由》，重慶《中央日報》，1938 年 11 月 3 日。
〔註72〕　《戰時出版物的預防和追懲》，重慶《中央日報》，1938 年 12 月 6 日。
〔註73〕　關於抗戰第二期宣傳，國民黨提出十條方針和方式。1、宣傳重於作戰：要使
　　　　　士兵勇於作戰視死如歸，人民樂於輸將毀家紓難，敵氣瓦解，國際援助激增：
　　　　　2、宣傳即教育：教育士兵，教育民眾；3、服務即宣傳；4、宣傳要通俗化、
　　　　　大眾化；5、宣傳要切合各種不同的環境；6、加緊動員工作；7、加緊慰勞安
　　　　　撫工作；8 推進節約運動；9 推進被宣傳者從事宣傳工作，使民眾宣傳民眾，
　　　　　士兵宣傳士兵，尤其是敵人宣傳敵人；10 提高研究精神。《第二期抗戰宣傳綱
　　　　　要》，載重慶《中央日報》，1939 年 2 月 28 日。
〔註74〕　《新聞界的精神運動》，重慶《中央日報》，1939 年 3 月 4 日。

　　精神總動員的本質是國家至上，意志集中。國家意志成爲全體國民和全部事業的最高意志。1940 年 3 月 23 日，蔣介石在對中央政治學校新聞專修班一期畢業同學訓詞時，要求新聞記者應該成爲「國家意志所由表現之喉舌」。〔註 75〕由於國民黨抗戰期間推行領袖獨裁制，國家意志必然體現爲蔣介石本人的意志。國民黨戰時新聞統制政策因此相應地由戰前的單純以「黨義」統制爲主，轉向了以總裁的思想與意志作爲統制的準繩。在這一政策轉向的指導與帶動下，抗戰時期重慶《中央日報》對蔣介石的個人宣傳也達到極點，其頌揚之詞簡直達到肉麻的程度。

　　1939 年 1 月，國民黨五屆五中全會召開，蔣介石致開幕「訓詞」。《中央日報》立即發表社論吹捧蔣介石的訓詞，「是一個富有時代意義和歷史價值的文獻」，「全篇充滿豐富的生命，每段都有獨到的見解」。社論還說，日本沒有政治家，中國則有「總裁」這位「最偉大的政治家」——這是中日勝敗的關鍵。接著便開始頌揚這位「最偉大的政治家」的「一貫正確的領導」：

> 他領導我們北伐，這是正確的領導；他領導我們爲統一而戰爭，這
> 是正確的領導；他在七七以前要我們忍辱負重，準備抗日；這是正
> 確的領導；他在七七以後領導我們抗戰，經過上海南京武漢廣州的
> 陷落，他仍領導我們繼續抗戰，一直要到革命成功爲止，這是正確
> 的領導；經過他的指示和五中全會的決議，二期抗戰的方案和計劃，
> 很快就可訂出來，我們深信這一定又是正確的。

既然總裁的正確領導是抗戰勝利基本保證，當然要擁護總裁的領導。如何擁護呢？社論說，「就是照著總裁領導的方針和計劃努力幹去！」〔註 76〕《中央日報》歡呼二十個月抗戰的產物，終於誕生了「全國共信的主義全國共戴的領袖」，要求全國民眾「要寶貴這個產物」。〔註 77〕因爲革命的前提，「是對於三民主義對於中國國民黨對於民族領袖要有純潔專一的思想」。〔註 78〕此後，《中央日報》又歌頌蔣介石在國民黨六中全會閉幕上的「重要訓詞」——「對本黨，這是今後行動的最高指導原則，對世界，這是富有時代意義和歷史價值的文獻」。歌頌蔣介石本人——「不但是中華民族的賢明導師」，其政治道

〔註 75〕 蔣介石：《今日新聞界之責任》，1940 年 3 月 23 日對中央政治學校新聞專修班
　　　　 一期畢業同學的訓詞。
〔註 76〕 《擁護總裁的領導》，重慶《中央日報》，1939 年 1 月 17 日。
〔註 77〕 《集中意志集中力量》，重慶《中央日報》，1939 年 3 月 9 日。
〔註 78〕 《至誠與熱誠》，重慶《中央日報》，1939 年 1 月 24 日。

德的崇高偉大，並且「打破歷史循環的悲劇，掃除國際的陰霾，這是世界重建光明秩序的起點。」〔註79〕1943年底，蔣介石撰寫了《中國之命運》一書，該報社論更是如饑者之求食，渴者之求飲，引領企望，頌揚它「不啻為我全國同盟發明一具精神的指南針，建築一座光明的燈塔。」〔註80〕該報還感念在革命抗戰過程中蔣委員長替中華民族承擔的巨大痛苦，竟不能用言語來形容，由衷地讚歎「偉大領袖是我們的指南針，向前邁進」。〔註81〕總之，在《中央日報》心目中，新時代中國的舵師，就是繼總理而領導革命、由革命而發為抗戰的總裁蔣中正同志。〔註82〕

　　除了樹立對蔣介石的個人崇拜，《中央日報》還經常以蔣介石的言行作為社論的選題來源和其立論的根據。比如，1939年1月23蔣介石發表皓電，要求「人人能誓死效忠於國家竭力盡孝於民族」，《中央日報》當天發表社論，呼籲讀者《以行動回應皓電》。同年2月份，蔣介石在一次紀念周訓詞中限定公務人閱讀《孫文學說》等10本有關三民主義書籍，報紙馬上發表社論《展開三民主義教育》，為之宣傳推動。7月24日蔣介石在中央政治學校新聞畢業班的訓詞中提出「宣傳重於抗戰」，該報發表《論新聞工作人員之訓練》，討論新聞工作人員的訓練問題。關於戰時各種政務，《中央日報》也一律以蔣介石的思想作為宣傳立論的準繩。比如，關於戰時教育，社論根據蔣介石的建議，提出「應該以非常時期的方法達成教育本來的目的」，〔註83〕又引用蔣介石勖勉全國校長的電文，要求全國教育家「奮其毅力」，「發其熱誠」，「以總裁之心為心，以總裁之志為志」，「服從總裁之領導」。〔註84〕關於青年思想，社論根據三青團團長蔣介石的訓詞，要求青年須有遠大的抱負，堅定的信念，力行主義，〔註85〕做第一等人第一等事。〔註86〕在蔣介石58歲壽辰的日子裏，《中央日報》社論稱頌蔣介石是知識青年的楷模，號召大家投身戰場，忠心報國。〔註87〕在政治經濟問題上面，《中央日報》稱蔣介石提出的計劃政治是

〔註79〕　《六中全會閉幕》，重慶《中央日報》，1939年11月13日。
〔註80〕　《中國之命運》，重慶《中央日報》，1943年2月1日。
〔註81〕　《偉大的感召力》，重慶《中央日報》，1943年12月25日。
〔註82〕　《新時代中國的舵師》，重慶《中央日報》，1945年5月18日。
〔註83〕　《戰時教育》，重慶《中央日報》，1943年3月6日。
〔註84〕　《教育家的大責重任》，重慶《中央日報》，1940年3月2日。
〔註85〕　《促進新力的生成》，重慶《中央日報》，1942年7月18日。
〔註86〕　《新時代的新青年：再論青年之路》，重慶《中央日報》，1943年4月6日。
〔註87〕　《知識青年的楷模》，重慶《中央日報》，1944年10月31日。

最高領袖的偉大政治理想之一，〔註88〕加強管制經濟是解決經濟問題的要訣。〔註89〕連物價還沒有平定下來，《中央日報》也認爲是由於對總裁的經濟政策缺乏認識，執行不力。〔註90〕

這些社論表明，作爲國民黨機關報，《中央日報》實際上已成爲該黨總裁蔣介石本人的傳聲筒。事實上，抗戰時期的重慶《中央日報》，名義上雖然直屬國民黨中宣部，但在蔣介石看來，該報代表政府和他本人發言，因此期望高，要求也嚴，無論是社論、新聞，甚至一個標題、補白都要求配合政府政策或時局需要。《中央日報》的社論，如果事關重大，常常要午夜時分在電話中念給蔣介石或其幕僚聽，稍有差錯必遭訓斥。在蔣介石的遙控與直接干涉之下，《中央日報》社長、中宣部部長的職位常常被視爲苦差，〔註91〕就職者往往戰戰競競，如履薄冰。〔註92〕由於出任這些職務的多半來自國民黨 CC 系，使得該系頭目

〔註88〕《論計劃政治及其實現》，重慶《中央日報》，1942 年 7 月 20 日。
〔註89〕《解決經濟問題的要訣》，重慶《中央日報》1942 年 11 月 4 日。
〔註90〕《物價是能夠平定的》，重慶《中央日報》，1943 年 6 月 24 日。
〔註91〕抗戰八年，國民黨中宣部部長數易其人，葉楚傖、王世杰、張道藩、梁寒操、吳國楨、彭學沛等先後任職。惟副部長董顯光八年如一日，未曾易人，具體負責的國際宣傳處處長曾虛白也是一任八年。《中央日報》在重慶出版了 7 年，期間經過 5 次大改組，更換了 5 個社長。程滄波社長（1939～1940），總編輯張客年，總主筆周邦式，總經理賀壯予。程滄波因私生活被人告發到蔣介石，1940 年在一次國民黨中央的總理紀念周上，蔣公開批評程滄波給《大公報》「星期論文」寫文章。蔣介石說：「你是國民黨黨員，爲什麼不給黨報寫文章？偏偏要在其他報紙發表文章，這哪裡像一個國民黨員！」會後程滄波被迫辭職。何浩若接任社長（1940），總編輯劉光炎，總主筆陳石孚，總經理翁堅。何浩若僅作了三個月的社長就辭職任行政院擔任物資局局長去了。他說：「物資局言之有物，行而無資，局長成了閑曹，但總比《中央日報》社長少些麻煩。」此後陳博生接任社長（1940～1942/12/10），總編輯詹辱生，總主筆陳博生，總經理張明煒。陳博生任中央社總編輯時，蔣介石親自向蕭同茲要他幫助整頓《中央日報》。陳博生基本用他在北平《晨報》的班底，包括孫伏園任副刊主編，劉尊棋任採訪主任。陳博生因爲是「欽點」的社長，任期較長，但兩年後，還是改由陶百川接任社長（1942～1943），總編輯袁業裕，總主筆潘公展，總經理詹文滸。陶百川任社長期間，曾經聘請陳德徵出任總編輯，因爲此人在任上海教育局局長時曾在中小學舉行民意測驗選舉中國當代偉人，結果孫中山、陳德徵、蔣介石分列前三名。蔣介石聽說聘他任《中央日報》總編輯大怒，著令永不錄用。此後，原《東南日報》的胡健中接任社長（1943/11/15～1945），總編輯陳訓念，總主筆陶希聖，總經理陳寶驊，直到抗戰結束。
〔註92〕據斯諾回憶，抗戰期間，爲了中國工業合作社的事情，他在漢口受到蔣介石接見。在整個陪同接見的過程中，他發現董顯光一直雙手發抖。斯諾說，這是他「第一次親眼看到過去在給皇帝的奏章中使用的字眼『誠惶誠恐』，對當

陳果夫不得不親自上書蔣介石，請求不要對《中央日報》「著急、盛怒、責罵或歎息」。〔註93〕陳佈雷也認為一味指責宣傳部長，是不公平的。〔註94〕

　　因此，作為國民黨的機關報和最高總裁的喉舌，重慶《中央日報》新聞言論的尺度十分有限。既沒有獨家發佈中央重大消息的權力，又有不得洩漏中央機密的義務。〔註95〕同一消息，其他各報也許可以發表，《中央日報》卻

今朝廷的侍從們依然完全適用」。埃德加‧斯諾著，宋久、柯楠、克雄譯：《復始之旅》，新華出版社，1984 年 8 月版，250 頁。

〔註93〕陳果夫在信中說，「本黨宣傳工作之不善，由來久矣！以積久之頹風，自難挽回於頃刻……即以中央日報社論而言，作者均非不能文者……凡不參加機要會議者，不知各方之真情，不接近鈞長者，又何能知鈞長之意旨……此應請鈞長特召集負責之人，予以提示，但請勿再以著急、盛怒、責罵或歎息之態度出之……因人受責罵之後，心中不安，非惱怒即自怨，非恐怖即頹喪，其思慮決難開展，且必日愈遲鈍。聞主持宣傳者，近來均有此現象，若再督責過嚴，恐反欲速不達也」。陳果夫：《上蔣委員長建議今後黨的宣傳工作宜重人才培養延攬、啟發鼓勵書》（1943 年 5 月 7 日），李雲漢主編《陳果夫先生文集》，國民黨黨史會，1993 年 6 月版，26～27 頁。轉自高郁雅：《國民黨的新聞宣傳與戰後中國政局變動（1945～1949）》，國立臺灣大學出版委員會，2005 年初版，86 頁。

〔註94〕據《陳布雷日記》記載，自抗戰開始，蔣介石深感共產黨宣傳之厲害，常常拿失職者開刀。1943 年 5 月 3 日日記：十二時卅分到官邸參加黨務會報，到青年團副處長以上人員等共四十人，委座有詳盡之指示。二時卅分歸，以委座交下手諭，對今日「五‧三」紀念《中央日報》未有論文深為不滿。謂黨內宣傳何以愚弱無能如此，張部長及《中央日報》應記一大過云云。又對於明日五四撰文事有所指示。此手諭乃交余轉知吳秘書長者，余知道道藩兄歷受呵責，神志已極沮喪，只得將前段暫隱先將明日撰文事與鐵公及道藩略談……道藩神情激越，謂既知不宜非引退不可，余以為應從業務上求解決，個人進退次要問題，勸說甚久。5 月 4 日日記：八時起，連日神經不寧，今日似更覺彷徨不安，委座近來督促宣傳事業甚力，余雖不在其位，亦斷不可袖手旁觀。然而苦思竟日，終無即可實行之好方案。1944 年 3 月 1 日日記：細思黨務及中共宣傳發展之前途及其與盟國之影響，憂心鬱結不可忍，午餐幾亦無心進食也，餐畢與希聖略談，彼之見地與我相同耳。3 月 3 日日記：十二時卅分晉見委座。痛言黨內宣傳之不充實，無氣力，言之甚為憤鬱，觀其容態，殊悒悒不怡。戰後，陳布雷曾向蔣介石建議，實際情形與宣傳不應有很大距離，竭誠盼望許多實際問題應有改善，宣傳自易取信於民，否則，徒責宣傳之不能盡責，而委過於宣傳，是不公平的。他提出幾條宣傳原則：一是儘量以真實代替誇大或虛偽，二是儘量避免片面宣傳，設法運用側面或中立的宣傳機構代替我們宣傳；三是儘量避免口號宣傳，廢謾罵宣傳代之以客觀的心平氣和的說明事實；四是要考慮人們易於接受宣傳感染是在娛樂的機會中，應當運用文藝作品，以娛樂為主，滲入宣傳。轉自王泰棟編著：《陳布雷大傳》，團結出版社，2006 年 8 月版，275 頁，323 頁。

〔註95〕據陶希聖回憶，重慶時期，蔣介石對《中央日報》鞭策很嚴，責成其認真踏

獨獨不能發表。社論也多半出自「黨報社論委員會」。雖然《中央日報》的主持人大都是該委員會委員，但其領導人卻是國民黨中宣部部長。報社主筆在民辦報紙地位很高，被尊為論壇祭酒，但在黨營報紙中祇是個御用角色，不過是傳聲筒〔註96〕、打字機而已。〔註97〕沒有自由發展新聞專長的空間，記者與黨員的角色衝突，〔註98〕專業理念與機關報使命之間的衝突，依然常在「黨報報人」心中掙扎。偶爾記者天職戰勝黨員忠誠，或者在某些言論上出現與蔣介石不一致的地方，〔註99〕就必然引起軒然大波，〔註100〕最終難以擺脫成為黨義宣傳的桎梏。徊蕩在新聞事實與政策宣傳、新聞統制與言論自由之間的《中央日報》，注定了難逃「先中央、後日報」的宿命。〔註101〕

（二）《新華日報》：抗日的喉舌，黨的喉舌

像孫中山和國民黨人重視宣傳和輿論工作一樣，中國共產黨成立伊始，就將宣傳列為中心工作之一。事實上，共產國際的代表維經斯基到中國後，首先建立的工作部門，就是華俄通訊社，由楊明齋負責。〔註102〕據陳獨秀代

實地宣達中央政策：既要知道政情，參預機密，又不能泄漏機密。參預了機密，知道了政情，卻又不能泄漏。同一消息，其他各報也許可以發表出來，只有《中央日報》不得任意發表。怎麼辦？這使《中央日報》感覺為難，結果在出報的時間上不如《新華日報》快，而言論新聞上又不如《大公報》。《大公報》甚至超越了《中央日報》而更能代表中央，其言論新聞也往往被視為反映了蔣介石本人的政策。參閱陶希聖：《遊於公卿之間的張季鸞先生》，臺灣《傳記文學》第30卷第6期。

〔註96〕 吳魯仲：《解放前我在西昌寧遠報的經歷及其他某些活動憶記》，《石棉文史資料選輯》第3輯，1990年版。

〔註97〕 陶希聖、董顯光都曾自稱是打字機。陶希聖說，「我是打字機，我的意見沒有提出的餘地」。董顯光也說過，在國際新聞報導方面，他只不過是秉承上意，就像一架打字機而已。參閱陶希聖：《潮流與點滴》，臺灣傳記文學出版社1964年，246頁，229頁。伊斯雷爾・愛潑斯坦：《回憶在重慶作記者的歲月》，《重慶報史資料》第17輯，3頁。

〔註98〕 國民黨曾要求黨營新聞機構員工集體入黨。參閱穆逸群：《中央日報的廿二年》，《新聞研究資料》，總第15期。

〔註99〕 比如，1940年《中央日報》的「七七」社論與蔣介石的告全國軍民書，可以說是各說各話。參閱徐思彥：《官與民：對〈中央日報〉〈大公報〉七七社論的文本分析》，載《學術界》總第121期，2006年第6期。

〔註100〕 何浩若就是因為出於報人天職搶發了英美等擬支持中國的新聞而被撤職的。

〔註101〕 陸鏗：《陸鏗回憶與懺悔錄》，臺灣時報文化公司版，1997年7月，97頁。

〔註102〕 中共中央黨史研究室第一研究部編：《共產國際、聯共（布）與中國革命文獻資料選輯（1917～1925）》，北京圖書館出版社，1997年版，107頁。

表中共中央向共產國際的報告稱，中國共產黨成立的第一年，具體說自 1921
年 10 月至 1922 年 6 月，中央收入包括國際協款 16655 元和自行募捐 1000 元，
機關支出計 17655 元，其中各地方勞動運動約 10000 元，整頓印刷所 1600 元，
印刷品 3000 元，勞動大會 1000 餘元，其他約 2000 餘元，〔註103〕僅印刷費用
就占了總支出的四分之一強。1922 年 7 月，中共二大通過加入第三國際決議
案，而在第三國際加入條件中，第一條就要求黨必須具有共產主義性質的日
常宣傳和鼓動。〔註104〕1930 年共產國際在致中國共產主義青年團中央的一封
信中，專門指示「印刷品（書報）是爭取廣大青年群眾的最重要的武器之一」。
〔註105〕早在 1920 年 9 月 1 日，陳獨秀就將《新青年》8 卷 1 號改爲中國共產
黨上海發起組的機關刊物。1922 年 9 月 13 日，中國共產黨第一家機關報《嚮
導》創刊。此後，中國共產黨的歷任領導人，從陳獨秀、瞿秋白到毛澤東，
都親自主持過黨的宣傳工作。但是，從北洋軍閥政府到南京國民政府，除了
第一次國共合作期間共產黨得以借國民黨的組織和機構——比如毛澤東擔任
國民黨政府機關刊物《政治周報》的主編〔註106〕——進行一定程度的宣傳之

〔註103〕1922 年 6 月 30 日，《中共中央執委會書記陳獨秀給共產國際的報告》，同上，
304 頁。

〔註104〕《第三國際加入條件》第一條款就規定：1、日常的宣傳和鼓動必須具有眞正
的共產主義性質，黨掌握的各種機關報，都必須由確實忠於無產階級革命事
業的可靠的共產黨人來主持，不應該把無產階級專政只當作背得滾瓜爛熟的
流行公式來談論，而應該很好地宣傳無產階級專政，使每一個普通的男工、
女工、士兵、農民都能通過我們報刊上每天系統登載的活生生的事實，認識
到實行無產階級專政的必要性，在報紙上，在人民會議上，在工會、合作社
中，在第三國際擁護者所能利用的一切場合，不僅要不斷地、無情地斥責資
產階級及其幫兇，還要斥責各色各樣的改良主義者……12、不管整個黨目前
是合法的或是非法的，一切定期和不定期的報刊，一切出版機構都應該完全
服從黨中央委員會的領導：出版機構不得濫用職權，執行不徹底的黨的政策。
中共中央黨史研究室第一研究部編：《共產國際·聯共（布）與中國革命文獻
資料選輯（1917～1925）》，315～318 頁。

〔註105〕《共產國際致中國團中央關於出版書報問題的信》，載王煦華、朱一冰合輯：
《1927～1949 年禁書「刊」史料彙編》第 3 冊，北京圖書館出版社，2007
年 5 月版，130 頁。

〔註106〕1925 年 10 月，在汪精衛的要求下，毛澤東在國民黨中央執行委員會第 111
次會議上被任命爲國民黨中央宣傳部代理部長，直到 1926 年 5 月。費約翰認
爲，毛澤東的這一任職，似乎是他走向革命導師過程中的一個關鍵時期。費
約翰：《喚醒中國：國民革命中的政治、文化與階級》，三聯書店 2004 年 10
月版，349 頁。

外，其餘時間，所謂赤化宣傳，都是被視爲反動宣傳而禁止的。因此，儘管共產黨從創立一開始就投入大量精力辦宣傳事業並取得很大成效，但所辦種種事業基本屬於「地下」的、秘密的、非公開的。

　　由於報刊宣傳具有重大意義，在國共兩黨關於結成對日統一戰線的艱難複雜的談判過程中，共產黨始終將公開發行自己的機關報作爲與軍隊和邊區政府等重要問題並列的議題之一。〔註107〕因此，《新華日報》的公開發行，在共產黨抗戰時期與國民黨的戰略關係中具有特殊的意義。這一點，在《新華日報》出版兩個多月後中共中央發出的《關於黨報問題給地方黨的指示》（1938年4月2日）中有充分說明。該文件指出：

> 由於過去黨處在長期秘密工作之下，不能發行全國性的黨報，因此對於黨的各項政策只能靠秘密的油印刊物傳達，這樣就養成同志們不瞭解黨報的作用。在今天新的條件下，黨已建立全國性的黨報和雜誌，因此必須糾正過去的那種觀念，使每個同志應當重視黨報，讀黨報，討論黨報上的重要論文。黨報正是反映黨的一切政策，今後地方黨部必須根據黨報、雜誌上重要負責同志的論文當作是黨的政策和黨的工作方針來研究。〔註108〕

根據這一指示精神，《新華日報》發表了社論《本報的期望》，公開表明革命報紙的作用，「首先在於正確政策和口號的傳達者」，是集體的宣傳者、鼓動者和組織者，是幹部學習和培養的園地；並號召一切讀者及地方組織「對本報的社論、重要專論以及中共領導人的重要文章，加以個人或集體的研究和討論」。《新華日報》擔負的這種「反映黨的一切政策」的作用，在中共過去的歷史上是不曾有過的。在組織建制上，《新華日報》也首先學習蘇聯黨報的經驗建立編輯委員會，由編輯部領導工作人員六至七人組成，這一形式爲後來的黨報所沿用，成了黨報的一種傳統。〔註109〕《新華日報》不僅繼承了《嚮導》以來中國共產黨黨報事業的經驗與傳統，以公開的方式系統地闡述了共

〔註107〕比如，周恩來與蔣介石在廬山的會談中，中共辦報問題始終是重要議題之一。參閱楊奎松：《失去的機會——抗戰前後國共談判實錄》，廣西師範大學出版社，1992年12月版，50～51頁。

〔註108〕《關於黨報問題給地方黨的指示》（1938年4月2日），中國社會科學院新聞研究所編：《中國共產黨新聞工作文件彙編》（全三卷），新華出版社1980年12月版。

〔註109〕韓辛茹：《新華日報史》，重慶出版社，1990年3月版，7頁。

產主義的報刊理論思想，〔註110〕而且作爲第一份有全國影響的大報，在群眾辦報等業務方面爲共產黨報紙積累了豐富的經驗。

作爲中國共產黨第一份公開發行的機關報，《新華日報》創刊稱得上是抗戰帶給中國新聞事業的最大變化之一。〔註111〕從 1938 年 1 月在武漢創刊，直到 1947 年 2 月被迫停刊爲止，《新華日報》「是中共在抗日戰爭中到解放戰爭初期在國統區惟一公開出版的報紙，也是黨在民主革命時期創辦時間最長、影響最大、辦得最好的一份機關報。」〔註112〕《新華日報》出版前，在國民黨的新聞

〔註110〕楊潤時：《黨報實踐的光輝結晶——論新華日報的辦報思想》，載石西民，范劍涯：《新華日報的回憶~續集》，四川人民出版社，1983 年 2 月版，439 頁。

〔註111〕抗戰時期完全可以說是中國共產黨新聞事業發展的重要時期。中國共產黨最早的機關報《嚮導》雖然於 1922 年創辦，但抗戰時時期創辦了《新華日報》和《解放日報》。延安 1940 年底首建新華廣播電臺。1931 年創建於瑞金的「紅色中華通訊社」，也在抗戰爆發那一年改名爲沿用至今的新華社。1941 年蘇德戰爭爆發，國際新聞日益顯得重要，新華社趁勢創辦了中共第一個外文月刊《中國報導》。同年 12 月 3 日，新華廣播電臺始創日本語播音，這也是中共新聞機構首次對外廣播。新華社英文電訊從 1944 年 9 月 1 日開始，初期一天只發 5、6 條消息，相當於中文 1800 到 3000 字，爲照顧外國讀者的理解程度，對一些特殊名詞，如「三三制」加以解釋。新華廣播電臺首次用英語播音則在 1947 年。據英國 BBC 稱，收聽延安廣播比南京的「中央台」效果還要好。參閱韓辛茹：《新華日報史》，重慶出版社 1990 年 3 月版，28～29 頁。方漢奇《中國新聞事業通史》第 2 卷，681 頁。

〔註112〕方漢奇主編：《中國新聞事業通史》第 2 卷，中國人民大學出版社，1996 年 5 月版，711 頁。對《新華日報》的研究，一直是中國新聞史研究的重要課題。早在 1959 年，重慶出版社就組織出版了《新華日報的回憶》一書，收錄了吳玉章、潘梓年、熊瑾玎、吳克堅、許滌新等《新華日報》老領導的回憶文章。十一屆三中全會後，四川人民出版社對該書進行了修訂再版，還委託石西民、范劍涯編輯了《新華日報的回憶續集》。與此同時，曾經在《新華日報》工作的一大批老新聞工作者還聯合成立了《新華日報》史學會。中國社會科學院研究生院新聞系的楊潤時、閔大洪、向純武等人還以《新華日報》作爲碩士論文選題，分別研究了《新華日報》的辦報思想、武漢時期的《新華日報》和《新華日報》的反檢查鬥爭（三篇碩士論文均收入石西民、范劍涯編《新華日報的回憶~續集》，四川人民出版社 1983 年 2 月版）。此後，有《新華日報》、《群眾》週刊史學會重慶分會和武漢分會的論文集以及韓辛茹、廖永祥等人的新華日報史問世。新華日報、群眾週刊史學會重慶分會：《新華日報五十年》，1988 年版；新華日報、群眾週刊史學會武漢分會與華中師範大學歷史系合編：《黨的喉舌、抗日號角——武漢時期的新華日報》，華中師範大學出版社 1989 年版；韓辛茹《新華日報史》，重慶出版社 1990 年 3 月版；廖永祥：《新華日報史新編》，重慶出版社 1997 年版。最近對於《新華日報》較深入的研究有華中師範大學王永恒的博士論文《媒介的力量——抗戰時期的〈新

統制政策下，媒體言論雖然也有不少批評政府的聲音，但是總體而言比較單調。尤其在重大政治問題上，很少有與國民黨官方聲音公然抗衡的。《新華日報》創刊後，在許多問題上公開表明與政府不同的立場，全國的輿論生態也由此發生了顯著的變化。1938 年 1 月 11 日，《新華日報》在「發刊詞」中「一傾本報創立之初衷及今後努力之鵠的」，表明該報的言論立場和方向：

……本報願在爭取民族生存獨立的偉大的戰鬥中作一個鼓勵前進的號角。為完成這個神聖的使命，本報願為前方將士在浴血的苦鬥中，一切可歌可泣的偉大的史迹之忠實的報導者紀載者；本報願為一切受著殘暴的寇賊蹂躪踐踏的同胞之痛苦的呼籲者描述者，本報願為後方民眾支持抗戰參加抗戰之鼓動者倡導者。在「抗日高於一切，一切服從抗日」之原則下，本報將儘其綿薄提倡與讚助一切有利於抗戰之辦法、設施、方針，力求其迅速確實的實現，而對於一切阻礙抗日事業之缺陷及弱點，本報亦將勇敢地儘其報急的警鐘的功用，本報願與全國一切志切救國的抗日的戰士與同道，互相勉勵，手攜手地共同為驅除日寇爭取抗戰最後勝利而奮鬥。

不僅如此，我們深信，當前挽救國家危亡的民族自衛抗戰實為我中華民族復興之必經途徑及其起點。為我們民族的光輝的前途計，不僅需要在今天全國同胞精誠團結共同救國，而且需要在抗戰勝利後和衷共濟共同建國，民族獨立，民族自由，民生幸福的新中國是我們民族俊秀的兒女們近百年來前仆後繼再接再厲所力求實現的理想，我們願意在踏著先人們奮鬥的血迹而為這崇高的理想而鬥爭時擔負其應盡的責任。

欲求抗戰的最後勝利，欲求獨立自由幸福的新中國之實現，其在今天和將來，均捨加強我們內部的團結，鞏固抗日民族統一戰線外，別無方法與途徑。這是挽救時局和復興中華關鍵。本報同人前曾為創造此偉大的團結而努力奮鬥。於今團結初成之時，本報更將儘其所能為鞏固與擴大抗日民族統一戰線而效力。本報願將自己變成一切抗日的個別人、集團團體、黨派的共同的喉舌；本報力求成為全國民眾的共同的呼聲；同時本報將無情地抨擊一切有害抗日與企圖

華日報〉及其影響》（2004 年）。

> 分裂國內團結之敵探漢奸及託派匪徒之陰謀，務使實現地無分南北
> 東西，人無分老幼男女之鐵一般堅固的團結，並且在這個團結之中，
> 各種力量能夠互相幫助互相扶持，共同負責共同發展，四萬萬五千
> 萬人民的堅固團結，將成爲牢不可破的新的長城，保護我們民族的
> 生命，將成爲堅不可碎的新的基石，創立起獨立自由幸福的新中華。

如果以所謂積極的正面宣傳和消極的負面批評作簡單類比，「前進的號角」屬於積極的正面宣傳，「報急的警鐘」則屬於消極的負面批評，「警鐘」類似《大公報》所說的「檢討政績」。從戰時新聞統制政策的角度看，作「前進的號角」易，當「報急的警鐘」難，「號角」與「警鐘」兩種角色之間存在著矛盾。不過，對於《新華日報》而言，更大的挑戰還在於它要擔當「喉舌」角色。作爲抗戰的產物，《新華日報》自然負有宣傳抗戰的使命，作爲抗日統一戰線的象徵，它高舉團結的大旗，「願將自己變成一切抗日的個別人、集團團體、黨派的共同的喉舌」。但是，作爲中國共產黨的機關報，它的根本使命是黨的喉舌。「黨的喉舌」和「一切抗日的黨派的共同的喉舌」之間，固然可以聲氣相通，卻也避免不了聲調的衝突。在兩重使命之間，〔註113〕《新華日報》的言論立場有時會面臨著艱難的選擇，就像《中央日報》往往會在宣傳與事實之間、黨的喉舌與人民的喉舌之間發生衝突時面臨的選擇一樣艱難。

創辦初期，《新華日報》的實際主要領導人是中共中央南方局書記王明。由於長期在莫斯科學習和工作，王明提出「要按歐洲的經驗來抓報紙宣傳工作」。在對待國共兩黨關係上，《新華日報》也貫徹了王明的主張。創刊第二天的社論《團結救國》提出：「一切爲著抗日民族統一戰線，一切經過抗日民族統一戰線」。1月29日的社論《關於建立新的軍隊》又提出，「建立新的軍隊的目的，是要建立真正的統一指揮、統一編制、統一組織、統一武裝、統一待遇、統一補給、統一政治工作和統一作戰計劃的國防軍，就是說，完全統一的國防軍」。爲了建立統一的國防軍，《新華日報》甚至不惜貶低共產黨領導的游擊戰爭的作用。1月26日的社論《關於游擊戰爭》表示，「游擊隊及游擊戰爭本身，卻不能進行有決定意義的戰鬥；欲爭取抗戰的勝利，只有正規戰爭方可殲滅敵人，趕走日寇」。基於這一立場，該報沒有刊載毛澤東的《論

〔註113〕王永恒提出了《新華日報》的正主題與副主題說，認爲宣傳抗日是正主題，與國民黨和反對文化的鬥爭是其副主題。參閱王永恒：《媒介的力量——抗戰時期的〈新華日報〉及其影響》，華中師範大學博士論文（2004年），15頁。

持久戰》。不久，這種唯統一戰線至上的辦報方針得到調整。調整的原因，由於在統一戰線問題上中共領導層內的矛盾。〔註114〕在中共六屆六中全會上，毛澤東指出，國民黨的方針是限制我們發展，「一切經過統一戰線」這個口號衹是自己把自己的手腳束縛起來，是完全不應該的，「是不對的」。《新華日報》創刊一周年的時候，中共中央發來的賀電進一步提出，「對於一切腐化墮落現象和一切漢奸賣國賊敗類，加以無情的揭露」，強調統一戰線中獨立自主的原則立場。抗戰兩周年時，中國共產黨提出了「堅持抗戰，反對投降；堅持團結，反對分裂；堅持進步，反對倒退」的政治鬥爭口號，該口號也成爲《新華日報》的言論策略。在重慶各報聯合版期間，中共中央給南方局發電報指示，「國民黨以各報聯合出版辦法，取消《新華日報》的出版，對我們黨的政治宣傳和政治影響，是一個大的打擊。」電報要求「公開向國民黨說明《新華日報》是代表共產黨的言論機關，與其他報紙不同，堅持《新華日報》單獨出版的權利。〔註115〕」

〔註114〕施拉姆認爲，由於共產黨的下級服從上級和全黨服從中央的組織原則，使得黨中央領導實際上變成黨的領導人的領導，於是，宣傳黨的路線、方針、政策變成宣傳黨的領導人的路線、方針、政策；而這一發展的後果就是把一切公眾通訊的基本責任放在少數黨的最高領導者的手中。（〔美〕韋爾伯·施拉姆等著，中國人民大學新聞系譯《報刊的四種制度》，新華出版社1980年11月版，144～145頁。）因此，黨的最高領導人的變動往往對報紙有著決定性的作用。《新華日報》是中共中央長江局的機關報，長江局的領導人是王明、凱豐和周恩來，王明又一度是中共最高領導人，因此，在相當長時間內，《新華日報》實際上起著中共中央機關報的作用。1938年4月2日，中共中央長江局以中共中央的名義向各地方黨委發出指示，要求各級黨委、各地方支部訂閱《新華日報》，並且在黨的會議上討論《新華日報》發表的社論和中央負責同志的文章。該報也是惟一不直接受毛直接控制的中共重要報刊，它曾經不轉載毛澤東的《論持久戰》。在技術方面，《新華日報》也無可爭辯地處在所有中共報刊的首位。《新華日報》的採編人員大多爲著名的中共文化人。王明、周恩來甚至邀請了中間派人士陸詒參加，和大型日報《新華日報》相比，延安的周二報《新中華報》只是一張小報，很不符合中央機會報的身份。在毛澤東眼裏，《新華日報》不僅成了王明、周恩來用之於和延安分庭抗禮的工具，更成了「第二政治局」指導全黨，對黨外代表中共的輿論喉舌，實屬不能容忍。因此，在毛澤東和王明等中共高層的政治鬥爭中，對於報刊領導權的爭奪是重要的內容之一。比如重慶「五三」、「五四」大轟炸後，重慶各報出《聯合版》的情況時，中共中央1939年5月17日致電《新華日報》批評該報：「你們未徵求中央書記處意見，即同意停版，實屬政治上一大疏忽。」參閱高華：《紅太陽是怎樣升起的》，香港中文大學出版社，2000年版，366～367頁。

〔註115〕中國社會科學院新聞研究所編：《中國共產黨新聞工作文件彙編》（上），新華

　　由此可見，由於國共兩黨間存在著政治觀點上的根本衝突，為抗日建立的統一戰線並沒有雙方表面期望的那樣牢固。共產黨強調在統一戰線內保持獨立自主性，與國民黨借統一戰線以限共、溶共、防共、反共的意圖，既針鋒相對，又相互強化。事實上，雙方的蜜月期僅僅維持不到一年。甘惜分認為，抗戰時期，中國共產黨處於日寇和國民黨的夾擊之中，特別是同國民黨的關係極為複雜。雙方在抗日這一點上既合作，又在抗日與民主一系列原則上存在尖銳的分歧，宣傳上的鬥爭極為微妙。新聞工具站在鬥爭的風口浪尖上，黨報機關報的言論具有權威性，稍有不慎就會影響大局。所以在抗戰時期，黨中央對中央機關報和各地方黨報的言論都控制得很緊，為此發出過多次指示。〔註 116〕抗戰結束後曾進入《新華日報》工作的李慎之也認為，國共兩黨歷來都是擁兵自重，裂土而治。共同抗日其實是很表面的，內裏都是極力想擴大自己的勢力，甚至吃掉對方。因此合作幾度瀕於破裂，總算勉強拖到日本投降。在共產黨的心目中，還有一個比抗日、比民主更高的價值，那就是革命，就是社會主義和共產主義。革命的價值壓倒了民族主義的價值，也壓倒了民主的價值。〔註 117〕不過，從鬥爭策略上看，如同國民黨試圖利用抗日達到溶共反共的目的，共產黨恰恰也是充分利用抗日、民主的價值使自己的存在合法化並不斷得以發展自己的力量。

　　與此相應，抗戰時期新聞統一戰線內部也幾乎從一開始就充滿了火藥味。國民黨的戰時新聞政策在努力促進新聞抗戰與戰時動員的同時，試圖借「統一」達到「集中」，使「分歧錯雜之思想必須糾正」；《新華日報》則針鋒相對地在充當「民族號角」的同時「勇敢地儘其報急的警鐘的功用」，「無情地抨擊一切有害抗日與企圖分裂國內團結之敵探漢奸及託派匪徒之陰謀」，以「統一」促「團結」，並儘量利用其「特殊關係」，借公開機會堅持宣傳政府所謂的「分歧錯雜之思想」。〔註 118〕

　　1940 年 1 月，《新華日報》創刊兩周年時，發表了中共領導人和報社負

出版社，1980 年 12 月版，89 頁。

〔註 116〕甘惜分：《一個新聞學者的自白》，香港未名出版社，2005 年，271 頁。

〔註 117〕李慎之：《革命壓倒民主——〈歷史的先聲〉序》，《李慎之文集》（內部交流本），150～153 頁。

〔註 118〕《新華日報》的辦報思想，有一個逐漸發展的過程，在不同的時期有不同的體現。具體討論參考，楊潤時：《黨報實踐的光輝結晶——論新華日報的辦報思想》，載石西民、范劍涯：《新華日報的回憶～續集》，四川人民出版社，1983 年 2 月版。

責人的文章，強調《新華日報》作為中共機關報的黨性原則。其中，董必武的文章說：「新華日報是中國共產黨的機關報，中共的決議和宣言要在新華日報上登載。新華的政治主張一般的是反映中共的政治主張，這是公開的天天和讀者見面的，新華日報的存在使中共的政治主張得時時直接間接與熱心抗戰建國的人士相見。」〔註119〕葉劍英的文章也說，「新華日報是我們黨的機關報，在我們黨領導之下而工作，其全部論點都反映出我們黨對時局的主張。赤裸裸的說出單純的眞理，單純到美麗的境地，恰似托爾斯泰所說的，她是純潔的姑娘所編的花邊一樣的東西。」〔註120〕潘梓年的文章則闡明了共產黨機關報的集體組織原則：「我們的報是共產黨的機關報，在共產黨，一個人不是『個人』，而是某一集團中的構成分子。在共產黨機關做工作，不管是黨員非黨員，都不能，都不應當把自己當作是在發揮個人的才能，顯現出個人的卓異，而是要認清楚自己是整個機制中的一個輪齒，是在執行整個機制的總任務上發揮自己的才能，貢獻出自己的力量，團結不是『拉攏』更不是『脅作』，而是以正確的政策來領導大家群力以赴，團結也不是消滅或減少或無視內部鬥爭。」〔註121〕

1942 年 3 月，作為中國共產黨整風運動的重要組成部分，延安《解放日報》實行改版。3 月 16 日，中國共產黨宣傳部發出《為改進黨報的通知》，要求中共各地組織「根據毛澤東同志整頓三風的號召，來檢查和改造報紙」。3 月 31 日，毛澤東又親自主持《解放日報》的改版座談會。4 月 1 日，《解放日報》發表《致讀者》，宣佈從即日起，「報紙的版面加以徹底的改革」，「要使《解放日報》能夠成為眞正戰鬥的黨的機關報」。《解放日報》的改版標誌著毛澤東的新聞思想成為中國共產黨新聞事業的指導思想。〔註122〕《新華日報》

〔註119〕董必武：《新華日報二周年紀念》，重慶《新華日報》，1940 年 1 月 11 日 2 版。
〔註120〕葉劍英：《紀念新華日報二周年》，重慶《新華日報》，1940 年 1 月 11 日 3 版。
〔註121〕梓年：《我們團結得像一個人一樣》，重慶《新華日報》，1940 年 1 月 11 日 4 版。
〔註122〕高華認為，毛澤東的新聞觀通過陸定一和胡喬木的解釋，最早在延安《解放日報》體現出來，它以五個核心原則為中心，包含了一系列互相聯繫的概念。1、「黨性第一」的原則；2、反對「虛假眞實性」的原則（無產階級的「眞實性」和「客觀主義」、「自由主義」是截然對立的）；3、「新聞的快慢必須以黨的利益為準則」；4、運用報紙指導運動的原則；5、新聞保密與分層次閱讀的原則。追根溯源，毛澤東與王明、博古一樣，師承的都是列寧──史達林的新聞理論，只是毛澤東比王明、博古更加黨化，更加史達林主義化。參閱高華：《紅太陽是怎樣升起的》，香港中文大學出版社，2000 年版，372～375 頁。

也回應黨中央的號召，在報社內部開展自我批評，檢討此前黨性、戰鬥性、群眾性、組織性不足的缺點。〔註123〕9 月 18 日，《新華日報》發表《為本報革新敬告讀者》，提出「本報為中共機關報，它是團結抗戰的號角，人民大眾的喉舌。它應宣傳和解釋黨的政策，反映黨的工作和群眾生活，使它成為集體的宣傳者和組織者。」〔註124〕

但是，作為一份公開出版面向市場的報刊，《新華日報》畢竟不同於此前共產黨的地下報刊，也不同於根據地解放區的共產黨報刊。在大報林立的陪都重慶，面臨著各種各樣報刊的競爭。1942 年 12 月 24 日，中共中央南方局為《新華日報》改革問題致電中央書記局和黨報委員會的電報中報告說，「在國民黨的嚴密檢查和壓迫下，處境日漸困難」。為了使報紙合法存在，準備從新年起大加改革，減少社論，增加新聞報導，並且強調文章不能「每篇都是政治化的面孔」，應該採取「烘托宣傳」的手法。《新華日報》社委會認為，辦報雖然是一種宣傳事業、文化事業，但要就本身來講，卻必須要把它當成一種企業來辦。只看到報紙的宣傳作用而忽視了它的企業性，一定難於辦好。可見，對於《新華日報》而言，黨性和戰鬥性的增強，不僅意味著與國民黨新聞統制政策的衝突會增加，而且也意味著必須提高宣傳藝術和專業水平才能更好地達到宣傳黨的方針政策的目的，或者說更好地成為「黨的喉舌」的同時也要更好地成為「抗日喉舌」。

因此，與國民黨機關報《中央日報》在抗戰時成為「黨的喉舌」、「領袖的喉舌」不同，共產黨機關報《新華日報》的言論立場是，既作共產黨的喉舌，又願意成為「一切抗日的個別人、集團團體、黨派的共同的喉舌」。前者的策略是以「集中」收編「統一」，後者的策略則是以「團結」、「民主」等口號抵制「政令統一」、「意志集中」，既按照共產主義報刊理論的要求，公開宣傳中國共產黨的路線方針政策，又創造性地使用新聞專業主義的一般手法，將該報變成一個與國民黨進行合法鬥爭的意識形態場所。

作為「一切抗日黨派的喉舌」，《新華日報》始終以「團結」相號召，盡量為國共雙方之外的社會群體提供資訊和言論服務。版面上的表現之一，就是創刊之初以《團結》命名副刊版面。該版《開場白》說：

〔註123〕《敬告本報讀者──請予本報以全面的批評》，《新華日報》，1942 年 5 月 23 日。

〔註124〕《為本報革新敬告讀者》，重慶《新華日報》，1942 年 9 月 18 日。

在今日，軍隊不及敵人不必愁，武器不及敵人不必愁，經濟交通不及敵人不必愁，暫時的戰爭失利也不必愁，所愁的倒是自己的團結不夠，人力不能發揮，反上了敵人的陰謀的當……當「抗戰第一」時候，任何工作都得集中在這最高任務上，我們這副刊的地位雖低，力量雖弱，而它所做的工作，無疑的也將匯流入當前的民族解放戰爭的洪流中，促進團結，擁護抗戰是它的主要目的。

不過，最能體現《新華日報》作為「一切抗日黨派的喉舌」的是該報的「友聲」欄目。該欄目「邀請各屆人士撰稿以便反映各方意見」，刊載的文章都是討論具體的政治經濟和軍事問題的，都是實實在在的「檢討政績」，因此「不免有不同的意見」。該欄目的撰稿人多為各方面的專家和社會名流，對於重大問題分析透徹而且見解深刻，具有相當的影響。欄目開辦後受到了輿論界的好評，被贊為「是在向民主方面更進一步」。〔註125〕對於這種藉重黨外輿論的創舉，《新華日報》自己也滿意地稱之為「一個新的貢獻」，「這使本報之為黨報，絕非我黨包辦之報，而為我黨與黨外人士共獻心力於抗建事業的公共論壇」，同時也能夠替國家政府從各方面多得到一些具體意見供參考。該報表示，「只要培養民主的作風，大家的積極性就油然而生。」〔註126〕《新華日報》藉此欄目，通過「朋友的聲音」的方式，傳達了許多共產黨想傳達而不便直接傳達的聲音，既避免了「風險」，又增加了「客觀」、「中立」的效果，實際上是巧妙地以其他黨派的喉舌的方式更好地完成了黨的喉舌的任務。

《新華日報》在艱難的新聞統制環境中能夠生存發展，並不斷擴大了自身的影響力，〔註127〕一個重要的原因就是它講求宣傳藝術，在理論上較為自洽地解決了宣傳與事實的矛盾問題。對於新聞生命的真實性問題，《新華日報》始終予以高度重視，雖然《新華日報》所強調的真實性，主要是與黨報的戰鬥性與階級性相關聯的一種「本質真實」。吳敏說，忠實於抗戰最後勝利的事業，忠實於人民大眾的事業，這祇是《新華日報》總的方針。它的具體工作

〔註125〕張申府：《友聲與民主》，重慶《新華日報》，1942 年 9 月 27 日。

〔註126〕《本報五周年》，《新華日報》，1943 年 1 月 11 日。

〔註127〕《新華日報》創刊半年後，讀者評論說：「無論就形式或內容來說，都可以說是國內第一流的報紙。無論就讀者的踴躍，報紙的地位，言論的力量說，《新華日報》的影響，都不在英國的《工人日報》或法國的《人道報》之下。」杜若君：《大公報與新華日報》，載《戰時文化》1938 年第 1 卷第 3 期。

方法包括講眞實的話，不僅報導事實而且指出奮鬥的方法。〔註128〕指出奮鬥的方法，就是將眞實性與戰鬥性相聯繫。對於各種事實，《新華日報》強調「用我們的立場來嚴格選擇」，也就是強調「政治正確」。不必有聞必錄，「不正確的東西即使是事實也不值得采擇，因爲這種事實不合於眞實。」例如，官方的一些惠民政策，在《新華日報》看來，「是爲了掩飾反動眞實的」一種欺騙政策，「眞實乃是民生痛苦已至極點」，因此這些惠民政策的新聞就不能採用。從政治正確出發，另一種情形是，「眞實的東西不一定就有具體的事實」。比如某地一則新聞說，某地民生破產，攤派奇重，報紙就「不能再要求更多的東西了」，「『民生破產，攤派奇重』，這就是具體了」。眞實的東西雖然沒有具體事實，有時卻可以「稍稍違反一些新聞慣例」加以合理的潤色。例如，「攤派奇重」，就可以據此合理推想民眾的具體痛苦從而「潤色」成爲一則具體動人的新聞，至於新聞的何時、何地、何事、何人這些要素，可以不十分具體。《新華日報》認爲，這樣做「絕對合眞實」，因爲「這種事實是在統治者新聞封鎖下不能透露出來而由我們發掘出來了」。〔註129〕即使是報社剪報資料工作，《新華日報》也同樣站在黨報的立場上，將它視爲滿足黨和人民需要的工作，決不含糊。因此，剪報也要緊緊配合黨的政策，不同時期重點收集不同的材料，並且要對材料進行鑒別。比如，與一般人民生活無關的材料，像戲劇、電影、體育、展覽等城市活動，就被認爲是「非問題的材料」而不必要收集。〔註130〕

可見，在恪守「眞實性」這一新聞基本原理上，《新華日報》在概念上將它作了「黨性化」的理論轉換。除此之外，《新華日報》在新聞採寫方式上，同樣發明了一套既合乎專業規律又能體現黨性原則的手法。潘梓年在一篇介紹《怎樣讀報》的文章中說：

> 報紙的重要內容是新聞，但報人的報導卻不一定能夠眞實，有的是消息來源不可靠，有的是編者看法不正確。在標題上，編者不免歧誤，讀者頂好不去重視字面上的渲染，而到字裏行間去追尋事實的蹤迹，譬如關於戰事的記載，我們可以不管報上怎樣的說法，而去

〔註128〕吳敏：《新中國的戰鬥武器》，重慶《新華日報》，1940 年 1 月 11 日 4 版。
〔註129〕《怎樣寫通訊》，新華日報檔案史料，《新聞研究資料》總第 52 期，1990 年 12 月版。
〔註130〕《剪報經驗總結》，新華日報檔案史料，《新聞研究資料》總第 52 期，1990 年 12 月版。

逐日注意戰場的移動，最好手頭經常有地圖，看它發展的方向。從
這種發展形勢上，就可研究出作戰雙方所採取的戰略與戰術，自己
把握了雙方的戰略戰術以後，就不怕報人對戰事的現狀是如何的講
法，讀者自己就不致為他所惑。時局，其他方面的情形，政治，經
濟等，也是如此。依靠事實來判斷而不人云亦云，不為新聞記者的
筆鋒所轉移，那就不管什麼報紙，只要它是正式的報紙，都可成為
我們精神食糧的供給者。對於言論，我們要從論者前後的專論來研
究他的言論到底是從什麼立場出發，等到這種立場被我們認清了，
那就不管講什麼，我們不只可以從文字的正面，且可從它的側面以
至反面，窺看到某一真理。這種立場，光從作者的文字看，自然不
是一時容易弄清的，但只要經常加以注意，注意作者前後說話的差
別，注意言論中的推斷和事實的發展情形的距離甚至方向上的剛剛
相反，注意作者前後一貫的態度及其所用的方法，那也是不難水落
石出的。〔註131〕

這篇文章很可以作為《新華日報》「怎樣編報」的夫子自道。從文化符號學的觀
點看，報紙上的新聞不一定真實，因為它是編輯對於日常社會現象的一種編碼。
讀者不一定能根據新聞獲得事實真相，重要的是要學會解碼，也就是學會「到
字裏行間去追尋事實的蹤迹」、「從論者前後的專論來研究他的言論到底是從什
麼立場出發」。事實上，《新華日報》正是自覺地並且相當巧妙地通過對新聞素
材作有意識的「選擇、強調、闡釋」，進行編碼，以專業的方式藝術化地達到影
響輿論的目的。以新聞的選擇為例，《新華日報》的「新聞眼」對暴露國民黨低
劣、腐敗政績以及反映民生痛苦的事件就特別敏銳。〔註132〕如果有一條新聞，

〔註131〕潘梓年：《怎樣讀報》，重慶《新華日報》「青年生活」，1942年2月15日。
〔註132〕1944年戰時新聞檢查局的一份統計報告曾經將《新華日報》的言論立場總結
　　　為：「內政方面：1、對於中央所施行的新政策，大都抱責難或懷疑態度，如
　　　限政、糧政、役政等，均加詰責或攻擊，利用各種文字極力鼓吹憲政、民主、
　　　科學、自由、團結等口號，暗中影射政府為不民主不科學不自由及不團結，
　　　實施憲政缺乏誠意，類於遜清之籌備立憲，對於新聞檢查、圖書審查制度，
　　　抨擊不遺餘力；2、極力代一般公教人員、工人、婦女職業問題呼籲，過分描
　　　寫公教人員生活困難情形，主張調整工人生活和待遇，強調婦女職業問題之
　　　嚴重；3、報導各地災情，慘重過甚，如豫災、皖災，要求政府設法救濟，極
　　　盡挑撥政府與人民之情感；4、標榜中共奸偽組織「精兵簡政」政策及其盤據
　　　地「民選」情形優異。關於軍事：著重報導八路軍新四軍戰績。關於外交：
　　　以蘇聯為重，以歐洲戰場為重。」這一總結基本是準確的。參閱重慶檔案館、

重心在說官方怎樣想辦法解決某種民生痛苦的問題，《新華日報》編輯的方式就是，將原來的重心——政府想辦法——去掉，只留下民生痛苦這一點。採用這種方法，《新華日報》從大量官方文件、特別是各地參議會和監察團體的報告——像成都限制出版自由的法令、國民黨黨團操縱保甲的保密令等——發掘到許多暴露抗戰期間民生痛苦和政府反動的新聞。有一次，天津某報曾刊載一條報導天津製煙工業生產情況的新聞，其中提到有三家煙廠，一家是美商辦，兩家是官商辦。《新華日報》的編輯就專門取出這一點作為報導，以此說明官僚資本和外國資本已經連這種輕工業也壟斷了。〔註133〕

從這些原則立場出發，《新華日報》的版面內容，國內部分主要是及時刊載中共中央的重要宣言、決議、政策和中共領導人的重要講話，著重報導中共蘇區和中共領導的軍隊、游擊區的新聞，儘量報導與中共政治立場接近的社團和進步人士的言論。對於國民黨和政府方面的報導，則在抗戰和團結的原則之下，比其他媒體作了更多的批評和揭露。國際新聞方面則以蘇聯為重點，「忠實地介紹蘇聯社會主義的建設及和平政策的勝利，並指出蘇聯人民取得這種偉大勝利的道路和方法」。〔註134〕這些原則有時也會使《新華日報》的報導和言論工作遇到難題。比如在 1939 年 8、9 月間，蘇聯先後與德國簽訂互不侵犯條約，並出兵波蘭，這一消息令世人感到驚愕。但是，《新華日報》從維護社會主義的立場出發，發表了為蘇聯辯護的評論。

（三）《大公報》：國家中心論

《中央日報》、《新華日報》雖然在言論上針鋒相對，在性質上卻又同為政黨喉舌。與它們相比，《大公報》自新記公司重組以後，其最大特色就是「抱定不黨之宗旨，發為至公之言論」。程滄波認為，《大公報》和張季鸞，是近代中國報紙與報人中最幸運的，是「九·一八」以後時代的寵兒。由於環境的緣故，張季鸞身上帶有濃厚的縱橫家氣味。〔註135〕公正地說，「不黨」並不是沒有政治立場，也不是在政治上保持所謂「中立」態度、「中道而行」，更不是「騎牆」之類的政治投機。張季鸞說得很明白，「不認識《大公報》

中國第二歷史檔案館編：《白色恐怖下的新華日報》，重慶出版社，1987 年 10 月版，198～199 頁。

〔註133〕《怎樣寫通訊》，新華日報檔案史料，《新聞研究資料》總第 52 期。

〔註134〕吳克堅：《新華——新中國勝利的象徵》，《新華日報》4 版，1940 年 1 月 11 日。

〔註135〕程滄波：《中國自由史上一位獨立的記者》，《滄波文存》，臺北傳記文學出版社，1983 年 3 月版，171 頁。

的人，以爲我們滑頭，閃躲取巧，其實絕對不然。我們說話絕不吞吞吐吐，模棱兩可。我們說話必出自眞誠，而負責任。」所謂「以鋒利之筆，寫忠厚之文；以鈍拙之筆，寫尖銳之文」。〔註136〕實際上，新記公司成立以來，面對各種各樣的黨閥派系鬥爭，《大公報》基本上做到了「不中立，不迴避，不袖手旁觀，而要發表意見，表明態度，但同支持者不與之結親，同反對者不與之結仇」。

因此，與國、共兩黨的機關報相比，抗戰時期《大公報》的言論方針，更接近一種新聞職業標準。它實際上是報人以新聞職業的方式從事時事評論，而新聞職業方式的最重要特徵，就是以事實說話，客觀、獨立、平衡、公允等等——這也是新記《大公報》「不黨、不賣、不私、不盲」的根本意旨。〔註137〕「不黨」主要是指言論者的獨立地位。至於立論本身，還是有立場的。抗戰時期《大公報》的言論立場，簡單說就是：「以國家利益爲標準，一時一事，是是而非非」，就是「沒有理的話不講，自己不懂的話不講，有害國家社會的話不講」，「不錦上添花，不落井下石，不與人共利害——是是非非主義」。〔註138〕換句話說，假如《中央日報》、《新華日報》各自的言論立場分別放在了國民黨和共產黨的根本利益上，那麼，《大公報》言論的最高也是最後的立場則放在了超越任何黨派的國家利益之上。在《大公報》看來，「黨與國家，政府與人民，自抗戰而全不可分，惟有一致擁護政府抗戰，爲國家民族謀出路，亦即爲每一個人謀出路。」〔註139〕從這一立場出發，《大公報》強調「政治上自成黨派的人們尤其要注意」，「現在只有國家利益，沒有黨派利益」；〔註140〕並常常對不同的政治力量，包括政治上對立的黨派進行同等批評。雖然因此常常在兩黨之間受到「夾板氣」，但這正是《大公報》忠於新聞而超越黨派的力量之所在，也是它在抗戰期間贏得各階層讀者尊重並代表中國新聞界榮獲密蘇里大學新聞獎的原因。可以說，抗戰

〔註136〕王芸生：《季鸞先生的風格與文境》，上海《大公報》，1946 年 9 月 6 日。
〔註137〕李金銓認爲，在 20 世紀 20 年代，中國報業已經發展出一套相當成熟的新聞理念，與西方報業追求新聞客觀、言論獨立的意識互通，其中以天津《大公報》所揭櫫的「不黨、不賣、不私、不盲」等四大原則爲翹楚，實則效法《紐約時報》「無私、無畏」的綱領，這正是今天所謂「媒介專業主義」。見李金銓《香港媒介專業主義與政治過度》，《新聞與傳播研究》1997 年第 2 期。
〔註138〕王芸生：《新聞記者怎樣立言》，《新聞學季刊》第 1 卷第 2 期。
〔註139〕《論黨》，重慶《大公報》，1939 年 1 月 25 日。
〔註140〕《中國民族的嚴重試驗》，漢口《大公報》，1937 年 11 月 9 日。

時期的重慶《大公報》從國家中心論出發，〔註141〕爲該時期中國提供了一種不同於《中央日報》和《新華日報》的新聞敘事。

在修辭策略和話語風格上，《大公報》的社論也與《中央日報》、《新華日報》迥然不同。〔註142〕上文已經提到，《中央日報》根據蔣介石和國民政府的意志，以「集中」詮釋「統一」，爲限共、溶共製造輿論，共產黨則以「團結」代言「統一」，以「團結」抵制來自統一戰線內部的壓制。與此不同，《大公

〔註141〕 1941 年 5 月 23 日《大公報》發表張季鸞撰寫的社論《讀周恩來先生的信》。該社論說：「我們在今天，只希望認識一點，就是：敵我的形勢，自己的國力，世界的時機，都絕不容許存一種觀念，以爲現在的國家中心失敗了，還可以再建一個中心，然後將國家再統一起來。這樣的事，是必無的。」長期以來，此文被視爲《大公報》提出國家中心論的標誌（參閱王芸生、曹谷冰：《1926 至 1949 年的舊大公報》，載中國人民政治協商會議全國委員會文史資料研究委員會編：《文史資料選輯》第 25 輯，中華書局，1962 年 1 月版）。吳廷俊先生最早認爲《大公報》國家中心論的提出有一個過程，並大致呈現了這個過程。1931 年元旦《大公報》發表《民國二十年元旦祝辭》說：「現在負責之政府當局，既表示戡亂之能力，且現露求治之熱心，過去無論已，今後已有努力進步之希望。當民國擾攘十九年之後，全國國民無論何人，應不放過此機會，應決心自此樹立通常之政軌，應擁護現在已成之政治中心，而監督責備之。」吳廷俊認爲，這裏的「政治中心」，便是後來《大公報》國家中心論的最早表述；而該理論最終完成，是在西安事變之後。1937 年 1 月 20 日，《大公報》發表社論《再度訴諸常識與良心》，提出「國難至此，非維持全國政治統一，軍事統一，絕對不足以肆應方興未艾之國難。」1938 年 7 月 7 日，張季鸞爲蔣介石起草了《抗戰周年紀念日告全國軍民》，提出「我們必須發抒精誠，做到鋼鐵一般堅固的團結，那就是說，要精誠純一，一切的言論動作，完全以『國家至上』『民族至上』爲前提，以『軍事第一』、『勝利第一』爲目標。」1939 年 3 月 12 日，張季鸞起草的《國民抗戰宣傳綱要》重申「國家至上民族至上，軍事第一勝利第一」，經陳布雷添加「意志集中，力量集中」後，由國防最高委員會公佈。至此，《大公報》的國家中心論經由國民政府變成全國政策。（參閱吳廷俊《新記大公報史稿》，武漢出版社，1994 年 8 月版，259 頁；陳建新：《〈大公報〉與抗戰宣傳》，浙江大學博士論文（2006 年）；任桐《徘徊於民本與民主之間》，三聯書店，2004 年 5 月版，206～216 頁。

〔註142〕 陳紀瀅認爲，《大公報》的社論向來爲讀者重視，是該報產生重大影響、成爲輿論領袖的重要原因。《大公報》的社論，不但抓住時事要點加以評論，使讀者可獲得對時事的清楚瞭解，增加時事的知識，解除許多心理上的疑問，同時也可以從其中找出許多時事發展的重要線索與來龍去脈。文字上也是最優美的，行文永遠心平氣和，娓娓動聽，就是寫最易動感情的文章，也是永遠不會激越，一定是訴諸理智。這種火候、境界，若非有深厚的學識修養，是不容易獲致的。《大公報》自張季鸞創下這麼一種格調後，同人隨之，所以即使社評不出之季鸞之手，其風格則無甚懸殊。參閱陳紀瀅：《抗戰時期的大公報》，臺北黎明文化事業公司，1981 年 10 月版，404 頁。

報》則將「統一」與「團結」並重，強調在國家中心前提下的「團結與合作」，並在此前提下不遺餘力地斥責傷害民族國家利益之事。《大公報》認爲，團結與合作的意義，是指在共同的抗戰建國目標之下，各黨派一齊貢獻其能力於國家，一致擁護並強化國家中心，各盡其能，以貫徹抗戰建國之目的。〔註143〕《大公報》主張，危急存亡之秋，國家民族的利益比什麼都高，軍事的需要比什麼都重。爲了軍事勝利，「更求意志之齊一化，行動之紀律化」，〔註144〕甚至因此使其國家中心論帶有明顯的擁蔣特徵。〔註145〕但是，意志與軍事的統一又須以政治的團結爲前提。總之，在《中央日報》強調統一、《新華日報》強調團結的言論格局中，《大公報》主張，要想贏得民族戰爭的勝利，「政治之眞正團結，軍事之徹底統一」，〔註146〕兩者相輔相成，缺一不可——其國家中心論的立場也時常因此陷入兩邊作戰。

二、各報論民主政治

由於意識形態背景及其言論立場不同，《中央日報》、《新華日報》和《大公報》各自在抗戰期間的議程設置、敘事框架都有著顯著的差別。其中有大政方略上的主張不同，有對一些具體行政政策的意見分歧，也有在某個事件或問題上的觀點衝突。比如爲晉南戰事曾發生《大公報》與《新華日報》的爭論，關於青年教育問題，《大公報》與《中央日報》曾有一系列辯詰，而爲了一句「改善人民的生活」的口號，《大公報》與《掃蕩報》的爭論甚至引得蔣介石出面調停。〔註147〕至於《中央日報》和《新華日報》，彼此在許多重大

〔註143〕《祝國民參政會開幕》，漢口《大公報》，1938年7月6日。
〔註144〕《今後的抗戰大計》，重慶《大公報》，1938年5月31日。
〔註145〕據徐鑄成回憶，張季鸞曾對他說：「我的中心思想，是要抗戰建國，必須要有一個國家中心。蔣先生有很多地方也不盡如人意，但強敵當前，而且已侵入內地了，沒有時間允許我們再另外建立一個中心，而沒有中心，打仗是要失敗的。所以，我近年來，千方百計，委曲求全，總要全力維護這個中心。」徐鑄成：《報人張季鸞先生傳》，三聯書店，1986年12月版，175～176頁。
〔註146〕《感謝與奮勉》，重慶《大公報》，1941年5月26日。
〔註147〕《大公報》發表過一篇社論提出「改善人民的生活」的口號。《掃蕩報》發表社論批評說，抗戰期間，一面抗戰，一面動員，有錢出錢，有力出力，「改善人民生活」的口號不合時宜。在蔣介石的參事室開會時，張季鸞表示，改善人民生活是不可以反駁的。與會的陶希聖當即站起來爲《掃蕩報》辯護。他聲色俱厲地表示，「改善人民生活」這個口號如果流行，對抗戰是有影響的。蔣介石從中調和說：「好了，不必爭了，我們還是集中力量抗戰。」

問題上更是針鋒相對。其交鋒的激烈程度，完全稱得上是兩黨在文化戰場上的搏鬥，〔註148〕像著名的關於郭沫若《甲申三百年祭》的爭論。〔註149〕下文僅就民主政治和言論自由兩個論題，對三報的言論主張作簡單對比分析。

（一）《中央日報》：絕對國家自由與有限制的個人自由

1938 年 9 月 15 日，重慶《中央日報》第 4 版副刊「平明」創刊，社長程滄波親自撰寫《平明》一文「代本報渝版副刊發刊詞」，文章說：

> 抗戰已滿一年了。一年的抗戰，時代向前進展，正是一天光明一天⋯⋯徹夜漸過，平明將臨。在此大時代的小階段中，我們發刊這一小小副刊，真可說「造端也微，將畢也巨」。平明時期的中國，各種變化太劇烈⋯⋯這各方面的變動就是胚胎中的燦爛，快要流露的光明，社會農村各方面的「平明」。生長在這個「平明」時期的我們，是須追蹤光明，共同奮鬥。我們一點願望：想把平時時期中各方面透露的光明，給他一個有組織有形態的放送⋯⋯在這小刊物中，我們要搜集代表平明時期一切現實的描寫，如民歌戲劇戰記農村民兵流亡野戰等文字，更希望刊載這時期「反平明」潮流的一切批評，如舊社會舊心理舊道德的具體批評文字⋯⋯「平明」編者正充滿著「平淡之氣」，由我們一點至誠的感召，想積集各個人「平旦之氣」，造成平等的社會，安樂的國家，和平的世界，這是我們的宏願，也是這小刊物的大志。

作為副刊發刊詞，《平明》充滿了文學意象。「平明」，是抗戰一年後中國的象徵；追蹤光明，共同奮鬥，是抗戰一年後中華民族的共同心聲。不過，程滄

陶希聖：《關於張季鸞與王芸生的幾件事》，臺灣《傳記文學》第 30 卷第 6 期。

〔註148〕比如，1940 年中共中央書記處就曾發出如下指示：在國民黨統治區域很可能廣泛發展的一項極端重要的工作，是抗日文化運動。對於文化運動的進行，應該聯合一切不反共的自由資產階級（即民族資產階級）與廣大的小資產階級和知識份子共同去做，而不應使共產黨尖銳突出與陷於孤立。參閱《中共中央關於發展文化運動的指示》（1940 年 9 月 10 日），收入《六大以來》，中共中央檔案館出版社，1990 年。

〔註149〕關於這場爭論的背景及其情形，可參閱王戎笙：《依然是警鐘──重讀〈甲申三百年祭〉》，原載《中國史研究動態》1994 年第 5 期。謝保成：《還其本來面目──重讀〈甲申三百年祭〉》，原載《郭沫若研究》第 12 輯。均收入郭沫若紀念館等編：《〈甲申三百年祭〉風雨六十年》，人民出版社，2005 年 8 月版。

波顯然不衹是用它作爲「平明」副刊的宗旨，也是作爲重慶《中央日報》的宗旨。所謂「平淡之氣」、「平旦之氣」，除了可能包含了一番歷經波折後終歸平定下來的感慨，也與國民政府終於下定抗戰決心確定了抗戰建國的大政方針有關。處戰時如平時，以抗戰促建國，艱難的任務擺在前頭，沒有「平旦之氣」是難以持久的。3 天後，《中央日報》出版的《星期增刊》提出了社會科學和文學界 4 點「共同信守的原則」：民族主義、民主政治、工業化與社會化、科學，〔註 150〕似可作爲「平淡之氣」的具體化；這些原則同樣也可視爲剛在重慶復刊的《中央日報》的言論原則。

民族主義、民主政治、工業化與社會化、科學，其目的無非在於保衛民族國家主權，推進經濟和政治的現代化建設，這些毫無疑問是抗戰期間各政治黨派和全體國民「共同信守的原則」。然而，正如張申府在一篇文章中提到的，《新華日報》、《大公報》、《中央日報》，「大家的根本目標，同不外救國，同是抗戰勝利，建國成功。就是建什麼國，以至建國的方法，我相信只令認準目標而確照著去做，大家也當沒有什麼大不同的地方。」〔註 151〕「大家也當沒有什麼大不同的地方」，也就是承認大家至少有些小不同的地方。沒有不同，是因爲大家都贊同建設民主國家；有不同，是各自對「民主」的含義以及如何實現民主的方法上存在著不同的理解和主張。

雖然孫中山的民權理論是國民黨政治理論的基礎，《中央日報》也宣稱民主政治是其信守的基本原則，但訓政體制的實質卻是一黨專制、領袖獨裁。爲了掩蓋、彌合憲政民主與領袖獨裁之間的矛盾，《中央日報》不斷地從國民黨歷次會議的宣言決議以及孫中山、蔣介石等國民黨領袖的思想中尋找理論資源，試圖以「黨治」理論爲基礎，爲抗戰時期國民黨的「民主政治」作出新的辯護和說明。在這方面，《中央日報》堅持稱「軍政、訓政、憲政三個時期，就是實現民主政治的程式，也就是民主政治的法寶」，〔註 152〕並指責參政會上參政員提交的「確立民主法治制度」提案，既不懂中國歷史也不瞭解中國政治現實，「從政理的泛論到政制的泛論，仍不脫一種泛論」。〔註 153〕或者說憲政是一個方法問題，不是一個原則問題，討論憲法的原則，未免豆巾氣

〔註 150〕《我們的方針》，重慶《中央日報》，1938 年 9 月 18 日《星期增刊》。
〔註 151〕張申府：《友聲與民主》，《新華日報》，1942 年 9 月 27 日。
〔註 152〕《民主政治的法寶》，重慶《中央日報》，1939 年 2 月 26 日。
〔註 153〕《論政制》，重慶《中央日報》，1939 年 2 月 28 日。

太重了。〔註154〕《中央日報》認為，重要的是憲政的實質而不是憲法的條文，〔註155〕憲政的成敗關鍵也不在於憲章條文是否完備，而在於政治道德和政治教育——「訓政」就是要養成人民政治道德，普及政治教育。《中央日報》甚至搬出了儒家的道德倫理來為憲政張本，說什麼「有了禮義才可以守分際，才可以實施憲政；有了廉恥，才可以負責任，才可能運用憲政」。〔註156〕《中央日報》強調不能因為中國沒有頒佈憲法、屬於一黨執政就說中國不是民主國家或者還不夠民主，因為「中國的民主，決不是人云亦云的民主，既非舊式議會政治的民主，也非階級政治的民主，乃是三民主義的民主政治」。三民主義民主政治下的自由，是絕對的國家自由，不是沒有限制的個人自由。〔註157〕《中央日報》一面稱讚國民黨是中國憲政史上對憲政認識最清、擁護最力、最有辦法的，說《抗戰建國綱領》就是國家的憲典，應該全力實施它；〔註158〕一面又以民族戰爭為理由，重複國權高於民權的論調——「保全國家民族的生存，然後憲法方有托命之基，憲政才有促進之路」，並將以所謂民主程式論為基礎的訓政設計神秘地宣稱為「時間」所安排的步驟，〔註159〕甚至乾脆宣佈——「我們的政府與我們的人民已經實實在在踏進了憲政的境界」，國民政府才是實做憲政，憲政也惟有中國國民黨才能領導完成；〔註160〕或者粗暴地將民主政治的精神曲解為「每個國民的心目中只有國家民族的前途及利益」和「少數黨忠實服從多數黨的領導」。〔註161〕蔣介石提出所謂計劃政治後，《中央日報》又以計劃政治代替民主政治，宣稱你爭我奪的多黨政治制度不僅不適合抗戰的需要，就是抗戰結束後，「也用不著制衡原理來阻礙政治上的迅速進步」。中國未來政治的道路，還是「要遵照總理的遺教總裁的指示，用計劃政治迎頭趕上最高速度的辦法去建設現代化國際化的新中國。」〔註162〕總之，三民主義的民主政治，其所謂「民權」，是革命民權而非天賦人權；所謂「民治」，是全民政治而非議會政治；所謂「憲政」是實質的憲政而非形式的憲政；

〔註154〕《今日之憲政問題》，重慶《中央日報》，1939 年 9 月 14 日。

〔註155〕《今日之憲政問題》，重慶《中央日報》，1939 年 9 月 14 日。

〔註156〕《實施憲政的基本工作》，重慶《中央日報》，1939 年 10 月 1 日。

〔註157〕潘公展：《我們需要的民主與自由》，重慶《中央日報》，1942 年 12 月 1 日。

〔註158〕《今日之憲政問題》，重慶《中央日報》，1939 年 9 月 14 日。

〔註159〕《抗戰時期的憲政》，重慶《中央日報》，1939 年 11 月 23 日。

〔註160〕《四天的參政會》，重慶《中央日報》，1940 年 4 月 5 日。

〔註161〕《什麼是民主政治的精神》，重慶《中央日報》，1940 年 11 月 10 日。

〔註162〕甘乃光：《中國計劃政治導論》，重慶《中央日報》，1941 年 2 月 17 日。

所謂憲法是五權憲法而非三權憲法。〔註 163〕民主政治以國家利益為前提和歸宿；不僅必須從一致的論點出發，並且必須以一致的協定而結束，民主主義與民族主義是相成而不是相反的。〔註164〕

（二）《新華日報》：人民有自由國家才有自由

只要聯繫抗戰時期中國的政治生態和輿論語境，就不難看出，《中央日報》關於民主政治的系列論述，在很大程度上是針對中國共產黨的主張的。從強調「民主憲政有一定秩序，而統一是前提」出發，《中央日報》提出，「希望中共尊重統一，求民主於統一之中，不分裂國家，不造成民族內部的對立，不強以馬列主義解釋三民主義。」〔註165〕同樣，《新華日報》在抗戰時期對於民主的宣傳主張有許多也是針對《中央日報》的。

關於民眾教育程度和自治能力的培養問題，《新華日報》承認「這自然是一個非常重要的問題」。但是，「民眾參加抗戰動員，民眾自身的民主生活，是他們受到訓練和教育的最好、最迅速的方式。」因此，教育和訓練民眾應該通過民主制度本身。〔註166〕針對戰爭時期是否應該完全集中而不應有民主，《新華日報》認為，戰爭時期全國上下的精力的確應當完全集中於對外，但集中全國力量的最好方式同樣是實行民主。〔註167〕《新華日報》主張充實改進政府機構，以集中全國各方人材，為抗戰貢獻力量。〔註168〕《新華日報》反覆在社論中證明，沒有政治自由、經濟自由的配合，民族國家的自由是不可能的；有人民自由才有國家自由。〔註169〕有不少人認為，中國國情不同於西方，民主只適用於外國，在中國則是「人民有權，政府便無能」，因此只有「在國家的計劃之內，人民享有充分的自由」，針對這種論調，《新華日報》指出，這種說法的荒謬，就像說「太陽曆只適用於外國中國人只能用陰曆」一樣。〔註170〕《新華日報》還借用孫科的話說：「中國不能與世界分離，我們要與世界各國圖共存，必須適應世界環境與潮流」，民主就是世界的潮流。《新

〔註163〕《勝利在望憲政在望》，重慶《中央日報》，1943 年 9 月 13 日。
〔註164〕《參政會劃時代的成就》重慶《中央日報》，1944 年 9 月 18 日。
〔註165〕《論歐洲戰局》，重慶《中央日報》，1944 年 8 月 7 日。
〔註166〕《民主政治問題》，重慶《新華日報》，1939 年 2 月 25 日。
〔註167〕《建立憲政規模》，重慶《新華日報》，1939 年 9 月 21 日。
〔註168〕《召集國民大會與實施憲政的先決條件》，重慶《新華日報》，1939 年 9 月 22 日。
〔註169〕《孫哲生先生論三種自由》，重慶《新華日報》，1944 年 5 月 16 日。
〔註170〕《關於民主政治的一點商榷》，重慶《新華日報》，1944 年 5 月 31 日。

華日報》認為，民主制度比不民主制度好，就像機器工業比手工業生產更好一樣，中外皆然。〔註171〕民主是五四新文化運動以來中國人民的共同追求。〔註172〕抗戰以來反法西斯戰爭給我們的寶貴教訓就是，人民的戰爭必須動員廣大人民群眾起來幹，必須讓人民有踴躍參加抗戰的自由，同時也必須讓人民有監督政府和決定自己命運的權利。〔註173〕否則就會造成抗戰中許多嚴重的困難，以及被日寇和汪派漢奸得以乘機利用的許多嚴重弱點。〔註174〕

　　《新華日報》同樣不注重民主的憲章條文是否完備。在關於憲法草案的討論中，《新華日報》批評該草案雖規定人民的種種自由，但每種自由都附帶一種限制，即「非依法律，不得限制之」。〔註175〕《新華日報》提出要真正代表人民意志和保護人民利益的新憲法，要真正實行民主政治的憲政。〔註176〕強調憲政應該表現在事實上行動上而不是表現在口頭上。研討憲草雖不是沒有必要，更必要的卻是擴大民主運動。〔註177〕必須先有民主，然後才能造成民主的憲法和民主的憲政。〔註178〕沒有民主政治，則人治固不可取，法治也無是處。〔註179〕《新華日報》認為，檢驗是否民主的標誌是看人民有沒有自由平等的權利。〔註180〕在抗戰期間，這些權利最低有三個簡單扼要的標準，那就是：人民是否有言論、出版、集會、結社、選舉等權利和身體的自由？一切抗日黨派是否都能公開闔法存在和活動？是否有民主的地方自治？〔註181〕《新華日報》呼籲政府明令宣佈「全國人民除漢奸外，在法律上其政治地位一律平等」，〔註182〕按照孫中山先生的「三權在民」的基本精神，〔註183〕健全基層組織，完成地方自治，喚起民眾，發掘民眾的政治潛能，保障民眾

〔註171〕《民主即科學》，重慶《新華日報》，1944 年 5 月 7 日。

〔註172〕《紀念「五四」廿五周年》，重慶《新華日報》，1944 年 5 月 4 日。

〔註173〕《今日之國民參政會》，重慶《新華日報》，1944 年 9 月 6 日。

〔註174〕《籌備「七七」紀念三周年》，重慶《新華日報》，1940 年 6 月 7 日。

〔註175〕《關於憲草的討論》，重慶《新華日報》，1940 年 4 月 7 日。

〔註176〕陳紹禹：《促進憲政運動努力的方向》，重慶《新華日報》，1940 年 3 月 9 日。

〔註177〕《擴大民主運動》，重慶《新華日報》，1944 年 1 月 2 日。

〔註178〕《站得住，推得動》，重慶《新華日報》，1943 年 11 月 24 日。

〔註179〕《人治、法治、民治》，重慶《新華日報》，1943 年 10 月 8 日。

〔註180〕《論英美的民主精神》，重慶《新華日報》，1944 年 3 月 30 日。

〔註181〕《邱吉爾的民主標準》，重慶《新華日報》，1944 年 8 月 31 日。

〔註182〕《召集國民大會與實施憲政的先決條件》，重慶《新華日報》，1939 年 9 月 22 日。

〔註183〕《孫中山先生的地方自治論》，重慶《新華日報》，1944 年 5 月 23 日。

的政治自由。〔註184〕使各地方的民眾，不但有說話的自由，有發表其對於憲
政問題意見於報章雜誌上的自由，而且有在行動上起來促進憲政實現的權
利。〔註185〕

　　總之，《新華日報》認爲，民主是解決一切問題的樞紐，只要掌握了民主，
那就沒有不迎刃而解的問題。〔註186〕民主是轉折時局的關鍵，〔註187〕民主是
打勝仗的保障。有了民主動員，能創造出軍事的奇迹來。〔註188〕要肅清貪污，
基本辦法是要發揚民主。〔註189〕要解救經濟危機也必須民主，〔註190〕要用民
主方式措理經濟問題，〔註191〕要解除產業的困難，也必須以民主政治作前提
作保障。〔註192〕不解除束縛，就無不發展生產；生產要解放，經濟就要民主。
〔註193〕政治民主與經濟民主不可分，〔註194〕中國工業化與民主化也不可分。
〔註195〕只有在民主的基礎上，才能展開中國工業化的坦途。〔註196〕因此，給
工人以民主權利，成爲一個最切實最迫切的問題。〔註197〕同樣，改造教育也
需要民主，〔註198〕甚至外交也需要民主，〔註199〕因爲民主主義是世界反法西
斯的「合法」主義。〔註200〕總之，只有民主，才能使中國黯淡的政治面貌，
爲之煥然一新；只有民主，才能使中國委頓的產業，合理的活躍起來；也只
有民主，才能使廣大的人民，從渙散中怨艾中起來積極的爲解放而戰。〔註201〕

〔註184〕《樹立民權主義的基礎》，重慶《新華日報》，1942 年 12 月 3 日。

〔註185〕《促進憲政運動徹底開展》，重慶《新華日報》，1939 年 11 月 8 日。

〔註186〕《國際間認識和團結》，重慶《新華日報》，1944 年 5 月 25 日。

〔註187〕《民主是轉淚時局的關鍵》，重慶《新華日報》，1944 年 12 月 4 日。

〔註188〕《打勝仗的因素》，重慶《新華日報》，1944 年 6 月 12 日。

〔註189〕《關於貪污問題》，重慶《新華日報》，1944 年 9 月 26 日。

〔註190〕龍季子：《要解救經濟危機必須民主》，重慶《新華日報》，1945 年 1 月 22 日。

〔註191〕許滌新：《不虞匱乏的自由──論用民主方式措理經濟問題》，重慶《新華日報》，1945 年 3 月 4 日。

〔註192〕《工業界努力的方向》，重慶《新華日報》，1944 年 4 月 21 日。

〔註193〕《從戰局談經濟》，重慶《新華日報》，1944 年 7 月 10 日。

〔註194〕《政治民主與經濟民主》，重慶《新華日報》，1945 年 2 月 5 日。

〔註195〕馬寅初：《中國工業化與民主是不可分割的》，重慶《新華日報》，1945 年 2 月 8 日。

〔註196〕《工業化的道路》，重慶《新華日報》，1945 年 5 月 24 日。

〔註197〕《工人需要民主》，重慶《新華日報》，1944 年 2 月 7 日。

〔註198〕《改造教育也是要求民主化》，重慶《新華日報》，1944 年 5 月 5 日。

〔註199〕《祝美國國慶》，重慶《新華日報》，1944 年 7 月 4 日。

〔註200〕《民主主義與「合法」主義》，重慶《新華日報》，1945 年 2 月 17 日。

〔註201〕《我們的呼籲》，重慶《新華日報》，1945 年 1 月 16 日。

與《中央日報》鼓吹計劃政治不同，《新華日報》認為當前世界政治的主潮是新型的民主政治，而蘇聯型的民主政治是最新型的民主政治。〔註202〕同樣與《中央日報》在民族主義與民主主義之間強調民族主義不同，《新華日報》認為，單提民族主義是不會有什麼好的意義和好的後果的，只有從民主主義上來瞭解民族主義，給民族主義以新的民主主義的內容，使其成為新的民族主義，才能對反法西斯戰爭的勝利和戰後新世界的建立有所貢獻。〔註203〕由此可見，如同《中央日報》試圖以三民主義的民主抽空民主的內核，《新華日報》則以新民主主義將這一內核重新植入三民主義，也就是以馬列主義解釋三民主義。當時有人分析說，共產黨所謂的三民主義，不是現實的三民主義，乃是「革命的三民主義」，是一種「以退步為進步、明退暗進」的進攻態度。〔註204〕

（三）《大公報》：民權與國權不必相反而可相成

無論是《中央日報》的國家自由絕對而個人自由應受到限制，還是《新華日報》的只有人民自由才有國家自由，兩者立論的前提都是民權與國權之間存在一定的矛盾。與它們不同，《大公報》的出發點則是「民權與國權之不必相反而可相成」。《大公報》承認中國的民主程序與英美各國不同，比如英國的憲政是歷史的產物，由傳統經驗習慣積聚而成，先有了悠久的地方自治經驗，才由下而上地形成了民主法治。《大公報》認同中國應先經過一番訓政，把民意機構建立起來，訓練人民有了參政習慣的時候，才把政權公開。不過，《大公報》同時強調，中國民主程度雖然與其他先進的憲政國家未必雷同，但同樣可以實現憲政，則無疑義。〔註205〕至於抗戰期間是否應該集中而民主

〔註202〕鄧初民：《世界民主政治的新趨勢》，重慶《新華日報》，1944 年 4 月 12 日。李慎之認為，《新華日報》的社論文章表明，許多模糊鼓吹民主的文章中經常提到蘇聯的民主，把它看成是更新式的、更理想的民主。此外，當時被認為進步的立法院院長孫科 1944 年 5 月 14 日在軍政座談會上說，一個民主國家要有三種自由：民族自由、政治自由、經濟自由，德日法西斯國家只講民族自由，英美加了一個政治自由，只有蘇聯還有經濟自由，《新華日報》把它寫進社論。這些都表明中國的左派其實並不真懂民主，連民主的常識也沒有。參閱李慎之：《革命壓倒民主——〈歷史的先聲〉序》，《李慎之文集》（內部交流本），147 頁。

〔註203〕《民族主義還是民主主義》，重慶《新華日報》，1944 年 7 月 24 日。

〔註204〕文濤：《抗戰言論與抗戰刊物》，載邵力子等著：《抗戰與宣傳》，獨立出版社（漢口），1938 年 7 月初版。

〔註205〕《怎樣表達民意》，重慶《大公報》，1943 年 11 月 16 日。

緩行，《大公報》認為，集中固然需要，但集中並不表示可以不要民主。兩者之間不僅並無矛盾，恰恰相反，抗戰時期正是實行憲政的有利時機。一方面，國民黨的建國程式，本來就以實行憲政為最終目的，因此抗戰時期自然也不應該以集中的名義緩行民主；另一方面，中國歷史上行憲失敗的最大原因，「在於國家的意識形態皆有缺憾，國家的力量不充實之故」，而抗戰以來，全國民眾的民族國家意識空前增強，國民團結，國家統一，國家基礎因為抗戰而變得堅固了，有「億萬一心」的意志，有堅強統一的國力，恰恰為實行憲政民主提供了千載難逢的良機。更為關鍵的是，《大公報》還認為，要想在民族戰爭中求取國家勝利，必須要有「真正的民主精神。」

　　強調真正的民主精神，是《大公報》對於民主的獨特表述。《大公報》如此闡述這種民主精神：「不是制度的形式，而是政治的精神」，具體說，「就是反官僚化，是行法治，是叫一切人都能達到自發的負責盡職，為國犧牲。」雖然《大公報》強調，反對官僚化實行法治必須有一個前提——「在三民主義大旗之下，共同接受領袖指導的精神總動員」，〔註206〕但對於三民主義，《大公報》同樣強調的是「三民主義的精神」。《大公報》試圖以「三民主義的精神」超越國民黨一黨的三民主義，使它「不再是國民黨一黨的主義，而成為全國共守之法律。」《大公報》希望通過「把三民主義的精髓使之法律化」的方式，使三民主義既能包容非國民黨的主張，而從國民黨的立場說來也不失為最忠於三民主義。〔註207〕至於憲政實施之後國民黨的地位如何，《大公報》以孫中山「還政與民」的遺教為訓，主張國民黨成為民主政治下的一般政黨，以主義政策爭取選民的擁護，與其他政黨競選政權。《大公報》還認為，民主政治的精神是公平，民主政治的靈魂在言論自由。〔註208〕中國國民黨第五屆第十一次中央全會確定實施憲政，《大公報》評論說這表明中國在完成民主政治的途徑上努力。〔註209〕《大公報》還可喜地從第三屆國民參政會第二次大會上看到了「民主的風度」，並由此認為國民參政會實在是為中國民主政治播下了肥碩的種子。因為民主的風度，「實是一種優美的人性」，而民主政治的原則，就是「作有禮而合法的競爭」。〔註210〕《大

〔註206〕《國民參政會第三次大會》，漢口《大公報》，1939年2月22日。
〔註207〕《實行憲政之時》，漢口《大公報》，1939年9月20日。
〔註208〕《促進憲政之實施》，重慶《大公報》，1943年9月8日。
〔註209〕《十一中全會的收穫》，重慶《大公報》，1943年9月14日。
〔註210〕《可喜的民主風度》，重慶《大公報》，1943年9月28日。

公報》希望負有「民主政治的階梯」的任務的各位參政員，以及朝野上下都應該多方培養並學習「民主的風度」。《大公報》同意《中央日報》的看法，認為訓政時期的《臨時約法》和《抗戰建國綱領》「顯然也具有憲法的性質」，並將政府抗戰期間逐漸設置各級民意機構推行地方自治等措施，看作「也都是實現民主政治的必要步驟」。根據戰爭期間英美等國政府權力增強而民主制度卻未嘗貶值的經驗，《大公報》認為，只要政府權力的擴張是基於國家利益也即國民利益，民眾自然願意「犧牲小我以助成國家民族之大功」，這與極權國家一味壓迫國民令其服從是不同的。因此，「民權與國權之不必相反而可相成」。但是，國民願意為國家利益而受犧牲，卻斷不可讓少數官吏假借權力殘民肥己。如果有這種情形，《大公報》主張政府應當給受害者以申訴救濟的機會，並許可社會上中立力量加以揭發和批評，如此才可「利國而便民」。〔註211〕

至於如何實現憲政民主，《大公報》提出兩條道路——法治與輿論。《大公報》主張，憲政應該是「為人民而治且為人民所治」的民主憲政，其兩大基礎就是法治與輿論。人民投票與議會討論，是民主政治，而享有言論自由的輿論，更是民主政治。法治與輿論，是到憲政之路！〔註212〕《大公報》主張政治應皈依民意，民意應體現於國家根本大法，使人人的權利與義務，都在法律上獲得平等與保障。首先要人民能有充分機會表達願望，人民才會珍愛憲法。至於輿論，《大公報》重申贊成積極的指導，而反對消極的取締。輿論只要不違反三民主義，不危害抗建國策，沒有以武力搗亂、武力割據的企圖，都不應該限制。總之，民意表現愈真愈切，將來憲政成功的把握也必愈大。為了實現憲政，大家必應把民意培養起來，而且不可托諸空言，必須見諸行事。〔註213〕

然而，與國共兩黨以政權和軍事實力為依託的民主觀相比，《大公報》的民主觀終究難免是「托諸空言」。事實上，在 1939 年 9 月舉行的國民參政會第一屆第四次大會上，由張君勱、左舜生等 54 位代表聯名提交的《改革政治以應付非常局面案》就明確表達了戰時民意訴求：「國家者，全國國民之國家，而非一黨一派之國家；政府者，全國國民之政府，而非一黨一派之政府」，公

〔註211〕《如何促進憲政實施》，重慶《大公報》，1943 年 10 月 26 日。
〔註212〕《憲政之路在法治與輿論》，重慶《大公報》，1943 年 11 月 13 日。
〔註213〕《怎樣表達民意》，重慶《大公報》，1943 年 11 月 16 日。

開呼籲「立即結束黨治，實行憲政」，﹝註214﹞由此開啟了抗戰期間頗有聲勢的第一次憲政運動，但很快這一運動便歸於沉寂。抗戰後期持續了更長時間的第二次憲政運動同樣由於蔣介石不願意放棄獨裁而失敗。言論一再托空的中間力量終於放棄「中間」立場，而見諸了轉向共產黨的「行事」。﹝註215﹞

三、各報論新聞自由

（一）《中央日報》：感覺一個矛盾

1943年10月，中國新聞學會在重慶舉行第二屆年會。戴季陶與會並就言論自由問題作了演講，暢談了一番大同小異之理。他說，「惟其求不同，故不妨容小異；亦惟其防大異，故不貴強小同。」戴季陶主張，理想中的言論自由應該是，「大同範圍內的言論自由，也就是不妨容許小異的言論自由，而決非假借言論自由之名義鼓吹大異。法定的自由界限，必然是就大同著眼，許其小異而不許其大異。」

戴季陶是國民黨理論權威，又是報壇耆宿，對於報人尤其是黨報報人的職業滋味感同身受。如何得到「理想中的言論自由」？正是困惑報人的問題。《中央日報》的社論就說，「報人感覺一個矛盾：一方面希望言論自由多寬敞一分好一分，而另一方面，有了完全無礙的言論自由，是否可以不在自己方寸之間定下一個限界的尺規？換言之，我們報人應如何運用這個言論自由的權利，方能無愧於職守，無負於國家？」聽了戴季陶關於大同小異的說法，《中央日報》彷彿醍醐灌頂，不禁進一步申述其義：「我們報人乃至一般國民的言論，消極方面要守抗戰法令的範圍，積極方面要受三民主義的指導，這就是言論自由所應恪守的『大同』的限界；報人不當要求這限界以外的言論自由。政府勿求『小同』，報人勿眩『大異』。」﹝註216﹞

政府勿求「小同」，報人勿眩「大異」，以政府的「大同」包容報人的「小異」，似乎是新聞統制的一種委婉表達。委婉表明內心未必很甘願。幾年前的一次記者節聚會上，程滄波也說過：「一般人過去認為新聞記者是一種自

﹝註214﹞國民參政會秘書處編印：《國民參政會第四次大會紀錄》，1939年11月，94頁。
﹝註215﹞耿雲志等人認為，抗戰時期兩次憲政運動的受挫推動了中間黨派更加不信任國民黨，更加接近共產黨建立聯合政府促進民主憲政的主張。耿雲志等著：《西方民主在近代中國》，中國青年出版社，2003年1月，593頁。
﹝註216﹞《言論自由之限界》，重慶《中央日報》，1943年10月2日。

由職業，因此有許多人都不免帶著過分的自由主義的風格，其實我們抗戰建
國，新時代中的新聞記者是有信仰的」。〔註217〕程滄波的信仰，在他出任《中
央日報》社長的時候表達過，那就是「黨的喉舌即人民喉舌」。程滄波雖然
被撤除社長職務，他的這種信仰依然為《中央日報》的其他黨報報人所信奉。

> 黨是離不了民眾的，中國國民黨的基礎就建築在國民身上，中國國
> 民人人有入黨的權利，人人有入黨的義務，而黨報要有代表國民發
> 言，代表國民監督之責任。天視民視，天聽民聽。黨報要為黨發言，
> 固以黨的視聽為視聽，而黨的視聽實在應該就是民的視聽。我們自
> 懷於職責之重，時時不忘為黨喉舌，尤其時時不忘為民喉舌。然後
> 民意即黨意，黨報即民報。而黨與民，民與黨，乃由我們記者之傳
> 達宣導，融而為一。〔註218〕

1943年這篇《記者節我們的自勉》，與1932年那篇《敬告讀者》，何其相似乃
爾。戴季陶的「大同小異」，程滄波的「黨的喉舌即人民的喉舌」，無非是「理
想中的言論自由」的不同表述。他們的共同希望無非是做到責任與自由的統
一，也就是希望劃定「自由的界限」，再具體一點，就是希望約定新聞檢查的
範圍。在這一問題上，《中央日報》引用了孫科在一次演講中的觀點。孫科認
為，新聞檢查與新聞審查在戰時是必要的，但是這種檢查或審查的唯一目的
是為了維護國家民族的最高利益。「除此大原則之外，其對國內外問題，如有
可供研究參考，而立言是為國家民族著想的，當然可使之公開發表。」〔註219〕
孫科在談到英美等國「除了軍事消息不能發表之外，旁的言論都可以自由發
表」時，表示英美人民的知識水準比我們高，所以法律上雖沒有限制與約束，
他們自己也會限制自己，約束自己。針對這種說法，《中央日報》在社論中表
示，中國言論界「具有自動守法的精神與以國家民族為己任的責任心」，並期
望改進檢查的辦法，「俾言論界今後能充分表現其自動守法的精神和以國家民
族為己任的責任心。」〔註220〕《中央日報》注意到，自抗戰以來，出版界出
現了文藝出版物與年俱增而自然科學和史地出版物不斷下降的趨勢，舊小說
舊文藝書籍不斷翻印，軟性文藝作品盛行。這種現象，「與其說是一般抗戰情

〔註217〕《新聞戰線之檢閱》，重慶《中央日報》，1939年9月2日。
〔註218〕《記者節我們的自勉》，重慶《中央日報》，1943年9月1日。
〔註219〕孫科：《實施憲政的幾個問題》，重慶《中央日報》，1943年12月5日。
〔註220〕《對敵激戰中論自由》，重慶《中央日報》，1943年11月25日。

緒高漲的結果，勿寧說是一般情緒麻痹的象徵」。〔註221〕

　　面對抗戰以來日益嚴重的現實，《中央日報》表示，輿論界不能逃避，尤其不應粉飾。政府也應該放寬限制，對於國內政治實況以及民生疾苦的消息，「在無礙抗戰的條件下，要充分發佈」。〔註222〕1944年4月19日，國民黨中宣部梁寒操部長表示中宣部正與檢查機關對過去法規加以檢討，準備放寬尺度。」〔註223〕國民黨五屆十二中全會提出改進出版檢查制度案，《中央日報》根據蔣介石的計劃政治思想提出，「必須國家計劃與人民自由互為調協，使政治成為積極性的民主政治。」〔註224〕《中央日報》認為，民主政治是「依於討論的政治」，報紙是討論政治的出版物，記者是討論政治的職業人；「病後虛弱的中國還須對於政治經濟社會道德各方面作猛烈的改革與積極審慎的建設」，為此，首先需要言論自由。《中央日報》主張，作為民主政治基點的言論自由有三個根本原則——論點的同意，服從多數，協商；而「計劃的民主政治」中的言論自由，則需要再加三個原則——負責任，有遠見，單一的目的。〔註225〕1945年初，《中央日報》刊載馬星野的文章，回應美國新聞界掀起的新聞自由運動，呼籲取消一切新聞與思想的障礙，正如在經濟上要取消關稅的障壁一樣；建議新聞檢查應該「僅以維持抗戰及公共安全之必要為限度，且在日益放寬尺度」；甚至提出「一切不合理的言論，也只有合理的新聞自由始能澄清」。〔註226〕在新聞報導上，更公開提出要「先日報，後中央」，採訪報導了包括揭發孚中、揚子兩家公司利用政治特權侵奪外匯的新聞，「在中國報業史上開創了黨中央機關報揭露黨的中央大員貪污的先例。」〔註227〕從這一時期開始，《中央日報》在個別主持人的影響下，也投入到並在某種程度上主導了中國新聞界的一場追求新聞自由的運動。〔註228〕

〔註221〕《出版界的一種趨向》，重慶《中央日報》，1944年12月21日。
〔註222〕《糾正一種風氣》，重慶《中央日報》，1943年8月27日。
〔註223〕《論言論自由》，重慶《中央日報》，1944年4月21日。
〔註224〕《政治效能與言論自由》，重慶《中央日報》，1944年5月28日。
〔註225〕《祝記者節》，重慶《中央日報》，1944年9月1日。
〔註226〕《擁護新聞自由》，重慶《中央日報》，1945年3月30日。
〔註227〕陸鏗：《陸鏗回憶與懺悔錄》，臺灣時報文化公司，1997年7月版，165頁。
〔註228〕參閱蔡銘澤：《專制主義政策與新聞自由運動——中央日報新聞自由運動分析》，載俞旭、郭中寶、黃煜主編：《新聞傳播與社會變遷》，香港中華書局，1999年9月版。

（二）《新華日報》：廢除戰時新聞檢查

面對日益嚴苛的戰時新聞檢查，《新華日報》強烈呼籲：「我們要求抗戰言論的完全自由！要求目前混亂狀態的查禁書報迅速停止！要求抗戰建國綱領，尤其是其中的第二十六條在最短時期促其實現！」〔註229〕對於政府統制言論自由的做法，《新華日報》的回答是，「如果把這個自由給予了漢奸、投降分子和法西斯主義，即是危險的。」但是，民主的反法西斯的言論如果有自由且能得到充分的保障，那麼，言論自由不僅不可怕，倒是應該歡迎的合理而健全的事。所以言論自由應該有，也應該有限制；而最重要的標準就是三民主義的原則、精神，就是團結、抗日、民主、反法西斯，在這個標準之下不容有任何成見和私見。「言論自由的標準，也就是檢查的標準。」檢查機關的責任是協助各種報刊，態度也自然要尊重各種報刊的個性和特點，在大的原則標準下容許發表不超出這個標準的不同意見。《新華日報》認為，輿論界大都不幼稚，大都很嚴肅而負責，懂得如何運用言論自由，這一點與《大公報》等大部分媒體的判斷是相同的。

抗戰期間，每逢記者節紀念日，《新華日報》都要發表社論抗議國民黨的新聞統制政策，要求言論自由。在遷渝出版後的第一個記者節，《新華日報》發表社論指出，抗戰爆發後，各黨各派言論機關得以合法存在，但中國新聞事業的發展卻極其有限，許多地方不但不能求得應有的提攜和扶助，反而常常受到不必要的限制和阻礙。社論重申了第二屆參政會通過的《確立戰時新聞政策促進新聞事業發展》案中關於改善新聞檢查的主張。政府要廣開言路，人民要下情上達，新聞記者實負有傳達輿情的重任。為此，政府應該盡量減少對輿論界的消極限制，加強積極扶助和領導。〔註230〕一年後的記者節，該報社論希望：「政府對於抗戰言論的自由要有實在的保障，在不破壞國家秘密與軍事秘密的範圍內，批評缺點的稿件，應有刊登的可能。」〔註231〕1943年紀念記者節的社論，引用重慶《新民報》《先得糾正空氣》一文中的話說：「在一切問題之先，是『說話』這一件人民的基本權利，要有確定界限以內的把握」；社論以「墨寫的謊語敵不過血寫的事實」來批判國民黨新聞統制政策對於事實真相的隱瞞。〔註232〕

〔註229〕《抗戰期中言論與出版的自由》，漢口《新華日報》，1938年7月6日。
〔註230〕《紀念記者節》，重慶《新華日報》，1939年9月1日。
〔註231〕《記者在戰鬥崗位上》，重慶《新華日報》，1940年9月1日。
〔註232〕《記者節談記者風格》，重慶《新華日報》，1943年9月1日。

1944 年記者節時，該報呼籲全國記者親密團結起來，積極爭取民主進步和言論自由。〔註233〕

　　1944 年 4 月，國民參政會參議員王雲五先生從歐洲訪問歸來。記者節前，應重慶出版業同業工會邀請，報告英國出版情形，談及英國的戰時審查制度。王雲五介紹說，英國的戰時新聞出版審查，分爲自由送審和強制送審兩種。凡是在國內發行的書報，一概用自由送審辦法；強制送審祇是完全著眼於發到國外的有關軍事消息的稿件。不僅如此，即使出版家送稿件到審查機關去檢查，也只就新聞、照片、統計等審查事實部分，並不審查言論部分，檢查的手續也很簡單，時間很短。《新華日報》報導了王雲五演講報告的主要內容，並就此發表社論指出，「統制要統制到人的思想，真是荒謬絕倫到駭人聽聞；以統制思想自詡爲一世之雄的，不管是希特勒或秦始皇，其命運之惡劣，古今中外如出一轍。」〔註234〕除此之外，《新華日報》還摘錄了大後方其他報紙要求言論自由的文章，以《從各個角度發出的：爭言論自由的浪潮》爲題編輯一組「本報特輯」。其中，成都《中國時報》刊載的《思想言論自由運動》一文中指出：「（民意的）對象表面看來是指執政者，其實是和整個國家的文化發生密切作用的。」重慶《新蜀報》刊載的《論言論自由》提到：「近代國家所以重視這種自由，無非因它可以給人民以交換知識和思想的機會，並可促使社會文化的進步。」西安的《國民時報》的社論質問道：「今天自由放任的新聞制度，何曾減低了英國自由抗戰的力量，何曾阻礙英國的發展。」《雲南日報》昭通版的社論也希望政府放寬檢查標準，希望政府對出版檢查制度的改進，能夠有更多的具體辦法使言論出版自由得到真實的保障：「不要留下足以推翻全部改進的漏洞，讓少數自私自利的人，抓住這個漏洞曲解或剝奪人民的言論，形成一面是政府准許人民言論自由，而另一面是人民還是不能說話。」〔註235〕

　　與此同時，《新華日報》還追蹤報導了當時美國新聞界正在提倡的世界新聞自由運動的消息。從 1944 年 9 月 9 日刊載《美兩黨領袖聲明贊成美應宣佈贊成世界新聞交換自由》開始，到 10 月 16 日刊載《這樣才是言論自由，檢查只限於軍事秘密，不應干涉社論的意見。美國報紙出版人協會年會中主張恢復別些

〔註233〕《祝記者節》，重慶《新華日報》，1944 年 9 月 1 日。
〔註234〕《辟思想統制》，重慶《新華日報》，1944 年 4 月 22 日。
〔註235〕以上引文均載重慶《新華日報》，1944 年 9 月 1 日。

地方已被剝奪的自由發表權》，不到一個半月內共刊載相關消息 12 條。〔註236〕
10 月 6 日的消息《新聞檢查蒙蔽眞理是法西斯愚民政策》說：國家間不受檢查
和宣傳的牽制而得相互交換新聞，對於維護戰後和平極爲重要；只有獨裁者不
能容忍自由報紙的存在。10 月 16 日的消息則報導說，美國軍事檢查所主任普拉
斯曾特別告訴美國的一部分編輯，戰時新聞檢查只問對軍事安全是否具有危
險，如果並無確實的危險，檢查也就不適用。檢查一貫的目的應是不令敵人獲
得有用的消息，而不是不令人民獲得有用的消息，應避免干涉社論意見。1945
年初，美國「新聞自由」使者之一麥吉爾參觀了《新華日報》。《新華日報》對
此行作了報導，在參觀中麥吉爾介紹說，美國除了軍事檢查之外，沒有政治檢
查；檢查新聞是違反憲法的。辦報的人自己有個共同約定，但沒有強制法，不
論在戰時平時，政治新聞的檢查都是不應該的，他反對這種做法。根據世界各
國的情形，《新華日報》得出結論說，新聞自由的有無，正是民主國家與法西斯
專制獨裁國家的最起碼的區別。〔註237〕與民主國家相比，中國的出版業，多數
印刷所被控制，郵寄運輸上的限制，未出版前先要經過嚴格的檢查，出版後仍
有被停止發賣的危險，簡直是把民營出版業逼得一籌莫展。《新華日報》認爲，
要眞正做到出版自由，必須徹底廢除現行檢查辦法。〔註238〕

（三）《大公報》：媒體與政府互相幫忙

　　《大公報》在抗戰時期願意爲民族自由而犧牲言論自由，前文已有分析。
在 1939 年記者節的祝詞中，《大公報》重申了這一立場：「報人所一向視若生命
的是言論自由，但在今日，這問題簡直可說是不存在。因爲現在我們奮全力拼
生死以爭的是民族國家的自由；沒有民族國家的自由，那裡還談得到言論的自

〔註236〕其他 10 條新聞分別是 9 月 12 日的《以新聞自由保持和平美將向各國提建
　　　　議》、9 月 13 日的《確保戰後和平的方法各國各地新聞記者應有採訪報導自
　　　　由，美國務院議案的主旨》、9 月 16 日的《人民言論自由各國政府必須保證
　　　　威爾斯（美國副國務卿）撰文主張》、9 月 18 日的《赫爾擁護新聞自由，要
　　　　使這項原則獲得全世界普遍承認》、9 月 20 日的《自由的人民有發表新聞權，
　　　　美介紹研究新聞自由案》、9 月 23 日的《保證新聞自由，美參衆兩院一致通
　　　　過》、9 月 27 日的《新聞自由應列入合約——美國參議員這樣主張》、9 月 28
　　　　日的《新聞自由政策全美報界擁護》、10 月 3 日的《新聞自由象徵民主，是
　　　　爭取勝利的前鋒——羅斯福撰文紀念新聞周》、10 月 6 日的《新聞檢查蒙蔽
　　　　眞理是法西斯愚民政策，美報專欄作家諾佛指陳》
〔註237〕《送美國記者團》，重慶《新華日報》，1945 年 6 月 30 日。
〔註238〕《出版業的危機》，重慶《新華日報》，1945 年 6 月 26 日。

由？所以在今天過記者節，我們第一應爲盡力爭民族國家的自由而感奮，第二應爲自己盡力的不夠而慚愧！」〔註239〕與《中央日報》和《新華日報》相比，《大公報》抗戰期間關於新聞自由的論述，突出地將職業權利與對本職工作的檢討聯繫在一起。《大公報》認爲，「凡有關國家大事之言論，其本身皆負有嚴重責任。言論界人自身時時須作爲負國家實際責任者，儻使我爲全軍統帥，爲外交當局時，我應如何主張，應作何打算。」因此，解決言論自由問題，首先要看言論界本身的努力。《大公報》提出，言論界立言「要公，要誠，要勇」，尤其要「熟籌國家利害，研究問題得失。」〔註240〕1940 年的記者節，《大公報》提出對「記者節」可作兩個解釋：一個是「記者的節日」，另一個是「記者的節操」。記者應守的節操，就是要爲國家盡忠，爲社會行義。在平時記者應該注重節操，在戰時記者尤其要注重節操。記者要被人尊重，先要自重。這是本文作者王芸生一慣的主張。王芸生認爲，國難當頭，對於記者的節操更是一種考驗，更需要記者盡忠行義，爲國家的勝利而奮鬥。國家法律所保障的是盡職敬節的記者，絕不保障非法妄行甚至危害國家的記者。〔註241〕

　　從國家中心論出發，《大公報》可以主張爲國家自由犧牲言論自由；而同時，出於對國家的眞正負責，《大公報》又必然要求言論自由，雖然這種言論自由是以「檢討政績」的方式提出。1941 年榮獲美國密蘇里大學新聞學院榮譽獎章後，《大公報》在答謝業界的祝賀時強調了「榮譽」事業與國家關係相當密切，並表示今後「對於內外政治經濟各方之足以妨害抗戰者，決當就環境法令許可範圍之內，貢獻意見。」〔註242〕總主筆張季鸞逝世後，《大公報》在闡述今後報紙的方針時也表示，民主國家的一個特色，就是言論自由；《大公報》今後也必「爲民主的新中國撐持言論自由的陣容而努力」。所謂言論自由，就是爲了國家利益貢獻自己的眞知灼見，「縱使與政府見解或社會空氣發生衝突而不辭」。以「隨時準備失敗」的精神，在國家至上、民族至上的大原則之下，立言紀事，絕不與任何團體或個人修私怨；「但遇傷害國家民族利益之事，無論發動於何方，本報必斥擊之不遺餘力」。〔註243〕檢討抗戰以來新聞界的表現，《大公報》認爲，新聞界爲了國家利益，怕暴露政治的弱點，怕牴觸政府的功令，言論記

〔註239〕《祝九一節》，重慶《大公報》，1939 年 9 月 1 日。
〔註240〕《論言論自由》，上海《大公報》，1937 年 2 月 18 日。
〔註241〕「記者節」，重慶《大公報》，1940 年 9 月 2 日。
〔註242〕《感謝與奮勉》，重慶《大公報》，1941 年 5 月 26 日。
〔註243〕《今後之大公報》，重慶《大公報》，1941 年 9 月 16 日。

載，不能不有所避諱，「但有時卻不免便利了貪污與瀆職以及其他罪惡的潛滋」。
因此，報紙在要求報人善盡言責砥礪節操的同時，希望政府給輿論以隨時扶助，
〔註244〕不能都變成「懶洋洋的不辨黑白，不論是非」的鄉愿。〔註245〕《大公
報》認為，只有修正新聞統制政策，才是政府對於媒體真正的扶助；也只有在
政府放鬆管制的扶助下，媒體才能更好地儘其職責以幫助政府——這大概是《大
公報》理想中的政府與媒體互相幫忙的狀態。

> 為國家的利益著想，有人謂報紙對於政府，應該是小批評，大幫忙。
> 假使批評為難，則幫忙時也就乏力。因為在那種情形之下，一般民
> 眾以為反正報紙都是政府的應聲蟲，不曾有真知灼見，而國際讀者
> 也以為你們的報紙沒有獨立精神，而不重視，到那時報紙雖欲對政
> 府幫忙而也沒有力量了。本此見解，我們認為政府應該放寬新聞檢
> 查的尺度，使報紙漸有活氣，一可健全輿論的力量，並可給報界以
> 產生人才的生機。這雖是我們希望於政府的，同時我們報人也應該
> 自加自勉警惕，一旦政府給我們以較大的自由，我們報人又怎麼不
> 濫用這自由，不妄用這自由？我們新聞記者，現在就應該練習獨立
> 負責的能力，準備獨立負責的精神！〔註246〕

獨立負責，意味著不需要他人代為檢查的意思，也包含著真理具有自我修正
功能的意思。《大公報》認為，「言論自由是報館自身負其法律及道德的責任
的，大可不必由政府檢查所代負其責了」，因此，「言論自由應該無所躊躇的
實現。」〔註247〕1945 年元旦，抗戰勝利在望，蔣介石代表國民政府表示要「鼓
勵正當輿論」。《大公報》立即聯想到：「那麼輿論若是不正當呢？」是否「還
得取締」？社論說，輿論不妨傳聞有誤，批評失當——遇有這種情形發生，
卻正給當事者一個辯明解釋的機會，反使真相大明，而更見其月白風清。《大
公報》以自身的經驗說明，「社會對於報館的監督與檢查，比政府的檢查統制
還來得有力量」。一段新聞登錯，當事者馬上就來抗議，甚至起訴；一個論點
錯誤，讀者馬上就來指責，而且報館非自己公開認錯不可。若真荒唐得不成
話，則大家自然不買不看，報館大賠老本，就非關門不可。在言論的自由市

〔註244〕《文化動員與報人》，香港《大公報》，1942 年 2 月 7 日。
〔註245〕《祝記者節》，重慶《大公報》，1944 年 9 月 1 日。
〔註246〕《今後的中國新聞界》，重慶《大公報》，1943 年 10 月 1 日。
〔註247〕《歡迎新聞自由》，重慶《大公報》，1945 年 3 月 30 日。

場上，受眾是最好的監督與糾錯力量。《大公報》一再呼籲修正新聞檢查條例，實行政治公開，將一切擺在光天化日之下，十目所視，十手所指，任大家公開批評，公開檢討，無善不彰，無惡不顯，則政治那得不修明？國家那得不進步？！〔註248〕美國新聞代表團訪問重慶時，《大公報》同樣發表了熱情洋溢的社論，表示完全贊成美國同業發起的新聞自由運動及其採訪自由、傳遞自由、授受及發表自由的主張，並準備爲此原則盡力奮鬥。《大公報》認爲，「實行新聞自由的途徑甚爲簡單，就是在國內要取消新聞檢查制度，在國際間要彼此採訪自由，不需有什麼保留條件。」這原則在戰時或尚未能完全無缺的實行，但在戰後則必須求其絕對實現。〔註249〕抗戰初期的由報人而「諍民」，至此又悄然由「諍民」而恢復了「自由報人」的身份意識。《大公報》不再隱諱地表示，敢說敢做敢擔當，是自由人的風度；敢記敢言敢負責，是自由報人的作風。《大公報》相信，中國歷史上沒有新聞自由與言論自由，但老大的中國正在新生，正在向自由與民主的前途新生，新聞自由一定能在新生中國裏實現。〔註250〕

本章小結

　　在艱苦的戰爭環境和嚴厲的新聞統制雙重因素影響下，抗戰時期中國新聞事業的發展在總體上受到相當程度的限制，在某些方面甚至倒退到戰前水平。但是，就局部而言，某些類型的新聞事業特別是少數重要媒體，卻在戰爭風雲際會中得到了發展。具體說，抗戰時期成爲我國政黨報刊和政論報刊發展的又一個重要時期。首先，它是國民黨黨報歷史中最爲光輝的一段時期。〔註251〕同時，作爲中國共產黨創辦的第一張向全國公開發行的報紙，《新華日報》也在抗戰期間成就了自己的輝煌，成爲該黨「在民主革命時期創辦時間最長、影響最大、辦得最好的一份機關報。」〔註252〕此外，像中國民主政團同盟的機關報《光明報》也創辦於該時期。

〔註248〕《博採輿論的新作風》，重慶《大公報》，1945 年 1 月 3 日。
〔註249〕《歡迎新聞自由！》，重慶《大公報》，1945 年 3 月 30 日。
〔註250〕《送別新聞自由的使者》，重慶《大公報》，1945 年 4 月 3 日。
〔註251〕蔡銘澤：《中國國民黨黨報歷史研究（1927～1949）》，團結出版社，1998 年 9 月版，183 頁。
〔註252〕方漢奇主編：《中國新聞事業通史》第 2 卷，中國人民大學出版社，1996 年 5 月版，711 頁。

　　與政黨報刊的發達情形相比，民營商業報刊在重大政治問題上嚴重失語，顯得很不景氣，頗不足觀。林語堂就諷刺當時上海資格最老、發行量最大的《申報》和《新聞報》，「是舊時保守大報的代表，同時也均在編輯最差的報紙之列」。〔註253〕相比之下，由天津而上海、漢口、香港、重慶，隨著戰局變化而不斷遷徙的《大公報》則代表了「企業化與政治化的合流」，〔註254〕更代表了時代與民意的潮流，贏得了最多的受眾，成為戰時中國當之無愧的輿論領袖，因此被林語堂稱為「最進步、編得最好的報紙」。抗戰期間，《大公報》始終堅持報館的獨立，顯現了專業的成熟，並以其「無畏而深刻」的評論和「自由而進步」的表現榮獲密蘇里大學1941年度外國報紙獎。其精彩表現，不僅把中國「文人論政」的地位提到新的高度，也開啓了中國新聞界與新聞從業人員受到國際重視的先端。〔註255〕

　　選取《中央日報》、《新華日報》和《大公報》在抗戰時期的社論進行對比分析，固然是由於它們各自在抗戰時期達到了事業的高點，更重要的原因則是它們恰好代表了抗戰時期中國三種主要政治力量。它們之所以在抗戰期間同樣取得成功，根本原因也在於國難來臨後全體中國新聞人無分黨派，都自覺地投入救亡圖存的民族解放鬥爭之中，在極其艱苦的條件下卓有成效地從事精神動員、新聞抗戰的工作。但是，它們各自走向事業頂峰的客觀條件和表現形態又不完全相同：《中央日報》主要得益於國民黨戰時新聞統制政策，《新華日報》則得益於國共合作抗日，《大公報》主要是靠專業報導和評論。在某種意義上，如果說聯合抗日是它們成功的共同保障，那麼，在聯合的同時彼此間的鬥爭——抗日統一戰線內部的話語交鋒則是充分展現各自言論立場、個性風格並從而產生其不同影響力的直接原因。這一點既體現為《中央日報》代表了國民政府和蔣介石本人的權威聲音，也體現為《新華日報》傳達了共產黨的方針和政策，同樣體現在《大公報》始終以國家利益為中心，

〔註253〕林語堂著，王海，何洪亮譯：《中國新聞輿論史》，中國人民大學出版社，2008年6月版，109頁。
〔註254〕曾虛白：《中國新聞史》，三民書局，1966年4月初版，351頁。賴光臨認為，獨立性報紙有別於政治性與商業性報紙而言，而兼有兩類報紙的特色，即以商業經營為手段，不以營利作目標，仍保持文人論政的本身與宗旨；獨立報人在政治上不參加或附屬任何黨派，經濟上求自立，不受政治投資，不納外人資本。這類報紙，最具代表性的，當推《大公報》。賴光臨：《七十年中國報業史》，臺灣中央日報社版，1981年3月版，111~112頁。
〔註255〕陳紀瀅：《報人張季鸞》，重光文藝出版社（臺北），1967年7月版，32頁。

相當程度上代言了獨立於國共兩黨之外的第三種政治力量的聲音——用胡政之的話說，「抗戰一起，我們的報紙和國家的命運幾乎聯在一塊，報紙和政治的密切關係，可謂達到了極點。」〔註256〕因此，抗戰時期《中央日報》、《新華日報》和《大公報》的言論交鋒，可以理解為抗戰時期中國不同政治力量在如何達致抗戰建國的共同目標上，有著不同的路徑主張。而《大公報》的聲望日隆，除了其社論立言風格本身的感染力，也表明了隨著抗日戰爭的逐步深入和國共兩黨矛盾的加深，增加了處於中間地位的第三種力量在一系列重大問題上的發言權。〔註257〕

如前文所述，抗戰時期的《大公報》從國家中心論的立場出發，主張以推動民主建設加強抗戰力量。表現在社論中，一方面要求實現憲政，不時檢討國民黨的不良政績，經常惹得新聞統制部門不滿。其中，《擁護政治修明案》、《看重慶念中原》等社論以及「愛、恨、悔」運動更是與國民黨乃至蔣介石本人產生直接衝突。另一方面，《大公報》也因為強調力量集中意志統一，在晉南戰事等軍事問題以及政黨問題上與中共產生這樣那樣的摩擦。皖南事變發生後，《大公報》的立場更是招致了國共兩黨的不滿。《大公報》當時面對的輿論環境是，不僅《中央日報》、《掃蕩報》等國民黨系報紙集中指責新四軍違抗軍令，而且幾乎所有民營報紙也都迫於壓力刊登政府消息。在這種情況下，《大公報》社論在擁護政府當局對新四軍處理態度的同時，公開表示「相信中共現時必仍然信守國家至上民族至上的原則」；並強調，在信守國家至上民族至上的原則之下，「任何黨派的政治主張容或因求治之急而近於激烈，非但可諒，亦且可敬。」〔註258〕應該說，《大公報》這種反對兄弟鬩於牆、外禦其侮的態度是與其以國家民族利益為最高利益的立場是一致的。

實際上，檢讀抗戰時期《大公報》的社論不難看出，該報追求民族獨立、

〔註256〕《在重慶對編輯工作人員的講話》，原載重慶《大公報·大公園地》，1943 年12 月 21 日，收入王瑾，胡玫編：《胡政之文集》（下），天津人民出版社，2006年版，1080 頁。

〔註257〕聞黎明認為，抗戰期間，第三力量的政治見解和思想主張往往代表著廣大社會中間人群的利益。他們的存在，對國共兩大政治勢力起著某種制約的作用。特別是戰爭結束前後，這種力量已被視作政治天平向何處傾斜的砝碼。因此，無論國民黨、共產黨，還是對中國政局舉足輕重的美國，都非常重視和爭取第三種力量。聞黎明：《第三種力量與抗戰時期的中國政治》，上海書店出版社，2004 年 10 月版，3 頁。

〔註258〕《關於新四軍事件》，重慶《大公報》，1941 年 1 月 21 日。

政治民主、和平奮鬥的言論立場始終是明確而堅定的。這一點，在張季鸞逝世後《新華日報》發表的紀念文章中也予以承認並稱之爲對新聞界的一大貢獻：「先生的立場則爲團結禦侮，躋中國於民主國家之林。他這種政治主張，表現在言論上始終很明確。……忠於自己的立場，忠於自己的事業，這正是先生對新聞界的貢獻。」〔註259〕我們還可以說，忠於自己的立場，忠於自己的事業，也是《大公報》對於戰時中國政治發展的貢獻。抗戰勝利後，《大公報》從國家中心論、小罵大幫忙論轉爲公開提出走「中間道路」，也就是儒家式自由主義道路，其所念茲在茲的依然是那些超越不同階級和黨派利益的普適價值──「以大多數人的幸福爲前提」。《大公報》這樣解釋自己的主張：「自由主義者對外並不擁護十九世紀以富欺貧的自由貿易，對內也不支持作爲資本主義精髓的自由企業。在政治文化上自由主義者尊重個人，因而也可說帶了頗濃的個人主義色彩。在經濟上，鑒於貧富懸殊的必然惡果，自由主義者贊成合理的統制，因而社會主義的色彩也不淡。」〔註260〕《大公報》希望「任何革命必須與改造並駕齊驅」，似乎仍期待在國共兩黨之間保持獨立並爲之溝通，但是，國共兩黨力量的逆轉和國內政治形勢的巨變注定了這種理想主義的主張只能成爲一種美好的空想。

〔註259〕《季鸞先生對報業的貢獻》，重慶《新華日報》，1941 年 9 月 26 日。
〔註260〕《自由主義者的信念》，上海《大公報》1948 年 1 月 8 日。

餘論：戰時新聞統制政策的結束與
國民黨政權在大陸的失敗

　　在世界新聞事業發展史上，新聞檢查問題，同樣是各國戰時新聞事業的關鍵問題。戰爭期間，新聞往往像其他事情一樣以贏得勝利為最高指導原則。有學者認為，從傳播的目的、功能和傳播方式上看，戰時新聞傳播都更像戰爭而不是新聞。在這裡，新聞只不過像大炮、坦克、飛機一樣的武器，它的使用完全服從於戰爭的需要，乃至新聞最根本的特徵——事實的真實——都可以置之不顧。〔註1〕特別是從第一次世界大戰開啓了全民參與的所謂「總體戰」時代，〔註2〕戰時宣傳與新聞檢查成為各國政府包括民主國家政府的普遍行為。

　　以美國為例，第一次世界大戰期間，威爾遜總統任命新聞記者喬治·克里爾成立公共新聞委員會，負責協調政府的宣傳工作，並充當政府與報紙之間的聯絡，發佈關於戰爭的實況。該委員會製定了一套自動的新聞檢查制度，報紙的主編都必須遵守這些規定，不登有助於敵人的消息。第一次世界大戰期間和戰爭結束後，美國政府根據1917年制訂的《反間諜法》指控報紙、雜誌、書籍發表反戰言論的訴訟達1900件。〔註3〕第二次世界大戰期間，特別

〔註1〕 展江：《戰時新聞傳播諸論》，中國人民大學博士論文（1996年），21頁。

〔註2〕 〔德〕盧登道夫著，董問樵譯：《全民戰爭》，商務印書館，1937年2月版，5頁。董問樵將「總體戰」譯為「全民戰爭」。在該書譯序中解釋了他這樣譯的理由是，強調「戰爭不只是軍隊的事情而成為全民族的事情」，這也與抗戰時期提出的「全民抗戰」等口號更為接近。

〔註3〕 1917年美國《反間諜法》第三條規定：「任何人，在美國參戰期間，惡意製作或傳播虛假報告或虛假聲明，旨在干擾美國陸軍或海軍的作戰或勝利，或旨在助長敵人的勝利；任何人，在美國參戰期間，在美國陸軍或海軍中惡意煽

是太平洋戰爭爆發後，美國正式捲入戰爭。爲規範戰時宣傳，1942 年 1 月發佈了《美國報紙戰時行爲準則》，禁止美國所有報紙雜誌書籍和其他印刷品不適當地刊登有關軍隊、飛機、船隻、戰時生產、武器、軍事設施和天氣等消息；同樣的指示也下達到廣播電臺。戰時新聞檢查局聘用了 14000 餘人的工作人員，負責對美國和其他國家之間來往的郵件、海底電報和無線電通訊進行強制性檢查。〔註4〕由於意識到某些情況的報導會給敵人提供明顯的可乘之機以及國家可能面臨的危險，美國人普遍接受戰時檢查制度。但與此同時，由於這種檢查制度顯然與保障新聞自由之間存在著矛盾，又使得即便在戰時他們也懷疑新聞檢查的必要性。美國人爲之感到困惑的是：這是什麼樣的控制？由誰來實施？這種雙重顧慮在某種程度上暴露了「新聞自由權利和控制對政府有害的情報的必要性之間存在著固有的矛盾」。〔註5〕爲了解決這一矛盾，美國人努力尋找一種理想方案，既可以使國家執行計劃不受不必要的干涉或阻撓，而同時又能盡多地保留自由主義概念下的自由。

　　純粹的自由主義報刊理論對於國家在戰時可以削減表達意見的自由到什麼程度，並未作理論上的分析。在 1919 年審理斯申克（SCHENCK）訴合眾國案件中，美國最高法院採取了大法官霍爾姆斯提出的著名原則：「在每一個

動或試圖煽動不服從、不忠誠、叛變或拒絕執勤，或惡意阻礙美國的徵兵或服役，對軍隊或美國造成損害者，應處以 1 萬美元以下罰款或 20 年以下監禁，或兩刑並罰」。1918 年美國國會對該條修改後進一步規定：「任何人，在美國參戰期間，惡意發表、印刷、撰寫或出版針對美國政府，或聯邦憲法，或美國陸軍或海軍，或美國國旗，或美國陸軍或海軍制服的任何不忠誠、褻瀆、庸俗下流和辱罵的語言，或運用任何旨在蔑視、嘲弄、謾罵和醜化美國政府，或聯邦憲法，或美國陸軍或海軍，或美國國旗，或美國陸軍或海軍制服的語言，或惡意發表、印刷、撰寫或出版任何旨在挑戰、煽動、助長抵抗美國，或助長敵人事業的語言，或惡意展示任何敵國的旗幟，或惡意以發表、印刷、撰寫、出版或口頭語言的形式，敦促、挑起和鼓吹削減美國生產任何軍需品，從而故意影響、損害或阻礙美國作戰者，應處以 1 萬美元以下罰款或 20 年以下監禁，或兩刑並罰。美國政府的任何雇員或官員犯任何不忠誠行爲，或發表任何不愛國或不忠誠言論，以謾罵和暴力的方式對待美國陸軍或海軍或美國國旗，都應立即解雇。」邱小平：《表達自由——美國憲法第一修正案研究》，北京大學出版社，2005 年 1 月版，17～18 頁。《反間諜法》於 1921 年到期，國會決定不予延期，因此該法自動失效。

〔註4〕埃德溫・埃默里，邁克爾・埃默里著，蘇金琥等譯：《美國新聞史》，新華出版社，1982 年 12 月版，447 頁。

〔註5〕梅爾文・L・德弗勒、埃弗雷特・E・丹尼斯著，顏建軍、王怡紅、張躍宏等譯：《大眾傳播通論》，華夏出版社，1989 年版，94～96 頁。

案件中，問題在於使用的語言是在這樣的環境中使用的，並且屬於這樣一種性質，即造成了明顯與即刻的危險，足以帶來大量惡果，國會就有權加以防止。這是一個近似和程度的問題。」施拉姆等人認為，「明顯與即刻的危險」試圖提供一個原則：一方面規定自由討論的極限，另一方面規定政府的限制權力，辦法是限制政府對自由發表言論的干涉，除非對國家的目標發生緊急的危害的情況。〔註6〕這一原則也確立了在言論自由和國家安全這些相互競爭的利益中，應該優先自由。根據這一原則精神，1943 年 2 月頒佈的《報業戰時實施條件》規定，美國媒體只有在發表有關「武裝部隊、艦船之行動、艦船因敵方攻擊而沉沒或受創等、空襲、飛機、氣候與謠言」等「特殊情報」時，才需要得到有關當局的許可，其他新聞登載則行動自由。因此，兩次世界大戰期間，美國政府雖然建立了一個檢查來往電訊的制度，但是並未企圖藉此窒息大眾傳媒。送審制度是經大眾傳媒合作的並且是自願實行的，新聞檢查局的主要任務是指導媒介進行自我檢查。〔註7〕由於同樣的原因，二戰期間英國政府對報業實行全面控制的企圖最終也遭到失敗。〔註8〕1943 年 4 月中國訪英團參觀英國新聞檢查局時，英方曾贈給客人一份內容詳細的戰時新聞檢查施行方法的備忘錄。這份備忘錄表明，英國的戰時新聞檢查主要針對在英國國外發表的新聞，包括拍到國外發表的新聞電報、由長途電話或無線電話發到國外的新聞、以及由郵政寄到國外的新聞資料和廣播等。至於在國內發表的新聞，則不受強制檢查，所需要送檢的，主要是一些編輯認為發表後可能為敵人所利用的與戰事有關的新聞。〔註9〕因此，我們不能簡單地從戰爭

〔註6〕 韋爾伯‧施拉姆等著，中國人民大學新聞系譯：《報刊的四種制度》，新華出版社，1980 年 11 月版，68～70 頁。

〔註7〕 埃德溫‧埃默里，邁克爾‧埃默里著，蘇金琥等譯：《美國新聞史》，新華出版社，1982 年 12 月版，447 頁。

〔註8〕 1940 年夏天，在德國即將入侵的恐怖氣氛中，英國政府簽署特別許可令，授予內政大臣對報業實行全面控制的權力，其中最重要的就是「2D」法令，依照該規定，內政大臣個人有權禁止任何「故意煽動反對女王領導的戰爭」的報刊出版，同時剝奪遭禁報刊向法院投訴或申訴的權利。此舉引發了大規模的抗議活動，結果導致新聞審查制度的失敗，而聲名狼藉的「2D」法令也不再被執行。就像當時英國資訊部的一位官員所說：「在英國，不論對公眾意見進行道德上的還是政治上的審查，都是不合適的，這與過去 300 年的英國歷史背道而馳。」參閱，詹姆斯‧卡瑞珍‧辛頓著，樂軼玫譯：《英國新聞史》，清華大學出版社，2005 年 8 月版，53～54 頁。

〔註9〕 《英國的新聞檢查》，重慶《大公報》，1944 年 5 月 8 日。

影響新聞的角度出發，誇大英、美等自由國家戰時新聞檢查的嚴厲程度，將它與德國法西斯的戰時宣傳政策相提並論。

　　與美、英等新聞自由國家的情形相比較，抗戰時期國民黨新聞檢查政策的特殊之處在於，雖然它也帶有戰時的特殊性，比如針對軍事等「特殊情報」，但除此之外，它還同時針對國內政治中的反對黨派、特別是共產黨的「特殊言論」。這種特殊性的形成，其直接原因固然是南京國民政府自成立以來一直處於戰爭動盪中，平時即戰時，但根本的淵源卻來自於該政權的歷史及其本性之中。晚清以來，中國政治始終不上軌道，報導不自由，新聞的宣傳性成分多，報業也無法真正獨立發展。〔註 10〕國民黨南京政府成立後，實施以意識形態統制為中心的新聞政策，言論自由等人權雖然在理論上被承認，但實際被國家權力和政黨權力所壓抑，甚至被褫奪。政治依然不上軌道，報界感覺言論自由甚至比不上軍閥時期。國民黨在大陸統治時期，黨權、國權與業權的彼此消長，反映了新聞自由邊界在不同時期不同條件下的伸縮變化；但無論如何，黨權高於國權、業權的根本結構始終沒有改變過。

　　有趣的是，在英美等新聞自由國家中，戰爭通常會導致新聞界和政府之間關係的趨於緊張。與此不同，戰前即存在於南京國民政府和中國新聞界之間的緊張關係，反而因為抗戰的來臨而一度轉為緩和。國難發生初期，為了挽救民族存亡，一方面，新聞界以民族責任自負，自覺地接受必要的新聞檢查，以業權服從國權；另一方面，為了最大限度地發揮新聞宣傳服務於抗戰的力量，同時由於媒介自覺地進行自我審查，反而使得強制性的新聞檢查在某種程度已顯得有點畫蛇添足，〔註 11〕政府也表示尊重新聞自由。面對共同的敵人，政府與新聞界之間、新聞同業間都出現了「團結的進步」，〔註 12〕至於各地報紙與新聞檢查機關的關係，也變得「不像從前那樣摩擦之深」。〔註 13〕但是，這一令人困惑的現象，並不表示在中國不存在「事關民族生存的國家利益與講真話的權力之間的對抗」。〔註 14〕這裡既牽涉到是什麼樣的真話？

〔註10〕政之：《中國新聞事業》，原載北平新聞學會：《新聞學刊》，1929 年；收入王瑾，胡玫編：《胡政之文集》（下），天津人民出版社，2006 年版，1039 頁。

〔註11〕〔美〕詹姆斯·卡瑞、珍·辛頓著，欒軼玫譯：《英國新聞史》，清華大學出版社，2005 年 8 月版，54 頁。

〔註12〕范長江：《兩年來的新聞事業》，《新聞記者》第 2 卷第 2 期，1939 年 8 月 1 日。

〔註13〕舒宗僑：《一年來戰時宣傳政策與工作的檢討》，中國青年記者學會編：《新聞記者》第 1 卷第 5 期，1938 年 8 月 1 日版。

〔註14〕〔法〕讓—諾埃爾·讓納內著，段慧敏譯：《西方媒介史》，廣西師範大學出

也關乎是什麼樣的國家利益？

如前所述，英美等自由主義國家的戰時新聞檢查，目的是限制新聞界報導有可能損害國家利益的「特殊情報」，主要是軍事消息。類似檢查，中國新聞界並不反對。問題是，除了軍事或類似軍事的明顯與戰爭利害相關的「特殊情報」，其他的新聞和評論是否允許發表？特別是揭露政府腐敗或批評政府錯誤的「真話」，媒體有沒有權力說？或者說，發表這些無涉軍事秘密或無礙戰爭勝利的真話是否也影響國家利益？在民主政治和新聞自由的國家，這些基本不成為問題。就像羅隆基所說的，國家獨立與民主政治相關聯，只有集思廣益，保護言論自由，包括批評政府的言論自由，政府才能更有辦法取得戰爭的勝利。因此，如果說新聞自由權利，像所有的自由權一樣都是為限制政府權力專橫而提出的，〔註15〕那麼，這一權利在戰爭時期的民主國家，至少在理論上並沒有因為新聞檢查而失去。但是，對於實行黨治、自稱黨即國家的國民黨政府而言，即使在和平時期，批評政府也往往被視為批評黨、損害黨的利益，也就是損害國家利益的嚴重行為。新聞統制政策的根本原因和最高目的就是控制這種批評。國民黨的新聞統制，不是體現在它對於戰時新聞言論中有關軍事等「特殊情報」的檢查，也不體現在它對於本黨經營的新聞事業的宣傳指導，而是體現在它對於全部非黨營新聞事業中的非軍事等「特殊情報」的新聞和言論的查控。這種控制在戰前引發了政府與媒體間的衝突，並遭到了業界的強烈抵制。戰爭的來臨無疑為這種控制提供了新的藉口，而媒體也不得不尋求新的辯護理由。於是，國難發生後，在內政與外交打成一片的語境下，新聞統制與新聞自由問題，呈現出與戰前不同的新特徵和更為複雜的表現。由於反法西斯戰爭、國內政黨之爭以及新聞媒介之間的專業之爭錯綜交織，戰時國統區內新聞事業呈現出相當獨特的生態景觀，而報人也深深地陷入到民族道義、政治立場和專業理念的矛盾糾纏與劇烈衝突之中，其典型症候表現就是為了「任何意見莫先於對外一致」而「打落牙齒和血吞，一切對內的話都不忍說」，只能痛苦地在兩難之間尋找言論自由的空間。

從根本上說，新聞自由是政治自由的重要組成部分。抗戰時期政府、媒體與報人之間圍繞著統制與自由邊界的爭奪，在某種意義上可以理解為自由

版社，2005 年，113 頁。

〔註15〕夏勇：《西方新聞自由探討——兼論自由理想與法律秩序》，《中國社會科學》1988 年第 5 期。

主義新聞思想與集權主義新聞思想之間的爭鬥，是新聞專業主義與新聞工具論之間的爭奪。國民黨新聞政策的演變歷程及其執行效果表明，試圖以強力取消不同意見並不能真正達到思想統一，也無助於統治者政權的穩定。禁止批評腐敗，最好的方式是從制度上防止腐敗的產生；糾正紛歧雜錯之思想，最好的途徑也是讓真理親自上場交鋒。言論自由不僅是其他自由和民主政治的基礎，也是社會的減壓閥和安全網。法國思想家托克維爾就曾坦白承認，「我對出版自由並沒有那種因事物本身十分良好而產生的完全堅定的愛好。我之所以愛好出版自由，主要是因為它能防止弊端，其次才是因為它本身好。」〔註 16〕不過，言論自由作為一種基本人權，其本身的保障又有賴於民主政治的建立。〔註 17〕1941 年 9 月 18 日，中國民主政團同盟的機關報《光明報》在香港創刊，負責籌辦的梁漱溟為該報擬定了《中國民主政團同盟機關報〈光明報〉言論公約》，並作《釋本報言論公約》，論述了言論自由與民主政治的關係。梁漱溟認為，政治是大家的事，政治要民主，民主精神為團結之本。而所謂民主精神，其中有兩個要素，一個是容忍異己的力量，一個是服從多數的習慣。既然要容忍異己，就得容忍異己的聲音，就得實現言論自由。因此，要想在政治上實現民主，就不能僅僅寄希望於政治自身，而必先在言論上實踐民主精神，必先實現言論自由，只有在言論方面養成自由民主的風氣而後民主政治才有其確實基礎。〔註 18〕晚年的程滄波也頗有感觸地說過，「新聞自由與民主制度，好像車子的兩輪。車子失去兩輪，是無法行動。民主制度如果沒有新聞自由，那麼，民主制度中最可寶貴的『異見』，是無由表露了，也無由傳佈。民主政治所以能造成『開放的社會』，就是經過新聞自由而開放；反民主制度所以造成『關閉的社會』，就因為沒有

〔註16〕托克維爾著，董果良譯：《論美國的民主》，商務印書館，1991 年版，203 頁。

〔註17〕朱傳譽先生認為，中國在政治上屬一個專制的傳統，但也有一個爭取言論自由的傳統。表現在政治制度方面，諫諍制度日益健全。諫諍在朝，「清議」在野。中國民本思想的淵源很早，可惜沒有能形成民主的政治制度，因而民意的伸張，和言論的自由，成為「賢君賢相」的恩賜，成為知識份子的奢侈品，和大多數民眾沒有關係。換句話說，中國因缺少個性自覺的階段，只有黑格爾所謂合理的自由，而沒有主體的自由。只有治權的民主，沒有政權的民主。沒有主體的自由，合理的自由也常為之破壞，沒有政權的民主，治權的民主也得不到保障。參閱朱傳譽：《中國民意與新聞自由發展史》，臺灣正中書局，1974 年 7 月版，467 頁。

〔註18〕《梁漱溟全集》第 6 卷，山東人民出版社，1993 年版，第 112 頁。

新聞自由而使人民的視聽閉塞，因而成為『閉塞的社會』。一部民主政治的
奮鬥史，同時也就是一部新聞自由的鬥爭史」。〔註19〕同樣可以說，抗戰時
期輿論界反對新聞統制、爭取新聞自由的鬥爭史，同樣是一部爭取民主政治
的奮鬥史。

　　抗戰時期的媒體和報人，通過種種方式緩衝、化解甚至公開抵制新聞統制，
使得該政策最終難以取得預期效果。早在 1942 年，政府當局就不得不承認新聞
統制政策「絕對統一」的目標「尚未達到」，並開始檢討過分箝制輿論的失策。
1944 年，國民黨中央宣傳部長梁寒操在一次外國記者招待會上也表示，「過去
數年於檢查辦法，有若干不適宜之處，致使報界感受許多憤懣。」1944 年 5 月
26 日國民黨第五屆中央執行委員會第十二次全體會議通過《對於黨務報告決議
案》，提出要順應時勢要求，「改善審檢辦法，以納言論於正軌。」會議還通過
《改進出版檢查制度案》，明確表示要「局部廢止事前檢查」。〔註20〕1945 年 3
月，中國新聞學會舉行茶話會歡迎美國新聞界代表團福勒斯特一行，福氏在發
言中提到「各國政府不得壓制輿論及檢查新聞傳遞」。當天晚上，國民黨中宣部
長王世傑就表示「戰後當可廢棄新聞檢查。」從美國新聞代表團訪華開始，直
到 1948 年 7 月南京《新民報》因「洩露軍情」、「為共匪張目」被國民政府下令
「永久停刊」，在三年多的時間內，中國新聞輿論界掀起了一場聲勢浩大的新聞
自由運動。無論是從運動的起源還是它的目標指向看，這場新聞自由運動顯然
是對國民黨戰時新聞統制政策的一種反動。

　　抗戰勝利後，國民黨中央常務委員會決議並經國防最高委員會委員長蔣
介石核定頒佈《廢除出版檢查制度辦法》，宣佈自 1945 年 10 月 1 日起，廢止
《戰時出版品審查辦法及禁載標準》、《戰時書刊審查規則及戰時違檢懲罰辦
法》；新聞檢查（除軍事戒嚴區外）一律廢止。《中央日報》為此發表題為《輿
論政治時代的來臨》的社論，歡呼新聞檢查的廢除，稱它「是推行民權主義
的政治建設的一環，是言論出版自由從軍政訓政時期轉到憲政時期的分野，
是國民革命轉到一個新階段的紀程碑。它的作用是讓戰後的中國向著輿論政
治而邁進。」1946 年 1 月國防最高會議通過廢止限制自由的法令，其中涉及

〔註19〕程滄波：《新聞自律與「道德規範」》，載《滄波文存》，臺北傳記文學出版社，
　　　　1983 年 3 月版，288 頁。

〔註20〕榮孟源主編：《中國國民黨歷次代表大會及中央全會資料》，下冊，光明日報
　　　　出版社，1985 年 10 月版，782 頁，871 頁，891 頁。

言論自由的法令包括《戰時新聞禁載辦法》、《戰時新聞檢查辦法》、《非常時期報社通訊社雜誌社登記管制暫行辦法》等都被宣佈廢除。同年 3 月 15 日，國民黨第六屆中央執行委員會第二次全體會議通過《對於黨務報告之決議案》，提出「改善宣傳方法」，表示要儘量扶植輿論，爭取中立性宣傳力量；並將黨營新聞事業迅速改組為民營公司。〔註 21〕但是，與國民黨專制統治所造成的社會危機和政權搖搖欲墜相比，這一切似乎都顯得柔弱無力，且已為時太晚，根本無法挽回它在大陸失敗的命運。

〔註21〕榮孟源主編：《中國國民黨歷次代表大會及中央全會資料》，下冊，光明日報出版社，1985 年 10 月版，1041～1042 頁。

參考文獻

一、報刊與學術雜誌

1. 《中央日報》、《大公報》、《新華日報》、《新民報》、《國民公報》、《渝報》、《新蜀報》、《商務日報》等。

2. 申時電訊社編印：《報學季刊》第 1 卷第 1～4 期（1934 年 10 月至 1935 年 8 月）。

3. 中國青年記者學會：《新聞記者》第 1 卷第 1～10 期（1938 年 4 月 1 日至 1938 年 12 月 10 日）。

4. 中央政治學校新聞研究會：《新聞學季刊》第 1 卷第 1～4 期（1939 年 11 月），第 2 卷第 1、2 期，第 3 卷第 1 期。

二、檔案、文集、回憶錄與傳記資料

1. 中國第二歷史檔案館：《中華民國史檔案資料彙編》第 3～5 輯「文化」分冊，江蘇古籍出版社，1991～1998 年版。

2. 中國第二歷史檔案館：《中國國民黨中央執行委員會常務委員會會議錄》，廣西師大出版社，2000 年版。

3. 榮孟源主編：《中國國民黨歷次代表大會及中央全會資料》（下冊），光明日報出版社，1985 年 10 月版。

4. 重慶檔案館、中國第二歷史檔案館編：《白色恐怖下的新華日報——國民黨當局控制新華日報的檔案材料彙編》，重慶出版社，1987 年 10 月初版。

5. 張靜廬：《中國現代出版史料》（乙編），中華書局，1955 年 5 月版。

6. 張靜廬：《中國現代出版史料》（丙編），中華書局，1956 年 3 月版。

7. 張靜廬：《中國現代出版史料》（補編），中華書局，1957 年 5 月版。

8. 王煦華、朱一冰合輯：《1927～1949 年禁書「刊」史料彙編》（全四冊），

北京圖書館出版社，2007 年 5 月版。

9. 宋原放主編：《中國出版史料》現代部分第二卷，山東教育出版社，2001 年 4 月版。

10. 中國社會科學院新聞研究所編：《中國共產黨新聞工作文件彙編》（全三卷），新華出版社，1980 年 12 月版。

11. 中共中央文獻研究室、新華通訊社編：《毛澤東新聞工作文選》，新華出版社，1983 年 12 月版。

12. 谷長嶺、俞家慶編《中國新聞事業史參考資料》，中央廣播電視大學出版社，1987 年 2 月版。

13. 中國人民大學新聞系新聞史教研室編：《中國新聞事業史教學參考資料》（新民主主義革命時期），中國人民大學新聞系資料室。

14. 楊光輝、熊尚厚、呂良海、李仲民編《中國近代報刊發展概況》，新華出版社，1986 年 9 月版。

15. 復旦大學新聞系新聞史教研室編：《中國新聞史文集》，上海人民出版社，1987 年版。

16. 張之華主編：《中國新聞事業史文選》，中國人民大學出版社，1999 年 1 月版。

17. 劉哲民編：《近現代出版新聞法規》，學林出版社，1992 年 12 月版。

18. 中國社會科學院新聞研究所編：《新聞研究資料》（1～53 輯）。

19. 中國人民大學新聞系：《新聞學論集》（1～10 集）。

20. 重慶日報新聞研究所編：《重慶報史資料》（1～19 輯）。

21. 成都市報刊志編纂委員會編：《成都報刊史料專輯》（1～25 輯）。

22. 廣西新聞史志編輯室編：《廣西新聞史資料》（1～30 輯）。

23. 中國人民政治協商會議四川省重慶市委員會文史資料研究委員會編：《重慶文史資料》（1～30 輯）。

24. 《新聞界人物》編輯委員會編：《新聞界人物》（1～9 輯），新華出版社。

25. 鄭貞銘：《百年報人》（第 1、2 冊），臺灣遠流出版事業股份有限公司。

26. 重慶市政協文史資料研究委員會、中共重慶市委黨校編：《國民參政會紀實》上卷，重慶出版社，1985 年 8 月版。

27. 陸定一：《陸定一新聞文選》，新華出版社，1987 年版。

28. 范長江：《通訊與論文》，新華出版社，1981 年 2 月版。

29. 沈譜編：《范長江新聞文集》，中國新聞出版社，1989 年版。

30. 穆欣編：《韜奮新聞工作文集》，新華出版社，1985 年 8 月版。

31. 笑蜀編：《歷史的先聲：半個世紀前的莊嚴承諾》，汕頭大學出版社。

32. 新華日報群眾周刊史學會編：《堅持團結抗戰的號角——《新華日報》代論集》，重慶出版社，1986 年 1 月版。

33. 《大公報名記者叢書》（《塞上行》、《1940 年歐洲稗史大觀》、《落日》、《如是我聞》等），大公報社，2006 年版。

34. 邵元沖：《邵元沖日記》，上海人民出版社，1990 年 10 月版。

35. 傅學文編：《邵力子文集》，中華書局，1985 年版。

36. 程滄波：《滄波文存》，臺北傳記文學出版社，1983 年 3 月版。

37. 中國國民黨黨史委員會編：《陳布雷先生文集》，黨史委員會，1984 年 6 月。

38. 張季鸞：《季鸞文存》，天津大公報社，1944 年版。

39. 王芸生：《芸生文存》，上海大公報館，1937 年版。

40. 王瑾、胡玫編：《胡政之文集》（上下），天津人民出版社，2006 年版。

41. 《大公報名記者叢書》之《人民與政府》（張季鸞卷），大公報出版有限公司，2007 年 6 月版。

42. 《大公報名記者叢書》之《做一個現實的夢》（王芸生卷），大公報出版有限公司，2007 年 6 月版。

43. 《大公報名記者叢書》之《塞上行》（范長江卷），大公報出版有限公司，2007 年 6 月版。

44. 《大公報名記者叢書》之《萬木無聲待雨來》（楊剛卷），大公報出版有限公司，2007 年 6 月版。

45. 《大公報名記者叢書》之《歐洲稗史大觀》（蕭乾卷），大公報出版有限公司，2007 年 6 月版。

46. 《大公報名記者叢書》之《如是我聞》（子岡卷），大公報出版有限公司，2007 年 6 月版。

47. 《大公報名記者叢書》之《落日》（朱啓平卷），大公報出版有限公司，2007 年 6 月版。

48. 斯諾：《斯諾文集》，新華出版社，1984 年 8 月版。

49. 史沫特萊：《史沫特萊文集》，新華出版社，1985 年 9 月版。

50. 斯特朗：《斯特朗文集》新華出版社，1988 年 3 月版。

51. 中國社會科學院新聞研究所編：《抗日戰爭時期的中國新聞界》，重慶出版社，1987 年 7 月版。

52. 穆欣：《抗日烽火中的中國報業》，重慶出版社，1992 年 8 月版。

53. 潘梓年等：《新華日報的回憶》，四川人民出版社，1979 年 12 月版。

54. 石西民、范劍涯：《新華日報的回憶——續集》，四川人民出版社，1983 年 2 月版。

55. 《新華日報》、《群眾》周刊史學會重慶分會：《新華日報五十年》，1988年版。

56. 《新華日報》、《群眾》周刊史學會武漢分會與華中師範大學歷史系合編：《黨的喉舌、抗日號角——武漢時期的新華日報》，華中師範大學出版社，1989年版。

57. 姚北樺、王淮冰編：《報人生活雜憶——石西民新聞文集》，重慶出版社，1991年4月版。

58. 徐鑄成：《報人張季鸞先生傳》，三聯書店，1986年12月版。

59. 中國人民政治協商會議陝西省榆林市委員會編：《張季鸞先生紀念文集》，陝西人民出版社，1991年8月版。

60. 朱傳譽主編：《張季鸞傳記資料》，天一出版社（臺北），1979年1月版。

61. 陳紀瀅：《報人張季鸞》，重光文藝出版社（臺北），1967年7月版。

62. 陳紀瀅：《胡政之與大公報》，香港重光出版社，1971年版。

63. 陳紀瀅：《抗戰時期的大公報》，黎明文化事業公司，1981年12月版。

64. 周雨編：《大公報人憶舊》，中國文史出版社，1991年6月版。

65. 孔昭愷：《舊大公報坐科記》，中國文史出版社，1991年版。

66. 王芝琛：《一代報人王芸生》，長江出版社，2004年9月版。

67. 蕭乾：《蕭乾回憶錄》，中國工人出版社，2005年6月版。

68. 陳銘德、鄧季惺等：《新民報春秋》，重慶出版社，1987年12月版。

69. 蔣麗萍、林偉平《民間的回聲——新民報創始人陳銘德鄧季惺傳》，新世界出版社，2004年8月版。

70. 袁冬林、袁士傑編：《浦熙修記者生涯尋蹤》，文匯出版社，2000年1月版。

71. 《憶浦熙修》編輯組：《憶浦熙修》，文匯出版社，1999年10月版。

72. 朱正：《報人浦熙修》，湖北人民出版社，2005年1月版。

73. 張明明：《回憶我的父親張恨水》，百花文藝出版社，1984年11月版。

74. 張伍：《我的父親張恨水》，春風文藝出版社，2002年1月版。

75. 張林嵐：《趙超構傳》，文匯出版社，1999年8月版。

76. 《張友鸞紀念文集》編輯組：《張友鸞紀念文集》，文匯出版社，2000年10月版。

77. 中國人民大學港澳臺新聞研究所編：《報海生涯——成舍我百年誕辰紀念文集》，新華出版社，1998年8月版。

78. 張友鸞等：《世界日報興衰史》，重慶出版社，1982年12月版。

79. 方蒙：《范長江傳》，中國新聞出版社，1989年2月版。

80. 夏衍：《白頭記者話當年》，重慶出版社，1986 年版。

81. 夏衍：《懶尋舊夢錄》，三聯書店，1985 年 7 月版。

82. 胡愈之、夏衍等：《不盡長江滾滾來——范長江紀念文集》，群言出版社，2004 年 9 月版。

83. 于友：《記者生涯繽紛錄——獻給傳媒後來人》，新華出版社，2002 年 8 月版。

84. 于友：《胡愈之》，群言出版社，2008 年 1 月版。

85. 范長江等：《國際新聞社回憶》，湖南人民出版社，1987 年 11 月版。

86. 韜奮：《經歷》，三聯書店，1958 年 6 月第 1 版，1978 年 6 月第 2 版。

87. 張友漁：《報人生涯三十年》，重慶出版社，1982 年版。

88. 尚丁：《四十年編餘憶往》，重慶出版社，1986 年 2 月版。

89. 黃藥眠：《動蕩：我所經歷的半個世紀》，上海文藝出版社，1987 年 10 月版。

90. 廣西日報新聞研究室編：《救亡日報的風雨歲月》，新華出版社，1987 年版。

91. 顧執中：《戰鬥的新聞記者》，新華出版社，1985 年 9 月版。

92. 王淮冰、黃邦和主編：《大剛報史》，中國文史出版社，1999 年 5 月版。

93. 黃友凡：《回憶與懷念》，重慶出版社，1998 年。

94. 姚北、于懷冰編：《報人生活雜憶——石西民新聞文集》，重慶出版社，1991 年 4 月版。

95. 溫田豐：《六十年來人和事》，重慶出版社，1995 年。

96. 許有成編著：《于右任傳》，湖南人民出版社，1988 年 5 月版。

97. 王泰棟編著：《陳布雷大傳》，團結出版社，2006 年 8 月版。

98. 陸鏗：《陸鏗回憶與懺悔錄》，臺灣時報文化公司，1997 年 7 月版。

99. 馬之驌：《新聞界三老兵：曾虛白、成舍我、馬星野奮鬥歷程》，臺灣經世書局，1986 年版。

100. 李瞻：《大時代見證：萬里孤鴻》，臺灣三民書局，2005 年 6 月版。

101. 湖南省常寧縣政協文史資料研究委員會編：《蕭同茲和中央通訊社》（《常寧文史資料第四輯》），1988 年 9 月版。

102. 陶菊隱：《孤島見聞——抗戰時期的上海》，上海人民出版社，1979 年 11 月版。

103. 盛成：《臺兒莊紀事》，北京語言大學出版社，2007 年 10 月版。

104. 喬松都：《喬冠華與龔澎——我的父親母親》，中華書局 2008 年版。

105. 海倫·斯諾著，安危、杜夏譯：《我在中國的歲月——海倫·斯諾回憶錄》，

中國新聞出版社，1986 年 9 月版。

106. 特雷西・斯特朗、海琳・凱薩著，李協和等譯：《純正的心靈：安娜・路易斯・斯特朗的一生》，世界知識出版社，1986 年 4 月版。

107. 約瑟夫・埃謝里克編著，羅清、趙仲強譯：《在中國失掉的機會》，國際文化出版公司，1989 年版 4 月版。

108. 費正清著，趙復三譯：《中國之行》，新華出版社，1988 年 3 月版。

109. 白修德著，馬清槐、方生譯：《探索歷史：白修德筆下的中國抗日戰爭》，三聯書店，1987 年 12 月版。

110. 路易・艾黎：《在中國的六個美國人》，新華出版社，1984 年版。

111. 舒爾茨：《陳納德與飛虎隊》，雲南人民出版社，1989 年 9 月版。

三、論　著

1. 戈公振：《中國報學史》，中國新聞社，1985 年 4 月版。

2. 黃天鵬：《中國新聞事業》，上海聯合書店，1930 年 9 月初版。

3. 黃天鵬：《新聞學名論集》，上海聯合書店，1929 年 10 月版。

4. 黃天鵬：《新聞學演講集》，上海現代書局，1931 年 10 月版。

5. 趙君豪：《中國近代之報業》，上海申報館，1938 年 12 月增訂再版。

6. 趙君豪：《上海報人的奮鬥》，上海國光印書館，1946 年 3 月第三版。

7. 胡道靜：《新聞史上的新時代》，上海世界書局，1946 年 11 月版。

8. 馬星野：《新聞自由論》，中央日報社（南京），1948 年版。

9. 邵力子等著：《抗戰與宣傳》，獨立出版社（漢口），1938 年 7 月初版。

10. 黃埔出版社編印：《抗戰建國綱領釋義》，正中書局（重慶），1940 年 8 月版。

11. 中國國民黨中央執行委員會訓練委員會編印：《抗戰以來中央各種會議宣言及重要決議案彙編》，1943 年 11 月版。

12. 程其恒編著，馬星野校訂：《戰時中國報業》，銘眞出版社（桂林），1944 年 3 月初版。

13. 燕京大學新聞學系第五屆新聞學討論會：《新聞事業與國難》（1936 年）。

14. 王新常：《抗戰與新聞事業》，上海商務印書館，1938 年 1 月版。

15. 任畢明：《戰時新聞學》，漢口光明書局，1938 年 7 月版。

16. 吳成：《非常時期之報紙》，上海中華書局，1937 年 3 月版。

17. 張友鸞：《戰時新聞紙》，重慶中山文化教育館，1938 年 12 月版。

18. 趙超構：《戰時各國宣傳方策》，獨立出版社，1938 年版。

19. 中國青年記者學會編：《戰時新聞工作入門》，生活書店（重慶），1940

年 3 月版。

20. 張九如：《戰時時言論出版自由》，獨立出版社（重慶），1939 年 2 月版。

21. 郭沫若：《戰時宣傳工作》，青年書店（重慶），1939 年 3 月版。

22. 孫義慈：《戰時新聞檢查的理論與實際》，軍事委員會戰時新聞檢查局，1941 年 6 月 4 日。

23. 鄧文儀：《軍事新聞工作概論》，新中國出版社，1947 年 7 月版。

24. 趙占元：《國防新聞事業之統制》，上海汗血書店，1937 年 2 月版。

25. 余戾林編：《中國近代新聞界大事紀》，新新新聞報社（成都），1941 年 12 月版。

26. 范長江：《新階段新聞工作與新聞從業員團結運動》。

27. 薩空了：《科學的新聞學概論》，香港文化供應社，1947 年版。

28. 林語堂著，王海、何洪亮譯：《中國新聞輿論史》，中國人民大學出版社，2008 年 6 月版。

29. 方漢奇主編：《中國新聞事業通史》第 2 卷，中國人民大學出版社，1996 年 5 月版。

30. 方漢奇：《方漢奇文集》，汕頭大學出版社，2003 年 10 月版。

31. 甯樹藩：《甯樹藩文集》，汕頭大學出版社，2003 年 10 月版。

32. 甘惜分：《一個新聞學者的自白》，香港未名出版社。

33. 王中：《王中文集》，復旦大學出版社，2004 年 12 月版。

34. 復旦大學新聞系新聞史教研室編：《簡明中國新聞史》，福建人民出版社，1986 年 2 月版。

35. 梁家祿、鍾紫、趙玉明、韓松：《中國新聞業史》，廣西人民出版社，1984 年 8 月版。

36. 吳廷俊：《中國新聞事業史精修》，復旦大學出版社，2008 年版。

37. 曾虛白：《中國新聞史》，三民書局，1966 年 4 月初版。

38. 臺北市新聞記者公會編印：《中華民國新聞年鑒》（1981 年）。

39. 李瞻：《中國新聞史》，臺灣學生書局，1979 年版。

40. 李瞻：《新聞學》，臺灣三民書局，1972 年 5 月版。

41. 李瞻：《世界新聞史》，臺灣政治大學新聞研究所，1966 年 5 月初版。

42. 賴光臨：《中國近代報人與報業》，臺灣商務印書館，1968 年版。

43. 賴光臨：《七十年中國報業史》，臺灣中央日報社，1981 年 3 月版。

44. 賴光臨：《中國新聞傳播史》，臺灣三民書局，1978 年 10 月初版。

45. 朱傳譽：《報人‧報史‧報學》，臺灣商務印書館，1967 年 1 月版。

46. 朱傳譽：《中國民意與新聞自由發展史》，臺灣正中書局，1974 年 7 月版。

47. 朱傳譽：《中國新聞事業研究論集》，臺灣商務印書館，1988 年 3 月初版。

48. 胡有瑞主編：《六十年來的中央日報》，臺灣中央日報社，1988 年 2 月版。

49. 徐詠平：《新聞法規與新聞道德》，臺灣世界書局，1982 年版。

50. 方蘭生：《新聞自由與新聞自律》，臺灣允晨文化實業股份有限公司，1984 年版。

51. 朱立、陳韜文編《傳播與社會發展》，香港中文大學新聞與傳播學系，1992 年版。

52. 蔡銘澤：《中國國民黨黨報歷史研究（1927～1949)》團結出版社，1998 年 9 月版。

53. 汪學起、是翰生：《第四戰線——國民黨中央廣播電臺掇實》，中國文史出版社，1988 年 7 月版。

54. 黃瑚：《中國近代新聞法制史論》，復旦大學出版社，1999 年 8 月版。

55. 馬光仁：《中國近代新聞法制史》，上海社會科學院出版社，2007 年 6 月版。

56. 李秀雲：《中國新聞學術史（1834～1949)》，新華出版社，2004 年 12 月版。

57. 方漢奇主編：《大公報百年史》，中國人民大學出版社，2004 年 7 月版。

58. 吳廷俊：《新記大公報史稿》，武漢出版社，1994 年 8 月版。

59. 周雨：《大公報史（1902～1949)》，江蘇古籍出版社，1993 年 7 月版。

60. 方蒙主編：《大公報與現代中國——1926～1949 年大事記實錄》，重慶出版社，1993 年版。

61. 任桐：《徘徊於民本與民主之間——大公報政治改良言論述評（1927～1937)》，三聯書店，2004 年。

62. 賈曉慧：《大公報新論：20 世紀 30 年代大公報與中國現代化》，天津人民出版社，2002 年版。

63. 侯傑：《大公報與近代中國社會》，南開大學出版社，2006 年 4 月版。

64. 劉淑玲：《大公報與中國現代文學》，河北教育出版社，2004 年版。

65. 王芝琛、劉自立：《1949 年前的大公報》，山東畫報出版社，2002 年版。

66. 韓辛茹：《〈新華日報〉史（1938～1947)》，重慶出版社，1990 年。

67. 廖永祥：《〈新華日報〉紀事》，四川大學出版社，1990 年。

68. 廖永祥：《〈新華日報〉史》，重慶出版社，1998 年。

69. 黃淑君：《抗日民族統一戰線的號角——戰鬥在國統區的〈新華日報〉》，重慶出版社，1995 年。

70. 新華日報史學會成都分會編寫小組：《新華日報成都營業分處史稿》，成都出版社，1991 年 6 月版。

71. 新民晚報史編纂委員會：《飛入尋常百姓家：新民報——新民晚報七十年史》，文彙出版社，2004 年 8 月版。

72. 《重慶紀念抗日戰爭和世界反法西斯戰爭勝利 40 周年新聞學術討論會材料》（1985 年 10 月，人大新聞學院資料室）。

73. 四川大學馬列教研部編：《國民參政會資料》，四川人民出版社，1984 年 6 月版。

74. 重慶市報業志編委會：《重慶市志·報業志》，重慶出版社，2000 年 1 月版。

75. 王綠萍：《四川近代新聞史》，四川大學出版社，2007 年 6 月版。

76. 文履平：《抗戰時期重慶新聞界》，重慶出版社，1995 年。

77. 馬光仁主編：《上海新聞史（1850～1949）》，復旦大學出版社，1996 年 11 月版。

78. 王敬主編：《延安〈解放日報〉史》，新華出版社，1998 年 4 月版。

79. 隗瀛濤主編：《近代重慶城市史》，四川大學出版社，1997 年。

80. 隗瀛濤主編：《重慶城市研究》，四川大學出版社，1989 年。

81. 周勇主編：《重慶通史》，重慶出版社，2004 年版。

82. 周勇主編：《近代重慶社會與經濟發展》，四川大學出版社，1989 年。。

83. 中共重慶黨史研究室：《重慶抗戰文化史 1931～1945 年》，重慶出版社，2005 年版。

84. 《重慶陪都史書系》編委會：《國民政府重慶陪都史》，西南師範大學出版社，1993 年版 6 月版。

85. 羅傳勛：《重慶抗戰大事記》，重慶出版社，1995 年版。

86. 魏華齡、曾有雲、丘振聲主編：《桂林抗戰文化研究文集》，灕江出版社，1992 年 6 月版。

87. 魏華齡、劉壽保主編：《桂林抗戰文化研究文集（五）》，廣西師範大學出版社，1997 年 11 月版。

88. 約翰·密爾：《論自由》，商務印書館。

89. 威爾伯·施拉姆等著，中國人民大學新聞系譯：《報刊的四種理論》，新華出版社，1980 年版。

90. 韋爾伯·施拉姆等著，戴鑫譯、展江校：《傳媒的四種理論》，中國人民大學出版社，2008 年 3 月版。

91. 約翰·C·尼羅等著，周翔譯：《最後的權利：重議〈報刊的四種理論〉》，汕頭大學出版社，2008 年 7 月版。

92. 威爾伯・施拉姆：《大眾傳播媒介與社會發展》，華夏出版社，1990 年 7 月版。

93. 赫伯特・阿特休爾著，黃煜、裘志康譯：《權力的媒介——新聞媒介在人類事務中的作用》，華夏出版社，1988 年版。

94. 梅爾文・德弗勒、埃弗雷特・丹尼斯著，顏建軍、王怡紅、張躍宏等譯：《大眾傳播通論》，華夏出版社，1989 年版。

95. 拉斯韋爾：《世界大戰中的宣傳技巧》，中國人民大學出版社，2003 年 10 月版。

96. 沃特曼・李普曼著，閻克文、江紅譯：《公眾輿論》，上海人民出版社，2002 年 6 月版。

97. 羅納德・斯蒂爾著，于濱、陳小平、談鋒譯、陳立水、蔣正豪校：《李普曼傳》，新華出版社，1982 年 7 月版。

98. 約翰・基恩著，劉士軍等譯：《媒體與民主》，社會科學文獻出版社，2003 年 2 月版。

99. 弗洛伊德・艾布拉姆斯著，王婧、王東亮譯：《第一修正案辯護記》，上海三聯書店，2007 年 5 月版。

100. 唐納德・M・吉爾摩等著，梁寧等譯：《美國大眾傳播法：判例評析（上）》，清華大學出版社，2002 年 9 月版。

101. 羅伯特・哈克特著，趙月枝譯：《維繫民主？西方政治與新聞客觀性》，清華大學出版社，2005 年版。。

102. 詹姆斯・庫蘭、米切爾・古爾維奇編，楊擊譯：《大眾媒介與社會》，華夏出版社，2006 年 7 月版。

103. 蘭斯・班尼特：《新聞：政治的幻象》，當代中國出版社，2005 年 1 月版。

104. 伊萬・謝列茲涅夫：《心理戰——戰爭與意識形態鬥爭》，吉林人民出版社，1991 年版。

105. 本尼迪克特・安德森：《想像的共同體：民族主義的起源與散佈》，上海世紀出版集團，2005 年版。

106. 蘇珊・卡拉瑟斯：《西方傳媒與戰爭》，新華出版社，2002 年 6 月版。

107. 盧登道夫著，董問樵譯：《全民戰爭》，商務印書館，1937 年 2 月版。

108. 詹姆斯・卡倫，史安斌、董關鵬譯：《媒體與權力》，清華大學出版社，2006 年 7 月版。

109. 丹尼・卡瓦拉羅著，張衛東、張生、趙順宏譯：《文化理論關鍵字》，江蘇人民出版社，2006 年 12 月版。

110. 塞倫・麥克萊著，曾靜平譯：《傳媒社會學》，中國傳媒大學出版社，2005 年 11 月版。

111. 埃德溫・埃默里，邁克爾・埃默里著，蘇金琥等譯：《美國新聞史》，新華出版社，1982 年 12 月版。

112. 詹姆斯・卡瑞、珍・辛頓著，欒軼玫譯：《英國新聞史》，清華大學出版社，2005 年 8 月版。

113. 池田德眞：《宣傳戰史》，新華出版社，1984 年版。

114. 佐藤卓己著，諸葛蔚東譯：《現代傳媒史》，北京大學出版社，2004 年 11 月版。

115. 讓—諾埃爾・讓納內著，段慧敏譯：《西方媒介史》，廣西師範大學出版社，2005 年版。

116. 費約翰著，李恭忠等譯：《喚醒中國：國民革命中的政治、文化與階級》，三聯書店，2004 年 10 月版。

117. 諸葛蔚東：《媒介與社會變遷：戰後日本出版物中變化著的價值觀念》，北京大學出版社，2006 年 12 月版。

118. 俞旭、郭中實、黃煜主編：《新聞傳播與社會變遷》，香港：中華書局，1999 年 9 月版。

119. 陳崇山、孫五三主編：《媒介・人・現代化》，中國社會科學出版社，1997 年 12 月版。

120. 張國良主編：《20 世紀傳播學經典文本》，復旦大學出版社，2003 年 1 月版。

121. 孫旭培：《新聞學新論》，當代中國出版社，1994 年版。

122. 張忠棟、李永熾、林正弘主編：《現代中國自由主義資料編選 8：基本自由與人權保障》，臺北：唐山出版社，2002 年版。

123. 何舟、陳懷林：《中國傳媒新論》，香港太平洋世紀出版社，1998 年版。

124. 童兵：《主體與喉舌——共和國新聞傳播軌迹審視》，河南人民出版，1994 年 2 月版。

125. 狄沙主編：《胡績偉自選集》，香港卓越文化出版社，2006 年 9 月版。

126. 李慎之：《李慎之文集》（內部交流本）。

127. 夏勇：《中國民權哲學》，三聯書店，2004 年 9 月版。

128. 李強：《自由主義》，中國社會科學出版社，1998 年 11 月版。

129. 中國新聞學會編：《新聞自由論集》，文彙出版社，1988 年版。

130. 林子儀：《言論自由與新聞自由》，臺灣月旦出版有限公司，1994 年版。

131. 邱小平：《表達自由——美國憲法第一修正案研究》，北京大學出版社，2005 年 1 月版。

132. 甄樹青：《論表達自由》，社會科學文獻出版社，2000 年 6 月版。

133. 江鋒：《表達自由及其界限》，社會科學文獻出版社，2006 年 5 月版。

134. 侯健：《表達自由的法理》，上海三聯書店，2008 年 4 月版。

135. 王四新：《網路空間的表達自由》，社會科學文獻出版社，2007 年 3 月版。

136. 中共中央宣傳部圖書資料室編：《新聞界反右派鬥爭資料彙編》第 1 輯，1957 年 9 月印。

137. 「新聞事業與現代化建設」課題組編：《新聞事業與中國現代化》，新華出版社，1992 年 10 月版。

138. 陳力丹：《陳力丹自選集》，復旦大學出版社，2004 年 5 月版。

139. 黃旦：《傳者圖像：新聞專業主義的建構與消解》，復旦大學出版社，2005 年 12 月版。

140. 張育仁：《自由的歷程——中國自由主義新聞思想史》，雲南人民出版社，2002 年 11 月。

141. 胡太春：《中國近代新聞思想史》，山西人民出版社，1987 年 7 月版。

142. 李金銓主編：《文人論政：知識份子與報刊》，廣西師範大學出版社，2008 年 11 月版。

143. 傅國湧：《筆底波瀾：百年中國言論史的一種讀法》，廣西師範大學出版社，2006 年 5 月版。

144. 沈固朝：《歐洲書報檢查制度的興衰》，南京大學出版社，1999 年 9 月版。

145. 馬凌：《共和與自由：美國近代新聞史研究》，復旦大學出版社，2007 年 12 月版。

146. 劉繼南、周積華、段鵬等：《國際戰爭中的大眾傳播》，北京廣播學院出版社，2004 年 9 月版。

147. 侯軍：《疲軟的輿論監督——社會學者對社會的警告》，中國婦女出版社，1989 年 3 月。

148. 曾慶香：《新聞敘事學》，中國廣播電視出版社，2005 年 1 月版。

149. 胡春陽：《話語分析：傳播研究的新路徑》，上海世紀出版集團，2007 年 8 月版。

150. 張錦華：《媒介文化、意識形態與女性》，正中書局，1994 年版。。

151. 亨廷頓：《變動社會中的政治秩序》，上海譯文出版社，1989 年版。

152. 漢娜·阿倫特：《極權主義的起源》，時報文化出版公司，1995 年 4 月版。

153. 本尼迪克特·安德森：《想像的共同體：民族主義的起源與散佈》，上海世紀出版集團，2005 年版。

154. 費正清等編：《康橋中華民國史》，中國社會科學出版社，1994 年版。

155. 家近亮子著，王士花譯：《蔣介石與南京國民政府》，社會科學文獻出版社，2005 年 1 月版。

156. 羅志田：《亂世潛流：民族主義與民國政治》，上海古籍出版社，2001 年

10 月版。

157. 許紀霖編：《20 世紀中國知識份子史論》，新星出版社，2005 年 4 月版。

158. 王奇生：《黨員、黨權與黨爭——1924～1949 年中國國民黨的組織形態》，上海世紀出版集團，2003 年 10 月版。

159. 聞黎明：《第三種力量與抗戰時期的中國政治》，上海書店出版社，2004 年 10 月版。

160. 田湘波：《中國國民黨黨政體制剖析（1927～1937）》，湖南人民出版社，2006 年 3 月版。

161. 王曉嵐著：《喉舌之戰抗戰中的新聞對壘》，廣西師範大學出版社，2001 年版。

162. 耿雲志等：《西方民主在近代中國》，中國青年出版社，2003 年 1 月版。

163. 方德萬著，胡允桓譯：《中國的民族主義和戰爭（1925～1945）》，三聯書店，2007 年 7 月版。

164. 柯博文：《走向「最後關頭」——中國民族國家構建中的日本因素（1931～1937）》，社會科學文獻出版社，2004 年版。

165. 費約翰：《喚醒中國：國民革命中的政治、文化與階級》，三聯書店，2004 年 10 月版。

166. 倪偉：《「民族」想像與國家統制：1929～1949 年南京政府的文藝政策及文學運動》，上海教育出版社，2003 年 9 月版。

167. 高華：《紅太陽是怎樣升起的》，香港中文大學出版社，2000 年版。

168. 楊奎松：《失去的機會——戰時國共談判實錄》，廣西師範大學出版社，1992 年 12 月版。

169. 李良志：《度盡劫波兄弟在——戰時國共關係》，廣西師範大學出版社，1993 年 2 月版。

170. 胡喬木：《胡喬木回憶毛澤東》，人民出版社，1994 年版。

171. 克勞塞維茨著，中國人民解放軍軍事科學院譯：《戰爭論》，商務印書館，2003 年版。

172. 劉慶主編：《外國重要軍事著作導讀》，軍事科學出版社，1992 年版。

四、論 文

1. 陳先澤：《報紙檢查法》，燕京大學新聞系學士畢業論文（1935 年 5 月）。

2. 王繼樸：《九一八以後中國報紙之文藝副刊》，燕京大學新聞系學士畢業論文（1941 年 5 月）。

3. 余夢燕：《重慶報紙新聞版之分析》，燕京大學新聞系學士畢業論文（1943 年 6 月）。

4. 劉益璽：《中國戰時新聞檢查制度研究》，燕京大學新聞系學士畢業論文（1943 年）。

5. 姚世光：《後方六大城市報紙之分析》，燕京大學新聞系學士畢業論文（1944 年 6 月）。

6. 陳瓊蕙：《中國戰時宣傳》，燕京大學新聞系學士畢業論文（1944 年）。

7. 余理明：《中國戰時報業之特色》，燕京大學新聞系學士畢業論文（1945 年 6 月）。

8. 張學孔：《戰時中國新聞政策》，燕京大學新聞系學士畢業論文（1945 年）。

9. 曹增祥：《中國戰時新聞檢查制度概論》，燕京大學新聞系學士畢業論文（1945 年 12 月）。

10. 錢家瑞：《三年來英美在我國宣傳之比較》，燕京大學新聞系學士畢業論文（1945 年 6 月）。

11. 吳亦蘭：《抗戰時期大後方的報紙》，燕京大學新聞系學士畢業論文（1946 年 4 月）。

12. 徐仲華：《淪陷期間敵偽在華北之宣傳》，燕京大學新聞系學士畢業論文（1946 年 6 月）。

13. 梅世德：《中國戰時後方報業》，燕京大學新聞系學士畢業論文（1946 年）

14. 王凌霄：《中國國民黨新聞政策之研究（1928～1945）》（1992 年臺灣政治大學歷史研究所博士論文），1996 年 3 月初版。

15. 展江：《戰時新聞傳播諸論》，中國人民大學博士論文（1996 年）。

16. 黃旦：《「耳目」與「喉舌」的歷史性轉換：中國百年新聞思想主潮論》，復旦大學博士論文（1998 年）。

17. 高郁雅：《國民黨的新聞宣傳與戰後中國政局變動（1945～1949)》，臺灣大學博士論文，臺灣大學出版委員會 2005 年初版。

18. 陳建新：《〈大公報〉與抗戰宣傳》，浙江大學博士論文（2006 年）。

19. 王永恒：《媒介的力量——抗戰時期的〈新華日報〉及其影響》，華中師範大學博士論文（2004 年）。

20. 何子恒：《論中國所需要的言論出版集會結社的自由》，《現代學術月刊》第 1 卷第 5 期。

21. 陳博生：《做新聞記者的幾個原則》，《新聞記者》創刊號，1938 年 4 月

22. 陳子玉：《戰時新聞紙的幾個重要問題》，《新聞記者》第 1 卷第 3 期。

23. 成舍我：《紙彈亦可殲敵》，《新聞記者》第 1 卷第 3～4 期。

24. 張季鸞：《贈戰地記者》，《新聞記者》第 1 卷第 4 期。

25. 守愚：《對於戰時新聞報導的幾點意見》，《新聞記者》第 1 卷第 4 期。

26. 鍾期森：《論戰時新聞政策》，《新聞記者》第 1 卷第 4 期。

27. 舒宗僑：《一年來戰時宣傳政策與工作的檢討》，《新聞記者》第 1 卷第 5 期。

28. 范長江：《我們要求新的宣傳方針》，《新聞記者》第 1 卷第 6～7 期合刊

29. 范長江：《兩年來的新聞事業》，《新聞記者》第 2 卷第 2 期。

30. 惲逸群：《孤軍奮鬥的二十個月──上海新聞界的戰績》，《新聞記者》第 2 卷第 6 期。

31. 方冶：《新聞檢查與統一民志》，《報學季刊》創刊號，1934 年 10 月，上海

32. 薩空了：《由華北檢查新聞談到新聞檢查問題》，《報學季刊》第 1 卷第 2 期。

33. 梁士純：《新聞統制與國際宣傳》，《報學季刊》第 1 卷第 4 期。

34. 祖澄：《新聞界請復議修正出版法彙輯》，《報學季刊》第 1 卷第 4 期。

35. 馬星野：《國民精神總動員與新聞界》，《新聞學季刊》第 1 卷第 1 期。

36. 趙炳烺：《抗戰以來的新聞事業》，《新聞學季刊》第 1 卷第 1 期。

37. 沈錡：《論戰時言論出版自由》，《新聞學季刊》第 1 卷第 1 期。

38. 葛赤峰：《戰地電訊的研討》，《新聞學季刊》第 1 卷第 1 期。

39. 黃天鵬：《重慶各報發行聯合版之經過》，《新聞學季刊》第 1 卷第 2 期。

40. 沈錡：《戰時報業改進芻議》，《新聞學季刊》第 1 卷第 2 期。

41. 耿修業：《論國際通訊社》，《新聞學季刊》第 1 卷第 2 期。

42. 葛赤峰：《抗戰以來戰地通訊之檢討》，《新聞學季刊》第 1 卷第 2 期。

43. 蔣介石：《今日新聞界之責任》，《新聞學季刊》第 1 卷第 3 期。

44. 蔣介石：《怎樣做一個現代新聞記者》，《新聞學季刊》第 1 卷第 3 期。

45. 管雪齋：《言論自由檢討（上）》，《新聞學季刊》第 2 卷第 1 期。

46. 管雪齋：《言論自由檢討（下）》，《新聞學季刊》第 2 卷第 2 期。

47. 許孝炎《本黨的宣傳機構及其運用》，《新聞學季刊》第 2 卷第 2 期。

48. 許孝炎：《我所見到的中國新聞事業》，《新聞學季刊》第 3 卷第 1 期。

49. 陸鏗：《新聞自由的贅瘤》，《新聞學季刊》第 3 卷第 1 期。

50. 解宗元：《戰後陪都新聞事業的鳥瞰》，《新聞學季刊》第 3 卷第 1 期（復刊號）。

51. 汪惠吉：《我國戰時新聞檢查制度概述》，《新聞學季刊》第 3 卷第 4 期。

52. 馬星野：《敬向重慶新聞界建議》，《新聞戰線》第 1 卷第 8、9 期合刊。

53. 董顯光：《董顯光回憶錄：記者招待所》，《報學雜誌》試刊號，1948 年 8 月 16 日，南京。

54. 董顯光：《董顯光回憶錄：初度宦海生活》，《報學雜誌》，創刊號，1948年9月1日。

55. 董顯光：《董顯光回憶錄：日本的宣傳戰略》，《報學雜誌》，第1卷第2期，1948年9月16日。

56. 董顯光：《董顯光回憶錄：貴賓雲集》，《報學雜誌》，第1卷第3期，1948年10月1日。

57. 董顯光：《董顯光回憶錄：遠遊海外》，《報學雜誌》，第1卷第4期，1948年10月16日。

58. 董顯光：《董顯光回憶錄：爲新聞自由而奮鬥》，《報學雜誌》，第1卷第5期，1948年11月1日。

59. 董顯光：《董顯光回憶錄：紅色的煩惱》，《報學雜誌》，第1卷第6期，1948年11月16日。

60. 董顯光：《董顯光回憶錄：山城，在轟炸中》，《報學雜誌》，第1卷第7期，1948年12月1日。

61. 董顯光：《董顯光回憶錄：上海之戰》，《報學雜誌》，第1卷第8期，1948年12月16日。

62. 錢仲易：《抗戰期間中央日報四社長》，《報學雜誌》，第1卷第3期，1948年10月1日。

63. 王芸生、曹谷冰：《1926至1949年的舊大公報》，中國人民政治協商會議全國委員會文史資料研究委員會編：《文史資料選輯。》第25輯，中華書局，1962年1月版。

64. 陳凌：《國民黨政府迫害新華日報檔案探略》，《學海》1994年第4期。

65. 張友鸞：《開天窗》，《新聞研究資料》第1期。

66. 於剛，鄭新如：《〈新華日報〉發行戰線的反封鎖鬥爭》，《新聞研究資料》第1期。

67. 王雁冰：《南京〈新華日報〉是怎樣出版的》，《新聞研究資料》第1期。

68. 錢楓，張家厚，魏承史：《武漢時期〈新華日報〉紀略》，《新聞研究資料》第1期。

69. 曾在商務日報工作的部分同志：《周恩來、董必武同志領導我們奪取商務日報》，《新聞研究資料》第2期。

70. 陸詒：《憶博古同志和漢口〈新華日報〉》，《新聞研究資料》第2期。

71. 陳銘德，鄧季惺：《周總理在重慶和我們的幾次見面》，《新聞研究資料》第2期。

72. 夏衍：《白頭記者話當年——記救亡日報》，《新聞研究資料》第3、7期。

73. 華嘉：《桂林救亡日報之憶》，《新聞研究資料》第3期。

74. 錢辛波：《憶重慶戲劇界為救亡日報的募捐義演》，《新聞研究資料》第 3 期。

75. 于剛，鄭新如，謝韜：《熊瑾玎同志與〈新華日報〉》，《新聞研究資料》第 4 期。

76. 闕岳南：《章漢夫總編輯給讀者覆信及其他》，《新聞研究資料》第 4 期。

77. 陳業邵：《從國民黨檔案看其對〈新華日報〉的迫害》，《新聞研究資料》第 4 期。

78. 楊潤時：《重慶〈新華日報〉的「社會服務」欄》，《新聞研究資料》第 5 期。

79. 郝謙：《蕭楚女在新蜀報》，《新聞研究資料》第 6 期。

80. 張友鸞：《老大哥張恨水》，《新聞研究資料》第 6 期。

81. 張友鴻：《憶恨水先生兩三事》，《新聞研究資料》第 6 期。

82. 薩空了：《悼念浦熙修同志》，《新聞研究資料》第 8 期。

83. 陳銘德，鄧季惺：《深切的懷念》，《新聞研究資料》第 8 期。

84. 陳理源：《敢為人民鼓與呼》，《新聞研究資料》第 8 期。

85. 江屏：《懷念熙修大姐》，《新聞研究資料》第 8 期。

86. 趙純繼：《抗日戰爭前的〈新民報〉》，《新聞研究資料》第 6 期。

87. 王文彬：《國民黨統治時期報業遭受迫害的資料》，《新聞研究資料》第 6 期。

88. 王文彬：《桂林〈大公報〉記事》，《新聞研究資料》第 7 期。

89. 張蓬舟：《〈大公報〉大事記（1902～1966）》，《新聞研究資料》第 7 期。

90. 熊復：《〈新華日報〉的歷史地位及其特點》，《新聞研究資料》第 9 期。

91. 陳雲閣：《重慶〈世界日報〉記實》，《新聞研究資料》第 9 期。

92. 畢群：《成舍我與〈世界日報〉》，《新聞研究資料》第 9 期。

93. 李英模：《廣西〈中央日報〉始末》，《新聞研究資料》第 9 期。

94. 徐楚影：《上海影響較大的抗日進步期刊》，《新聞研究資料》第 9 期。

95. 何鴻鈞：《黎明前重慶〈新民報〉的「改組」》，《新聞研究資料》第 10 期。

96. 于友：《回憶「國新社」重慶辦事處》，《新聞研究資料》第 10 期。

97. 楊潤時：《〈新華日報〉的社會新聞》，《新聞研究資料》第 11 期。

98. 徐光霄：《〈新華副刊〉在文藝戰線上的鬥爭》，《新聞研究資料》第 13 期。

99. 闕世中：《〈新華副刊〉探索》，《新聞研究資料》第 13 期。

100. 楊潤時：《國統區青年的益友良師——〈新華日報〉「青年生活」專刊》，《新聞研究資料》第 14 期。

101. 穆逸群：《〈中央日報〉的廿二年》，《新聞研究資料》第 15 期。

102. 左東榀：《我所知道的中央通訊社》，《新聞研究資料》第 15 期。

103. 石西民，徐邁進：《潘梓年與〈新華日報〉》，《新聞研究資料》第 15 期。

104. 田伯萍，林曦，王匡時：《新聞戰線上的忠誠戰士潘梓年》，《新聞研究資料》第 15 期。

105. 諶震：《論湖南〈抗戰日報〉》，《新聞研究資料》第 16 期。

106. 楊放之：《解放日報改版與延安整風》，《新聞研究資料》第 18 期。

107. 韋孛，陳理源：《讀周欽岳同志文章的意見》，《新聞研究資料》第 18 期。

108. 何承樸：《四川第一家近代報刊——渝報》，《新聞研究資料》第 18 期。

109. 本刊編輯。部：《紀念新華日報和群眾周刊創刊 45 周年》，《新聞研究資料》第 19 期。

110. 石西民：《黨報史上的光輝一頁——紀念新華日報創刊 45 周年》，《新聞研究資料》第 19 期。

111. 田伯萍：《新華日報與重慶愛國抗暴運動》，《新聞研究資料》第 19 期。

112. 黃卓明，俞振基：《關於時事新報的所見所聞》，《新聞研究資料》第 19 期。

113. 左笑鴻：《世界日報和世界晚報的副刊》，《新聞研究資料》第 19 期。

114. 顧執中：《上海淪陷後敵人殘殺報人的罪行》，《新聞研究資料》，第 19 期。

115. 姚江屏：《和新華日報同志一起戰鬥的日子》，《新聞研究資料》第 20 期。

116. 楊煦：《對〈我的丈夫我的蜜月〉的追憶》，《新聞研究資料》第 20 期。

117. 陳理源：《重慶新民報的延安通訊》，《新聞研究資料》第 21 期。

118. 尚丁：《延安歸來與拒檢運動》，《新聞研究資料》第 21 期。

119. 熊明宣：《商務日報的回憶》，《新聞研究資料》第 21 期。

120. 朱蘇：《廣益叢報和重慶日報簡介》，《新聞研究資料》第 21 期。

121. 韓辛茹：《新華日報「方面軍」在打退第二次反共高潮中的作用》，《新聞研究資料》第 21 期。

122. 鄧中鐵：《重慶新華日報初期片斷》，《新聞研究資料》第 21 期。

123. 王美芝：《徐光霄在〈新華日報〉副刊上的論戰》，《新聞研究資料》第 21 期。

124. 萬林：《新華日報在湖北、武漢地區的遭遇》，《新聞研究資料》第 22 期。

125. 孔曉寧：《范長江新聞通訊的特色》，《新聞研究資料》第 23 期。

126. 于剛：《七年兩度憶「新華」》，《新聞研究資料》第 23 期。

127. 陳理源：《新民報副刊在抗日烽火中誕生》，《新聞研究資料》第 24 期。

128. 斯諾著，劉力群譯，《中國的新聞檢查》，《新聞研究資料》第 24 期。

129. 石西民等：《悼念田伯萍同志》，《新聞研究資料》第 25 期。

130. 何炳然：《辛亥革命前〈大公報〉評論探究》，《新聞研究資料》第 26 期。

131. 謝國明：《邏輯。嚴密，設詞巧妙──王芸生寫的社評〈購救國公債〉》，《新聞研究資料》第 27 期。

132. 陳蓀，吳克煊，郗知白：《國民公報紀略》，《新聞研究資料》第 27 期。

133. 陳蓀，吳克煊，郗知白：《國民公報紀略（續）》，《新聞研究資料》第 28 期。

134. 曹仲英：《懷想慧劍和他編輯的副刊》，《新聞研究資料》第 28 期。

135. 秦瘦鷗：《懷白門故友張慧劍》，《新聞研究資料》第 28 期。

136. 高天：《對昆明掃蕩報的回憶》，《新聞研究資料》第 30 期。

137. 袁義勤：《上海中央日報始末》，《新聞研究資料》第 30 期。

138. 石君訥：《國民黨的新聞檢查》，《新聞研究資料》第 30 期。

139. 邵挺軍：《抗日戰爭時期山西報刊簡介》，《新聞研究資料》第 30 期。

140. 彭繼良：《抗戰時期在廣西出版的報紙》，《新聞研究資料》第 30 期。

141. 馬光仁：《戰後國民黨對申、新兩報的控制》，《新聞研究資料》第 30 期。

142. 高天：《爭奪新蜀報的一次反覆》，《新聞研究資料》第 31 期。

143. 錢辛波：《回憶新民報的機構設置》，《新聞研究資料》第 32 期。

144. 夏衍：《重慶新華日報及其他》，《新聞研究資料》第 33 期。

145. 薩空了：《關於新蜀報的回憶》，《新聞研究資料》第 33 期。

146. 穆逸群：《東南日報的變遷》，《新聞研究資料》第 33 期。

147. 楊潤時：《抗戰勝利後〈新華日報〉的宣傳藝術》，《新聞研究資料》第 33 期。

148. 王美芝：《〈新華日報〉通訊的特色》，《新聞研究資料》第 33 期。

149. 吳頌平：《救亡日報老同志憶舊雜談》，《新聞研究資料》第 33 期。

150. 王掄楦：《中央日報記者訪問延安的前前後後》，《新聞研究資料》第 33 期。

151. 刁平善：《記中央社報務室二三事》，《新聞研究資料》第 34 期。

152. 杜敬：《抗戰時期冀中的 125 種報刊（後補 68 種）》，《新聞研究資料》第 34、41 期。

153. 祝均宙：《上海「孤島」時期的報紙文藝副刊》，《新聞研究資料》第 35 期。

154. 戴廷耀：《西康日報的副刊──「毛牛」和「百靈鳥」》，《新聞研究資料》第 35 期。

155. 左祿：《堅持敵後抗戰的晉察冀日報》，《新聞研究資料》第 36 期。

156. 謝國明：《論新記〈大公報〉的「四不主義」》，《新聞研究資料》第 36 期。

157. 張濤：《新華日報的回憶史實考訂》，《新聞研究資料》第 37 期。

158. 王揖：《延安新中華報簡史》，《新聞研究資料》第 38 期。

159. 祝均宙：《「孤島」文藝工作者義賣鉤沉》，《新聞研究資料》第 38 期。

160. 馬光仁：《袁記出版法的製定與廢止》，《新聞研究資料》第 38 期。

161. 朱民：《抗日戰爭中的大眾日報》，《新聞研究資料》第 39 期。

162. 左東樞：《抗日戰爭時期的四川報界》，《新聞研究資料》第 40 期。

163. 曾健戎：《抗日戰爭重慶報紙一覽》，《新聞研究資料》第 40 期。

164. 蕭鳴鏘：《周欽岳與新蜀報》，《新聞研究資料》第 40 期。

165. 王文彬：《解放初期的重慶〈大公報〉》，《新聞研究資料》第 40 期。

166. 陳理源：《解放初期的重慶〈新民報〉》，《新聞研究資料》第 40 期。

167. 陳理源：《新民報五烈士》，《新聞研究資料》第 40 期。

168. 王綠萍：《記老報人王文彬》，《新聞研究資料》第 40 期。

169. 甘泉：《回憶新華日報批評亂招亂調在校學生的宣傳》，《新聞研究資料》第 40 期。

170. 左明德：《回憶新華日報北碚發行站》，《新聞研究資料》第 40 期。

171. 王鳳超：《中共中央黨報委員會的歷史沿革》，《新聞研究資料》第 41 期。

172. 汪學起，是翰生：《國民黨中央廣播電臺史實簡編》，《新聞研究資料》總第 41～43 期。

173. 王敬：《博古的新聞生涯》，《新聞研究資料》第 41～44 期。

174. 荊位祜：《懷念石西民同志》，《新聞研究資料》第 42 期。

175. 錢辛波：《常常的懷念》，《新聞研究資料》第 42 期。

176. 尚丁：《記石西民同志二三事》，《新聞研究資料》第 42 期。

177. 趙宏光：《論〈新華日報〉華中版的辦報特點》，《新聞研究資料》第 43 期。

178. 立言：《顧執中的新聞道路》，《新聞研究資料》第 44 期。

179. 于友：《懷念子岡》，《新聞研究資料》第 44 期。

180. 劉巨才，宋學群：《抗日戰爭、解放戰爭時期的婦女報刊》，《新聞研究資料》第 45 期。

181. 王庭岳，傳義桂：《抗戰時期的日人反戰新聞事業》，《新聞研究資料》第 49 期。

182. 葛思恩：《關於重慶中央社的一些回憶》，《新聞研究資料》第 49 期。

183. 黃賢虞：《舊中國重慶通訊社一覽表》，《新聞研究資料》第 50 期。

184. 《新華日報檔案史料》（之一）》，《新聞研究資料》第 51 期。

185. 《新華日報檔案史料》（之二）》，《新聞研究資料》第 52 期。

186. 陳落：《紺弩在重慶》，《新聞研究資料》第 55 期。

187. 夏曉林：《認張季鸞的辦報思想——「文人論政」》，《新聞研究資料》第 56 期。

188. 王敬：《黨報史上第一次新聞改革——紀念延安解放日報改版 50 周年》，《新聞研究資料》第 57 期。

189. 張鴻慰：《新華日報建立桂林分館鬥爭始末》，《新聞研究資料》第 57 期。

190. 石史：《新華日報關於皖南事變的宣傳鬥爭》，《新聞研究資料》第 57 期。

191. 韓辛茹：《新華日報社社長潘梓年》，《新聞研究資料》第 61 期。

192. 胡泳：《新聞戰線上的老將劉尊棋》，《新聞研究資料》第 61 期。

193. 吳廷俊：《〈報人張季鸞先生傳〉史實考訂》，《新聞與傳播研究》1994 年第 2 期。

194. 蔡銘澤：《三十年代國民黨新聞政策的演變》，《新聞與傳播研究》1996 年第 2 期。

195. 黃旦：《媒介是誰：對大眾媒介社會定位的探尋》，《新聞與傳播研究》1997 年第 2 期。

196. 黃旦：《中國新聞傳播的歷史建構——對三個新聞定義的解讀》，《新聞與傳播研究》2003 年第 1 期。

197. 黃旦：《新聞專業主義的建構與消解——對西方大眾傳播者研究歷史的解讀》，《新聞與傳播研究》2002 年第 2 期。

198. 唐海江：《論新聞自由言說的當代轉向》，《新聞與傳播研究》2000 年第 1 期。

199. 姜紅：《現代中國自由主義新聞思潮的流變》，《新聞與傳播研究》2005 年第 2 期。

200. 張化冰：《1935 年〈出版法〉修訂始末之探討》，《新聞與傳播研究》第 14 卷第 1 期。

201. 王掄檀：《重慶中央日報繫年》，《重慶報史資料》第 1 輯。

202. 羅承烈：《新社會日報概況》，《重慶報史資料》第 2 輯。

203. 蔣閬仙：《異軍突起的新社會日報》，《重慶報史資料》第 2 輯。

204. 王文彬：《十四家晚報概況》，《重慶報史資料》第 2 輯。

205. 張友鴻：《南京晚報》，《重慶報史資料》第 2 輯。

206. 歐陽平：《南京晚報重慶版》，《重慶報史資料》第 2 輯。

207. 王掄楦：《大眾晚報的變遷》，《重慶報史資料》第 2 輯。

208. 詹天北：《陪都晚報》，《重慶報史資料》第 2 輯。

209. 何鴻鈞：《解放前的新民報》，《重慶報史資料》第 2 輯。

210. 李光儒：《國民公報簡史》，《重慶報史資料》第 2 輯。

211. 邵加陵：《我在重慶採訪》，《重慶報史資料》第 2 輯。

212. 王文彬：《解放戰爭時期重慶大公報所受的雙重迫害》，《重慶報史資料》第 6 輯。

213. 陳落：《回憶商務日報的一段歷史》，《重慶報史資料》第 6 輯。

214. 姚江屏：《我在商務日報的時候》，《重慶報史資料》第 6 輯。

215. 程途：《益世報內的地下黨》，《重慶報史資料》第 6 輯。

216. 符家欽：《看不見的戰線》，《重慶報史資料》第 6 輯。

217. 郭烽明：《豪門屋簷下的抗爭》，《重慶報史資料》第 6 輯。

218. 王火：《我和重慶時事新報》，《重慶報史資料》第 6 輯。

219. 吳子見：《從時事新報到挺進報》，《重慶報史資料》第 6 輯。

220. 唐永梅：《黨安排我做聯絡工作》，《重慶報史資料》第 6 輯。

221. 張天授：《我在時事新報的日子》，《重慶報史資料》第 6 輯。

222. 王掄楦：《陪都中央日報始末》，《重慶報史資料》第 6 輯。

223. 陳雲閣：《抗戰期間外國記者在重慶的活動》，《重慶報史資料》第 6 輯。

224. 嵐聲：《我所知道的幾家通訊社》，《重慶報史資料》第 6 輯。

225. 舒宗僑：《我作塔斯社記者的經歷》，《重慶報史資料》第 6 輯。

226. 冀伯洋：《兩個美國記者》，《重慶報史資料》第 6 輯。

227. 溫少鶴：《商務日報之憶》，《重慶報史資料》第 7 輯。

228. 周文欽：《十二年紀》，《重慶報史資料》第 7 輯。

229. 李時輔：《早期的商務日報》，《重慶報史資料》第 7 輯。

230. 熊明宣：《抗戰前期的商務日報》，《重慶報史資料》第 7 輯。

231. 馮克熙：《我所瞭解的新蜀報》，《重慶報史資料》第 7 輯。

232. 李華飛：《新蜀報瑣談》，《重慶報史資料》第 7 輯。

233. 陳志堅：《我在新蜀報工作的一段時間》，《重慶報史資料》第 7 輯。

234. 淦康成：《新蜀報憶舊》，《重慶報史資料》第 7 輯。

235. 陳蘭蓀：《張駿其人》，《重慶報史資料》第 7 輯。

236. 陳雲閣：《抗戰前後的重慶報界》，《重慶報史資料》第 7 輯。

237. 蔡貴俊：《重慶各報聯合版始末》，《重慶報史資料》第 7 輯。

238. 喬廷斌：《且說時事新報》，《重慶報史資料》第 7 輯。

239. 艾白水：《重慶新聞界舊聞》，《重慶報史資料》第 7 輯。

240. 廖永祥：《皖南事變後的新華日報》，《重慶報史資料》第 8 輯。

241. 陶月初：《沒有定名的新華副刊》，《重慶報史資料》第 8 輯。

242. 熊明宣：《關於中國青年新聞記者學會的回憶》，《重慶報史資料》第 8 輯。

243. 張正宣：《抗戰初期的復旦大學新聞系》，《重慶報史資料》第 8 輯。

244. 王火：《夏壩時期復旦新聞系的片斷回憶》，《重慶報史資料》第 8 輯。

245. 蕭鳴鏘：《張秀熟談重慶報紙二三事》，《重慶報史資料》第 9 輯。

246. 左明德：《新華日報廣告史芻議》，《重慶報史資料》第 9 輯。

247. 李光詒：《夏壩時期的復旦大學新聞系》，《重慶報史資料》第 9 輯。

248. 徐淡盧：《抗日戰爭結束前後的商務日報》，《重慶報史資料》第 10 輯。

249. 彭友今：《在商言商》，《重慶報史資料》第 10 輯。

250. 蕭鳴鏘：《滄桑憶舊》，《重慶報史資料》第 10 輯。

251. 沈犁：《在商務日報的日子裏》，《重慶報史資料》第 10 輯。

252. 陸詒：《最先與讀者見面的報紙——新華日報提早出版紀實》，《重慶報史資料》第 10 輯。

253. 邵加陵：《趙敏恒在重慶的幾件事》，《重慶報史資料》第 10 輯。

254. 梁柯平：《懷念子岡》，《重慶報史資料》第 11 輯。

255. 于友：《劉尊棋與美國新聞處》，《重慶報史資料》第 11 輯。

256. 喬廷斌：《戰時重慶報紙拾零》，《重慶報史資料》第 11 輯。

257. 何鴻鈞：《重慶警備司令部新聞處》，《重慶報史資料》第 11 輯。

258. 《重慶報紙一覽表》，《重慶報史資料》第 11 輯。

259. 陳封友：《雜憶抗戰期間國民黨當局的新聞檢查》，《重慶報史資料》第 12 輯。

260. 汪文風：《要為重慶的報童書一筆》，《重慶報史資料》第 12 輯。

261. 溫田豐：《抗戰前夕的吶喊——在商務日報》，《重慶報史資料》第 12 輯。

262. 伍經庸，羅洛庚：《動盪年代的西南學院新聞系》，《重慶報史資料》第 12 輯。

263. 陳毓菁：《我所知道的重慶建國新聞專科學校》，《重慶報史資料》第 12 輯。

264. 鄧季惺：《延安一月發表四十八周年——緬懷趙超構兄》，《重慶報史資料》第 13 輯。

265. 張林嵐：《趙超構在重慶》，《重慶報史資料》第 13 輯。

266. 周綬章：《陳銘德先生的風格》，《重慶報史資料》第 13 輯。

267. 汪文風：《難以忘卻的重慶新聞界良師益友》，《重慶報史資料》第 13 輯。

268. 李廷瑛：《我是新民報的「站讀」和「走讀」生——記者生涯漫記》，《重慶報史資料》第 13 輯。

269. 程仲文：《掃蕩報的興衰》，《重慶報史資料》第 14 輯。

270. 沈傑飛：《我與八年抗日戰爭中的掃蕩報》，《重慶報史資料》第 14 輯。

271. 謝爽秋：《我在掃蕩報的工作》，《重慶報史資料》第 14 輯。

272. 李哲愚：《對掃蕩報的回憶》，《重慶報史資料》第 14 輯。

273. 黃席群：《1949 年以前中央社大事記》，《重慶報史資料》第 14 輯。

274. 張西洛：《在中央日報的十個月》，《重慶報史資料》第 14 輯。

275. 韓辛茹：《潘梓年的戰鬥歷程》，《重慶報史資料》第 15 輯。

276. 于友：《范長江在 1940 年》，《重慶報史資料》第 15 輯。

277. 許任飛：《從掃蕩到大公》，《重慶報史資料》第 15 輯。

278. 伊斯雷爾·愛潑斯坦：《回憶在重慶作記者的歲月》，《重慶報史資料》第 17 輯。

279. 孫源：《在陪都的外國記者》，《重慶報史資料》第 17 輯。

280. 張志淵：《遙遠的回憶——記我與幾個外國記者的交往》，《重慶報史資料》第 17 輯。

281. 沈劍虹：《抗戰後期重慶外國記者群》，《重慶報史資料》第 17 輯。

282. 冀伯祥：《戰時國際宣傳處簡況》，《重慶報史資料》第 17 輯。

283. 李光詒：《對編寫抗戰時期的重慶報業的幾點意見》，《重慶報史資料》第 17 輯。

284. 陳理源：《報業巨子陳銘德》，《重慶報史資料》第 18 輯。

285. 周俊元：《舒宗僑在新聞出版界六十年》，《重慶報史資料》第 18 輯。

286. 宣諦之：《我們從相識到相知的時候》，《重慶報史資料》第 18 輯。

287. 梁柯平：《沉重的思念——作於浦熙修逝世二十四周年》，《重慶報史資料》第 18 輯。

288. 于友：《唉，又一個英才記者走了——悼念朱啓平同志》，《重慶報史資料》第 18 輯。

289. 張生力：《大公報人的龍門陣——編輯部的故事》，《重慶報史資料》第 18 輯。

290. 陳蘭蓀：《抗日戰爭中的「新檢」和「圖檢」》，《重慶報史資料》第 18 輯。

291. 丁孟牧：《民國時期重慶控制報刊雜記》，《重慶報史資料》第 18 輯。

292. 方土人：《重慶塔斯通訊社雜憶》，《重慶報史資料》第 19 輯。

293. 韓辛茹：《戰地記者陸詒》，《重慶報史資料》第 19 輯。

294. 左明德：《新華日報的毛澤東思想宣傳》，《重慶報史資料》第 19 輯。

295. 艾白水：《關於新華日報的回憶》，《重慶報史資料》第 19 輯。

296. 袁塵影：《中央政校新聞專修班雜憶》，《重慶報史資料》第 19 輯。

297. 葛思恩：《重慶新聞學院》，《重慶報史資料》第 19 輯。

298. 王掄楦：《重慶新聞黨團聚餐會始末》，《重慶文史資料》第 1 輯。

299. 張友漁：《八年烽火憶山城》，《重慶文史資料》第 9 輯。

300. 左明德：《〈新華日報〉北碚發行站的鬥爭》，《重慶文史資料》第 21 輯。

301. 尹萬邦：《新華日報印刷部在重慶的鬥爭》，《重慶文史資料》第 24 輯。

302. 王掄楦：《中央日報記者訪問延安的前前後後》，《重慶文史資料》第 26 輯。

303. 馬起華：《國民參政會——戰時中央民意機構》，《重慶文史資料》第 28 輯。

304. 徐乃力：《中國「戰時國會」：國民參政會》，《重慶文史資料》第 28 輯。

305. 陳紀瀅：《抗戰時代的〈大公報〉》，《重慶文史資料》第 30 輯。

306. 王掄楦：《抗戰時期的〈中央日報〉》，《重慶文史資料》第 30 輯。

307. 陳雲閣：《抗戰時期外國記者在重慶的活動》，《重慶文史資料》第 30 輯。

308. 小林文男：《抗戰中的苦難重慶》，《重慶文史資料》第 30 輯。

309. 橋本學：《重慶的抗戰》，《重慶文史資料》第 30 輯。

310. 胡平：《論言論自由》，《青年論壇》1986 年第 7 期。

311. 李斯夕：《論言論自由權利及其行使》，《探索》1987 年第 3 期。

312. 夏勇：《西方新聞自由探討——兼論自由理想與法律秩序》，《中國社會科學》1988 年第 5 期。

313. 林子儀：《論接近媒介權》，《新聞學研究》1991 年第 45 期。

314. 杜鋼建：《首要人權與言論自由》，《法學》1993 年第 1 期。

315. 王德志：《論思想自由權》，《當代法學》1998 年第 2 期。

316. 賀衛方：《司法對新聞自由的保護》，《法制日報》1999 年 8 月 5 日。

317. 劉景修：《抗戰時期國民黨對外宣傳紀事》，《檔案史料與研究》1990 年第 1～3 期。

318. 江沛：《南京國民政府時期意識形態管理剖析》，《民國檔案》1993 年第 3 期。

319. 蔡銘澤：《論三十年代初期中國的輿論環境》，《中國人民大學學報》1994 年第 3 期。

320. 蔡銘澤：《專制主義政策與新聞自由運動——中央日報新聞自由運動分析》，俞旭，郭中實，黃煜主編：《新聞傳播與社會變遷》，香港中華書局，

1999 年 9 月版。

321. 李金銓：《從威權控制下解放出來——臺灣報業的政經營觀察》，朱立、陳韜文編：《傳播與社會發展》，香港中文大學新聞與傳播學系 1992 年版。

322. 黃旦：《二十世紀中國新聞理念的研究模式》，《北京廣播學院學報》，1995 年第 4 期。

323. Michael Schudson：《傳播研究的歷史取徑》，唐維敏譯：《大眾傳播研究方法——質化取向》，臺灣五南圖書出版有限公司，1996 年 6 月版。

324. 陳懷林：《九十年代中國傳媒的制度演變》，香港《二十一世紀》1999 年 6 月號。

325. 田湘波：《1949 年以來國內外關於中國國民黨黨治理論和制度的研究》，《二十一世紀》網路版 2003 年 4 月號。

326. 徐思彥：《官與民：對〈中央日報〉〈大公報〉七七社論的文本分析》，《學術界》總第 121 期，2006 年第 6 期。

327. 朱傳譽：《兩字破家，一葉知秋——從我的文字冤獄看臺灣人權》，《新聞春秋》，1996 年 1～2 合刊。

328. 朱傳譽：《新瓶裝舊酒：傳播史研究現代化——略述我的經驗、想法和企望》，《新聞春秋》1998 年（總第 6 期）。

329. 蕭燕雄：《我國近現代新聞法規的變遷》，《二十一世紀》1998 年 6 月號。

330. 裴鑫：《「封鎖」與「反封鎖」的較量——抗戰時期新聞戰線爭取新聞自由的鬥爭》，《青年記者》2005 年第 7 期。

331. 王曉嵐：《抗戰時期的國共宣傳戰》，《北京黨史研究》1998 年第 1～2 期（總第 108 期）。

332. 王曉嵐：《論抗戰時期國民黨的對外新聞宣傳策略》，《抗日戰爭研究》1998 年第 3 期。

333. 馬藝：《簡述潘梓年對〈新華日報〉的歷史貢獻》，《新聞大學》2000 年秋季號。

334. 李五洲：《論近代中國對新聞自由思想的認識偏差》，《新聞大學》2001 年冬季號。

335. 中國第二歷史檔案館：《曾虛白工作日記選》（1～5），《民國檔案》2000 年第 2 期至 2001 年第 2 期。

336. 董岩、楊楠：《戰爭與傳媒，誰塑造了誰？——對百年戰爭與傳媒的透視與反思》，《國際新聞界》2004 年第 1 期。

337. 彭鵬：《淺析抗戰時期〈新華日報〉的「群眾路線」》，《軍事記者》2005 年 12 期。

338. 賀曉蘭：《重慶抗戰時期新聞研究活動及其貢獻》，《江西社會科學》2005

年第 5 期。

339. 卓南生:《南京僞政權的新聞論及其統治下的報紙》,《新聞春秋》第五輯,首都師範大學出版社 2006 年 8 月版。

340. 程曼麗:《日僞新聞體制的產生——〈華北新報〉研究》,《新聞春秋》第五輯,首都師範大學出版社 2006 年 8 月版。

341. 陳昌鳳 劉揚:《日本侵華時期〈新民報〉社論研究》,《新聞春秋》第五輯,首都師範大學出版社 2006 年 8 月版。

342. 孫斌 王平:《皖南事變前後國民黨新聞政策揭秘》,《湖北檔案》2007 年第 6 期。

343. 侯建:《言論自由及其限制》,《北大法律評論》第 3 卷第 2 輯。

344. 楊保軍:《新聞自由:責任與精神》,《四川理工學院學報(社會科學版)》第 22 卷第 2 期,2007 年 4 月。

345. 黃化:《〈解放日報〉經濟報導的立場與疑問——以 1947 年 1 月〈解放日報〉》爲例》,《二十一世紀》網路版第 76 期,2008 年 7 月 31 日。

附　錄

一、蔣介石：《今日新聞界之責任》

（蔣介石 1940 年 3 月 23 日對中央政治學校新聞專修班首期學員畢業「訓詞」，載《新聞學季刊》第 1 卷第 3 期）

我國新聞事業，在最近四五年間，實有不少之進步。抗戰以來，進步更見顯著。舉其著者，如在能力方面，今之新聞記者，不僅諳習編輯之技術，亦多兼擅業務之經營；在內容方面，具體紀述之長篇通訊日多，無意義之社會新聞日漸減少而幾於絕迹；在技術方面，多能戰勝物質缺乏之困難，運用粗劣簡陋之設備，而提高出版之數量與速率；在服務精神方面，則能刻苦耐勞，能冒險盡職。昔日新聞記者之工作地點在編輯室，活動範圍多限於大都市之俱樂部或機關團體，今日新聞記者之活動範圍則爲內地，爲鄉村，爲戰地爲前線；昔日新聞記者習於悠閒與安適，今日新聞記者則多數緊張堅實而勇敢。至於認識時代之使命，重視國家之前途，擁護國策遵守法令，更與昔日之散漫紛歧者不可同日而語。新聞界之進步足以策我國家民族之進步，此誠抗戰以來最可樂觀之現象也。

總理有言，「宣傳即教育」。故新聞記者應爲國家意志所由表現之喉舌，亦即爲社會民眾賴以啓迪之導師。我國五十年來國民革命之事業，其由萌芽而發展而成熟，皆與新聞界有極深之關係，其消長進退之機，亦視新聞界之認識與努力以爲斷，凡新聞界之努力與建國方針相適合者則革命之進展必迅速，反是則必遲滯而多阻。今當全國努力抗戰之時，我新聞界爲國奮鬥責任之重大，實不亞於前線衝鋒陷陣之戰士，如何宣揚國策，統一國論，提振人心，一致邁進，

以達驅除敵寇，復興民族之目的，而完成三民主義國家之建設，實唯新聞界之積極奮起是賴。余以為下列諸點，應為今日新聞界共同勖勉之目標。

一曰善盡普及宣傳之責任。我國報紙銷行數量，較之並世各國，顯為落後，銷行區域，更有偏重都市交通線之缺點。抗戰軍興，此弊漸見改進，今後趨勢，必為地方報紙之日見推廣。內地辦報夙稱困難，然正惟困難，更有待於努力，新進之新聞記者，宜以篳路藍縷之精神，向困難最多而前途希望最大之內地，散播文化之種子，提高人民之知識。依吾人之理想，宜使平均每五縣或三縣有一規模完美之地方報紙，印刷不求其精美，內容必期其充實，補社會教育之不足，為地方進步之動源。

二曰善盡宣揚國策之責任。一切言論記載，悉以促進我國民獨立自尊心，養成我國民奮鬥向上心為旨歸。處處遵守抗戰建國綱領，時時不忘國家至上、民族至上。其剖析國際局勢，不惟求其祥實，求其精要，尤當為之提示要點，解釋主旨，使國民輾轉告語，由明法而進於守法。

三曰善盡推進建設之責任。余以為我國今日，實已進入真正開始建國之一新時期，故報紙之使命，亦隨之而入一新時代。昔日報紙之所重者為政治，今後應重在經濟與生產，昔日報紙採取新聞之主要對象為官署機關，今後應為農村為工場為合作社為一切生產之組織。報紙之篇幅，與其以人民不感關切之普通新聞充數，無寧儘量介紹經濟建設之實例，與討論生產改進之方法。吾人理想中之國家，為生進步，國力充實，民生均足之國家，則我全國之報紙即應於此方向多多致力以為之先導。

四曰善盡發揚民氣之責任。吾人今當努力抗戰，同時又努力建國，必當善導國民，共履忠義奮發之正道，姦邪在所必斥，正氣在所必揚。故積極方面應充分表彰戰區軍民英勇節烈之事迹；消極方面，宜鄙棄輕薄浮靡之文字，盡掃頹廢無聊之氣氛。吾人須知謹嚴非即為枯燥之別名，而趣味之養成，亦自有其辦法。新聞界人士悉心研究，自能得之，此於教育國民，實有甚大之關係。

綜上所述，皆就新聞界今日應負之使命而略示吾人努力之方向。中國經此艱苦抗戰之洗煉，其必能成為一偉大而進步之國家，不唯我國民有此自信，亦為世界有識人士所共信。然全功克竟之時，尚有待於吾人十年以上之努力，而唯新聞之勖勉策進，為效更迅速而廣遠。我新聞界而日新又日新，導國民以前進，則國民必相率而前進，我新聞界能同德同心，扶持我國運於共同之正鵠，則國民亦自集中意志力量以趨於一鵠，此則全賴新聞界在人才有新的

補充，在技術精神有新的修養，以共負此千載一時之任務。余之此意，甚願吾新聞專修班畢業出校之同學深切體會而力行之也。

二、張季鸞：《中國新聞學會宣言》

（載重慶《中央日報》，1941 年 3 月 17 日）

我國新聞學會之組織，始於南京，基礎甫具，陷於敵手，其名義爲敵奸所盜用，同人羞之。而自國府西遷以來，重慶久成報業之中心，南北報人多輾轉入蜀，以赴國難。本市固有之報業，亦隨時勢需要，而有長足之進展。遷川大學之有新聞學系者，亦於艱苦中作育人才，有所貢獻。是以由國家宣傳事業之全局立論，重慶報人義應負責倡導，集合全國同業同志，光大南京之成規，益求斯業之進步。同人詢謀僉同，創建本會，發起籌備，數月於茲。幸賴中央宣傳部之指導，全國同業同志之讚助，得於民國三十年三月十六日開成立大會，將以精勤職務，砥勵智慧，以報效抗戰建國於萬一。茲當發軔伊始，謹本同人公意，掬其悃誠，而宣言曰：

我國報人與國家民族運命特有最深厚密切之關係，故同人今日首先宣佈：吾儕報人對於抗戰建國實負有重大責任，夙夜自勉，不敢懈怠。苟利國家，萬死不辭。回憶清末咸同以來，滿清腐敗，外患侵陵，瓜分之勢已成，亡國之禍無日。當是時也，海內外之志士仁人，遠承數千年歷史文化之精神，近取明末諸大儒革命思想之陶冶，招復活之國魂，爲革命而奮起，其武器無他，報紙言論是也。國父孫中山先生，爲近代中國最偉大之先覺，其致力國民革命四十年，初非有武力資源之憑藉，僅賴其睿智熱情，發爲言論，訴之同胞。早年在海外，與保皇黨人言論戰鬥，苦口說服，教化僑胞，使之感動。同盟會既成，其機關報之民報，直接爲辛亥革命之指導。自民國肇造，以迄先生逝世，先生奮其精誠熱烈之言論，教訓國人，終始弗衰。故由報人立場論，中山先生乃中國最偉大之主筆，而革命與言論實有不可分離之關係在也。中國自古，清議在於民間，故國士橫議，爲一切政治運動之母。吾儕居今回顧，清末民初間，我國論壇，嘗極一時之盛，中山先生以外，更有幾許先輩文人，干冒當時文字之禁令，批評清政，灌輸新知。雖有議論純駁之不同，而其啓導民智之功勳，固應同爲後人所感念。抑我國報業之興，有與各國不同者，蓋大抵爲文人發表政見而設，並無意於商業之經營。此種風氣，今猶遺存。民國初年，革命中挫，政出軍閥，言論界嘗陷於厄運；而歐戰既終，新潮勃起，新文化運動與革命思想相輔而並

行，雖其間流派繁多，不可勝論，然大抵志在發揚新知，以救中國。迨經鍛鍊陶鎔之結果，則百川彙於大海，全國定於一尊，三民主義戰勝於人心，國民革命推進於全國。回首往事，足知言論之力關繫於國家民族進步者甚重且大也。然自近世以來，吾儕報人因文字獄而犧牲生命者，實不知爲幾何人。至於弱小報業因受政治或經濟之壓迫，辛苦經營，中道摧折者，更復不可勝數。我國文人，原有以國士自許之風，故有志青年之欲獻身言論界者最多。然在過去半世紀內憂外患叢集之中，其能久於斯業顯露頭角者，實極少數。大抵困頓饑寒，消磨壯志，懷才莫伸，荏苒老死。今日之吾業青年大群，蓋已不知爲第幾代矣。同人今日集會陪都，追懷共和締造之艱難，痛念國難犧牲之壯烈，承近代言論界先輩之遺志，而自省其對歷史人群所應負之專責。誠以爲吾儕少數報人，其雙肩擔負乃有無窮之重。何況十年國難，目擊身經，四載戰爭，出生入死。當茲興亡成敗之交，惟有至誠至勇，盡忠報國，務使中國得其自由平等，萬民享其樂利，然後吾儕工作始爲告一段落。惟如是，始無負於中山先生以下近代中國先覺在天之英靈，及抗戰四年全國軍民爲國犧牲之歷史；亦惟如是，始無負於數十年來有志未成之失敗同業，及現在與將來向往報業之青年大群；以最近言之，惟如是，始能無負於在淪陷區內爲敵奸殺害之忠良同業，如朱惺公、張似旭、邵虛白、程振章、金華亭諸先烈，以及正在敵後冒險宣傳之無名諸英雄。此宣佈同人爲國效忠之志趣與覺悟者一也。

　　志趣定矣，方法何如？夫新聞學爲現代最新之科目，源於西洋，而輸至中國。雖以學稱，非有嚴正解釋之科學也。同人以爲中國報人，必須完成中國特有之新聞學，以應我抗戰建國特殊之需要。西洋方法，參考而已。我國之常諺有曰：爲政不在多言。吾儕報業，亦復如是。惟有於工作實踐中求學問，而工作之外，別無學問。今國內日報或定期刊物應努力改進之點固多，亦惟有於工作實踐中，建設中國之新聞學，集思廣益，即知即行。本會願爲全國同業互助互勉，努力奮鬥，同時務必借本會以交換新知，報告狀況，以期吾道之昌明，而裨國事於萬一。今當本會成立之始，願先宣佈大體工作方針，並致其希望於政府。

　　同人願首先聲明者，新聞記者本爲自由職業之一，今日亦然，而意義有異。慨自敵寇入侵，國危民辱，成敗興亡，匹夫有責，今日抗戰建國之大義，即在犧牲個人一切之自由，甚至生命，以爭取國家民族之自由平等。吾儕報人，以社會之木鐸，任民眾之先鋒，更應絕對以國家民族之利益爲利益，生

命且不應自私，何況其他。是以嚴格言之，戰時之中國報人，皆爲國家之戰時宣傳工作人員，已非復承平時期自由職業者之比矣。本會同人，不論是否在黨，對於此點，實具一致之認識，是以今後工作方針，仍槪依中宣部之指導，恪守法令，尊重紀律，以共求國家至上民族至上之共同最高利益。惟有願特別陳述者，抗建大業，至重且繁，凡國家社會一切部門之工作，又如此廣泛而複雜，凡政府政令之推行，社會事業之興革，其效率若何？利弊安在？改進何術？補救何術？他如政令本身之是否合宜？執行官吏之是否適法？此皆甚關人民之利害，即皆影響國家之安危。

　　日前恭讀蔣委員長在國民參政會開會式之致辭，剴陳大勢，訓迪國人，凡所主張，皆屬至理。本會同人敬謹接受領袖之指示，必倡導全國軍事化，國防化，放棄陳舊之意識理論，共爲組織民族戰鬥體而努力。然同時認識，苟欲抗建大業之完成，必須隨時檢討政績，宣揚民隱，考求利弊，擁護紀綱，務期每一政令皆收其效，每一人民皆得其所。此則吾儕報人爲國爲民應有之宏願，宜爲今後新聞工作實踐之重心。因念自抗戰軍興以來，其於軍事之必要，出版事業，絕對受戰時制度之管理，凡我同人，絕對樂從，本無異議。惟言論指導，原只限於方針，新聞限制，宜不出乎機密，至於一般施政，則至宜多加研究與批評。同人今爲此言，乃痛念多年以來，各省地方官吏，大抵漠視報界應有之地位，施政不容批評，事實不欲發表，我全國地方報紙，除登載公文外，幾於完全不能儘其職責。軍興以來，全國同胞，服庸軍事第一之大義，服從政令，努力抗戰，然一部分官吏，亦未嘗不假借戰時統制之名義，更杜塞民意之伸張。興思及此，深感危懼。同人以爲今後國家最大亟務，即在普遍檢討政治實情。試舉戰時政治之關係重大者，如兵役推行，如壯丁補訓，如經濟管制，如交通運輸，此皆以地方政治爲基礎，而直接影響軍事之成敗。其事瑣繁，而範圍廣大。所願政府動員全國報人，予以便利，加以保障，普遍調查，據實討論。庶幾喚起民眾熱情，發掘庶政積弊，此正所以振紀綱而固國本之道也。同人凜念領袖之偉訓，深以歐洲戰敗國之覆轍爲憂，同時深知，以我國過去千百年政治與社會之積弊，惟有步步廓清，事事改進，積無數瑣小之成績，始能蔚爲最偉大之戰果。儻使諱疾忌醫，粉飾爲政，良好政令，不能收其功，人民疾苦，不能伸其意，使少數不肖官吏，反得藉口戰時，掩蓋一切，則同人誠恐雖有偉大忠公之領袖，與無量數愛國人民，而抗建大業，依然不免嚴重之障礙。何也？敵人並不能亡中國，而中

國之自誤爲可畏也。同人今日敢爲此言，蓋鑒於軍事已脫最險之難關，外交確見有利之變化，而衡量大勢，瞻念通途，雖勝利必然，而絕無倖致。是則惟有動員輿論，公開檢討，不飾不誇，不隱不諱，在恪遵抗戰建國綱領之正確意識，而不涉及軍機作戰，不妨害國家威信，不影響前方士氣，不泄漏大政機密之範圍以內，凡一切政令之施行狀況，及執行官吏之善惡得失，應皆聽任報紙爲公正之檢討，地方文武官吏，不得加以妨阻。吾儕報人，本此職責，勤求知識，鑽研眞相，宣揚正確民意，判斷實際是非，庶幾足以使中樞國策，樹大信於民間，社會實情，得上聞於政府。同人以爲，惟如是，始能根本革除一部分敷衍粉飾之弊風，積極加強大後方抗建工作之成績，然後中國民族，果能永久愈戰而愈強，以卒達抗戰勝利國防完成之境界。抑同人以爲，在此轉危爲安之新階段中，誠能如此積極革新，確實進步，政府彰雷霆萬鈞之決心，輿論爲眞誠坦白之檢討，定能更堅凝民志，沮喪敵人，且更將不斷增高國家在國際上之名譽威望，使全世界相信我中國民族果有建設新中國之偉大志願與眞正決心。而同人努力本業效忠國家之道，亦要不外乎此矣。此宣佈同人今後工作之方針與希望者又一也。

本會同人以文字勞動爲職業，以戰時宣傳爲責任，工作繁重，不暇多言，故僅陳大意如右。謹再鄭重表示對於爲國犧牲諸同業先烈之哀悼，及對於淪陷區內一般忠良同業之敬意。同時嚴斥少數降敵漢奸，竟爲敵人作亡華宣傳，罪惡重大，爲全民族所不恥，但亦不能危害我國家民族於毫末。最後向蔣委員長及全軍將士致敬，並深謝中央宣傳部之指導，請求政府社會各界人士，後援本會，俾能善盡其責任，謹此宣言。

三、修正戰時新聞禁載標準

（軍委會戰時新聞檢查局定，1940 年 1 月，戰時新聞檢查局檔案，重慶檔案館、載中國第二歷史檔案館編：《白色恐怖下的新華日報──國民黨當局控制新華日報的檔案材料彙編》，重慶出版社，1987 年 10 月，初版，728～731 頁）

本規則呈奉軍事委員會核准施行，並報請中央宣傳部轉呈中央常會備案

第一節　軍事禁載事項

下列各條，除軍事委員會准予公佈或報告外，禁止發表文字或圖畫；海

陸空軍機關名稱及其所屬作戰部隊之組織系統與配備。

第一條、第二條　海陸空軍之動員計劃，作戰程式。駐在地點及部隊與
　　　　　　　　輜重之運輸。

第三條　　　　海陸空軍之行動，兵種（包括艦種機種），兵額（包括兵艦
　　　　　　　噸數），番號及高級長官或指揮官之姓名。

第四條　　　　下動員令之日時，部隊及其完結日期。

第五條　　　　軍械、輜重、給養暨一切軍用品之實況，及其製作購買輸
　　　　　　　送之狀況與地點。

第六條　　　　要塞、堡壘、軍港、軍艦、軍營、倉庫、飛行場港、兵工
　　　　　　　廠、造船廠、測量局，及其他軍事建築物，或封鎖及防禦
　　　　　　　工事之所在地點及設備情況。

第七條　　　　軍事機關及有關國防事業機關之設置日期及地點。

第八條　　　　軍事教育訓練（包括軍警部隊學校及各種班所等）實施上
　　　　　　　之一切內容。

第九條　　　　我國軍備與友邦之關係。

第十條　　　　軍事長官之行動。

第十一條　　　軍事長官有關軍事之談話。

第十二條　　　海陸空軍之作戰損失及補充情形。

第十三條　　　海陸空軍傷亡及被俘長官之姓名及士兵之實額。

第十四條　　　海陸空軍防禦工事，交通線及情報網被敵奸破壞之詳情。

第十五條　　　敵軍之部隊番號、兵力、編制及其長官之姓名。

第十六條　　　敵奸擾亂我後方之詳情。

第十七條　　　敵機空襲之詳情（包括敵機所投彈種彈量）及我方所受軍
　　　　　　　事上之損失。

第十八條　　　我主所得之機密情報及敵軍之企圖。

第十九條　　　俘虜含有秘密性之重要口供。

第二十條　　　軍事上足資敵人利用之報告或文件。

第二十一條　　徵募兵役及軍事工役之計劃與實施內容有礙兵役、工役之
　　　　　　　記載。

第二十二條　　我軍在敵後方之組織訓練及一切活動情形。

第二十三條　　鄰近戰區之重要地理及與後方聯絡之交通狀況。

第二十四條　我敵兩軍戰術上優點與弱點之批判。

第二十五條　其他一切不利於我方軍事之記載。

第二節　黨政禁載事項

下列各條，絕對禁止發表文字或圖畫

第二十六條　危害民國，詆毀當局，破壞統一反誣衊中央者。

第二十七條　違背或曲解三民主義及本黨政綱、政策者。

第二十八條　違背抗戰建國綱領及國民公約者。

第二十九條　挑撥離間，分化國族間各部分者。

第三十條　　黨政重要人員（包括一切負有對外使命之人員）之行動及其更調，未經主管機關核准發表者。

第三十一條　重要黨政文化教育機關之設置及移動狀況，未經主管機關核准公佈者。

第三十二條　中央及地方各種新建設之實況，未經主管機關公佈者。

第三十三條　地方匪患消息，未經主管機關核准發表者。

第三十四條　其他一切足以損害政府信譽之記載。

第三節　外交禁載事項

下列各條，絕對禁止發表文字或圖畫

第三十五條　我國外交政策與行動以及我國當局與外國使節之談話，未經主管機關核准發表者。

第三十六條　公務員在國內外所發表有關外交之談話、演辭或論著，未經中央宣傳部或外交部核准發表者。

第三十七條　對我國外交有不利影響之消息，尚未證實或已證明不確者。

第三十八條　國際新聞足以影響我友邦之信譽者。

第三十九條　違背國家民族立場之言論記載，足以妨礙我國與友邦之睦誼者。

第四十條　　詆毀友邦元首，足以妨害邦交者。

第四十一條　其他一切不利於我國外交之記載。

第四節　財政經濟禁載事項

下列各條，絕對禁止發表文字或圖畫

第四十二條　金融上之措施，如幣制改革，匯兌管理，及運送金銀等，

　　　　　未經主管機關公佈者。

第四十三條　國際貸款，商務協定及易貨協定，未經主管機關公佈者。

第四十四條　付還外債及處置內債之辦法，未經主管機關公佈者。

第四十五條　重工業工廠之地點及其內部設備情形。

第四十六條　有關軍用資源之估計及統計。

第四十七條　有關國際交通線之計劃及設施，未經主管機關公佈者。

第四十八條　我國重要經濟建設計劃，未經主管機關公佈者。

第四十九條　中外特約免稅事項，未經主管機關公佈者。

第五十條　　其他一切不利於我國財政經濟之記載。

第五節　　社會禁載事項

下列各條，絕對禁止發表文字或圖畫

第五十一條　故作危言，搖動人心，足以妨害治安秩序，影響抗戰，甚
　　　　　　或引起暴動，致危害人民之生命財產者。

第五十二條　思想怪癖，或提倡迷信，足以影響社會者。

第五十三條　惡意詆毀國家法令所認可之宗教者。

第五十四條　描寫淫穢，有傷風化者。

第五十五條　其他一切足以妨害善良風俗之記載。